21世纪普通高等教育“十四五”规划教材·公共基础课系列

U1009172

公共关系学

（第三版）

胡新丽　主　编
吴开松　副主编

上海财经大学出版社

图书在版编目(CIP)数据

公共关系学/胡新丽主编. —3版. —上海:上海财经大学出版社,2022.10
(21世纪普通高等教育"十四五"规划教材·公共基础课系列)
ISBN 978-7-5642-4044-8/F·4044

Ⅰ.①公… Ⅱ.①胡… Ⅲ.①公共关系学-高等学校-教材
Ⅳ.①C912.31

中国版本图书馆CIP数据核字(2022)第159029号

□ 责任编辑 胡 芸
□ 封面设计 张克瑶

公共关系学
(第三版)
胡新丽 主 编
吴开松 副主编

上海财经大学出版社出版发行
(上海市中山北一路369号 邮编200083)
网 址:http://www.sufep.com
电子邮箱:webmaster@sufep.com
全国新华书店经销
上海天地海设计有限公司印刷装订
2022年10月第3版 2022年10月第1次印刷

787mm×1092mm 1/16 16.25印张 416千字
印数:25 501—28 500 定价:52.00元

21世纪普通高等教育“十四五”规划教材

21 SHIJI PUTONG GAODENG JIAOYU "SHISIWU" GUIHUA JIAOCAI

编委会

BIAN WEI HUI

前 言

随着全球经济一体化的发展以及我国对外开放的深化，公共关系开始在更广泛的社会经济领域发挥积极的作用。任何个人和组织要想求得生存和发展，必须重视学习和应用公共关系的知识与技巧，积极开展公共关系活动。对个人而言，在全球化背景下，只有顺应潮流积极融入其中，才不会被孤立、被封锁、被边缘化，每一个人无论从事什么工作，都要与组织和他人相处，要推销自己、广交朋友、化解矛盾等。因此，公共关系是指导人们日常行为、调整人际关系、增强自身社会适应性的一种有效工具。对组织而言，要生存发展就不能脱离其所依赖的社会环境和社会关系，只有与相关的各种社会关系相协调，取得他们的配合与支持，通过有效的公共关系手段提升组织形象这一无形资产，才能长久不衰。因此，在现代社会中，公共关系被广泛运用于各行各业，成为现代组织塑造良好的公众形象、谋求更好的生存和发展的长远策略与必要手段。

公共关系学是研究组织与公众之间相互传播沟通的行为、规律和方法的一门新兴学科，它是由传播学、社会学、心理学、管理学、经济学、组织行为学、人际关系学等学科相互交叉和融合而产生的一门综合性与实践性的新兴前沿学科。

公共关系学是一门实践性很强的学科，其中的许多问题没有固定答案，如果在实践中生搬硬套，是达不到预想效果的，因此，需要领会公共关系的基本内涵，在实践中融会贯通，才能达到良好的效果。

公共关系学作为一门新学科，其发展历史只有几十年。北美和欧洲学者对公共关系学的研究较早，有很多著述。其中，有些著作在公共关系学界影响较大，如美国学者卡特利普、森特的《有效公共关系》以及英国学者杰弗金斯的《实用公共关系》等。20 世纪 90 年代末，中国公共关系学理论研究有了较为深入的发展，产生了许多新的学术观点，总结、提炼了许多实际操作方法，这些成果为我们继续研究提供了宝贵的资料和经验。但上述成果仍然存在一些不足，有很多尚需发展、完善的工作。编者秉持继承和创新相结合的态度，学习和参考了社会学、传播学、管理学、人才学、心理学等相关学科的理论知识以及公共关系学界同仁的著述，以求能从更广泛、更全面、更深层次、更多的视角反映和探索公共关系的运作规律。

与目前有关的公共关系方面的著述相比，本书主要在以下几个方面进行了一些尝试：

第一，理论的系统性。本书严格按照公共关系自身的逻辑结构进行理论构思，注意相关概念的界定、内容的阐述、特点的归纳和功能的分析，将公共关系学的基本概念、基本原理、基本方法尽量简明并清晰地介绍给读者。

第二，框架的完整性。本书在结构上力图摆脱传统公共关系著述的谋篇布章格局，力求从实际出发，设计为公共关系的起源与发展、公共关系环境、公共关系的构成要素、公共关系的职能与作用、公共关系的原则与方法、公共关系调查与策划、公共关系实施与评估、中国特色的政府公共关系、非政府组织的公共关系和公共关系危机管理10项基本内容,每章都安排了本章概要、关键术语、案例分析题、练习题等内容,形成了一个完整的、有机的和逻辑性强、时代性强的学科框架。

第三,内容的时代性。本书在内容上力求反映21世纪公共关系学科在理论和基本方法方面的最新成果,避免一些著述中内容陈旧、脱离现实的状况;每章均有从实践中提炼出来的典型的或最新的公关案例,使广大读者能更好地领会和品悟公共关系的艺术,力求做到理论与实践相结合、贴近现实、紧跟时代步伐。

第四,设专章研究和介绍了政府公共关系和非政府组织的公共关系,这是以往公共关系著述中所不多见的。

第五,在对相关原理、方法、原则吸收的同时对其进行改造。公共关系学是从西方发达国家引进的,由于西方发达国家的实际情况与我国有较大的差异,从而使一些著述在现实的使用中不能充分发挥出有效的作用。本书在编写中结合我国的现实环境、制度、文化等特点,在对公共关系的基本原理、原则和方法进行吸收的同时对其加以改造,以便使广大读者更好地理解和应用。

本书除了反映编者多年来的教学经验和科研成果外,还参阅了许多国内外学者的公共关系著作和教材,同时参阅了相关报刊、互联网等资料,特此深表谢意。上海财经大学出版社、湖北众邦文化传播有限公司对本书的出版给予了帮助,在此一并致谢。

本书第一版由吴开松教授担任主编,负责全书的总体构架和设计、修改和定稿,王志华博士负责组织编写并统稿。参与编写人员的具体分工如下:第一章由马娜编写;第二章由唐久林编写;第三章由王娅娜编写;第四章由殷彩桥编写;第五章由戴树青编写;第六章由解志芳编写;第七章由王赟编写;第八章由苏迪编写;第九章由何琼编写;第十章由吴开松编写;第十一章由李培轶编写。

本书第二版由吴开松和王英英老师修订。

本书第三版由胡新丽和吴开松老师修订,补充二维码的电子版资料,包括PPT课件、案例库和每章练习题答案。感谢包云坤、向恩利、周璇、齐若彤在电子版资料整理过程中的辛勤付出。

由于编者学识水平所限,加上时间仓促、研究不够深入,书中疏漏在所难免,衷心希望专家与读者批评、指正。

编者

2022年7月

公共关系学
(第三版)
电子版资料

目 录

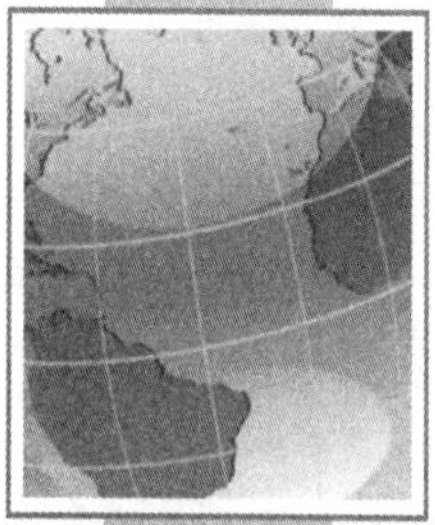

第一章 公共关系的起源与发展

本章概要

在现代社会里，任何社会组织都与环境处于一个不断的交互作用之中。组织与环境之间的协调与平衡成为任何组织生存与发展的必备条件。公共关系作为一种调节机制，在争取组织与环境的协调和平衡过程中起着重要的作用。随着社会的开放、市场经济的深化、民主政治的发展、信息传播技术的进步、社会文明的提高，公共关系的社会作用日益受到人们的重视，成为现代组织不可缺少的一种重要的经营管理功能和手段。学习公共关系学，首先要厘清公共关系的概念和公共关系的由来与发展。本章首先从词义学的角度出发解释了公共关系的概念，进而在总结论述近年来学者有关公共关系概念的基础上提出了公共关系的定义，从内涵、特征以及界定等方面对公共关系进行了详细阐释和说明，并介绍了公共关系的起源及其在国际和国内的发展。

第一节　公共关系的概念

什么是公共关系？公共关系的英文为 Public Relations，缩写为 PR。它于 20 世纪初首先在美国使用，现在已经成为世界性的概念。人们对公共关系的认识是随着对现代社会发展认识的不断深入而深入的。中文的“公共关系”一词大约出现在 20 世纪 60 年代，首先流行于我国的香港和台湾地区，人们通常简称公共关系为“公关”。具体来说，public 通常有两种用法：一是作为形容词，可译作“公共的”“公开的”；二是作为名词，可译作“公众”。relations 为复数，一般译作“关系”。在中文表述中，这个词既可译作“公共关系”，也可译作“公众关系”。但译作“公众关系”似乎不够准确，因为它既可理解为“与公众的关系”，也可理解为“公众间的关系”，尽管这个词的本义是指一个组织与公众之间的关系。因此，约定俗成的译法还是“公共关系”。

具体来说，将 Public Relations 译为“公共关系”的理由有以下几点：

第一，公共关系的“公众”不仅由人群构成，还包括政府、社区、媒介等机构。因为政府、社区、媒介等机构在中国人的心目中是公共事业单位，译为“公共关系”，理解上更容易被人们接受。

第二，我国香港和台湾地区的著述大多是这种译法，已成为主流译法。

第三，“公共”一词与“私人”一词相对应，准确地表达了“公共关系”与“私人关系”的不同本质。在我国，被法律认可的也是“公共关系协会”。随着历史的推移，英文 Public Affairs、Public Communication 也被译为公共关系。公共关系逐步发展，并被赋予了越来越多的内容。

一、公共关系的定义

自从 20 世纪初诞生了第一家公共关系公司、20 世纪 20 年代出版第一部公共关系专著开始，现代意义上的公共关系的实践与研究已有 100 多年的历史了。但人们对公共关系的认识还存在着很多不一致的地方，集中表现在对公共关系的定义上。目前，国内外正式提出的公共关系定义为数颇多，从有代表性的定义来分析，主要分为以下几种类型：

（一）管理职能说

这种观点认为公共关系是一种管理职能。

国际公共关系协会曾给公共关系下过这样的定义：公共关系是一种管理功能，它具有连续性和计划性，通过公共关系以及公立的和私人的组织、机构，试图赢得与它们有关的人们的理解、同情和支持——借助对舆论的影响，实施它们自己的政策和想法，依靠有计划的、广泛的信息传播，赢得更有效的合作，更好地实现其共同利益。

美国学者莱克斯·哈罗（Rex Harlow）博士的论述支持了这种论断，他认为，公共关系是一种特殊的管理职能，它帮助一个组织建立并保持与公众之间的交流、理解、认可与合作；它参与处理各种问题与事件；它帮助管理部门了解民意，并对之做出反应；它确定并强调企业为公共利益服务的责任；它作为社会变化趋势的监视系统，帮助管理者及时掌握并有效利用社会变化，保持与社会变动同步；它运用健全的、正当的传播技能和研究方法作为主要的工具。

被誉为"现代公共关系之父"的美国博雅公关公司创始人夏博新（Harold Burson），基于近40年的丰富从业经验，提出了博雅对公共关系的理解："公关到底是什么？公关是认知管理；公关公司即'认知管理公司'，公关人士即'认知管理者'。"什么是认知管理呢？博雅公关公司提出，认知管理"即通过管理公众对事物、企业或个人的看法，来使他们改变行为方式及决策，最终获取他们的认同。认知管理是企业无形资产的创造者"。对一家公关公司而言，认知管理包括一系列传播活动解决方案。商标、品牌、企业形象都是认知管理的一部分，具体操作方式可包括新闻发布会、小型访谈会、首席行政官形象培训、沟通计划、游说、认知调查和广告等。[①]

在国内学者的研究中，王乐夫等人的定义也认为，公共关系是一种内求团结、外求发展的经营管理艺术。它运用合理的原则和方法，协调和改善组织机构的对内和对外关系，使组织机构的各项政策和活动符合广大公众的需求，在公众中树立起良好的形象，以谋求公众对组织机构的了解、信任、好感和合作，并获得共同的利益。台湾学者李茂政在《传播学通论》中指出："公共关系是一项管理职能，它评估公众态度，企求个人或组织的政策和程序与公众利益趋于一致，并且规划及执行有关争取公众了解和被公众接纳的行动方案。"

（二）传播沟通说

这一类定义突出的是公共关系的传播与沟通的属性。将公共关系解释为一种传播活动，这是早期人们对公共关系的一种认识，至今仍然影响着公共关系领域。《韦伯斯特20世纪新辞典》定义：公共关系是通过宣传与一般公众建立的关系；公司、组织、军事机构等向公众报告其活动、政策等情况，试图建立有利的舆论的职能。

英国著名公关学者弗兰克·杰夫金斯（Frank Jefkins）的定义是：公共关系就是一个组织为了达到与它的公众之间的相互了解和确定的目标，有计划地采用一切向内和向外的传播沟通方式的总和。

我国学者毛经权的定义是：公共关系是一个组织运用各种传播手段，在组织和社会公众之间建立相互了解和信赖关系，并通过双向的信息交流，在社会公众中树立良好的形象和声誉，以取得理解、支持和合作，从而有利于促进组织本身目标的实现。居延安的定义更简单："公共

① 博雅公关公司内部刊物《博雅观点》，1999年3月创刊号。

关系是一个社会组织用传播的手段使自己与公众相互了解和相互适应的一种活动或职能。”[①]

(三)社会关系说

社会关系说认为，公共关系是指社会组织运用科学的传播和沟通手段，在自己与公众之间不断建立和发展起来的一种相互理解、支持及依存的关系。公共关系是社会关系的一种特殊表现形式，它既不是广义的、一般的人与人之间的社会关系，也不是日常的、个别的相互交往的人际关系，而是一种复合的群体关系。这种关系以潜在的知晓和利益关系为前提。

美国普林斯顿大学资深公共关系教授 H. L. 切尔兹(H. L. Chils)认为，公共关系是我们所从事的各种活动、所发生的各种关系的统称。这些活动与关系都是公众性的，并且都有其社会意义。

国内学者李道平等人认为，公共关系是社会组织为了寻求良好合作与和谐发展，通过关系协调、沟通管理、形象塑造等方式，同利益相关的公众结成的一种社会关系。它包括政府与社会各界的关系、企业与消费者及有关客户的关系、领导与员工的关系等。[②] 台湾公共关系专家祝振华则提出：“五伦以外的人类关系，谓之公众关系。”

(四)科学、艺术说

1978 年在墨西哥召开的第一次国际公共关系协会大会上发表的《墨西哥宣言》指出，公共关系是分析发展趋势、预测未来结果、为组织领导者提供决策咨询、执行有利于组织又有利于公众的行为计划的艺术和科学。

美国早期公共关系专家坎菲尔德(Canfield)认为，公共关系是一种管理哲学，这种管理哲学在所有决策行为上都以公共利益为本，以期获得公众的谅解和信任。

美国公共关系学者弗雷齐尔・穆尔(Frazier Moore)等认为，公共关系是一种用政策和实际做法表示的社会管理哲学，它争取在双向沟通的基础上通过与公众敏感的交流活动得到相互的理解和好感。

日本公共关系专家田中宽次郎认为，公共关系就是良好的公共关系状态，即与社会保持良好的关系的技术。

(五)共同利益说

共同利益说认为，公共关系是一门艺术和社会科学，可以用来分析发展趋势，预测其结果，为组织领导者提供咨询并实行有计划的行动方案。这种行动方案将服务于该组织和公众的共同利益。公共关系具有经营管理的功能，属于一种经营性与计划性的工作，不论何种机构或组织，均通过它来保持与其相关的公众的了解、同情和支持，即审度公众的意见，使本机构的政策与措施尽量与之配合，再有计划地运用大量资料，争取建设性的合作，从而获得共同利益。

共同利益说是对前几种定义的超越，第一次将利益而不是认知因素纳入公共关系的本质问题进行思考，这无疑是一种突破性进展。共同利益说是一种公平的态度，但带有理想化的色彩。因为任何关系的处理，尤其是当利益冲突激化时，总要有一个确保某些利益或放弃某些利益的价值抉择，总要有孰轻孰重或孰先孰后的程度、顺序问题，不可能不偏不倚。因此，共同利益说存在操作上的困境。

(六)公共利益说

由于共同利益说过于理想化及其存在操作上的困境，人们又进一步走向以公众利益为重

---

① 居延安：《公共关系学导论》，上海人民出版社 1987 年版。
② 李道平等：《公共关系学》，经济科学出版社 2008 年版。

的境界。公共利益说对公共关系的定义强调，在组织与公众之间的利益关系权衡上，以公众利益为重、为本、为先，这已经在当今的国际社会中取得了相当普遍的共识。

1976年，莱克斯·哈罗通过征集并研究472条公共关系的定义后，以文章题为《历年来的公共关系定义》发表于1977年《公共关系评论》春季季刊上，文中提出了一个著名定义："公共关系是一种独特的管理职能，它帮助一个组织和它的公众之间建立交流、理解、认可和合作关系；它参与各种问题和事件的处理；它帮助管理部门了解公众舆论，并对之做出反应；它明确并强调管理部门为公众利益服务的责任；它帮助管理部门掌握情况的变化，并监视这些变化，预测变化的趋势，以使组织与社会变化同步发展；它以良好的、符合职业道德的传播技术和研究方法作为基本的工具。"①该定义是对国外流行的公共关系的种种说法的总结。

二、公共关系的内涵

任何一个概念的内涵，都应揭示事物的本质属性。以上种种类型的定义都是从特定方面对公共关系内涵的表述，所以都有些欠周全。本书认为，公共关系首先是一种社会关系，并且是带有一定文化属性的社会关系，所以从这个角度出发，得出这样一个公共关系的定义：公共关系是社会组织以一定的价值观念为指导，通过组织与公众间信息的双向交流和分享，建立和维持一个组织与公众之间的相互沟通、理解、接受和合作，在不断进化和生成共有文化系统的基础上，达到组织与公众之间共生、共赢、和谐相处的一种社会关系状态。

（一）公共关系首先是一种新型的社会关系

公共关系作为一种社会关系，首先它是一种客观存在，普遍存在于任何社会组织的运行之中。任何社会组织无论是否承认曾经主动地或有意识地开展过公共关系活动，它总是处于一种公共关系状态之中。这种公共关系状态包括组织与公众之间客观上存在的关系状况和舆论状况，是组织公共关系活动的基础，也是组织公共关系活动的结果。关键是社会组织能否正确认识这种状态，并试图维护或改善这种状态，使之有利于社会组织自身的发展。

其次，相对于以往的社会关系，公共关系是一种新型的社会关系。公共关系作为一种新型的社会关系，主要体现在以下两个方面：

第一，关系的主体和客体，即互动的双方均是组织性的或团体性的，这体现了公共关系的非私人性这一本质特征，这也就同私人关系或人际关系截然区分开来。

第二，强调利益关系的实质，即公共关系的实质是社会组织与公众之间的利益关系，而非情感关系、传播关系或其他性质的关系。社会组织与公众之间只有在利益上相互依存，彼此才有发展良好关系的愿望，才有合作的动力，因而才决定了公共关系的客观社会需要。公共关系绝非仅仅根植于交往情感或信息传递，它是客观存在的，并且是必须认真对待和调整才能得以改善的关系。

显而易见，公共关系作为一种新型的社会关系，是由于其关系角色的团体性、横向关系的依存性。公共关系的健康发展不仅有利于建立新的良好的社会秩序，而且带来了新的文明氛围，从而成为现代文明进步的重要推进系统。

（二）公共关系是一种思想观念或精神文化

公共关系作为一种思想观念和社会精神文化，是商品经济发展到一定阶段，为应对因物欲的过度诱发和膨胀给企业、社会组织和人类整体的生存与发展带来限制和危害的产物。它是

---

① 转引自居延安：《公共关系学》，复旦大学出版社2013年版，第5页。

企业生存与发展的一剂良药，也是人文精神和道德价值在企业界的胜利。因此，公共关系就其本质而言，为企业和社会组织引入了一种新的价值观念，这种价值观念能促使有声有色的公共关系活动的健康发展，而且还潜移默化地渗透到管理者日常行为的各个方面，为企业构建一种新的行为方式，并创造一种新的市场文化和生存环境。

（三）公共关系的目的是实现组织和公众的协调与共赢

实现社会组织与公共关系的协调和共赢，这是对公共关系目的的新解释。以往的公共关系的定义要么主张相互了解，要么主张塑造组织形象。在此，本书明确提出公共关系协调和共赢的目的，它是把握公共关系本质的重要因素。相互了解、塑造形象并没有达到公共关系的目的，它们不可能从根本上改善公共关系的结果，而只不过是根本改善公共关系过程中一个环节、一种基础或一种活动而已，真正的目的只能是社会组织与公众关系的协调和共生共赢。

另外，公共关系的终极目标是实现组织与公众的共同利益，这是一个“双赢”的概念，也是一种“要使自己发展必须使他人同时得到实惠和效益”的思想。为了达到此目的，组织与公众必须相互适应、相互依存、相互协调、共同发展。

（四）公共关系是组织与其公众之间的双向沟通关系

一个组织与其相关公众之间可以存在着各种不同性质的社会关系，如政治关系、经济关系、文化关系、法律关系等，但这些都不是公共关系。只有组织与其公众之间的传播沟通关系，才是公共关系。组织通过传播沟通活动，与公众进行信息交流，促进组织与公众之间的了解、认同和信任，这一过程就是公共关系。当然，在组织的政治、经济、文化、法律等方面的活动中，也存在着传播与沟通、与公众进行信息交流的问题，即在这些活动中也存在着公共关系问题。但这里应强调的是，公共关系可以渗透到各种活动中，而只有各项活动中的传播与沟通，才是公共关系。

还必须指出，公共关系中所谓的传播与沟通，是双向而不是单向的。组织一方面要及时、迅速地把自己各方面的信息传播给相关公众，争取公众的了解和支持；另一方面又要全面、准确地收集公众的反馈意见，并根据公众的意见来改善或调整自己的方针政策与行为方式。因此，公共关系的传播与沟通是组织与公众之间双向交流的互动过程。

（五）公共关系是一个不断进化和生成的文化系统

公共关系的职业定义是专门从事“信息传播、关系协调与形象管理”的工作。这种工作性质不仅通过组织文化及其物化表征直接作用于组织，对组织的内部员工进行影响和渗透，促使员工把实现个人价值与组织的生存发展联系起来，从而在组织内部形成整体的认同感和强烈的团队精神，而且也对社会、对个人造成间接的影响。社会学家指出，只有一小部分矛盾是由利益冲突造成的，更多的矛盾则是由于缺乏沟通形成的。如果整个社会或社会中的每个人都懂得通过信息交流进行沟通并协调关系，从而化解矛盾和危机，则整个社会就会出现“人和”的融洽氛围。如果人人都重视维护国家形象、个人形象，则整个社会的文明程度就会大大提高。由此可见，公共关系有利于优化社会环境与提高个人素质，有利于创造人文精神与营造人文氛围。

公共关系是一个不断进化和生成的社会文化系统，它以人类的终极价值为目标，通过企业文化和组织文化的营造，不仅为企业和社会组织的生存与发展创造良好的环境，而且也通过自身领域的不断拓展为社会提供价值导向。艾维·李(Ivy Lee)倡导“事实原则”，将真诚无欺的价值观念引入企业界；伯尼斯(Bernays)推行“公众原则”，将互惠互利等利益观引入企业界；卡特利普(Scoot Cutlip)和森特(Allen Center)呼唤“科学”原则，将相互沟通和理解作为企业经营的理念。这一切是企业文化的再造，也是市场文化的重塑。它带来的不仅仅是企业经营的规范和持续的发展，而且是企业经营理念和行为目标的转换，这种转换是经济力向文化力的转换，从而缓解了经济力给社会文化造成的“异化”和耗散。

特别是随着“社会文化”导向时代的到来，企业和社会组织面临的生存环境日益受到不可忽视的甚至更加重要的多种非经济的社会文化因素的影响，从而使得公共关系必须自觉地以“社会文化”为导向和以文化战略的构建为目标来拓展、丰富、升华其基本内涵，实现公共关系观念的更新以及文化的生成和进化。

从强调文化因素对社会环境的优化、对提高人的素质的作用来看，公关行业内流行的各种对公共关系的通俗解释都是对公共关系内涵的诠释。例如，公共关系是“旨在影响特殊公众的说服性传播”；公共关系是“争取对你有用的朋友”；公共关系是“一门研究如何建立信誉，从而使事业获得成功的学问”；公共关系是“百分之九十靠自己做得对，百分之十靠宣传”；公共关系是“通过建立良好的人际关系来辅助事业的成功”；公共关系是“一个建立公众信任并增进公众了解的计划方案”；公共关系是“促进善意”；公共关系是“博得好感的技术”；公共关系是“要大家爱我”，“使公司得利的，就是那些个人称为礼貌与德行的修养”；公共关系就是“信与爱的结合”；公共关系就是“讨公众的喜欢”；等等。

三、公共关系的界定

为了加深对公共关系的理解，我们通过公共关系与其相关问题的比较来明确其相互之间的联系和区别。

（一）公共关系与广告

公共关系与广告有许多相似之处：首先，它们都有传播信息的功能，都要借助新闻媒体和其他传播媒体才能实现自身功能；其次，公共关系经常把广告作为公共关系传播策略的一部分，从而使广告成为公共关系活动中经常采用的一种工具。

公共关系与广告的主要区别在于：第一，两者的目标不同。广告是一种“付钱的宣传”，直接推销企业某种产品或服务，而公共关系的目标则是在公众心目中建立良好的组织形象，为组织争取良好的公共关系状态。第二，两者的范围不同。广告的对象范围较小，主要是经济性组织所面对的消费者，而公共关系的对象范围非常广泛，它要面对任何组织和个人。第三，两者运用的手法不同。广告的手法是真实性与艺术性相结合以引人注目，可以采用夸张手法，而公共关系的信息传播必须真实、可靠，不能有任何夸大和虚假，否则就很难取得公众理解和信任。第四，两者所处的地位不同。广告作为经济组织的促销手段之一，在经营管理中所处的地位是局部性的，而公共关系在经营管理中处于战略性、全局性的地位，并且贯穿于经营管理的全过程。第五，两者的效果不同。一般来说，广告的效果是直接的、局部的，而且又是明显的、可测的，公共关系的效果则往往是间接的、不明显的，但却是整体的、长远的。

（二）公共关系与宣传

宣传是运用各种有意义的符号传播一定的观念，以影响人们的态度、引导人们的思想及调整人们的行为的一种社会行为。公共关系也含有说服对方（公众）以取得理解、支持与合作的目的。同时，在公共关系活动中，要经常借助新闻媒体、各种宣传型刊物、简报和资料等，以提高组织的知名度和美誉度。因此，两者有着密切的联系。

但是两者又有很大的区别，就是两者的传播方式不同。宣传是单向的传播，注重带有某种强制性的灌输，公共关系则是双向的信息沟通与传播，既要及时、准确、有效地传递组织的信息，又要及时收集、整理、反馈公众的意见，不断改进经营与管理。

（三）公共关系与人际关系

人际关系是社会关系中个人与个人之间的社会联系活动，例如，血缘关系中的“父子关系”，地缘关系中的“老乡关系”，趣缘关系中的“球友”“网友”“牌友”关系等，它是一种私人关系。公共关系与人际关系的联系主要表现在：第一，人际关系是最古老的社会关系，公共关系是从人际关系中孕育和发展起来的；第二，公共关系多数情况下要借助人际关系的交往形式去实现自身任务，而且它本身也具备人际关系的不少特点；第三，公共关系必须遵循人际关系的交往原则和方法。两者的区别在于：第一，公共关系不能简单地理解为人际关系，它是对简单人际关系的一种扬弃；第二，公共关系侧重组织与组织、组织与个体，而人际关系侧重个体；第三，公共关系的交往手段和方式比人际关系的交往手段要复杂得多，它往往要借助现代传播媒介和现代传播技术。

（四）公共关系与“庸俗关系”

我们这里所说的“庸俗关系”，是指不正常、不健康、庸俗的人际关系。公共关系与“庸俗关系”有着本质的区别：

第一，两者产生的社会条件不同。公共关系是商品经济高度发展和信息传播工具高度发达的产物。在这种社会条件下，竞争日益激烈，争取公众和舆论的支持、完善自身形象将成为每个社会组织必然的选择。“庸俗关系”则是指因为商品经济不发达、市场资源短缺而产生的一种社会腐败现象，是民主与法制不健全、不完善的产物。

第二，两者所遵循的基本原则不同。公共关系是在互利互惠的原则下，追求经济效益和社会效益的统一。“庸俗关系”则是以私利为原则，极力牟取个人或小团体利益，当自身利益与公众利益相矛盾时，为私利侵犯公众利益乃至违法乱纪。

第三，两者运用的手段不同。公共关系主要依靠组织自身的努力来树立自己的信誉和形象，通过运用大众传播媒介建立组织与公众的双向信息传播与沟通，使公众了解、理解、信任和支持组织的政策和行为。“庸俗关系”的主要手段则是以权谋私或以利谋私。

第四，两者产生的社会效果不同。公共关系以推动社会进步、促进组织发展为出发点，其结果不仅使组织自身效益大大提高，而且促进了社会经济文化的繁荣与发展。“庸俗关系”则以损人利己、损公肥私为出发点，结果使国家、集体和公众的利益受到损害，败坏社会风气。

四、公共关系的特征

公共关系是社会组织与公众之间形成的一种独特的“社会关系”。这种社会关系是社会组织与公众相互交往和互动的产物，从而对组织自身的生存与发展产生整体而持久的影响。因此，公共关系的本质属性使其有着区别于其他事物的一些特征，认识这些本质特征有助于我们准确把握公共关系的内涵。公共关系的基本特征可归纳为以下几个方面：

（一）以公众为对象

公共关系是一定的社会组织同与其相关的社会公众之间的相互关系。社会组织必须着眼于自己的公众，才能生存和发展。公众构成公共关系客体一方，它与公共关系的主体构成公共关系的基本矛盾。公众是公共关系学的主要研究对象，一切工作均围绕公众展开。公共关系活动的策划者和实施者必须始终坚持以公众利益为导向。卡特利普认为，各类公众是决定公共关系成败的关键，因此，组织的生存与发展取决于公众对组织的认可和支持程度，组织必须将相关公众理解为每个活生生的、有认识能力的人。对待公众有别于对组织的财产、技术和物质及资金的管理。公众的特征明确要求我们,必须善待每一位公众,做到一视同仁,做到“公众至上”。

(二)以美誉为目标

公共关系不是一种政治关系,也不是一种经济关系,其评价尺度既不是政治立场,也不是经济指标,而是美誉度。塑造形象是公共关系的核心问题,其基本目标有两个,即知名度和美誉度。所谓知名度,是指一个组织被公众知道、了解的程度,以及社会影响的广度和深度。所谓美誉度,是指一个组织获得公众信任、赞美的程度,以及社会影响的效果。良好的组织形象是组织的无形资产和资本。在公众中树立组织的美好形象是公共关系活动的根本目的,而形象中的知名度是以美誉度为基础,因此,公共关系是以追求高美誉度为工作目标。这一特征告诉我们,任何组织都必须把公共关系工作的重心放在塑造良好的组织形象上。

(三)以互惠为原则

社会组织与公众之间关系的基础是利益的相关性。公共关系不是以血缘、地缘为基础,而是以一定的利益关系为基础。社会组织想要生存与发展,必须得到公众的支持,而要想得到支持,就必须让公众得到利益。一个社会组织在发展过程中要想得到相关组织和公众的长久支持与合作,就要奉行互惠原则,既要实现本组织目标,又要让公众得益。可以说,公共关系实质上是社会组织与公众的一种利益关系。因此,公共关系遵守与公众互利互惠、共同发展的原则,最终达到双赢的目的。

(四)以长远为方针

一个社会组织给公众留下不可磨灭的组织形象,不是朝夕之功所能达到的,必须经过长期有计划、有目的的艰苦努力。公共关系是组织的一项长久性的工作,而且公共关系要着眼于长远利益。因此,公共关系具有长远性。组织形象的树立过程有其长期性,一旦树立起来,它就不会轻易改变,因此,公共关系的长远性是与组织生存的长远性同根相生、同命相连的。

(五)以真诚为信条

以事实为基础是公共关系活动必须切实遵循的基本原则之一。社会组织必须为自己塑造一个诚实的形象,才能取信于公众。精诚所至,金石为开;唯有真诚,才能赢得合作。开展公共关系必须以事实为基础,“说真话、讲实情”是公共关系理论的基本思想。公共关系要追求长久的美誉度,就一定要以真诚为信条,互利互惠只有依靠真诚才能做到。特别是在市场经济条件下,公众对真诚的期望越来越迫切。唯有真诚,才能长久赢得公众的合作与社会美誉度。

(六)以沟通为手段

公共关系信息只有经过传播与沟通才能实现其价值。形象在传播沟通中塑造,美誉度在传播沟通中提高,合作在传播沟通中促成,目标在传播沟通中实现,无形资产在传播沟通中建立与积累,因此,公共关系目标与价值的实现离不开传播沟通。没有双向的沟通,主、客体之间的关系就不会存在,社会组织的良好形象也无从产生,互惠互利也不可能实现。

以上六个方面综合、系统、多角度地构成了公共关系的基本特征。公关意识以此为基础,公关工作由此而展开,公关职能缘此而设定,所以有人说“公共关系内核小、外延大”,即是此理。

第二节　现代公共关系的起源与发展

公共关系作为一种职业和一门学科,最早产生于美国,但公共关系作为客观的社会现象和一种人类朴素的思想意识观念以及人类不自觉的社会活动早已存在。

一、古代时期——公共关系思想的萌芽

在古希腊、古罗马时代，西方社会对于沟通方法非常重视，有些深谙沟通学问的一流演说家常常被推为首领。例如，古希腊人认为，较强的修辞能力是参与政治过程的基本条件之一，因为政治家与公众之间的桥梁是靠“修辞”来构筑的。古希腊哲学家亚里士多德的经典著作《修辞学》被西方公共关系学界认为是最早问世的公共关系学的理论书籍。古罗马独裁者恺撒的纪实著作《高卢战记》也被西方一些著名的公共关系专家称为“第一流的公共关系著作”。古代基督教在全世界卓有成效的传播，也被认为是古代“公共关系”的又一典范。

我国研究公共关系的学者认为，早在周代，中国就有了类似于公共关系的观念与活动。西周时期，有人针对周厉王施暴政而带来的怨声载道、民怨沸腾的情况，提出了“防民之口，甚于防川”的观点，认为社会舆论的好坏直接关系到政权的稳固与否，强调应重视民众、传播信息和调整施政措施。这种观点与现代公共关系中重视信息反馈的观念是一致的。中国古代有大量类似于公共关系的实践活动。在我国古代的政治活动、外交活动和军事活动中，也有许多类似于公共关系活动的成功范例。古代的游说活动，如商代盘庚迁都之前进行的演讲动员活动、战国时期苏秦和张仪的游说活动、秦末刘邦攻入咸阳后与老百姓的“约法三章”等，都是类似于公共关系活动的例证。

在中国古代的一些经济活动中，人们都自觉或不自觉地运用各种传播手段和沟通技巧来宣传自己，树立自己良好的声誉和形象。张骞通西域、郑和下西洋在世界公共关系史上都占有十分重要的地位。

当然，严格地讲，古代并不存在科学意义上的公共关系，那时的一些类似今天公共关系的思想观点与实践做法可称为“类公关”“准公关”“公关的萌芽”“史前公关”。总之，那时的公共关系不仅没有独立的思想体系，甚至连这一概念都没有，但它们的确是今天公共关系产生的基础，是丰富的、宝贵的人类文明遗产，应辩证地加以取舍、扬弃。

二、现代公共关系的起源

公共关系作为一门现代管理学科，发端于 20 世纪初的美国。公共关系作为一种职业，则发端于 19 世纪中叶至下半叶的美国。当时美国的社会面貌和经济生活体现出以下几方面的特点：(1)美国经济得到高度发展，迫切要求为经济服务的手段和观念；(2)随着社会政治生活的民主化，人权意识逐步提高，开始强调政府与社会组织的相关政策要被公众知晓和认可；(3)科学技术的发展及现代传媒进入社会生活增强了人们的社会联系，也加快了人们的日常交流活动。可以说，这些特点正是现代公共关系得以发端于美国的基本条件。公共关系作为一种全新的思想、一种科学而系统的理论、一种新型的职业在美国发端以后，随着社会经济、政治、思想、文化及其他社会历史条件的不断发展和变化而经历了不同的历史发展时期，并呈现出相应的特征。

(一)菲尔斯・巴纳姆时期——“公众受愚弄”时期

比较正规的公关实践活动发端于美国废奴运动、立宪运动、总统竞选等政治活动中，但有组织的公共关系活动开始于美国风行一时的报刊宣传代理活动。19 世纪 30 年代左右，新闻报刊业在美国引起了社会各界的关注，开始有了长足的进步，形成了一场规模较大的“报刊宣传运动”。这时，美国报刊业出现了以大众读者为对象、大量印发通俗化报刊的时期——“便士

报”时期。当时，不少公司和财团雇用专门人员炮制煽动性新闻，为自己做夸大和虚假的宣传，而报刊为了迎合某些读者的心理，也乐于接受发表。以上两者相互配合，便出现了当时的报刊宣传代理活动。菲尔斯·巴纳姆(Phines T. Barnum)因制造舆论宣传、推动马戏演出而闻名于世，是这一时期最有代表性的人物。巴纳姆的信条是“凡宣传皆好事”。但当巴纳姆骗局一次次被揭穿之后，报刊宣传活动受到人们的批评。虽然这种报刊宣传活动在促进公共关系发展成为一种有组织的活动方面具有积极的意义，但从总体上看，这一时期的报刊宣传活动有两个致命的弱点：一是这种宣传对公众的利益全然不予考虑；二是几乎所有的报刊宣传都以获得免费的报纸版面为目的，并为此不择手段，为自己制造神话、欺骗公众，这在根本上是与公共关系的宗旨背道而驰的，因此，这就使巴纳姆时期在公共关系发展史上成为一个不光彩的时期，有人称为“公众受愚弄时期”“反公共关系时期”或“公共关系的黑暗时期”。后来，人们以此为鉴，明确了在公共关系活动中必须奉行诚实、公正和维护公众利益的原则与精神。

虽然早期的新闻代理活动仍然免不了存在大吹大擂、混淆视听和隐瞒欺骗的弊端，但是，这一时期的公共关系活动已带有一定的组织性和较为明确的目的性。也就是说，公共关系已经不再局限于政治活动和思想宣传活动，而是逐渐与实现利益愿望紧密地结合在一起，这为公共关系后来的迅猛发展奠定了基础。

(二)艾维·李时期——“说真话”时期

1903年，美国著名记者艾维·李(Ivy Lee)在美国开办了第一家正式的公共关系事务所，标志着现代公共关系的问世。从此，公共关系事业进入了一个前所未有的现代发展时期。

1906年，艾维·李向新闻界发表了著名的具有里程碑性质的《原则宣言》。艾维·李提出：“我们的责任是代表企业单位及公众组织就公众关心并与公众利益相关的问题向报界和公众提供迅速、真实的消息。”在实际工作中，艾维·李落实了自己的思想，并做得很出色。他在洛克菲勒财团的公共关系极端恶化且声名狼藉时，为其提供了成功的公共关系咨询，建议洛克菲勒财团邀请劳工领袖协商解决劳资纠纷，广泛进行慈善捐赠，改变在公众心目中的不良形象；他在处理宾夕法尼亚州铁路公司发生的人员伤亡事故时，果断采取公布事故真相、向死难者家属提供赔偿、为受伤者支付治疗费、向社会各方诚恳道歉等措施，取得了良好的效果。

艾维·李依靠自己的努力，使公共关系工作在社会上产生了很大影响并获得认可，从而促成公共关系正式成为一种职业，因此，人们尊称其为“公共关系之父”。艾维·李提出的“说真话”“公众必须被告知”的命题，将“公共利益与诚实”带进了公共关系领域，使公共关系这门学科从对一些简单问题的探讨上升为探求某些规律性的原则和方法，大大推动了这门学科的发展。

当然，由于时代的局限，艾维·李的公共关系咨询工作还存在许多不足之处。例如，他从未进行过公众舆论的科学调查，而只是凭经验和直觉开展工作。尽管如此，他在公共关系发展史上仍占据着重要的地位。正是由于他的努力，使公共关系不仅成为一种独立的社会职业，而且朝着科学化的方向迅速发展。

(三)爱德华·伯尼斯时期——“投公众所好”时期

艾维·李作为公共关系的创始人，虽然提出了一系列独创的公共关系思想观点或观念，但是，由于当时历史条件的限制和个人精力的局限，还没有形成比较系统、严密的公共关系理论，主要是凭借个人经验开展公关工作。完成公共关系理论体系奠基任务的是美国学者爱德华·伯尼斯(Edward Bernays)。

1913年，伯尼斯受聘于美国福特汽车公司，担任该公司的公共关系部经理。第一次世界大战期间，他又在威尔逊总统成立的官方公共关系机构“克里尔委员会”担任委员，专门负责向国外的新闻媒介提供有关美国参战情况的背景资料和解释性资料。第一次世界大战结束后，他和夫人在纽约开办了公共关系公司。1923 年，他出版了论述公共关系理论的著作《舆论明鉴》。《舆论明鉴》是公共关系学领域的第一部经典性著作。同年，伯尼斯在纽约大学首次讲授公共关系课程。1952 年，他又编写了教科书《公共关系学》，从而使公共关系的理论与方法形成了一个比较完整的体系。

伯尼斯的主要贡献在于，他把公共关系学理论从新闻传播领域中分离出来，并对公共关系的原理与方法进行比较系统的研究，使之系统化、完整化，最终成为一门独立、完整的新兴学科。伯尼斯不仅是一位公共关系理论家，同时又是一位公共关系实践家。他与夫人合作进行的公共关系咨询，接受过多位美国总统和实业界巨头的委托，运用公共关系实务成功地帮助他们塑造良好的社会形象。有人评价道：“他与公共关系这门学科的发展方向保持一致，并且考虑得更深远、更全面。”

伯尼斯公共关系思想的一个重要组成部分就是他提出的“投公众所好”的思想。他主张，企业或组织在决策之前，应首先了解公众爱好什么、对企业或组织有什么要求或期望，在确定公众的价值取向与态度之后，再有目的地着手宣传工作，以迎合公众要求。他认为，在一定科学理论指导下的劝说活动有着巨大的威力，因此他非常注重运用各门社会学科的研究成果。

1924 年，美国《芝加哥论坛报》发表社论强调指出，公共关系已成为一种专门职业，它既是一种管理艺术，又是一门学科，社会各界都必须重视公共关系。有人认为，这一社论的发表既是公共关系科学化的标志，也是现代公共关系理论和实践系统化的标志。

三、现代公共关系在西方发达国家的发展

（一）美国：斯科特·卡特利普时期——“双向对称”时期

第二次世界大战以后，国际上的经济、技术和劳务合作日趋频繁和紧密。但由于不同民族和国家之间在交往过程中存在语言文字、思想文化、社会制度和风俗习惯等方面的障碍，客观上要求必须有一批国际公共关系的专业人员从中进行有效的沟通和协调。正如美国《公共关系手册》指出的，“打算进入外国市场的美国商人发现，他们的当务之急是公共关系问题”。因为对外关系的矛盾，十有八九不是出于利益的冲突，而是语言、文化、传统等方面的隔阂，所以在拓展世界市场的过程中，能够与不同文化背景的人进行沟通交流、协调关系是公共关系事业能否成功的关键。传统的公共关系理论认为，在公共关系的实践中，公共关系都是作为“一项具体工作”表现出来。这类工作只注重将有关组织的信息扩散到该组织的环境中，而忽略将有关环境的信息传递给该组织。这种理论实质上是把公共关系系统看作一个“封闭系统”，这种一厢情愿式的单向传递模式在特定的历史条件下可能有一定的效果，但缺少公众参与的“一头热”模式的弊端日渐显露出来。1952 年，卡特利普与森特合著的《公共关系教程》完整地阐述了公共关系的一系列基本理论，介绍了具有较高价值的实用方法，在美国被称为“公共关系的《圣经》”。在书中他们提出了著名的“双向对称”的公共关系模式，概括了现代公共关系过程的本质特点。他们认为，公共关系的最终目的是要在组织与公众之间建立一种和谐、良好的关系。这就要求公共关系一方面要把组织的想法和信息向公众进行传播和解释；另一方面又要把公众的信息和想法向组织进行传播和解释，目的是使组织与公众结成一种相互信任的关系，并处在和谐发展的状态中。在这种模式中，对于公众的知识结构、观点和行为所施加的影响，都是为了实现和维持组织与公众双方的共同利益。

在当今社会，一方面社会日益走向多元化和多极化；另一方面各种社会矛盾和对立又日趋融通与缓和。这就使得任何一个社会组织只有增强与其他社会团体和公众的相互沟通、协调与合作，才能得以生存和发展。因此，社会组织与其相关团体和公众自觉的、积极的、有目的的、有计划的相互沟通和联系就变得更加迫切和必要。开放系统的“双向对称”公共关系模式正是这一社会客观环境的必然产物。

(二)公共关系在其他西方发达国家的发展

除了美国，世界范围内率先引进公关理念的是英国，1926 年英国出现第一个官方的公共关系机构——皇家营销部。为弥补经济萧条的重大损失，皇家营销部竭尽全力组织了一场声势浩大的公关活动，响应首相“买英国货”的号召，这次成功的大规模的公共关系活动使人们认识到公共关系能创造社会与经济价值。

1940 年，公共关系被引入加拿大。1946 年，公共关系在法国崭露头角。1946 年，荷兰出现首批公共关系事务所。紧接着，加拿大、英国、挪威、比利时、瑞典、芬兰、联邦德国等相继成立了公共关系协会。1947 年，美国将公共关系引入日本，强行设立公共关系机构并举办多种演习会、训练班，广为发动宣传，在日本兴起公共关系热。“日本的 PR 王国”电通公司便是其中的突出代表，1957 年，电通公司成立了日本首家公共关系公司。1950—1955 年，公共关系在中美洲、南美洲、澳大利亚、日本、新西兰和南非扎根。1955 年，国际公共关系协会(IPRA)在全球公共关系热潮中宣告成立。60 多年来，该协会已发展了 100 多个国家和地区会员，影响遍及全球。

1955 年，国际公共关系协会(IPRA)在伦敦成立，标志着公共关系已在世界范围内得到普遍承认和传播，随后区域性的公共关系协会也相继出现。例如，1959 年欧洲公共关系联盟(CEPR)在比利时成立，1966 年中美洲公共关系协会联会在阿根廷圣胡安成立，1967 年泛太平洋公共关系联盟在夏威夷檀香山成立，1980 年北美公共关系委员会成立。这一切都表明，公共关系已在世界范围内成为一种真正的专门化职业、一门独立完整的新兴学科。

西方国家公共关系的特点是加强与社区公众的信息交流，提高企业在社会上的知名度和形象。法国、意大利、德国的一些企业纷纷拟订邀请社会公众、企业职工家属参观企业的计划，积极与社会团体、教育机构保持密切联系，以获得社会公众的理解和支持。西方国家公共关系的另一个特点是善于把公共关系宣传和广告宣传巧妙地结合起来，为产品推销服务。西方各国还注重公共关系的理论研究。法国一开始就把公共关系作为一门社会管理科学，在学校设立公关专业，聘请企业中有经验的公关专家讲授公关课程，培养公关人才。西欧各国在国际营销中，也能十分得心应手地运用公共关系。20 世纪 60 年代初，意大利航空公司在日本举行盛大的日本航线通航记者招待会，发布通航信息。在记者招待会上，意大利航空公司向日本公众介绍意大利著名的画家、诗人和社会名流，引起日本公众的兴趣。同时，日本新闻媒介系列报道了意大利航空公司的首航日本代表团在日本各地的活动情况。随后，意大利航空公司又盛情邀请日本各界人士前往罗马参观，特别邀请两名天主教中学学生参观梵蒂冈。通过一系列精心安排的公关活动，极大地提高了意大利航空公司在日本的知名度和亲切感，从而比较顺利地开拓了对日航线业务。

(三)公共关系国际化发展的特点

公共关系理论和实践进入全新的发展阶段是在 20 世纪中叶，呈现出以下特点：

1. 公共关系思想开始广泛地运用于政府、企业，并不断得到补充完善

在美国，早在 1908 年，艾维・李的早期客户之一、著名的美国电话电报公司率先在公司内

部设置公共关系部及分配一名副经理主管该部门的工作。至今，该公司仍长期聘用公共关系顾问。该公司将公共关系纳入公司经营管理的范畴，凡公司的一切重大决策若未经公共关系部门参与研究，不能做出决定和付诸实施执行。1930 年，约翰·希尔和威廉·诺顿在克利夫兰市成立了希尔·诺顿有限公司。这家公司后来在希尔的经营下迅速扩大，拥有 600 多名工作人员，遍及美国 40 多个城市并扩大至 20 多个国家。

第二次世界大战期间，公共关系受到美国政府的重视。为配合战争，政府特别建立了战时信息办公室，运用公共关系实务方法激励士兵斗志，向社会民众宣传远征军的意义，号召社会各界支持政府和军队。在军队中，也充分利用公共关系对内协调军官、士兵之间的关系，对外协调远征军与欧、亚各国当地社会大众之间的关系，使得公共关系在战争中发挥了重大的作用，从而令全美、全球对公共关系都有了新的认识。

2. 出现专业的公关机构和从业人员，并由美国扩散到其他经济发达国家

1937 年，美国《商业周刊》第一次就公共关系进行调研并形成报告。据统计，当时全美有公共关系顾问公司 250 家，从业人员达 5 000 人；到 1960 年，公共关系顾问公司已增加到 1 350 家，从业人员近 10 万人；迄今，全美各类公共关系顾问公司超过 2 000 家，职业公共关系从业人员已近 15 万人，每年的公共关系耗费竟高达几十亿美元。美国联邦政府也雇用了 12 000 多人处理政府日常公共关系事务，每年经费高达 25 亿美元。如今，85％以上的企业都设有公共关系部门与机构。美国是公共关系学的发源地，同时也一直处于公共关系研究的领先地位，对各国公共关系事业的发展发挥着重要的影响作用。正如日本的奥村纲雄所指出的："公共关系的学问，发源于美国。回顾当初的美国，所谓公共关系还只是企业家手上的小玩具，后来才发展成企业家所必须采用的政策，乃至变成企业家的重要哲学。"这一评价道出了美国公共关系发展的精义。①

美国一所大学进行的一次公共关系人员职业意向调查表明，美国在职公共关系人员自认为本职业的社会地位不低于物理学家、律师和大学教授，高于记者、推销员、飞行员、设计师，对职业感到满意。不少新闻界人士、广告师和推销员也都纷纷转行搞公共关系工作。公共关系行业在美国已成为引人注目、令人羡慕的时髦行业。

由于经济全球化加速了商品销售，促进了国际贸易的发展，也使国际公共关系事业得到了长足发展。目前，世界上已经形成一大批国际著名的跨国公关公司。例如，美国的博雅公关公司、爱德曼公关公司、福莱国际传播公司、伟达公司、奥美公司，英国的宣伟公司等。这是公共关系事业兴旺发达的最好例证。

3. 公共关系的技术和研究方兴未艾

随着第二次世界大战后国际上技术、经济及劳务合作日趋复苏和快速发展，公共关系逐渐开始运作。由于不断引进最新的科技手段，公关工作的方法更加趋于科学化。比如现代卫星通信和大型电子计算机，都是帮助公共关系步入现代化的极佳工具。如今，在电子化、信息化及网络化环境下所开展的新媒体②公关活动又赋予公关工作新的特点：一是目标客户精准定向。企业通过对社交平台大量数据的分析，可以利用新媒体有效地挖掘用户的需求，为产品设计开发提供很好的市场依据。二是企业与用户的距离拉近。因为在新媒体传播的过程中，接

① 薛可、余明阳：《公共关系学——战略、管理与传播》，科学出版社 2010 年版，第 39 页。

② 所谓新媒体，是相对于传统媒体而言的，它指的是基于互联网技术、通信技术、数字广播等技术，通过互联网、无线通信网等渠道，以电脑、电视、手机等设备为终端媒体，能够实现个性化、互动化的传播方式，包括微信、微博、博客、微电影、社交网站等。

收者可以利用现代先进的网络通信技术进行各种形式的互动，从而使新媒体公关实现了随时随地进行信息传播，公关效率大大提高。三是企业宣传的成本降低。“新媒体与传统媒体最大的区别在于传播状态的改变：由一点对多点变为多点对多点。”“新媒体近乎零费用信息发布，对受众多为免费，这对传统媒体的新闻产品制作成本造成挑战。”①而社交媒体在企业危机公关时发挥的作用已经得到了广泛认可，通过社交媒体，企业可以低成本地进行舆论监控。只要企业能随时进行舆论监控，就可以有效地降低企业品牌危机产生和扩散的可能。可见，新媒体公关已成为企业竞争力提升的关键。

此外，公共关系在不断发展的过程中还及时吸纳了传播学、心理学和行为科学的有机养分，使公共关系在策划公共关系项目、协调组织的内外部关系、研究公众舆论及公众心理等领域发挥着巨大的作用。

四、现代公共关系兴起和发展的原因

(一)现代公共关系产生的社会政治原因——民主政治

人类社会发展历史中的绝大部分时间是处于专制制度统治之下的。在这种制度下，专制制度的代表——君主，利用手中掌握的军队、监狱等国家机器；推行符合其个人意志的统治，掌握着对民众生死予夺的大权，可以说君主的话便是法律和圣旨，任何人都不得违抗。在这种制度统治下，人们只有服从，没有对等的交流，也无权进行选择。因此，在专制制度下不可能产生真正意义上的公共关系。

文艺复兴和宗教改革打开了欧洲中世纪的缺口。随着社会经济、技术的不断发展，特别是第一次、第二次科技革命对社会生活各个方面的巨大冲击，资本主义民主制度逐渐取代了封建专制制度。资本主义民主制度中所提倡的“自由、平等、博爱”的精神，解放了人们的思想，为民主政治的建立奠定了坚实的社会文化基础，特别是三权分立和选举制在统治者内部建立了民主政治的楔子。三权分立使统治者的内部权力分散、相互制衡，从而为民主政治提供了现实的政治土壤。这种对内部权力的约束和制衡需要一种外在力量来维系，而公众则成为这一力量最重要的砝码，选举制度是这一客观需要的重要体现。可以说，“得民心者得天下”在资本主义民主政治中得到了充分体现，无论哪一个政党，要想在大选中获胜，都必须与公众处理好关系，争取绝大多数公众的理解和支持。正是在这种大的政治前提和背景下，现代公共关系应运而生。

(二)现代公共关系产生的经济原因——市场经济

市场经济是一种以社会分工为基础、以交换为目的、以市场为导向、以消费为结果的社会经济形态。在人类社会发展史中，从奴隶社会到封建社会，经济形态都是小农经济。小农经济是一种自给自足的经济形态，它基本上是以家庭为生产单位，所以对社会和他人的依赖性相对较小，人与人之间的关系主要是靠血缘、地缘以及传统的伦理观念和义务来维系。这种与生俱来的客观现实，使人们不需要刻意地去努力建立、维持某种关系，而市场经济社会则完全不同。科学技术的发展促进了社会分工，这种分工使得社会生产朝着专业化、规模化的方向发展，并且出现了一种相对独立的经济组织——公司或企业。这种专业化的分工使得人与社会、与他人的关系越来越紧密，使得人不能离开社会而生存，因此这种以交换为目的而建立的经济关系日益成为人们生活中最重要的关系之一，而企业或公司则成为维系这一关系的重要载体。首

---

① 马智萍：《新媒体营销策略研究》，《中国集体经济》2014年第16期，第55页。

先，组织大规模的生产需要一大批产业工人和生产管理者，而如何组织、协调好与他们的关系则成为关系企业生死存亡的大事；其次，企业只生产出产品还不够，还必须实现它们的价值，因为企业的生产是以交换为目的的，只有生产的产品全都卖出去了，才能最终实现这种生产的连续性。为了把产品卖出去并且在同类竞争者中获胜，企业必须得到社会的广泛认同，获得公众的信任和支持。随着市场经济的进一步发展，市场形式经历了由"卖方市场"向"买方市场"的转变。在买方市场条件下，消费者在消费过程中拥有更多的优势，他们可以根据质量、价格、服务、品牌等购买所需的商品。因此，企业必须通过与消费者发展良好的情感关系，才能更有效地维持发展，这就直接促进了公共关系的兴起。

（三）现代公共关系产生的文化原因——人性文化

美国是一个典型的移民国家，来自不同国家、不同文化背景的移民组成了一个大杂烩式的国家。正因为这一点，这个国家很少有历史传统的包袱，多元文化的冲撞与交融使美国形成了自己独特的文化：个人主义、英雄主义和实用主义。个人主义赋予美国人自由的色彩；英雄主义使美国人崇拜巨商伟业，富于竞争精神；实用主义使他们注重严密的法规，崇尚教条、数据和实效。管理科学的鼻祖——泰勒的思想及其制度——是实用主义的代表。泰勒的管理思想将人视为机器的一部分，强调严格的操作程序，作业计量定额，颠倒了人与机器的关系，使手段异化成为目的。这种机械唯物主义的管理，虽然短期内取得了高效率，但同时也使得阶级矛盾与劳资矛盾日趋尖锐化，孕育着社会危机和动荡不安，也孕育着社会文化意识的嬗变。正是在严峻的现实面前，人们逐渐意识到纯实用文化的局限性，人文主义重新抬头，在管理中注重人性、注重个人和群体的文化精神理念迅速获得了人们的认同。美国作为一个年轻的移民国家，缺少统一的历史传统，容易接受新文化、新思潮，特别是资产阶级革命时期的"自由、平等、博爱"等思想，迅速在美国传播、开花、结果，这也是当时美国资产阶级革命较为彻底的一个重要原因。20 世纪初，哈佛大学教授梅奥(Mayo)在著名的"霍桑实验"中提出"人际关系理论"，由此使行为科学和人性文化融为一体。此外，大众传播媒介的发展和社会化大生产的发展，也对尊重个人隐私但又互不相关、过于狭隘的美国传统文化形成冲击，使社会生活、社会交往更趋开明化、开放化。这种尊重人性与尊重个人感情和尊严的、人文的、开放的、个性化的文化，正是公共关系得以产生的精神源泉。

（四）现代公共关系产生与发展的物质技术条件——大众传播技术

在农业社会中，科技落后、经济不发达、生产规模小，人们几乎处在一种半封闭的、与世隔绝的自然状态之中。由于落后的自然经济本质上不要求进行广泛的人与人之间的相互沟通与联系，加之受到当时落后的交通工具和信息传播手段的限制，人们之间不可能发生广泛而深刻的社会交往和联系。

随着经济的发展和社会政治的变革，人们交往的空间不断扩大，需要了解的信息量也越来越大。这种客观需求促进了交通运输和信息传播技术的飞速发展，从火车、汽车、飞机、人造卫星的出现到电报、电话、广播、电视以及光导通信的普及推广，各种信息在一瞬间就可以传遍世界的每一个角落，且具有高保真和费用低廉的特点。正是由于传播技术的发展，人们之间的交往越来越广泛，联系也更加方便，使一个多空间、多层次、多文化的传播体制逐渐在全世界形成；使得言论自由、新闻自由的理想能进一步得以实现；使得社会舆论力量、公众意见的表达越来越具有影响力，公众对社会组织的干预能力日渐增强。同时，社会组织只要有效地驾驭传播手段，与公众进行积极的沟通、交流，就能取得公众的信任，有效协调与公众的关系，树立有利于自身发展的良好形象。由此可见，传播技术和与传播有关的信息通信技术、控制技术的出现，为现代公共关系的形成与发展提供了重要的物质技术支撑。

（五）现代公共关系发展的根本动力——科技革命

公共关系作为一门实践性科学，总是随着具体的社会环境的变化而发展。在古代社会，由于人们交往不多，关系较为简单，所以公共关系最多也只是应用于政治领域，还不能形成一种社会意识，当然也就不能产生现代意义上的公共关系。

随着科学技术的不断发展，人类近代历史上相继出现了几次较大的科技革命。第一次科技革命以蒸汽机的发明为标志，促使人类社会由农业社会向工业社会转变；第二次科技革命以电力技术的发展为标志，促进了交通运输事业的飞速发展；第三次科技革命则是以信息技术的发展为标志。总之，科学技术每前进一步，不仅改善了公共关系的物质技术条件，使其影响力不断向纵深发展，而且使人们的生活方式和思想观念发生了巨大变革。根据美国学者卡特利普和森特提出的“双向对称”理论，公共关系不仅是组织向公众传递信息，同时，组织又通过收集公众反馈的信息，不断对公共关系的政策、方法进行调整。从这一层面上来讲，公共关系是时代发展变化的“晴雨表”，并且因为科学技术不断地向前发展而发展。这一发展情况，正如美国公共关系专家罗伯特·巴伯所描绘的：“国际公共关系就像十几岁的少年一样，突然以活泼的脚步迈进。”

第三节　公共关系在中国的引进与发展

现代公共关系思想和公共关系实践进入中国，以 20 世纪 60 年代公共关系登陆我国香港、台湾地区为发端，中国内地的引入与发展则始于 20 世纪 80 年代初。

随着我国改革开放的不断深入，特别是经济体制改革后市场经济的蓬勃发展，在中国掀起了一股学习公共关系、研究公共关系和从事公共关系工作的热潮。当然，公共关系在中国的发展并不是一帆风顺的，由于受到种种因素的干扰和制约，其在发展过程中曾经历过许多挫折。但总体来看，公共关系在不断发展，其影响也在不断扩大，前景更被众多业内人士所看好。纵观 30 多年中国公共关系发展史，我们发现，公共关系作为一种新的经营管理和技术传入中国后，呈现出由南向北、由东向西、由服务行业向工业企业、由外资企业向国有企业、由企业组织向政府组织逐步发展的格局，而且发展过程也呈现出明显的阶段性。

一、积极引进、迅速发展时期

20 世纪 80 年代初，中国的改革开放给经济发展注入了极大的活力；同时，也将公共关系这一理念引入中国，给中国公共关系的传播与发展带来了一次极大的机遇。当时，公共关系概念在中国的传播是一项新事物，公关活动是一种新的经营管理理念，公共关系学也是一门新学科，所以，公共关系无论是作为一门实践性的艺术还是作为一门学问，都迅速在中国发展起来。

（一）公关机构建立，公关从业人员出现

我国的公共关系实务最先得到较快发展的是东南沿海地区。最早在深圳和广州，一些中外合资企业，特别是合资的宾馆、饭店，出于工作的需要，率先依照国外现代企业的模式设立了公共关系机构，开展企业的公共关系业务。随后，北京、上海等地的一些中外合资或外商独资的宾馆、饭店，也都相继建立了公共关系部。广州白云山制药厂是我国第一家设立公关部的国有企业。于是各地的国有企业纷纷仿效，匆匆上马，一时间大江南北的公关部门如雨后春笋般蓬勃生长。中国早期的公关从业人员也就在这些或洋或中的公关部门中出现，一个崭新的职业群体浮出水面。

(二)国际著名公关公司抢先登陆中国市场,行业协会开始出现

20 世纪 80 年代中后期,公共关系在中国的发展进入高潮时期。1985 年,伟达公司和博雅公司这两家世界上最有影响的公共关系公司先后进入中国。其中,博雅公司与中国新闻发展公司于 1986 年 7 月合作成立了我国第一家公共关系顾问公司——中国环球公共关系公司。1986 年 12 月,上海成立了全国第一家省级公共关系协会。1987 年 5 月,全国权威性的公共关系社团组织——中国公共关系协会——在北京正式成立。

(三)国内外公关业界开始交流

中国国际公关协会自 1991 年成立以来,本着"让世界了解中国、让中国走向世界"的宗旨,致力于加强中国公关界与国际公关界的联系和交流,每两年举办一届的中国国际公共关系交流大会取得了巨大的成就。它为国内公关界认识和了解国际公关市场,为国内企业提供国际公关服务,培养和输送国际公关人才创造了特定的氛围和环境,也为国际社会了解中国公关业市场发展的潜力提供了机会。中国国际公关协会多次邀请一些世界著名的公关专家来华授业解惑,如前国际公关协会主席、英国公关权威萨姆·布莱克(Sam Black)教授和美国公关专家格鲁尼格(Grunig)教授等均应邀来华讲学。萨姆·布莱克教授访华后,先后两次在英国《公共关系》季刊撰文,盛赞中国公关业发展之快,并称中国有 10 万人从事公关、50 万人学习公关。确实,这一时期是中国公共关系传进千家万户的时期,这是改革开放的成果。

(四)公关培训活跃,教育层次多样化

自 20 世纪 80 年代中期开始,我国公共关系人员的教育培训已初具规模,并逐渐向规范化、系统化的正规职业教育和学历教育过渡。

从 1985 年开始,公共关系学被列入我国大学课程。1985 年 9 月,深圳大学首先设立公共关系专科。此后,复旦大学、中山大学等百余所大学都开设了公共关系课程或者专科,包括一些理工类院校也相继开设了公共关系选修课。在许多院校举办公共关系专科教育的基础上,经国家教委批准,中山大学于 1994 年创办了我国第一个公共关系本科专业,同时在行政管理专业的硕士点招收公共关系研究方向的研究生,这不仅填补了我国公关专业本科和硕士研究生学历教育的空白,而且形成了我国高校从研究生、本科、专科、成人教育到函授培训班等多层次、多形式的公共关系教学与培养的体系,从而使我国公共关系的学科化建设迈上一个新的台阶。

(五)公共关系学科研究空前繁荣,出版物丰硕

20 世纪 80 年代中后期,随着我国公共关系教育和实践的迅速发展,一大批有识之士结合中国的政治、经济和文化特点来探索中国公共关系的一些重大理论问题。尤其是在两大国家级协会的推动下,每年都召开公共关系理论与实践问题的研讨会。1986 年 3 月,在广州和北京分别召开了"公共关系与现代化""公共关系和新闻工作"的研讨会。1987 年 7 月,在杭州召开了由复旦大学、中山大学、兰州大学和杭州大学发起的全国高校公共关系理论研讨会。1988 年 5 月,在北京召开了由中国环球公共关系公司和博雅公共关系公司联合主办的首届国际公共关系专业研讨会。1989 年 12 月,在深圳召开了第一届全国高校公共关系教学研讨会。公共关系研讨会的召开,加强了学界的成果交流与传播,对公共关系理论的深化和完善以及公共关系的国际化、专业化、职业化发展起到了促进作用。

中国公关事业的发展与 20 世纪 80 年代中期趋向火热的公关学术成果的翻译、出版、推广有直接关系,同时也与公共关系报刊的陆续推出有关。中国社会科学研究院新闻研究所公关课题组编著的《公共关系学概论》于 1986 年 11 月由科学普及出版社出版,这是我国最早的一部全面、系统论述公共关系理论和实践的专著。1993 年 8 月，公关巨著——550 万字的《中国公共关系大辞典》问世。在这段时期，大量的公共关系译著、专著、教材、辞典陆续出版，据不完全统计，截至 1994 年初，各类出版物已超过 300 多种。在传媒方面，我国最早出现的公共关系专业报纸是由浙江省公共关系协会主办的《公共关系报》，于 1988 年 1 月 31 日在杭州创刊。1989 年 1 月 25 日，陕西省公共关系协会和中国公共关系专业委员会联合主办的《公共关系》杂志在西安面世。同年，《公共关系导报》在青岛创刊。1993 年，《公关世界》在石家庄创刊。据《中国公共关系大辞典》的资料，截至 1992 年，专业性的公关报已发展到 29 种之多。专业性的公关传播媒介的发展极大地推动了公关的普及和发展。

二、经历波折、走向成熟的时期

从 20 世纪 90 年代初期到 90 年代中后期，公共关系在中国的发展进入了一个波澜起伏的时期。在这一时期，公共关系的发展受到了党和国家领导人的高度重视。1991 年 5 月，中国公共关系协会工作会议在北京召开，党和国家领导人李瑞环等同志在贺词中充分肯定了中国公共关系取得的成就。1991 年 4 月，中国国际公共关系协会的成立促进了中国公共关系理论研究与社会实践的国际化。公共关系实践活动由自发走向自觉，全国有一大批公共关系专家与学者分别主持、策划、操作企业公共关系、企业形象塑造、政府公共关系和城市形象建设。然而，到了 90 年代中后期，公共关系在中国的发展受到阻碍，开始由高潮步入低谷。这一时期，许多地方性的公共关系公司纷纷消失；企业中的公共关系部门也被撤销，或者即使有公共关系部门，也形同虚设；公共关系从业人员素质普遍偏低且数量急剧减少。实际上，这并非偶然产生的现象，而是存在着一定的必然性。

第一，从 20 世纪 80 年代初到 90 年代中期，公共关系在中国的发展虽然在短时期内看似一片繁荣，但实际上却并非如此。当时，人们对公共关系的引进和运用都是机械的模仿、一股脑的拿来主义，结果是良莠不齐、鱼龙混杂，引进的理论没有消化、创新，有的也不符合中国的民族文化习惯。所有这些深层次矛盾的爆发，最终祸及公共关系自身的发展。

第二，国家在对大学本科专业设置进行调整时，取消了公共关系本科专业，这对当时满怀激情的公共关系专家、学者来说无疑是当头一棒，使得当时形势大好的局面消失殆尽。

第三，20 世纪 90 年代中后期，中国改革开放进入了关键的体制转型时期，许多企业将其主要精力投入到适应市场经济发展的内部改革之中，从而在人、财、物上对公共关系重视不够，导致公共关系事业停滞不前。

第四，人们对公共关系的理解存在诸多的误区，这些现象却没有引起公共关系专家和学者的足够重视从而加以纠正，使得公共关系在中国的发展偏离了正常的轨道。这些误区主要包括：(1)认为公共关系只是一种知识而不是技能，或者认为公共关系可以包治百病、无所不能；公共关系几乎无所不包，它既可用于政治，又可用于经济，还可用于个人交往，这实际上是一种公共关系"过泛化"的论调。他们不知道实践性科学的自身特点，而公共关系学与其他学科实际上是既互相交融又互相支持的，结果这种误解使得人们形成一种错觉——公共关系完全可以用其他技巧来取代，此时公共关系部成了不折不扣的杂务部，其权力完全被空心化。正是因为上面所述的种种原因，公共关系在中国的发展受到了巨大的挫折，迫使人们不得不重新审视、理解这门科学，从而做出相应的调整。这一切又为公共关系以后的发展做好了准备。(2)相当多的人仍将公共关系与人际关系混为一谈，特别是当时许多人对公共关系持有一种庸俗化的理解，认为公共关系就是"美女公关"，是一种拉关系、走后门的不正之风。

纵观公共关系在中国30多年的发展史，或者可以说，中国的公关是一个被急功近利的时代所催生的“早产儿”，还在它蹒跚学步之时，就有了来自外部的太多期望和干扰。一些犯急躁病的人孤立地认为它可以使我们的事业一蹴而就；一些急功近利的人借其招摇撞骗、包打天下；还有一些恨铁不成钢的人要将其充当彪悍运动员的角色，最后只能是欲速则不达。而当人们对它有了一定了解后，又转而给予过多的批评和责难，例如，认为公共关系不符合中国国情。

公共关系的发展之所以会经历波折，实际上是由一些很重要的原因造成的：一方面是中国经济的蓬勃发展和以商品经济及市场经济为目标的经济体制改革所带来的促进公共关系发展的力量，比如，20世纪80年代的经济热潮就是催生公共关系并使其迅速风靡各个大、中城市的重要推动力；另一方面是中国经济和市场环境不成熟结下的“苦果”。后者包括以下几个方面：

第一，公关主体对公关的需求少。公共关系的主体是社会组织，包括企业、政府和各类民间及非营利性团体，而企业组织是运用公共关系最主要的主体。而在我国，长期计划经济形成的短缺经济和卖方市场，以及普遍存在的垄断性行业，使企业可以不顾及公众的舆论和需求就能够很好地盈利及发展，因而就不会自动产生实践公共关系的动力。对于政府部门而言，根深蒂固的“衙门作风”和“黑箱作业”，也使以关注民意和双向对等的沟通为宗旨的公共关系在政府部门遭遇天然的障碍。在此阶段进入中国的那些国际公关公司的大部分客户，基本上也是跨国公司在华业务的延伸，很少有中国的本土企业客户。

第二，社会认知度低。相当长时间以来，人们对公共关系的了解还只停留在字面或激动人心的口号上，再加上公共关系与广告、营销固有的相关性，使人们对它缺少系统、完整的把握。相关政府和职能部门对它的了解更是少得可怜。1985年，当新华社与美国第一大专业公关机构博雅公关公司共同创办的中国环球公共关系公司到工商部门申请注册时，有关部门却压了几个月，后来还是在新华社的直接出面干预下才得以办理。1986年，当经济日报社的王力下海创办中国第一家私人性质的公关服务机构“恩波智业”时，有关部门也是再三阻挠。无独有偶，在广州，1991年广州市科学技术委员会与香港有关方面合办公关公司时，当地工商部门也是缩手缩脚，不让使用“公关”二字，令公司的名称一改再改，最终定名为广州方圆科技服务有限公司。1991年，当第一家进入广州市的跨国公关公司广州奥美申请注册时，有关政府部门人员竟问及公司雇用了多少名“公关小姐”。

第三，公关自身发展的不完善。现代公共关系起源于社会经济、政治、文化各方面都较为发达的美国，在其他国家或地区会出现一些操作上和效果上的差异。不可否认，刚刚进入中国的公共关系的发展存在一些不足，就像一个儿童，由于自身的知识素养和阅历的欠缺，难免会出现一些惊天之语和幼稚的行为。但就像不能据此认为这个孩子在将来不可能有所作为一样，我们也不能据此证明公共关系就不适用于中国。

总之，公共关系在中国的引入和发展，很大程度上是靠一种外力的拉动，是来自外部的影响、示范和引领，而非内驱力即基于自身需要的动机和利益驱动。因此，它的发展呈现出一种曲折的轨迹，显现出一种支持与反对、热情与冷漠、专业化与杂牌军相交织的起伏状态。

三、进入21世纪后的成熟发展时期

2001年，中国加入世界贸易组织（WTO），为公共关系带来了第二次大的发展机遇：首先，国内企业国际化进程明显加快，同时也对企业与公众的沟通提出了更高的要求。企业已经由

价格、质量竞争转入品牌竞争，建立良好的品牌是企业的生存之本。其次，与广告相比，由于公关具有长效性、信息的丰富性、可信度高、成本低廉等特点，必然会为企业所用。另外，品牌建设、政府关系、投资者关系、危机管理、媒体关系管理，越来越为企业所重视。公关管理正在成为现代企业制度中不可或缺的一环。最后，随着人民民主意识的提高、政府体制改革进程的加快，必然要求政府建立发言人制度，保障老百姓的知情权。另外，国家和地方形象工程、公共危机防范与管理等问题都需要公关的介入。

同时，中国的公共关系事业也面临着更多的压力。首先，WTO 所制定的贸易规则本身要求各成员国的体制必须纳入世界贸易体系之中，按照 WTO 规则办事。这给我国政府的公共关系活动带来了巨大的挑战。其次，WTO 体制迫使中国企业参与国际间的公平竞争，过去的贸易保护措施将不复存在。企业要想求得生存与发展，就要与公众建立良好的关系、建立知名企业、创造名牌产品、提供更好的服务、占有更多的市场份额。同时，国内企业除了占领本国市场外，更要实施“走出去”战略，参与国际竞争，这就对国内企业的公共关系部门提出了更高、更新的要求，而这也必将使我国的公共关系开创一种新的局面。最后，随着世界经济一体化进程的加快，跨国公司、企业集团势必加快其进入中国的步伐，使得竞争更加激烈。同时，这些跨国公司、企业集团也带来了更多、更新的管理经验，但是跨文化交流的障碍、冲突也在所难免，这对企业的协调、沟通能力提出了新的挑战。这不仅需要我国的公共关系专家、学者适应形势的要求，不断创立符合我国具体国情的公共关系理论，也需要公共关系从业人员不断提高自身素质，努力开创适合我国现代化建设的公共关系事业的新局面。

进入 21 世纪以来，公共关系行业作为一种智力产业，在经过人们思想认识的转变和市场经济优胜劣汰之后，开始步入更加职业化和专业化的阶段。公共关系行业开始进入成熟发展时期，具体表现在以下几个方面：

(一)公共关系日益深入人心，“形象”受到高度重视

2003 年 5 月 18 日，雅虎中文搜索系统和新浪搜索系统利用有关“公共关系”的关键词做了一项关于我国公共关系发展现状的调查。有些学者通过对网络上有关“公共关系”的 73 个关键词的统计分析，从一个新角度对我国公共关系发展现状作一个描述。研究方法主要是根据每个关键词的网页分布量来建立一个“公共关系关键词”排行榜。

调查显示，在一些反映公共关系行业状况的关键词网页中，排名前 10 位的依次是公众、企业形象、公关、公共关系、公关文秘、公司形象、形象大使、形象代表、公众形象和政府形象。它们的网页数分别为 2 529 391、1 151 221、1 020 996、544 656、419 360、162 009、48 896、43 671、30 696 和 24 245。“公众”一词在与公共关系有关的词汇中排名第一位，网页高达 250 多万，这说明我国公众的意识正在社会中树立起来。“公关”一词排名第三位，充分显示公共关系的概念已经深入人心，人们已经习惯以“公关”这一简称来称呼公共关系。从符号经济学和注意力经济学的观点看，越是使用频繁的符号，越有价值和市场。在这个排行榜中，有 6 个关键词与形象有关。它们分别是排在第二位的“企业形象”和排名第六位至第十位的“公司形象”“形象大使”“形象代表”“公众形象”和“政府形象”，这足以说明人们对其重视程度之高。

(二)公共关系职能部门渗透到各行各业

公共关系事业一开始仅限于服务行业，现在已经进入各种形式的企业和经济实体，并扩展到各种社会组织和行业，如社会团体、科研机构、银行、学校和党政部门。公共关系作为一种管理功能被引入各行各业的管理领域，一种形象管理即无形资产管理的理念已广为人知。人们开始重视运用公共关系的手段来加强对组织的公众关系和公众舆论的管理。于是，各行各业出现了各种各样的公共关系的职能部门，这些部门尽管名称各异，如公关宣传部、公关营销部、公关策划部、公关发展部等，然而它们的功能大同小异，都不同程度地发挥着公共关系的功能。

(三)职业公关公司开始成熟发展

专门化的公关公司经过前10年风雨的洗礼，开始步入自我整顿、自我提高时期，专业化、市场化、职业化逐渐成为其发展方向。据中国国际公关协会1996年对部分中资公关公司的调查显示，中资公关公司规模大多以中小型为主，小型公关公司员工一般在10人以下，中型公关公司在20人左右，拥有百名员工的大型公关公司在全国数量仍不多。

中资公关公司的专业程度逐步提高，服务对象既有国外客户，又有内地客户，大多局限于本国客户。所服务行业涉及吃、穿、住、行，但并非是纯粹的公关业务运作，很多公关公司通过这几年的发展，服务开始系统化、专门化，往往代理客户整体形象的定位、策划、传播实施，在公关、广告、营销等领域全面开花。许多中资公司规模小，因而机制相对灵活，经营成本也低，同时相对外资公司又熟悉国情和市场特点，因此在市场上也富有竞争优势。

职业公关公司的发展也非常迅速。从1984年开始，大批国际著名公关公司(如美国的博雅公关公司、爱德曼公关公司、福莱国际传播公司、伟达公司、奥美公司和英国的宣伟公司等)进入中国市场，2004年中国公关公司数量超过2 000家，专业公司的从业人数超过20 000人，其中北京、上海、广州、成都四个地区市场占全国市场份额的70%，中国公关市场的总体规模为45亿元人民币。① 发展到2012年，中国公关行业的服务区域不断扩展，不再局限于北京、上海、广州等一线城市。整个公关市场的年营业规模约为303亿元人民币。②

(四)公关教育走向立体化

公关教育经过十几年的发展，目前基本形成了立体多维的学历教育和非学历教育交叉并存的局面。从低到高，公关教育的具体种类有：(1)业余培训，包括各协会、学会、学校、组织的各类中短期培训班及专题公关培训讲座。(2)函授教育，是指某些学校开设的面向成人在职的一种业余学习，可授予大、中专文凭。(3)普通全日制教育，由一些大学开办的学制为2～3年的全日制普通大专班。通过3年学习，学生能成为较为专业的公关人才，这是现今存在于公共关系市场的最大的一批公关主力军。(4)大学全日制本科教育，这是目前培养公关专业正规军最有效的途径。学生通过4年的规范化学习，成为社会上各大专业公关公司和公共关系部门的高级公关人才。(5)在复旦大学、上海外国语大学、中山大学等的一些传播专业和工商管理专业的硕士研究生点中有公共关系专业方向，这为我国日后培养高层次公关人才指明了方向。

公共关系职业教育也取得了可喜的发展。国家劳动和社会保障部为适应上述形势发展的需要，于1997年11月15日成立了中国公共关系职业审定委员会。该委员会先后在北京、上海、广州等地举行了职业论证研讨会和座谈会并取得了重要成果：一是为公关职业定下“公关员”的职业名称，并正式列入《中国职业大典》，这标志着国家已正式承认公共关系这一职业；二是制定公关人员的国家职业标准和考核规范；三是正式编撰并出版权威性的培训教材《公关员职业培训和鉴定教材》；四是于2000年12月3日在全国范围内举行第一次公关员职业资格上岗全国统考。这标志着我国的公共关系开始真正走上职业化和行业化的道路，进一步完善了公共关系教育体系。

---

① 《中国公关行业走进新时代》，http://finance.sina.com.cn/review/observe/20051031/16482081768.shtml。

② 《中国公共关系业2012年度调查报告》，http://www.chinapr.com.cn/templates/T_Second/index.aspx? nodeid=3&page=ContentPage&contentid=2604。

(五)政府公共关系发展迅速

2004年9月19日,中国共产党第十六届中央委员会第四次全体会议通过《中共中央关于加强党的执政能力建设的决定》(以下简称《决定》),《决定》指出:“坚持最广泛最充分地调动一切积极因素,不断提高构建社会主义和谐社会的能力是当前和今后一个时期,加强党的执政能力建设的主要任务。妥善协调各方面的利益关系,正确处理人民内部矛盾。建立健全社会利益协调机制,引导群众以理性合法的形式表达利益要求、解决利益矛盾,自觉维护安定团结。”做好协调关系、引导群众的工作都需要高超的公关能力,因此,提高政府公关能力是提高执政党的执政能力的具体体现,也是构建和谐社会的客观需要,在新形势下研究提高政府公关能力的意义和措施十分必要。

以往我国公共关系的运作大多局限于商业领域。相比之下,政府公共关系起步较晚。但这一状况自从“非典”事件后已大有改观。鉴于“非典”事件初期政府有关部门公共关系运作的不到位,近年来,我国中央政府和地方政府先后制定了各种突发事件的应急预案,并在此基础上,于2007年颁布了《中华人民共和国突发事件应对法》。有关部门在应对诸如“中国制造”问题等危机中,有不少可圈可点之处。在信息公开化方面,各级政府部门逐步建立和完善了新闻发言人制度,以切实保障社会公众的知情权。2008年5月1日起实施的《中华人民共和国政府信息公开条例》,更是将信息公开作为政府的一项义务规定下来,体现了观念与制度的一大进步。

在2008年“5·12”汶川大地震的政府危机公关过程中,信息公开机制充分显示了它的作用。当时,信息披露的迅速及时和高度透明,以及有关部门通过媒体及时与公众进行沟通和互动,都体现了政府积极行动、取信于民、高度负责的态度,体现了“以人为本”的理念和“构建社会主义和谐社会”的方针,从而凝聚民心、感动社会,使政府和民众的心贴得更近,既有效地维护了政府在国际社会和我国公众中的良好形象,也激发了各类组织和个人参与救援活动不断高涨的热情。“5·12”政府危机公关期间所形成的一方有难、八方支援、万众一心、举国赈灾的局面,从某种意义上也可视为我国政府公共关系危机管理机制运作的新成效。这一突破极大地提升了整个国家的软实力。

2020年突如其来的新冠肺炎疫情给中国公共关系带来较大影响,中国始终秉持人类命运共同体理念,肩负大国担当,同其他国家并肩作战、共克时艰。中国本着依法、公开、透明、负责任态度,第一时间向国际社会通报疫情信息,毫无保留地同各方分享防控和救治经验。中国对疫情给各国人民带来的苦难感同身受,尽己所能向国际社会提供人道主义援助,支持全球抗击疫情。为记录中国人民抗击疫情的伟大历程,与国际社会分享中国抗疫的经验做法,阐明全球抗疫的中国理念、中国主张,2020年6月7日,国务院新闻办公室发布《抗击新冠肺炎疫情的中国行动》白皮书,提出共同构建人类卫生健康共同体。

2020年12月,中国公共关系协会通过公共关系的视角,向世界解读脱贫的中国经验。中国的脱贫攻坚历程承载着中国共产党治国理政的理念与实践,讲好中国脱贫故事有利于让世界更好地认识中国、了解中国、读懂中国。2021年12月,以“生态文明:创新实践与国际传播”为主题的“2021中国公共关系发展大会”在北京举行,“碳达峰”“碳中和”已经纳入生态文明整体布局,成为广泛而深刻的经济社会系统性变革,通过生态文明的国际传播,讲好中国生态环保故事,通过生态环境领域公共关系的桥梁纽带,凝聚社会共识、汇聚全民力量,形成共建共治共享的生态环境治理大格局,推动人与自然和谐共生的美丽中国早日实现。

可以看出,中国的公共关系从无到有,特别是中国“申奥”“申博”“冬奥会”的成功,为中国公共关系的发展带来了又一个春天。一些大、中企业也相继设立了公共关系部门,这是提升企业形象、加强品牌管理不可或缺的。在中国，公共关系是一个朝阳产业，与发达国家相比，中国还处于起步阶段。可以预见，作为一项新兴的事业，我国公共关系行业在 30 多年快速发展过程中所面临的一些问题，如公共关系实践水平和从业人员专业水平偏低及地区发展不平衡等情况，必将随着我国经济与政治体制的进一步完善、公关理论与实践的高层次化发展、从业人员培训的严格化与专业化、国家交流的进一步加深而得以逐步解决，从而使公共关系在我国市场经济发展中发挥更积极的作用。

关键术语

传播沟通说　　公共关系　　双向对称时期

案例分析题

案例 1

中国公共关系发展大会与国家发展战略

中国公共关系发展大会创立于 2008 年，是中国公共关系协会的年度重要品牌活动，也是中国公共关系行业的年度盛会。

2021 年 12 月 28 日，以“生态文明：创新实践与国际传播”为主题的“2021 中国公共关系发展大会”在北京举行。会议旨在深入宣介习近平生态文明思想，讲好中国生态文明建设的故事。广泛宣传习近平生态文明思想，深入总结中国生态文明建设所取得的成就和经验，加大环保议题设置和生态文化交流，传播好中国声音，为全球生态环境治理提供中国方案和中国智慧。

生态环境与每个人息息相关，生态环境部高度重视生态环境领域公共关系发展，通过实施例行新闻发布制度、搭建生态环境系统新媒体矩阵、推动环保设施向公众开放、推进生态环境志愿服务发展等工作，全面加强生态环境传播，保障公众环境知情权，为推进生态文明建设提供有力的舆论支撑。

“十四五”时期，我国生态文明建设进入了以降碳为重点战略方向、推动减污降碳协同增效、促进经济社会发展全面绿色转型、实现生态环境质量改善由量变到质变的关键时期，生态环境部将继续深入贯彻新发展理念、积极参与社会环境治理、讲好中国生态环保故事，通过生态环境领域公共关系的桥梁纽带，凝聚社会共识、汇聚全民力量，形成共建共治共享的生态环境治理大格局，推动人与自然和谐共生的美丽中国早日实现。

2020 年 12 月 5 日，中国公共关系协会主办了以“脱贫攻坚中国经验的全球分享”为主题的“2020 中国公共关系发展大会”，通过公共关系的视角，向世界解读脱贫的中国经验。

本次大会既是公共关系行业的一场思想盛宴，更是中国故事的一次集中展示和分享。各位嘉宾从不同角度进行阐释，并形成了高度的共识：第一，经过艰苦卓绝的奋斗，中国的脱贫攻坚取得了巨大成就，从而也为全球贫困治理做出了直接贡献；第二，贫困和反贫困是人类共同关注的重要问题，中国的脱贫成就对世界反贫困具有重要意义；第三，中国脱贫攻坚的伟大实践创造了许多重要的经验，不仅为全球减贫事业提供了中国方案，也对国际人权理论、贫困治理理论做出了重大创新发展；第四，中国的脱贫攻坚历程承载着中国共产党治国理政的理念与实践，讲好中国脱贫故事有利于让世界更好地认识中国、了解中国、读懂中国；第五，中国公共关系协会是中国故事的重要讲述者，要精心搭建讲述中国故事的平台，努力汇聚更宏大的力量，讲好中国故事，传播好中国理念。

（资料来源：中国青年网 http://news.youth.cn/jsxw/202112/t20211220_13359977.htm。）

思考·讨论·训练

结合上述案例，请思考公共关系与国家战略发展有什么关系。

案例 2

一桩亏本的买卖

英国航空公司 008 号航班是波音 747 机型，准备从伦敦飞往东京时，因故障推迟起飞 20 个小时。为了不使在东京等候此班机回伦敦的乘客耽误行程，英国航空公司及时帮助这些乘客换乘其他航班飞往伦敦。但其中有一位名叫大竹秀子的日本老太太，说什么也不愿意换乘其他航班，坚决要求乘坐英航公司的 008 号航班。原拟另有飞行安排的 008 号航班只好照旧到达东京后再飞回伦敦。

一个罕见的情景出现在人们面前：东京至伦敦，航程达 13 000 公里，可是英国航空公司 008 号航班上只载着一名旅客，就是大竹秀子。她一个人独享该航班的 353 个飞机座位以及 6 位机组人员和 15 位服务人员的周到服务。有人估计，这次只有一名乘客的国际航班使英国航空公司至少损失了 10 万美元。

从表面上来看，这的确是一笔不小的损失。可是，从更深层次理解，它却是一个无法估价的收获。正是由于英国航空公司这种真诚为顾客服务的行为，在世界各国来去匆匆的顾客心目中换取了一个用金钱也难以买到的良好的公司形象。

思考·讨论·训练

试分析什么是公共关系。结合以上例子，从公共关系特征的角度谈谈对公关目标的理解。

案例 3

职场竞争的软实力

——华尔道夫饭店的故事

这是发生在美国的一个真实故事。

20 世纪 30 年代，一个风雨交加的夜晚，一对老夫妻走进一间旅店，想要住宿一晚。无奈旅店已经客满，夜班服务生说："十分抱歉，今天的房间已经被早上来开会的团体订满了。若是在平常，我会送二位到别的旅馆，可是我不想你们再一次置身于风雨中，你们可以住我的房间。它虽然不是豪华的套房，但还是蛮干净的，因为我必须值班，我可以待在办公室休息。"这位年轻人很诚恳地提出这个建议。老夫妻大方地接受了他的建议，并对造成服务生的不便表示歉意。

隔天雨过天晴，老先生前去结账，柜台内仍是昨晚的服务生，这位服务生依然亲切地表示："昨天您住的房间并不是饭店的客房，所以我们不会收您的钱，也希望您与夫人昨晚睡得安稳！"老先生点头称赞："你是每个旅馆老板梦寐以求的员工，或许改天我可以帮你盖一栋旅馆。"

几年后，服务生收到一位先生寄来的挂号信，信中说了那个风雨夜晚所发生的事，另外还附一张邀请函和去纽约的往返机票，邀请他到纽约一游。在抵达曼哈顿几天后，服务生在第 5

街及34街的路口遇到了这位当年的旅客，这个路口，正矗立着一栋华丽的新大楼。

老先生说："这是我为你盖的旅馆，希望你来为我经营，记得吗？"这位服务生惊奇莫名，说话突然变得结结巴巴："您是不是有什么条件？您为什么选择我呢？您到底是谁？""我叫威廉·华尔道夫·阿斯特(William Waldorf Astor)，我没有任何条件，我说过，你正是我梦寐以求的员工。"

这座旅馆就是纽约最知名的华尔道夫饭店，这家饭店于1931年启用，是纽约极致尊荣地位的象征，也是各国高层政要造访纽约时下榻的首选。当时接下这份工作的服务生就是乔治·博尔特(George Boldt)，一位奠定华尔道夫饭店世纪地位的推手。

与任何一个品牌一样，消费者只关注它的知名度和名誉度，而在职场也同样存在知名度和名誉度，这就是自己的品牌！我们的技能，我们的证书，我们所学到的所有关于工作层面的东西，这些可以称为我们的硬实力。硬实力是可以直接打击竞争对手的有效武器，是衡量一个人能否胜任工作的前提条件，然而在职场中起决定性作用的却是我们的软实力。具有同样硬实力的人，谁的软实力高，谁就是最终的胜利者。那么，什么是软实力呢？

软实力是一种看不见的职业素养，很多时候并不是一开始就会被人所认可，但是它会渐渐凸显出来，久而久之就被人认可了。比如说在一些大酒店门前，我们常常可以看到一排迎宾小姐对进门的客人表示欢迎，但实际上，当客户迎面走过来时，你用心去沟通，发自内心的微笑往往比那些花言巧语、装腔作势的程序化动作强得多。有些服务生天生就拥有良好的服务态度，再加上后天的训练慢慢地培养自己的硬实力，而他的服务态度却是无人可以代替的，这就是他个人的核心竞争力，也就是自己的品牌。

(资料来源：http://blog.sina.com.cn/s/blog_603b8ab801013u7t.html。)

思考·讨论·训练

结合上述案例，请思考公共关系的内涵是什么。

练习题

一、单选题

1.(　　)诞生了第一家公共关系公司。

A. 19世纪初　　B. 20世纪初　　C. 20世纪中叶　　D. 19世纪末

2."公共关系是指社会组织运用科学的传播和沟通手段，在自己与公众之间不断建立和发展起来的一种相互理解、支持和依存的关系。"这是(　　)对公共关系的定义。

A. 传播沟通说　　B. 社会关系说　　C. 管理职能说　　D. 共同利益说

3. 目前来说，关于公共关系的定义主要有(　　)种。

A. 3　　B. 4　　C. 5　　D. 6

4. 公共关系的目的是(　　)。

A. 实现组织和公众的协调与共赢　　B. 实现组织的经济利益

C. 不断进化和生成文化系统　　D. 宣传和塑造组织形象

5. 下列选项中不属于公共关系特征的是(　　)。

A. 以公众为对象　　B. 以美誉为目标

C. 以追求利润为终极目的　　D. 以互惠为原则

6.(　　)是现代公共关系之父。

A. 菲尔斯·巴纳姆　　B. 艾维·李　　C. 爱德华·伯尼斯　　D. 斯科特·卡特利普

7. 我国公共关系进入成熟发展期是在(　　)。
A. 20 世纪 80 年代中期　　B. 20 世纪 90 年代初期
C. 20 世纪 90 年代中后期　　D. 2001 年中国加入世界贸易组织之后
8. 最早登陆中国市场的国外公关公司是(　　)。
A. 希尔—诺顿公关公司　　B. 博雅公关公司
C. 皇家营销部　　D. 中法公关公司
9.(　　)提出:“我们的责任,是代表企业单位及公众组织,就公众关心并与公众利益相关的问题,向报界和公众提供迅速而真实的消息。”
A. 爱德华·伯尼斯　　B. 莱克斯·哈罗　　C. 王乐夫　　D. 艾维·李
10.“公共关系一方面要把组织的想法和信息向公众进行传播和解释;另一方面又要把公众的信息和想法向组织进行传播和解释,目的是使组织与公众结成一种相互信任的关系,处在和谐发展的状态中。”这种观点是(　　)提出来的。
A. 爱德华·伯尼斯　　B. 斯科特·卡特利普
C. 艾维·李　　D. 菲尔斯·巴纳姆

二、多选题

1. 20 世纪 80 年代中后期,公共关系在中国的发展主要体现在(　　)。
A. 国际著名公关公司抢先登陆中国市场　　B. 公关培训活跃、教育层次多样化
C. 国内外公关业界开始交流　　D. 行业协会辈出、职业网络出现
2. 当今,美国公共关系及其研究的迅速发展主要表现在(　　)。
A. 公共关系思想开始广泛地运用于政府、公司,并不断得到补充和完善
B. 出现专业的公关公司机构和从业人员,并由美国扩散到其他经济发达国家
C. 公共关系的论著、教学和研究出现并兴旺发展
D. 公关培训活跃,教育层次多样化
3. 公共关系的特征是(　　)。
A. 以公众为对象,以美誉为目标　　B. 以互惠为原则,以长远为方针
C. 以事实为基础,以信息为中介　　D. 以真诚为信条,以沟通为手段
4. 我国公共关系发展的第一次高潮主要从(　　)体现出来。
A. 公关培训活跃,教育层次多样化
B. 国内外公关市场开始交流,国际公关职业市场正在开辟
C. 公共关系学科研究空前繁荣,出版物丰硕
D. 行业协会辈出,职业网络出现
5. 美国公共关系的发展主要经历了(　　)。
A. 巴纳姆时期——“公众受愚弄”时期　　B. 艾维·李时期——“说真话”时期
C. 爱德华·伯尼斯时期——“投公众所好”时期　　D. 斯科特·卡特利普时期——“双向对称”时期

三、名词解释

1. 社会关系说
2. 公共关系
3. 艾维·李时期
4. 斯科特·卡特利普时期
5. 共同利益说

四、判断题

请判断下列行为是否属于公共关系活动：

1. 为本单位偷税，请税收征管人员吃饭。
2. 为考试成绩能及格而给老师送礼。
3. 本单位出资帮助社区建公园而通知报社报道。
4. 商场开展买一赠一活动。
5. 主动上门调解与客户的关系。

五、简答题

1. 公共关系的特征是什么？
2. 为什么说公共关系是一种新型的社会关系？
3. 公共关系的内涵是什么？
4. 简述现代公共关系兴起和发展的原因。
5. 简述中国公共关系进入成熟发展时期的主要特征。

六、论述题

1. 公共关系与“庸俗关系”的区别是什么？
2. 怎样理解公共关系是一种思想观念或精神文化？
3. 为什么说公共关系是一个不断进化和生成的文化系统？
4. 论述美国公共关系发展的斯科特·卡特利普“双向对称”时期。
5. 论述公共关系在中国的发展。
6. 公共关系与公共关系学的区别有哪些？请举例说明。
7. 以中国专家学者为代表的现代公共关系思想与其他时期公共关系思想有什么区别？

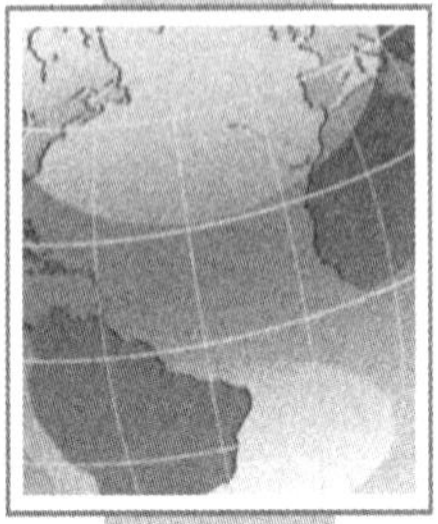

第二章 公共关系环境

本章概要

公共关系意义上的环境包括社会中所有影响某个组织或企业公共关系工作系统效能而又被这个组织或企业所影响的各类公众和各种社会因素的总和。也就是说，公共关系具有对环境的适应性和改造性。在社会组织及环境建立和完善动态平衡的过程中，需要特别关注公共关系环境的三个特性，即复杂性、可变性与不确定性。

公共关系是一种特殊的“关系”，因此，它不能脱离于社会关系和个人关系这两个关系体系之外，必须受这两个关系体系的制约。换言之，任何组织或企业开展公共关系工作，都要受到社会中各种因素的影响与制约，这就需要在公共关系学中认真研究组织或企业内部和社会各种因素对公共关系工作的影响与制约作用，研究积极与消极的影响，研究如何推动积极因素并控制消极因素，从而营造一个有利于组织或企业公共关系工作的有利环境。本章将从影响我国公共关系发展的具体因素出发，介绍政治、经济、社会、文化四种重要的公共关系环境。

第一节　公共关系政治环境

政治环境是公共关系产生和稳定发展的一个最基本的前提条件。政治上安定团结，公共关系才能顺利发展。特别是在我国，组织或企业公共关系工作者必须坚持社会主义初级阶段的基本路线和法制性原则，并在实际的公共关系工作中努力贯彻实施。就广义而言，政治环境包括社会的政治体制、政治氛围和与之相适应的法律制度。

一、公共关系的制度环境

从1978年至今，在短短的40多年中，中国这块古老的土地发生了巨大而深刻的变化。中国的改革开放取得了伟大成就，大大缩短了中国与西方先进国家的差距。我们正处在一个伟大的转型时期：从以阶级斗争为纲转向以经济建设为中心，从传统的计划经济体制转向社会主义市场经济体制，从单一的公有制转向以公有制为主体、多种经济成分共同发展，从封闭半封闭社会转向开放型社会，这种转型是全方位、史无前例和波澜壮阔的。

改革开放要求公共关系为之服务，要求借助公共关系的功能消除改革进程中的阻力，促进改革开放不断深化和发展。首先，在经济体制改革方面，企业要转变机制、改善管理、增强活力、提高效益，需要公共关系协调各个方面的关系；企业要多方面掌握市场瞬息万变的经济信息，不失时机地做出科学的决策，提高企业的市场竞争能力，需要公共关系发挥“耳、目、喉、舌”的作用，广泛收集和提供社会环境变化的信息，并通过传播媒介宣传企业形象，沟通企业与公众的联系渠道，发布产品供销信息，反馈社会公众的愿望和要求。其次，与经济体制改革同步，我国开始了政治体制改革，这方面的改革要求适应社会主义市场经济发展的需要，加强和完善社会主义民主，正确处理与协调各种不同的社会组织、社会群体之间的矛盾和利益，以实现在新的历史时期领导与群众之间、不同的社会组织之间、这部分群众与那部分群众之间在根本利益一致的基础上协调关系和化解矛盾。这样，不但可以维护社会的安定团结，而且还可以促使各种力量凝聚到振兴中华的总体目标上来。要做到这些，需要公共关系发挥沟通社会联系、协调各种关系、促进社会主义民主建设的新渠道和新形式的作用。在这些方面，公共关系既可以提高党和政府重大决策的透明度，经过传播活动，使上下情况双向交流，增强群众的参与意识，调动公众参政议政的积极性，又可以在社会组织内部的双向关系方面发挥沟通协调的作用，改善与群众的关系，使领导深入群众、理解群众，使群众了解领导、监督领导。这样，既增强了团结，又提高了组织的工作效率和社会效益。

如今，我国经济体制改革和政治体制改革不断深化，并延伸到社会生活的各个领域。改革开放推动了公共关系事业的蓬勃发展，公共关系也在改革开放的大环境中不断完善。

二、民主政治下的公共关系

改革开放以来，党和政府一直强调"公民的有序参与"，并把它作为推进中国特色民主政治的重要内容。党中央又明确指出："要丰富社会主义基层民主政治的实现形式，适应我国经济社会发展和人民群众参与愿望增强的要求，从基层经济、政治、文化、社会生活等方面，扩大人民群众的有序参与。"公民参与意识的提高为公共关系的长足发展奠定了一定的基础。

公民参与最主要的就是参与国家的政治生活和政治决策，因此，在公众的所有参与中，政治参与尤其重要，最具有实质性的意义。除了政治生活外，公民参与的领域还包括公共的文化生活、经济生活和社会生活。特别是在公民社会越来越发达的今天，公民参与的范围正在日益扩大，已经从国家的正式领域扩大到社会的非正式领域。公民参与对于政治和公共关系的发展而言，意义极为重大。公民参与是民主政治的核心问题之一，无论是对政治国家还是对公民社会，公民参与都是实现善治的必要条件。公共关系作为一个互动的网络体系，公民的参与是整个体系正常运转必不可少的部分。

公民参与能够为公共关系创造一个互动的环境。公众的参与通常都有明确的目标，例如，影响政府决策、制约政府权力、保护公民权益等。即使公众在政治参与或社会参与中没有达到预定的目标，也不能说这些参与是没有意义的。在民主政治条件下，公众参与本身就是一种公共关系活动。参与可以唤醒公民的权利意识和民主意识，可以培养公民的公共合作精神，可以增进公众的政治认同，还可以使公民学会适应公共生活，提高参与的技巧，积累参与的经验，发展参与的能力。

三、与公共关系相关的法律问题

立法机关与行政机关颁布的大量法律及规定实际上向各种组织说明了限制它们活动的类型、场所、人员和程度。在这方面，没有人能够精通所有的法律和规定。公共关系人员与代表同一客户或同一组织的律师之间常常会出现争论。公共关系人员必须注意对其组织有影响的基本法律问题，熟悉与公共关系活动有关的法律和规定。

公共关系工作开展所面临的法律问题大体上分为五种类型：沟通方面的法律和法规，这一类型的法律主要涉及沟通（主要是沟通的真实性、准确性和公正性）以及个人或组织的隐私和声誉问题；经济方面的法律和法规，包括企业如何对待现有的及未来的股东和投资者并进行沟通的问题；消费者关系方面的法律和法规，主要涉及企业如何处理同顾客的关系、企业产品和服务的质量与安全、企业的竞争和兼并行为等;雇员关系方面的法律和法规,这类法律和法规涉及企业或组织如何处理同其他雇员的关系问题;环境和公共关系方面的法律和法规,这类法律和法规主要涉及组织如何处理环境和保护公众不受其活动损害。

第二节　公共关系经济环境

经济环境是推动公共关系发展的主要动力之一。随着社会主义市场经济体系的建立和不断完善,我们党审时度势、高瞻远瞩,既把握了经济发展规律,又避免了思想认识在不合时宜的观念、做法和体制中形成桎梏,为公共关系工作的开展和发展创造了良好的经济条件。特别是在"新经济时代"的国际经济环境下,公共关系的发展面临着新的机遇和挑战。

一、网络化与信息化

互联网的兴起与蓬勃发展不仅带来信息传播技术的根本性变革,形成社会信息的网状传播状态,促成社会信息的网络化共享局面,而且强烈地改变了人们的生产方式、生活方式和思维方式,对社会生活的各个领域都产生了广泛而深刻的影响。

从技术本质而言,互联网是一种信息网络,它是由信息技术和信息资源相结合而形成的。这种信息网络和电子商务相结合,同时辅以其他现代化的经济手段,构成了网络经济。网络经济以信息和知识为核心生产要素和资源。这种生产要素和资源不仅在时间和空间上具有无限性,而且不会污染环境和产生资源消耗。它从理论上说是一种可持续发展的经济,真正体现和反映了当代先进的社会生产力。在当代,一个国家和民族的生产力发展水平体现在计算机和互联网的应用程度与应用水平上。网络经济正是有效运用互联网这一先进的生产工具改变世界经济,使人类步入一个以信息资源的占有、配置、生产、使用为基本要素的经济时代。

为人类提供全新社会交往工具以及交往方式的互联网,目前正催生出一种新文化,即"网络文化"。与传统文化相比,网络文化具有自身鲜明的特点。网络文化是一种信息数字化文化。网络文化是一种平等参与的全球互动文化,与传统文化单向性传播不同,网络上的文化信息传输是双向的,具有交互性的。在互联网中,每个人既是文化活动的参与者,又是文化内容的制作者。同时,网络模糊了地域和空间的概念,把社会编织到平行的网络世界中。同时,网络文化又是一种信息共享的开放性文化。网络信息的开放性特点决定了网络文化产品只有在开放的网络上广泛传播才能体现其自身的价值和活力。在虚拟的网络世界里,原本在现实世界发挥重要作用的知识产权受到了挑战。对网络文化的管理,不可能通过严格控制或封锁的方式来实现。网络文化的开放性不仅可以促进社会信息的流动与加工,推动知识的创新,而且可以不断开辟新的知识产业增长点,成为知识经济发展的强大动力,从而更好地促进人类社会的发展与进步。

此外,网络的发展推动了虚拟组织的出现,推动了人类社会组织方式的革命。这主要体现在两个方面:一是组织结构的网络化。网络以速度更快、更富有情感、更节省能源的方式沟通信息,使社会中各组织的组织系统功能更完善,相对独立性增强,组织之间的开放度加大。二是组织管理的扁平化。在网络化的组织结构中,传统的金字塔组织结构演变成了扁平结构。

社会发展的信息化、网络化突破了以往的经济生活秩序。在新的游戏规则下,如何发展和利用公共关系,将取决于对于网络的利用程度。一方面,充分利用网络进行信息传播,不仅可以获得物质利益,而且还可以拥有未来的发展机会、业界的认同和在行业的主导地位;另一方面，网络信息传播的快捷性可使企业在短时间获取巨大的经济利益及社会利益，同时也能使其陷入危机。因此，在新经济环境中的组织与企业应更新观念，充分利用网络共享资源，提高自身的网络公关能力。

二、全球化

生产力和科学技术的发展使人类的活动突破了时间和空间的局限，全球化的趋势也越来越明显。世界发展的趋势是全球化，它是随着生产力的普遍发展和与此相关的世界交往的普遍发展，人类活动逐渐摆脱民族和地域的局限，形成全球范围内的全面依存关系的趋势和过程。

全球化首先是一种经济运动，经济是它的首要含义和基本本质，这表现在经济活动、经济观念、经济规则等的全球化上。经济全球化的内涵应从生产力和生产关系两个方面加以考察。从生产力角度考察，经济发展超越了国界，通过跨国公司把生产、分配、交换、消费转移到异国异地，从而使整个生产活动在全球展开，代表着生产力的全球化。经济全球化的表现主要有三个方面：一是贸易全球化。世界市场的形成是经济全球化的第一阶段，随着国际贸易的迅速发展，各国的经济活动日益变得紧密。二是生产全球化。生产全球化主要体现在跨国公司的生产全球化。跨国公司不仅实现了产品生产的全球化，甚至连科技研究与开发也跨国展开，利用当地的科研人员进行产品开发。三是生产要素全球化。生产要素全球化包括资金全球化、各国之间相互投资、科技全球化、各国之间合作开展重大科技项目攻关和人力资源的全球化。

安东尼·吉登斯（Anthony Giddens）认为，无论如何全球化的内容也不仅仅甚至不主要是关于经济上的相互依赖，而是我们生活中的巨变。发生在遥远地区的种种事件，无论其是否是经济方面的，都比过去任何时候更为直接、更为迅速地对我们产生着影响。特别是在文化方面，全球性的文化交流和融合已经势不可挡，同时发展中国家维护自己文化主权、抵制文化霸权的运动也日益高涨。伴随全球化而来的是文化的冲击，无线广播、地球卫星等传播手段的发展造成地域距离的缩小，提高了文化传播的效率，为文化全球化的出现提供了技术条件。文化普遍主义和文化特殊主义是文化全球化的核心，这一核心其实是全球化时代的一个文化学悖论：一方面是文化普遍主义维度，即关乎人类共同价值观的普遍性文化内容的全球性扩展；另一方面是文化特殊主义维度，即地方性的多样性文化坚守着自己的独立性。文化全球化运动实际上是围绕着文化普遍性和文化特殊性的关系问题而展开的，它们的关系是相互作用、相互补充和相互渗透，但由于全球化参与者的地位并不平等，因此造成文化全球化进程中诸多相互冲突的文化问题。由文化普遍性所衍生出来的是文化同质化诉求，即谋求建立一种消灭不同文化间地方性差异的人类共同文化，使多样性的文化最终归于同一种文化；由文化特殊性所衍生出来的是民族文化的认同感，即谋求建立一种民族内的文化，使民族具有强大的凝聚力。

在以形象制胜的今天，公共关系是目前世界各国政府和企业获取巨大影响力的竞争法宝。在全球化趋势逐渐明显的情况下，公共关系的发展也受到前所未有的挑战。在企业实行跨国发展战略的过程中，在公共关系的文化渗透战略拓展海外市场的进程中，在政府扩大自身的核心价值体系的影响过程中，是坚持以本土文化塑造企业和政府形象，还是与国际接轨直接利用外来文化，又或是在本国文化的基础上吸收他国的精华来塑造公共关系的新特色，这些具体而复杂的问题都将推动组织和政府公共关系的本土化及国际化之间的碰撞与融合。

第三节 公共关系社会环境

改革开放以来，中国经济环境的变化使社会环境呈现出新的状态。这些新状态集中体现在社会价值观、社会结构以及行为规范的变化上。

一、社会价值观

当前我国的社会价值观出现了多元化的态势，三种价值观形态同时并存：一是与计划经济体制相适应的以集体为本位的价值观；二是随着市场经济体制的逐步建立所形成的重业绩、重才能的个人本位价值观；三是在西方文化影响下形成的极端利己主义、绝对功利主义的价值观。价值观的多样化，一方面是对原有价值观内容的拓展、深化和丰富，使价值评价标准更为全面，可以对人和事物进行多层次、多角度的评价；另一方面，价值观的多样化造成了多种不同性质价值观并存的局面，如集体主义价值观和极端个人主义价值观的并存、为人民服务的价值观和拜金主义价值观的并存等。不同价值目标的并存对社会主义主导价值观造成冲击，在一部分人中形成“价值虚无、无所适从”的状况以及价值失范的现象。价值多样化引发了价值观之间的冲突。这些冲突主要表现为：一元价值观与多元价值观的冲突；个人本位与社会本位价值取向的冲突；个体价值观内在的矛盾与冲突；市场经济条件下道德和利益的冲突。

对于中国当前社会的主导价值观，学术界基本持有两种观点：一种观点认为，集体主义、社会主义的价值观仍然是占据主导地位的价值观，在社会的各个领域发挥重要的引导作用；另一种观点认为，当前社会的价值观是多元的，没有主导的价值观，主导价值观正处于形成或重建阶段。持前一种观点的研究者占大多数，他们比较一致地认为，集体主义是当前中国社会的主导价值观，但对集体主义的理解已经发生了变化。

我国正面临着社会转型阶段出现的许多问题，它们与经济体制转型时期产生的各种社会矛盾交织在一起，对传统的价值体系产生了巨大的影响。科学发展观的建立，对社会价值体系的重新衡量起到了重要作用。科学发展观创造性地将社会主义社会的价值原则和市场经济的基本规律有机地结合起来，构建“以人为本”的价值体系。这种新的价值体系具有使个人的价值取向、价值行为社会化的引导力，它可以通过社会价值规范的重构使个人的价值行为转化为社会的协同行为。它既不是计划经济条件下只注重公共利益而忽视个人利益的价值观，也不是只注重个人利益而忽视他人和公共利益的利己主义的价值观，而是在更高基础上向社会协同的回归。它要求个人服从社会，部分服从全局，眼前服从长远。它既尊重个人利益，强调个性自由，要求个体自主独立，又主张个人利益与他人和社会利益并行不悖，并以社会利益的实现和社会的全面进步支撑每个个体的全面、自由发展。这是一种全新的社会主义价值观。

科学发展观中人与自然和谐的价值取向，把自然界对人的效用价值和人对自然界的效用价值有机地统一起来。应该认识到，自然界及其一切物体都是经过地球几十亿年按照物质运动法则和生物进化规律不断发展而确定下来的。人类只不过是自然界生物链中的一个组成部分，随意破坏或消灭任何一个物种或者耗尽任何一种资源，都是对自然运行规则的践踏，自然界必然要通过相应的反馈调节机制来遏制人类的过激行为，构建新的平衡和价值链。因此，人类的基本价值取向应该符合自然规律，也就是人类必须在认识规律、把握规律的基础上和顺应规律中利用自然规律为人类造福。

改革开放以后，我们社会总体的开放度和宽容度大大增加，现代生活的多样性赋予每个社会成员价值取向的多样选择权，如个人的职业、爱好、服饰、审美等都可以自由选择。但从社会整体角度来看，价值取向必须是统一的。坚持这一社会价值取向，可以把全体社会成员的要求统一起来。2012 年 11 月，"十八大"报告首次以 12 个词概括了社会主义核心价值观："富强、民主、文明、和谐，自由、平等、公正、法治，爱国、敬业、诚信、友善。"社会主义核心价值观是马克思主义与社会主义现代化建设相结合的产物，与中国特色社会主义发展要求相契合，与中华优秀传统文化和人类文明优秀成果相承接，是凝聚全党全社会价值共识做出的重要论断。坚持社会主义核心价值观，就可以把握当前社会的基本道德走向，为政治经济改革以及公共关系的发展创造良好条件。

二、社会结构

关于社会结构的解释有多种多样，这里主要运用美国当代结构主义理论大师彼得·布劳(Peter Blau)的结构变迁理论。这一理论认为，社会结构的组成是指由个人所组成的不同群体或阶层在社会中所占据的位置，以及他们之间表现出来的交往关系。更精确地说，社会结构可以被定义为由不同社会位置(人们就分布在它们上面)所组成的多维空间。按照这种定义，社会结构可以由一定的结构参数来加以定量描述。结构参数就是人们的属性，分为两类：一是类别参数，如性别、宗教、种族、职业等，它从水平方向对社会位置进行区分；二是等级参数，如收入、财富、教育、权力等，它从垂直方向对社会位置进行区分。这两类参数之间可以相互交叉，也可以相互合并，从而使社会结构的类型显得更加复杂多样。这种定义最大的突破在于它可以将纯粹的社会结构从制度、文化等背景中分离出来单独加以考察。

目前所形成的社会阶层结构主要有以下几个特点：

第一，中国现在已经形成了现代社会阶层结构，但还只是一个雏形，正在继续发育成长。现代社会应有的社会阶层，中国都有了，今后只是各构成阶层的规模、比重会变化，但构成的阶层不会再有大的变化；而且中国社会各阶层在社会阶层结构中的位序已经确立，今后也不会有大的变化，但各阶层内的人员是可以流动的。

第二，现代社会的流动机制正在形成，正在逐渐代替传统社会的社会流动机制。1978 年以前，我国实行的是身份分层、政治分层。在计划经济体制条件下，由于户籍制度的限制，凡是出生在农业人口家庭的人，只能从事农业，只能做农民；凡是出生在工人、干部家庭的人，一般就是工人和干部。农民想转为工人，工人想转为干部，几乎是不可能的。这种先赋性的社会流动机制，限制了人们通过后天努力而获得向上流动的积极性，既不公平也不合理，经济社会发展缺乏活力和动力。改革开放以来，社会流动渠道逐步开放，使人们可以凭借自己的才能和努力改变社会地位，从而获得向上流动的可能。

第三，现阶段的中国社会阶层结构，是在经济体制改革、经济结构调整、经济大发展的推动下自然、自发形成的，但在社会体制改革滞后的背景下，与社会主义现代化建设及其要求还不相适应。

社会阶层结构是社会结构中最重要的核心结构，同时，社会阶层结构也是整个社会结构的整体反映。

从世界上已经实现现代化的国家的历史经验来看，一个现代化国家一定是一个合理的、有活力的、现代化的社会阶层结构，这个阶层结构与经济结构相适应且相辅相成，使经济社会协调发展。这一合理的、有活力的、现代化的社会阶层结构的形态，无一例外都是"中间大、两头小"的橄榄形结构。所谓"两头小",是指拥有很多社会资源、处于最高和较高地位的社会阶层,其规模很小,而拥有社会资源很少、社会地位低的社会阶层的规模也小;所谓"中间大",是指这个社会已经培育形成了一个庞大的社会中间阶层(有的国家也称中产阶级),他们拥有较丰富的社会资源,足以使他们过上小康乃至更高水平的生活,他们是政治社会稳定的中坚力量,也是经济、文化发展的重要力量。

根据以上阶层结构分析方法、分析路径和以职业为主的多元划分标准,可将现阶段中国社会结构划分为八个阶层和三十多个群体。八个阶层是指农民阶层、工人阶层、知识分子阶层、私有经营者阶层、管理者阶层、防卫阶层、社会底部阶层和其他阶层。上述阶层及其所属群体,可以分为三种类型:一是原有的,如工人、农民、知识分子、干部等;二是恢复性的,即以前有,后来取消,现在又出现的,如个体户;三是新产生的,如农民工、股民、自由职业者与中介组织从业人员。

三、行为规范

社会行为规范是社会控制的重要形式。社会行为规范的具体形式有习俗、道德、宗教等。

(一)习俗

习俗是指人们在群体生活中,经过长时间的社会实践逐渐形成并共同遵守的规范和模式。习俗一旦形成,在人们的言论和行动方面的表现往往是无意的、自然的、习以为常的和较难改变的。例如,中国人几千年来形成的逢年过节、红白喜事请客送礼的习俗就变成一种自然的、习以为常的、很难改变的习俗。

(二)道德

道德是控制人们之间以及个人和群体、个人和社会之间关系的行为规范的总和。道德是人类进入文明时期以后逐渐形成的一种控制人们行为的规范,它是在习俗的基础上逐渐形成的。

用来调解社会中人际关系的道德理念规范来自人性的基本需求。人要求爱与被爱的欲望决定道德理念按照善的原则建立起来。人对他人所具有的善念是道德的源泉。《孟子》说:"恻隐之心,仁之端也。""仁"是中国传统道德中的"众德之德",而"恻隐之心"是人同情他人的心理活动。虽然现代社会经济关系对道德理念有极大影响,但它超功利性的特点也十分突出。

人一出生便处于家庭道德的培养和熏陶之中;青少年进一步受道德影响,这主要由学校教育来完成;毕业后,人们走向社会,进入独立生活,受社会教育,经常从事道德评价的活动。人从幼年开始,经以上过程的心理活动所形成的道德意识,一般可保持终生,除非遇有重大变故所导致的思想影响才能令其改变。

古今中外的道德,无论是从主要内涵还是从目标上看,都旨在使社会人际关系处于最佳状态,使社会成员各得其所、相安相好,整个社会协调、和谐地发展。尽管在不同的历史时期与不同社会形态下,道德意识和规范有所不同,但人类道德的根本目的是一致的,就是对人的价值的尊重、人与人之间普遍的相互关爱。随着人类社会的进步,世界上大多数国家的道德已具有较多的宽容性,人们的价值观也具有多元化的倾向。最具全人类性的自由、平等、博爱的道德精神有助于协调各种价值取向。

(三)宗教

宗教是控制自然力量和社会力量在人们头脑中虚幻的、颠倒的和歪曲的反映,是由于对超自然实体即神灵的信仰和崇拜而产生的一种社会意识的控制形式。宗教作为一种历史现象,有它产生、发展和灭亡的历史。宗教的信仰、宗教的仪式(吟诵经咒、祈祷、斋戒和膜拜偶像等)和宗教的组织等都是历史现象。

中国是一个多宗教的国家。佛教、道教、伊斯兰教和基督教等是信教群众比较多的几个宗教。在漫长的历史发展过程中,中国各宗教文化已成为中国传统思想文化的一部分。中国的宗教徒有爱国爱教的传统。中国政府支持和鼓励宗教界团结信教群众积极参加国家的建设。同时,各宗教都倡导服务社会、造福人群。

中国公民可以自由地选择、表达自己的信仰和表明宗教身份。在中国,各种宗教地位平等,和谐共处;信教的与不信教的公民之间也彼此尊重、团结和睦。这既是由于受到源远流长的中国传统思想文化中兼容、宽容等精神的影响,又是因为中华人民共和国成立后中国政府制定和实施了宗教信仰自由政策。

第四节　公共关系文化环境

文化,是指通过人的积极活动,对自然和社会进行开发和利用所取得的成果。人是在一定的文化环境中成长起来的客体,是创造新文化的主体,人与人之间的一切行为都不能离开文化而存在。这些就要求组织或企业在处理与各类公众的关系时,要特别注意文化背景的影响,认真分析和研究各类公众所处的文化区域的状况及其各自的文化特征,有针对性地进行公关策划;在具体公关事件的谋划中,要特别尊重各地的风俗、习惯和传统;在不同社区开展公关工作,要从各社区的公众需求与爱好出发,采用灵活多变的方式和方法,激励公众的兴趣和提高公共关系的效能。

改革开放打破了沿袭多年的封闭状态,为中国实现现代化奠定了坚实的基础,也为中国文化在新世纪的复兴与创新提供了新的历史契机。在改革开放、现代化、全球化的进程中,古老的中国文化正在转型与重构。目前,我国的公共关系文化环境可以分为三个大的类别:政府文化、企业文化以及大众文化。

一、政府文化

政府文化是从管理学的角度来研究文化作为一种管理手段对政府行政的影响。按照组织文化的定义,政府文化是政府中成员所共有的行为方式、价值观念及道德规范等,对行政人的思维及行为起着规范作用。政府文化是由物质层和精神层共同构成的体系。物质层是有形的、可以观察到的组织结构和组织过程及组织制度等,它是政府文化赖以形成的基础,是现代行政管理的基础,对行政人的行为具有强制约束作用,规定了行政人的行为规范,也是形成良好行政道德的基础,它对精神层有导向作用,但在组织失灵时,它就形同摆设,从而附属于精神层。精神层主要是指组织的全体成员共同信守的基本理念、价值标准、职业道德、精神面貌,它是组织文化的核心,最终决定组织成员的行为规范。前者要通过后者起作用,而后者必须依附于前者,两者都是政府文化建设的重要内容。政府文化和其他文化形态一样,是一个国家和民族经过成百上千年的历史演进形成的,有着极强的渗透力、遗传力和凝聚力,它常常在潜移默化中影响公务员的行为,影响一代又一代的政府和政府官员,这种影响是从外部实施强制的法律制度所难以企及的。法律固然可以凭借监督机制约束公务员的行为,而文化却可以在没有监督的情况下,仅凭自身的影响使公务员自觉地做或不做某件事情。政府文化是政治文化的重要组成部分,在政治文明的建设过程中具有举足轻重的地位和作用。

中国改革开放前的政府文化是一个复杂的矛盾体，一方面它以廉洁、效能、服务的精神规范引导着行政人员；另一方面，全能、集权、官僚主义、封闭保守的传统意识又时时在压抑行政本身的活力。改革开放给中国带来了无限生机，促使20世纪80年代的飞速发展和90年代由计划经济向市场经济的转型。40多年的经济政治文化改革，也使政府文化不断进行自身的变革和调整，由"政治挂帅"向以"经济建设为中心"转化，由全能型政府文化向分化型政府文化转化，由领导型政府文化向服务型政府文化转化，由人治型政府文化向法治型政府文化转化，由松散型政府文化向效能型政府文化转化，以适应社会改革和发展的过程，呈现出符合时代发展要求的新型政府文化面貌。然而，我国政府文化建设也存在着很多问题，主要表现在传统文化中的落后因素对政府文化产生了消极影响：第一，人治观念仍未消除，法治进程比较缓慢，主要表现在行政活动不重视法律的有效约束，主观随意现象严重，行政手段代替法律的现象大量存在；第二，"官本位"思想仍然存在于一定范围内，影响较大。此外，我国目前处在社会的全面转型阶段，旧有的文化受到冲击，现代的先进文化还尚未完全建立起来，这就造成行政人员价值观错位、信仰迷失等不良影响，社会转型造成政府文化在一定程度上的混乱。因此，我国政府文化还需要进行一次时代性的整合。[①]

我国政府文化一般具有以下特征：

第一，以马列主义、毛泽东思想、邓小平理论和"三个代表"重要思想为指导。现代政府文化建设面临众多的选择，然而，2012年12月，"十八大"报告鲜明提出了坚定中国特色社会主义的道路自信、理论自信、制度自信。这就告诫全党，必须坚持正确的指导思想，不能搞指导思想的多元化，否则就会迷失方向。为人民服务是现代政府文化的根本目标，而现代政府文化建设则成为21世纪建设中国政治文明的重要一环。

第二，吸收古今中外一切优秀的行政文化成果，与时俱进。现代政府文化吸收了古今中外政府文化建设的成果：首先，保持和继承了中国共产党创立人民政府各个时期所形成的密切联系人民群众的优良传统和制度成果，同时结合当今社会主义国家的政府实践，重视总结经验和吸取教训；其次，通过广泛的国际交流批判地学习发达资本主义国家的行政文化，吸收当今世界现代政府管理中带有共性的东西；再者，批判地继承了中国封建行政文化中的有用经验，例如，中国传统政府文化中的注重政府官员的道德教化，提倡"以吏为师""以身作则"等。

第三，建立以"治官治权"为核心的现代行政法律制度以及与之相适应的政府文化。它使行政机关内部的自我约束机制和来自外部权力机关的监督制约、司法机关的司法审查、社会舆论的监督共同发挥作用，改变政府官员权力不受制约或制约乏力的状况，通过制度建设促进现代行政文化的培育。行政法规实施的力度逐步加大，改变有法不依的问题，真正把改革开放以来在行政法领域制定的有关保护公民和法人权益的法律落到实处，并根据加入世界贸易组织后政府职能的转变、行政审批制度的改革、公务员职业道德的建设加强新法律法规的制定，巩固改革的成果。

二、企业文化

企业文化是企业在生产经营实践中逐步形成的、为全体员工所认同并遵守的、带有本组织特点的使命、愿景、宗旨、精神、价值观和经营理念，以及这些理念在生产经营实践、管理制度、

① 石丹丹：《试论我国政府文化建设的途径》，《陕西广播电视大学学报》2005年第1期。

员工行为方式与企业对外形象体现的总和。企业文化是企业的灵魂，是推动企业发展的不竭动力。它包含着非常丰富的内容，其核心是企业的精神和价值观。这里的价值观不是泛指企业管理中的各种文化现象，而是企业或企业中的员工在从事商品生产与经营中所持有的价值观念。

特伦斯·迪尔(Terrence Deal)和阿伦·肯尼迪(Allan Kennedy)把企业文化系统概述为5个要素，即企业环境、价值观、英雄人物、文化仪式和文化网络。企业环境是指企业的性质、企业的经营方向、外部环境、企业的社会形象、与外界的联系等方面，它往往决定企业的行为。价值观是指企业成员对某个事件或某种行为好与坏、善与恶、正确与错误、是否值得仿效的一致认识。价值观是企业文化的核心，统一的价值观使企业成员在判断自己行为时具有统一的标准，并以此选择自己的行为。英雄人物是指企业文化的核心人物或企业文化的人格化，其作用在于作为一种活的样板，给企业中其他员工提供可供仿效的榜样，对企业文化的形成和强化起着极为重要的作用。文化仪式是指企业内的各种表彰、奖励活动、聚会以及文娱活动等，它可以把企业中发生的某些事情戏剧化和形象化，以此生动地宣传和体现本企业的价值观，使人们通过这些生动活泼的活动来领会企业文化的内涵，使企业文化“寓教于乐”。文化网络是指非正式的信息传递渠道，主要是传播文化信息。它由某种非正式的组织和人群以及某一特定场合组成，传递出的信息往往能反映职工的愿望和心态。

企业文化是社会文化体系中的一个有机的重要组成部分，它是民族文化和现代意识在企业内部的综合反映和表现，是民族文化和现代意识影响下形成的具有企业特点和群体意识以及这种意识产生的行为规范。企业文化的内容十分广泛，主要包括企业哲学、价值观念、企业精神、企业道德、团体意识、企业形象、企业制度。

(一)企业哲学

企业哲学也称经营哲学，是一个企业特有的从事生产经营和管理活动的方法论原则，是指导企业行为的基础。一个企业在激烈的市场竞争环境中，面临各种矛盾和多种选择，这要求企业有一个科学的方法论来指导，并且有一套逻辑思维的程序来决定自己的行为，这就是企业哲学。

(二)价值观念

价值观念是指人们基于某种功利性或道义性的追求而对人们(个人、组织)本身的存在、行为和行为结果进行评价的基本观点。价值观不是人们在一时一事上的体现，而是在长期实践活动中形成的关于价值的观念体系。企业的价值观是指企业职工对企业存在的意义、经营目的、经营宗旨的价值评价和群体意识，是企业全体职工共同的价值准则。只有在共同的价值准则基础上才有可能产生企业正确的价值目标。有了正确的价值目标才会有奋力追求价值目标的行为，企业才有希望。因此，企业价值观决定着职工行为的取向，关系企业的生死存亡。管理学界认为，在认识企业价值观时，至少应该考虑以下因素：个人价值观、群体价值观、组织价值观、工作环境各要素的价值观以及文化价值观。

(三)企业精神

企业精神是指企业基于自身特定的性质、任务、宗旨、时代要求和发展方向，经过精心培养而形成的企业成员群体的精神风貌。企业精神要通过企业全体职工有意识的实践活动体现出来，因此，它又是企业职工观念意识和进取心理的外化。企业精神是企业文化的核心，在整个企业文化中居支配地位。企业精神以价值观念为基础，以价值目标为动力，对企业的经营哲学、管理制度、道德风尚、团体意识和企业形象起决定性的作用。企业精神通常用一些既富于哲理又简洁明快的语言予以表达，不仅便于职工铭记在心，时刻用于激励自己，也便于对外宣传，容易在人们脑海中形成印象，从而在社会上形成个性鲜明的企业形象。

（四）企业道德

企业道德是指调整本企业与其他企业之间、企业与顾客之间、企业内部职工之间关系的行为规范的总和。它是从伦理关系的角度，以善与恶、公与私、荣与辱、诚实与虚伪等道德范畴为标准来评价和规范企业。企业道德与法律规范、制度规范不同，它不具有强制性和约束力，但具有积极的示范效应和强烈的感染力，当被人们认可和接受后具有自我约束力。因此，它具有更广泛的适应性，是约束企业和职工行为的重要手段。

（五）团体意识

团体即组织，团体意识是指组织成员的集体观念。团体意识是企业内部凝聚力形成的重要心理因素。企业团体意识的形成使企业的每个职工把自己的工作和行为都看作实现企业目标的一个组成部分，使他们对自己作为企业的成员而感到自豪，对企业的成就产生荣誉感，从而把企业看作自己利益的共同体和归属。因此，他们就会为实现企业的目标而努力奋斗，自觉地克服与实现企业目标不一致的行为。

（六）企业形象

企业形象是企业通过外部特征和经营实力表现出来的，被消费者和公众所认同的企业总体印象。由外部特征表现出来的企业的形象称为表层形象，如招牌、门面、徽标、广告、商标、服饰、营业环境等，这些都给人以直观的感觉，容易形成印象；通过经营实力表现出来的形象称为深层形象，它是企业内部要素的集中体现，如人员素质、生产经营能力、管理水平、资本实力、产品质量等。表层形象以深层形象为基础，没有深层形象作为基础，表层形象就是虚假的，也不能长久地保持。

（七）企业制度

企业制度是在生产经营实践活动中所形成的，对人的行为带有强制性，并能保障一定权利的各种规定。从企业文化的层次结构看，企业制度属于中间层次，它是精神文化的表现形式，是物质文化实现的保证。企业制度作为职工行为规范的模式，使个人活动得以合理进行，内外人际关系得以协调，员工的共同利益受到保护，从而使企业有序地组织起来，为实现企业目标而努力。

三、大众文化

大众文化是以工业社会的发展为背景，经技术革命特别是传播技术革命而出现的一种文化。大众文化不同于高级文化，因为高级文化具有明显的阶层性；它也不同于乡土文化和群众文化，因为后者具有明显的自发性。大众文化在发展过程中，逐渐具有或已经具有复合化的属性，包括多种文化性质，而多元的文化性质又是多元社会结构的体现与延伸。

大众文化主要具有以下特征：首先，大众文化是一种现代通俗文化。这是从审美取向上对大众文化所做的概括与归纳。在审美取向上，大众文化与传统文化范畴大相径庭。其次，大众文化是一种现代传播文化。传统社会依靠口头传播或文字传播，而现代社会虽然还有口头传播和文字传播这两种方式，但它极具现代特征的传播方式则完全不同于传统社会，它与现代电子技术的迅速崛起和高速发展密切相关，收音机、电视机、电脑、电传、通信卫星、互联网等先进传播手段的出现，使文化的传播和时空距离发生了巨大的变化，同时，也使公共关系的工作方式发生相应的变化。再者，大众文化也是一种消费文化。现代社会是一个技术发达、物质丰富的社会，把消费作为它的结构性要求。买方市场的崛起和壮大对公共关系以及文化的发展起了重大作用。最后，大众文化也是一种商业文化。现代社会对大众文化的普遍性需求为大众文化提供了广阔的空间，为大众文化的产业化提供了可能，从而刺激大量的投资者不遗余力地加入进来，这使得商品市场进一步膨胀与扩张。

第五节　社会环境与中国公共关系发展的关系

一、社会环境对中国公共关系实践的影响

改革开放以来，中国的公共关系理论与实践从无到有，发展迅速，但由于我国政治民主化、经济市场化与社会信息化等方面的环境还有待改善，其发展进程中难免出现种种“水土不服”的问题。

首先，中国传统文化对公共关系的影响是利弊兼呈的。从文化心态来看，一般认为，中国传统文化的基本精神包括了正道直行、贵和持中、民为邦本、平均平等及重情轻理等诸多方面，强调权威、秩序、和谐、忠诚和人际关系的特质，这就可以解释中国公共关系实践与从西方引进的公共关系学理论和实务相比，还存在诸多细微差别及复杂性。分析这些传统文化精神，可以看出中国文化对公共关系或正或负的种种影响。从正面看，传统文化给人类提供了一个可以很快地认识现实并使自己很容易地适应不断变化的环境的社会。然而，从负面看，在这样一个发端于农耕社会、重家族血缘关系和熟人关系、轻社会组织的正式人际关系的社会里，中国人又发明了一种颇具中国文化特色并且包含消极意义和不符合道德意义的词汇——“拉关系”，也就是所谓的“走后门”。在传统中国社会中，中国人拉关系的实践可以说是一项以自我为中心建构关系的社会工程。[①] 人情在人际交往中是一种资源或社会资本。培养人情是建立或维持一种关系的先决条件。两个人之间人情的厚薄通常表明了他们之间关系的亲疏远近。一个中国人经常会感到，他是锁在人情网或关系网中的。实际上，随着社会的变迁，当代中国的这种基本人际状态的特点也在改变。由于拉关系、攀人情通常会引起沉重的社会投资，一旦一个人陷入人情网或关系网，他就卷进了同他人相互依赖的复杂关系之中。在这种情况下，他就承担起对别人提出的帮忙要求做出回应的社会责任；这样，个人也就失去了自主性和自由。因此，在社会转型的今天，中国公民虽然认可关系的重要性，但大多指责那些利用不正当关系来达到个人目的或单位目的的人。他们并非谴责关系或人情本身，只有当关系实践与更为普遍的伦理考虑相冲突时，他们才谴责它。虽然人们在自己的人际关系中非常看重人情，但他们也意识到人情应当有条件地加以利用。虽然社会上到处存在拉关系的情形，但当今的中国人普遍都有这样一种愿望，那就是希望依法治国，因为他们相信法律能给社会带来公平与正义。

其次，从经济方式上看，迄今为止的中国经济仍未达到充分完全的市场经济水平，市场经济在中国内地的发展既不充分，也不平衡，这是造成我国公共关系事业发展波澜起伏、障碍频生的主要原因。现在，我国对外开放进入了一个新的阶段，越来越多的跨国企业将全球投资发展重心转移到中国，国内企业也陆续跨出国门，走向国际市场，参与竞争。而作为重要传播沟通工具的公共关系正日益被企业、非营利组织乃至各级政府所接受，在提升竞争力、促进经济

① 金耀基：《金耀基自选集》，上海教育出版社 2002 年版，第 104 页。

社会协调发展等方面发挥着越来越重要的作用。但是,那种把公关活动等同于“三陪”、权钱交易、权色交易、吃“回扣”等庸俗的私下交易的观念仍很有市场,成为制约我国公关事业正常、健康发展的一大障碍,以至于“中国式关系”已成为国际流行语。然而,一个真正强大、和谐、幸福指数不断上升的社会,一个要想实现民富国强、建立公平正义的社会,一个企图让中华民族重新屹立于世界民族之林的社会,在人文精神方面崇尚的绝不应该是被人情世故浸泡的关系和庸俗关系学,而是自由、平等与法治,是社会的公民意识。公关实践只有在这样的社会环境下才不至于沦为“潜规则”。

最后,从管理体制上看,党政不分、政企不分仍是中国管理体制的一大弊端,尤其突出的是,我国现有的舆论一统、媒介垄断和民办报刊极少,其结果必然是媒介缺乏相对的独立性,传播体制僵化,沟通渠道单一,民意和舆论的社会作用不强。这将大大影响公共关系的社会效果。

尽管公共关系学在我国起步较晚,我国的政治民主化、经济市场化与社会信息化等方面还有相当多不完善、不发达之处,但随着我国社会主义市场经济的兴起、体制改革的深入、政治民主化的发展及现代化建设的进程,中国公共关系事业的蓬勃发展是不可避免并不可阻挡的,公共关系的本土化与国际化相结合有着令人鼓舞的辉煌前景。

二、公共关系学的发展对社会环境的改善作用

实践证明,我国的体制改革、市场经济的发展与公共关系的发展具有一定的同步性。也就是说,市场经济越发展,公共关系在经济活动中的地位和作用就越重要;反之,公共关系在经济活动中的作用发挥得越充分,体制改革和市场经济就越容易取得成效。公共关系事业的发展对社会环境的改善作用是不容忽视的。

(一)公共关系学的兴起有助于社会组织的快速发展

组织是社会的基本单位,组织的现代化是社会现代化的一个标志。在现代市场经济体系中,组织的创立、成长和消亡等活动异常活跃。这与传统经济体系形成了明显的差异。组织的活跃和发展在组织内部和组织与环境的关系方面产生了许多矛盾和冲突,公共关系学在帮助组织调整其自身的行为方面做出了一定的贡献。从公共关系学创立的早期历史看,这门学科的兴起与早期资本主义在企业内部和外部的关系处理方面陷于困境有直接关系。公共关系学通过调整劳资关系和企业与外界的关系使得企业组织更为适应社会和更趋于完善。从组织行为学的角度看,公共关系学对于实现组织目标、完善组织结构和协调组织环境等方面有着不可替代的功能。

(二)公共关系学的兴起有助于市场经济的发展

现代社会经济的发展不仅仅是一个经济问题,经济被置身于一个复杂的社会系统之中。公共关系学的兴起为市场经济的发展创造了良好的条件。

首先,公共关系学通过形象塑造积累了大量的无形资产,有助于市场经济的发展。一个企业的发展,不但要有人力、资金和设备的投入,而且还要有信誉和声望等无形资产的加入。没有人才可以招聘,没有资金可以借贷,没有设备可以购买,而无形资产的形成却要靠企业长期的努力才能够实现。①

其次,公共关系学通过信息传播培育出许多潜在需求,有助于现代社会经济的增长。公共关

① 樊泳雪:《公共关系学概论》,四川大学出版社 2006 年版,第 97 页。

系学在市场调查、信息收集方面形成了一套常规做法。公共关系人员经过长期收集、整理和归纳各种信息，逐步捕捉到一些有利于企业开发的产品信息，进而为企业的发展开拓新的市场。例如，1986年，麦氏咖啡公司产品在打入中国市场前，曾委托广州市场研究公司做市场调查，发现中国人喝咖啡的习惯与美国人不同：美国人喜欢慢慢烹煮，中国人喜欢一冲即饮。于是麦氏咖啡公司研制了一种专售中国市场的麦氏三合一速溶咖啡，抢在外国同类产品前一炮打响。

第三，公共关系学通过加强社交增进经济往来，有助于现代社会经济的增长。在现代市场经济体制下，不像过去那样有大量的国家指令性计划，市场要靠自己去寻找。企业不能像以往那样，只守着狭小的圈子等米下锅。公共关系人员要通过大量的经济和非经济交往活动寻找合作伙伴。事实证明，企业往往是在参与一些有社会效益的活动中发现许多有经济效益的信息。

（三）公共关系实践的发展有助于现代生活质量和管理质量的提高

现代社会，人们并不满足于传统的生活方式，而需要精神上的满足，需要了解自己生活圈子周围的信息。各种信息技术的发展为之提供了可能，社会组织要充分利用各种传播工具为组织服务，以引导舆论，影响公众观念，从而达到改善组织生存、发展的社会环境。现代生活质量指标是综合性的，它既包括收入、居住、教育、交通、医疗、社会福利和环境条件等硬指标，还包括一些软指标，例如，人际关系的和谐程度、文明教化的修养程度和公共服务体系的完善程度等。这些指标看似无形，实际上对人们的现代生活质量有很大的影响。有时候，人们对这些软指标的要求甚至超过硬指标。因此，改进和提高这些软指标成为我们社会的当务之急。现代企业为塑造自己的良好形象而从事的各项社会公益活动，有助于现代生活质量和企业管理质量的提高，从而提升整个社会人际关系的和谐程度、文明教化的修养程度和公共服务体系的完善程度等。

（四）公共关系学有助于现代价值观念的形成

在现代社会中，生活需要有现代价值观念。然而，中国五千年传统文化的积淀和近代长时期的闭关锁国使人们在思想上形成许多与现代社会不相适应的价值观念、如等级观念，官本位、特权思想。在社会生产力不发达、生活水平不高、对外交流不畅的情况下，人们进取心弱、求稳怕变、固守己见和安于现状。当市场经济向我们走来时，传统的价值观念就呈现出它的不适应性。与现代社会相适应的公共关系学的普及与宣传，将极大地有利于现代价值观念的形成。公共关系学的一些基本观念完全可以成为现代价值观念的一部分，以适应改革、开放、发展的需要。这些基本观念体现在以下三个方面：

(1)市场经济促进了横向联系，扩大了市场范围，任何人、任何组织的社会联系都在日益复杂化，人们的平等意识、权利意识和契约意识都在迅速形成。

(2)改革需要组织行为方式和关系状态的变革，这就促使人们强化公共关系，加强社会交往，以求能从社会分工中获得好处。

(3)对外开放使人们有可能在世界市场的大舞台上参与竞争，寻求合作伙伴。对外活动需按国际惯例办事，因此人们需要加强信息交流，增强公共关系意识，利用公共关系手段提高自身的知名度、塑造自我形象。

研究公共关系学，可以增进人们在现代社会生活中所需要的诸如平等、权利、契约、法治等意识以及变革、互补、适应、协调等观念。公共关系学理论认为，商品经济、市场经济是以社会分工和公平交换为前提的经济体制，市场经济的发展带来更大范围的分工、协作关系以及市场竞争关系。各社会组织、成员若能有效地运用公共关系，就可拓展合作关系并加强竞争能力。

现代社会发展突飞猛进，需要变革观念，一个人、一个组织或一项产品不能墨守成规，而是要不断地研究公众的需求和心理，把握社会变化的趋势，改进个人、组织和产品的形象，赢得社会的理解和支持，故步自封则必然会落伍。公共关系学在阐述个人(或组织)之间的关系时，反对对立的观念，强调互补观念，认为市场中的竞争并不一定要采取你死我活的竞争形式，利益互补与共享是可能的。因此，通过公共关系学的介入，可以达到共同发展、共赢和多赢。现代社会关系错综复杂，个人(或组织)对社会的理解并不完善和全面，因此有一个主体与社会适应或调适的问题。公共关系学在这方面建立了一些基本观念和技巧。此外，公共关系学在理解个人(或组织)之间的关系时认为，现存的一致性状况是极少的，矛盾和冲突的存在是不可避免的，努力协调各种关系是公关人员的长期使命。

总之，公共关系学理论和实践在我国的发展与完善，既得益于改革开放和市场经济发展的社会环境，又推动了市场经济体制改革的进一步深化，二者的关系是互动的、相得益彰的。

关键术语

民主政治　改革开放　政治参与　政府文化　社会主义市场经济　社会价值　社会结构　社会行为规范　企业文化　大众文化

案例分析题

2022年北京冬奥会的公关策划

2022年北京冬奥会已圆满闭幕，在此次冬奥会召开前，北京冬奥组委做了大量准备工作。2018年北京冬奥组委提出了《关于进一步加强冬奥新闻宣传工作的意见》，其中包括设立部门新闻发言人，并由各部门负责人担任；要求北京冬奥组委新闻宣传部组织协调新闻发言人通过接受媒体专访、接受集体采访、举行吹风会、召开新闻发布会等形式，主动向社会发布冬奥筹办的重大工作进展，回应国内外媒体和社会公众关注的问题，参与有关舆情研判和应对工作。

2022年2月1日，农历大年初一，2022北京新闻中心正式对外开放，并召开首场新闻发布会。2022北京新闻中心主任徐和建介绍说，本届冬奥会非注册记者是历次冬奥会中覆盖范围最广的一届，含境内媒体279家1 251人、外国媒体130家453人、港澳台媒体23家66人。因此，如何做好此次来自世界各国和地区的媒体工作对北京冬奥组委来说，是一个不小的考验。

2022年2月10日，奥林匹克运动会官微上传了本届冬奥会吉祥物冰墩墩的官方宣传片，展现了冰墩墩"诞生"的全过程。历经7个月修改，共创作了500多个卡通形象，绘制了上万张草图，3D效果图的文件超过100GB……"冰墩墩"设计团队负责人曹雪表示，"冰墩墩"以熊猫为原型进行设计创作。冰象征纯洁、坚强；墩墩，意喻敦厚、健康、活泼、可爱，契合熊猫的整体形象，象征着冬奥会运动员强壮的身体、坚忍的意志和鼓舞人心的奥林匹克精神。左手掌心的心形图案，代表着举办国对全世界朋友的热情欢迎。可以说，吉祥物"冰墩墩"的宣传工作，对推广北京冬奥会、传播中华文化起到了重要作用。

2022年2月23日，北京冬奥会国际传播学术沙龙在京举行，本次沙龙以"2022北京冬奥会国际传播的经验与启示"为主题，围绕冬奥会国际传播的理念、成效与经验等问题展开交流。国务院新闻办公室原副主任郭卫民在致辞中表示，在以习近平同志为核心的党中央坚强领导下，北京冬奥会取得了圆满成功，这也是各行各业共同努力的结果，不仅兑现了中国对国际社会的庄严承诺，带动了中国冰雪运动的发展，向世界展现了阳光、富强、开放、自信的大国形象，同时，也是对奥林匹克精神的广泛弘扬，在奥林匹克运动史上留下了浓墨重彩的一笔，成为世界冰雪运动发展的重要里程碑。他认为，北京冬奥会的成功举办，为我们讲好中国故事提供了最佳案例。认真研究和梳理北京冬奥会国际传播的做法、理念、成效与经验，对于我们更加有效地开展国际传播具有重要意义。

北京冬奥组委新闻宣传部部长、新闻发言人赵卫东作线上发言。他表示，北京2022年冬奥会是开展中国国际形象传播的一次难得机遇，也是在复杂国际环境下讲好中国故事的一个重大课题。关于北京冬奥会的国际传播经验，北京冬奥组委新闻发言人严家蓉介绍说：一是赛前传播要抓大放小，须结合传播周期选取恰当的内容；二是赛时传播是重中之重，要借助权威平台放大权威声音；三是冬奥IP是国际传播的利器，要精心策划提前做好议题设置。

当记者采访到奥林匹克广播服务公司首席执行官雅尼斯时，他认为北京冬奥会不是一届普通的奥运会，也不是往届奥运会的翻版，2022年北京冬奥会推进了科技的进步，并向前走出很远。

国际奥委会主席巴赫也致信习近平主席，祝贺北京2022年冬奥会圆满闭幕，表示在习近平主席卓越领导下，中国跻身冬季运动国度行列，超过3亿人参与冰雪运动。这是北京冬奥会创造的宝贵财富，开启了全球冬季运动新时代。北京冬奥会兑现了庄严承诺，以最高标准实现了办会目标，确保了所有参会人员安全。

（资料来源：http://www.cpra.org.cn/m/2022-02/24/content_41886131.html。）

思考·讨论·训练

试分析北京冬奥组委公关活动过程中所涉及的环境，以及这些环境对2022年北京冬奥会的申办和筹备工作有什么影响。

练习题

一、单选题

1. 下列说法中正确的是（　　）。
A. 公共关系可以脱离于社会关系和个人关系这两个关系体系之外
B. 公共关系只表示企业公共关系
C. 政治环境是公共关系产生和稳定发展的一个最基本的前提条件
D. 市场经济是公共关系发展的决定性因素

2. 公民参与主要是参与（　　）。
A. 政治斗争　　B. 政治决策　　C. 政策制定　　D. 政策发布

3. 在各国宪法性文件中，行使言论自由和出版自由权的主体为（　　）。
A. 个人　　B. 法人　　C. 社会组织　　D. 社会团体

4. 我国新闻媒介的创办实行（　　）。
A. 登记制　　B. 自由创办　　C. 严禁创办　　D. 批准制

5. 市场经济理论是在党的（　　）提出的。
A.“十三大”　　B.“十四大”　　C.“十五大”　　D.“十六大”

6. 影响公共关系的社会核心价值观的内核是（　　）。
A. 马列主义　　B. 和谐社会　　C. 以人为本　　D. 爱国主义

7. 当前，我国社会阶层结构呈(　　)。

A. 丁字形　　B. 橄榄形　　C. 金字塔形　　D. 倒金字塔形

8. 社会行为规范是社会控制的重要形式，是社会的规矩，那么社会行为规范的具体形式不包括(　　)。

A. 习俗　　B. 道德　　C. 宗教　　D. 行业协会

9. 下面不属于特伦斯·迪尔和阿伦·肯尼迪对企业文化要素概述的是(　　)。

A. 企业环境　　B. 企业领导艺术　　C. 价值观与英雄人物　　D. 文化仪式与网络

10. 大众文化最明显的特征是(　　)。

A. 自发性　　B. 阶层性　　C. 多元性　　D. 排外性

二、多选题

1. 公共关系环境包括(　　)。

A. 政治环境　　B. 经济环境　　C. 社会环境　　D. 文化环境

2. 公共关系环境具有(　　)特征。

A. 复杂性　　B. 可变性　　C. 不确定性　　D. 包容性

3. 公共关系政治环境包括(　　)。

A. 政治体制　　B. 政治氛围

C. 国际政治　　D. 与A和B相适应的法律制度

4. 当前我国社会存在的价值观形式有(　　)。

A. 集体本位　　B. 重功利、才能　　C. 利己主义　　D. 科学发展观

5. 影响公共关系的社会环境因素包括(　　)。

A. 意识形态　　B. 社会结构　　C. 行为规范　　D. 社会价值

三、名词解释

1. 公共关系环境
2. 社会结构
3. 政府文化
4. 价值观念
5. 企业形象

四、简答题

1. 改革开放对公共关系的发展有什么影响?
2. 我国当代社会阶层结构的特点有哪些?
3. 居民的收入和消费对公共关系会产生哪些影响?
4. 开展公共关系工作涉及哪些法律问题?
5. 公共关系对社会环境改善的作用体现在哪些方面?
6. 你对公共关系的定义是如何认识的?
7. 中国古代有哪些协调人际关系的思想?请结合著名的思想家加以说明。
8. 为什么说古人对人际关系的认识与处理是“类似的公共关系的观念与活动”?
9. 公共关系学在中国引进发展的社会条件有哪些?
10. 结合中国的现状，谈谈阻碍公关在中国发展的因素有哪些?

五、论述题

1. 简述政府文化对公共关系的作用。
2. 简述公共关系工作开展过程中如何利用政治参与来扩大自身影响。

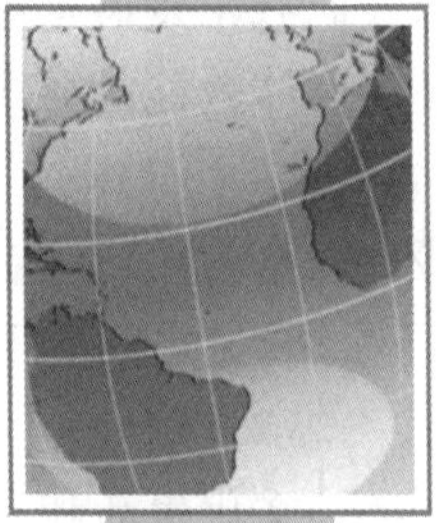

第三章 公共关系的构成要素

本章概要

公共关系主要由公共关系主体、公共关系客体、公共关系媒介这三个要素构成。本章第一节介绍了公共关系主体——社会组织的定义及特征，讨论了社会组织的分类，论述了组织形象的构成、特征及公众人物是组织形象的重要组成部分；第二节系统地说明了公共关系客体——公众的概念、特点及分类；第三节则专门论述了联系公关主体与客体的重要手段——传播与沟通。在现代社会传媒高度发达的环境下，灵活、优化地调动大众传播媒介的力量是成功营造良好公共关系的必要条件。

第一节　公共关系的主体——社会组织

对公共关系主体的分析分为关系学和传播学两个视角。

从关系学的视角看，公共关系的主体是社会组织，它属于中观层面的社会关系，这是相对于以个人为主体的微观关系即人际关系和以国家为主体的宏观关系即国际关系而言的。目前，社会组织公共关系是公共关系理论研究的核心。

从传播学的视角看，公共关系的主体是无所不在的，凡是一切开展“爱与信”传播活动的对象都是公共关系的主体。小到个人，中到组织，大到国家，都需要运用公共关系手段来争取周围受众的支持与认可，建立良好的品牌形象，为其创造出良好的生存空间和发展环境。因此，公共关系的主体包括各式各样的组织和个人，这些组织或个人可以是明星、CEO、政治领袖，也可以是企业、学校、社团、社区、城市或国家。

如果从应用实践的角度看，这种差异实际上是不存在的。无论是组织，还是个人、国家，都需要处理各种社会关系。例如，一个明星、一位总统不仅需要处理好家庭关系和朋友关系等个人关系，更需要处理好与媒体、支持者等的社会关系，因此运用公共关系手段必不可少，而且十分必要。又如，一个城市、一个国家不仅要运用外交手段处理好与其他城市和国家之间的政务关系、官方关系，还需要运用公共关系手段（在国际关系学中称为“公共外交”[1]）建立与市民、相关城市、国际社会的非官方关系。

在此，我们将公共关系的主体界定为开展公共关系活动、实现公共关系功能的载体和活动者，即社会组织。社会组织为了适应不断变化的社会环境而产生了公共关系行为。

一、社会组织的定义及特征

人与社会的联系需要有一种沟通，承担这种沟通任务的中介就是组织。组织是人类社会

① 公共外交是指一国政府通过文化交流与信息项目等形式了解、获悉情况和影响国外公众，以提高本国国家形象和国际影响力，进而增进本国国家利益的外交方式。

生活中最常见、最普遍的社会现象，它的产生源于人类的生产斗争和社会活动。在长期的实践中，人们发现要实现一个目标、一个愿望，个人的力量是微弱的、渺小的，往往需要与他人相互依存、相互合作，联合起来，共同行动，创造群体合力，才能实现目标。因此，人们有了发展这种合作、增进这种相互依存的关系，并使这种关系科学化、合理化，借以不断提高群体效能的要求和倾向，组织就是人们对于这种要求与倾向的认识和行动的结果。

所谓社会组织，是指人们为实现特定目标而建立的共同活动的集体或团体，是为执行一定的社会职能、完成一定的社会目标而构成的一个独立单位。它有领导、有目标，成员之间有明确分工和职责范围，而且有工作制度和行为规范。

在当代，人类社会的组织空前发展，其影响已深入社会政治生活、经济生活、文化生活和家庭生活等各个社会生活领域中。社会组织是人类社会的组合方式，是社会大系统存在的基础。从某种意义上说，人类社会是由各种社会组织构成的。脱离任何社会组织的个人和没有社会组织的社会大系统都是不可思议的。一个人从生到死，无不处于这种或那种社会组织中。

社会组织具有以下几个基本特征：第一，每个组织都有自己的若干特定目标，这些特定目标集中体现了一个组织存在的理由。社会组织本身是由社会分工不同建立的，组织所要完成的社会分工角色任务，就是它的工作目标。比如，工厂的目标就是生产和推销产品，学校的目标就是培养人才，贸易公司的目标就是搞贸易，等等。目标又是相对于过程而言的，社会组织完成工作目标的过程就是通常所说的社会组织的运行，社会组织只有通过运行才能达到工作目标。比如，工厂只有通过有组织、有计划的生产等具体运行程序，才能生产出产品；学校只有通过按教学大纲而组织的课堂教学、课外辅导等具体运行活动，才能培养出人才；等等。第二，每个组织都有一定数量的固定成员，最小的组织系统也至少由两个或两个以上的人组成。第三，组织结构的制度化。组织通过自己构建的权力结构体系来协调上上下下及各个职能部门或个人之间的活动。第四，组织成员行为的规范化。组织通过自己建立的规章制度管理、控制、协调组织成员的行为，制约组织成员的活动，维护组织活动的统一性。第五，每个组织都是开放的系统。社会组织每时每刻都在与外部环境和内部环境互动，并相互制约着彼此的存在和发展。

二、社会组织的分类

在现代社会中，社会组织为数众多且形式多样，每个组织都有自己特定的目标、职能，它们的组织宗旨、组织原则、组织利益也有很大差别，因此很难确定出一个统一的分类标准将社会组织加以区分。标准不同，分类也就不一样。一些学者按照组织的性质、目标和活动内容，将组织分为经济组织、政治组织、文化组织、群众组织和宗教组织等，也可以根据组织本身的特点和功能将其划分为营利性组织与非营利性组织等。

从公共关系学的角度来说，对社会组织的划分，目的是为了分清公共关系学适用于哪些组织，这些组织在公共关系的协调中各有什么特点。不同性质和类型的组织，其公共关系工作的目标、重点和具体对象是各不相同的，而不同的公共关系对象对组织的发展又有着不同的要求。因此，按组织的性质、目标和活动内容将组织进行划分，并分析其特征，对搞好组织的公共关系工作具有实际的意义。

(一)经济组织

经济组织是一种专门以追求社会物质财富为目的的社会组织，它存在于生产、交换、分配、消费等不同领域，工厂、工商企业、银行、财团、保险公司等社会组织都属于经济性组织。它担负着为社会成员提供衣、食、住、行和文化生活条件的任务，履行社会的经济职能。

这类组织以营利为目标，它的公共关系工作围绕经济效益这个中心开展，注重对产品的推销和追求最高经济利益。经济组织以消费者或服务对象为主要公众，公众的信任是组织的生存条件。没有公众的信任和支持，就得不到市场，失去了市场，也就失去了生存的空间。因此，经济性组织更应该注意树立良好的组织形象，并与其投资者以及对其经营成败起决定意义的顾客建立良好的关系。

(二)政治组织

政治组织是一种为社会群体的政治利益服务的社会组织，它主要包括政党组织和国家政权组织。政党组织是具有明确政治主张、以实现政治目标为特点的社会组织。国家政权组织是国家管理社会事务的重要机构，这些社会事务通常涉及社会公众的普遍利益，其价值追求表现为公共取向。例如，国家的立法机关、司法机关、行政机关、政党、监狱、军队等。

政治组织通常以国家及社会公众的整体利益为目标，其公众对象是社会各界。

(三)文化组织

文化组织是一种人与人之间相互沟通思想、联络感情、传递知识和文化的社会组织，如各类学校、研究机关、艺术团体、图书馆、艺术馆、博物馆、展览馆、纪念馆、报刊出版单位等都属于文化组织。这类组织以其特定的服务对象为主要公众对象。

(四)群众组织

群众组织是社会不同阶层、不同领域、不同背景的社会公众出于相同的理想、兴趣、目的而自愿组成的团体，如工会、妇联、共青团、行业协会、基金会等。人们加入群众组织主要是为了增加社会交往以及维护自身的合法权益，因此这类组织特别重视内部成员的利益和共同目标，所以其公共关系策略重点是重视内部成员对组织的凝聚力和归属感，重视组织系统内部的沟通。

(五)宗教组织

宗教组织是以某种宗教信仰为宗旨而形成的，有各自比较稳固的组织体系、典章制度、经典教义和活动方式，并形成了一批专门的宗教教职人员。宗教通过这种组织功能，形成一股稳定社会的力量。

这类组织的公共关系主要是避免成员的自由、利益受到无谓的妨碍和侵害，同时也注意避免自身的宗教活动对社会其他公众造成妨碍和侵害。

三、社会组织的形象

(一)组织形象的构成

在现代社会条件下，如果在激烈的竞争中仅仅通过大幅度提高质量或降低价格来求得发展，无疑要受到多方面条件的限制。在这样一种竞争状态中，只有组织在公众心目中的形象才是它在竞争中最可靠的实力，因为这既不受本组织控制也不受竞争对手的控制，而是由公众自主选择。公众的信任和认同已成为组织生存和发展的重要条件，组织形象已成为市场经济条件下组织的生命线。可口可乐总裁曾言，假如可口可乐一夜之间遍及世界各地的加工厂被大火全部烧光了，那么第二天世界各大银行的巨头会纷纷排队向可口可乐贷款。可见可口可乐在公众心目中的地位，其品牌形象就是一笔巨大的无形资产，公众对它的信任度是巨大的。正如英特尔总裁葛罗夫所言，谁能吸引更多的注意力，谁就能成为 21 世纪的主宰。

社会组织的形象是指组织在运行中显示出来的行为特征和精神面貌，是一个组织在社会公众心目中的地位、信誉和影响，即组织在社会公众中获得的总体评价。它包括社会组织的内在气质和外观形象两个方面。

所谓内在气质，是指组织对现实环境所表现出的基本态度、价值取向以及社会公德水平，包括服务态度、服务质量、精神面貌、工作作风、组织素质和风格等。社会组织的外观形象是指社会组织在实现工作目标时所显示的能力识别标记，如产品的质量、市场价格、市场占有率、组织的知晓度、品牌、广告、环境、组织的建筑物样式、代表色、设施以及技术力量、人员素质等。

(二)组织形象的作用

社会组织内在气质与外观形象的结合构成了社会组织的形象。社会组织的形象有什么作用呢？首先，在现代社会中，社会组织的形象对社会组织的生存直接产生作用，可以说它是社会组织最重要的无形资产。树立良好的组织形象是组织深思熟虑的一项具有战略意义的重要任务，也是公共关系工作的最终目标。

按照公共关系学的观点，商品信誉是较低层次的，它只是部分公众或消费者在多次商品交换过程中形成的对生产者和经营者的信赖程度，只是企业技术经营素质的综合反映，而树立组织形象不仅是企业自身发展的需要，也是现代社会对企业日益强烈的要求。企业作为社会的一个单位，既可能给社会带来新的价值，也可能给社会带来公害和威胁。公众对企业社会价值的评估标准发生了变化，评价范围由产品质量和服务扩大到企业生产经营与社会活动的各个方面，因此，有必要树立良好的组织形象，进而赢得公众的信任和支持。例如，2008 年 5 月 12 日，中国四川发生大地震后，国家倡导全民赈灾，王老吉凉茶公司捐款 1 亿元人民币，王老吉凉茶公司所体现出的爱国之情深深地打动了公众的心，树立了良好的组织形象，使得王老吉凉茶从饮料行业中脱颖而出，赢得了公众的信任和尊敬。几个月后，王老吉凉茶的销售额就稳居饮料行业头把交椅。由此可见，良好的组织形象是组织巨大的无形资产。

其次，对社会组织的评价，可以从知名度和美誉度两个方面进行。知名度是指组织被公众知晓的程度，也就是组织名气的大小，它反映了组织影响社会公众的广度和深度。美誉度是指组织被公众信任和赞誉的程度，它反映了组织社会影响的好坏。良好的组织形象是由知名度和美誉度构成的，缺一不可。

组织形象是组织无形资产的重要组成部分，无形资产主要是靠组织形象来表现的，组织形象的认知度越高，美誉度越好，无形资产的价值就越大，增值率就越高。曾经有媒体评价，世界第一品牌可口可乐的商标权为 725 亿美元；万宝路的商标权为 330 亿美元；柯达的商标权为 120 亿美元。无形资产具有如此大的魅力，是因为它代表该企业在公众心目中的地位。

再者，组织形象是组织生存与发展的精神资源。一方面，组织形象确立了组织的价值观念和行为规范，为组织自身的生存和发展树立了一面旗帜，如 IBM 公司提出的“IBM 意味着最佳服务”、日产公司强调的“品不良在于心不正”、德尔塔航空公司倡导的“亲和一家”等都规范着员工的言行和态度，让他们在工作中把自己的形象与组织的形象联系起来。另一方面，组织形象确立的共同价值观和信念，就像一种高强度的黏合剂，将组织的全体员工紧紧地凝聚在一起，使组织成为一个上下团结、协调和谐的高效集体。同时，良好的组织形象可以使组织内部员工产生一种自豪感，这种感觉可以让员工保持一种士气高昂、奋发进取的精神状态。

最后，良好的组织形象能增强组织的外张力。组织形象的好坏是公众选择产品或服务的重要依据。良好的组织形象会使公众产生信任感，从而培养起公众对组织以及组织提供的产品和服务的忠诚度，达到使组织占有更大市场份额的目的。因此，良好的组织形象就像一种高强度的黏合剂，有利于企业推出新产品，有利于创造“消费信心”，有利于企业筹集资金，有利于吸引、稳定人才，有利于寻找协作者，有利于协调与社区的关系，也有利于政府对企业产生信任感，最终促进组织目标的实现。

四、公众人物是社会组织形象的一个重要组成部分

公众人物是指具有广泛社会知名度和社会影响力的人物，主要是指政治、经济、文化等社会领域中的知名人士。

公众人物作为一种社会文化符号，具有整体象征性和代表性。随着社会经济、文化的发展和大众传媒影响力的日益增强，传播技术、传播手段的多样化发展，社会组织形象设计和传播的多层次展开，公关的主体除“社会组织”外，必然还包括社会组织的代言人。这些代言人已经不再是自然人，而是对社会组织形象产生重大影响的公众人物。例如，美国微软公司的总裁比尔·盖茨、苹果公司的创始人乔布斯，中国著名企业家如阿里巴巴集团和淘宝网及支付宝的创始人马云、百度公司董事长兼首席执行官李彦宏、万科房地产公司董事长王石等，这些企业家都是代表社会组织形象的公众人物。

1999 年，博雅公关公司对企业领导人进行了一项调查，目的在于了解企业领导人的个人形象对企业发展的影响。博雅公关公司调查了美国 35 个行业、350 多家大型跨国公司的 2 500 多名高级经营管理人员，调查结果显示，首席执行官的声望占企业总体形象的 40%。博雅由此得出结论：“在今天的商业社会中，首席执行官也需要作为一个品牌而加以管理。”美国宾夕法尼亚大学沃顿商学院教授戴维·拉克认为，接受博雅公关公司调查的首席执行官，其声誉每提高 10%，就会导致公司股票市值增长 24%。① 可见，公众人物是组织形象的重要组成部分。因公众人物（组织领导人）的错误言行而引发的公关危机，也有可能使组织的无形资产毁于一旦。例如，2008 年“5·12”汶川地震后，中国著名的房地产公司万科集团因董事长王石关于企业捐款的不当言论而引发的万科“捐款门事件”，导致其品牌价值损失了 12.31 亿元（世界品牌实验室发布的 2008 年《中国 500 最具价值品牌排行榜》中，万科的品牌价值为 181.23 亿元，比 2007 年缩水 12.31 亿元）；表现在资本市场上的损失，其股票的市值在 5 月 23 日之前的连续 6 个交易日蒸发了 204 亿元。

第二节 公共关系的客体——公众

公共关系工作的对象统称为“公众”（the public），对“公众”的研究是公共关系学的重要内容。社会组织的形象是由公众来评定的，公众能决定一个组织的生死存亡。社会组织在运行中将面对什么样的公众？这些公众有哪些特点？公众的范围如何？这些都与社会组织能否正常运行和公共关系工作是否能达到最终目标——树立良好的组织形象有直接的关系。一个组织只有正确地认识和分析自己的公众对象，才能使组织的公共关系工作建立在科学的基础上。

一、公众的概念及特点

“公众”一词在社会科学和日常生活中使用得很广泛。但是公共关系中的公众不同于政治学或社会学中的公众，也与日常生活中经常讲的“人民”“大众”“群众”不是一回事。“公众”这

① 莱斯丽·盖恩斯·罗斯著，沈国华等译：《首席执行官资本——构建执行官声誉和公司成功指南》，上海财经大学出版社 2005 年版。

一概念在公共关系学中有其特定的含义，特指那些与社会组织有直接或间接关系，并有共同利益或共同问题的个人、群体或组织的总和。

由此可以看出，公众是相对于特定组织而存在的，它是社会组织传播沟通的对象总和。当组织成立时，根据组织的目标、性质、工作内容、产品类型、范围、地域，与之相关的公众也就产生了；当组织消失时，它的特定公众也就消失了。当然，对于具体的个人、群体或组织来说，只是作为这个组织的特定公众身份消失了，而每个个人、群体或组织必然同时具有多重的公众身份。

根据以上分析，作为公共关系客体的公众具有如下一些基本特点：

(一)同质性

公共关系意义上的公众必定是与组织有关系的，它的形成是由社会组织的性质和目标决定的。正是由于组织的性质和目标，才把具有共同利益、共同需求、共同问题的人和群体或组织联结在一起形成公众。因为这样一些共同点，使公众有着相同的态度和行为，所以，公众的成员具有某种内在的同质性。例如医院，因为医院本身的性质和目标是治病救人，这样一来，身体不适的人群就成为医院的公众。这些患者本来相互之间并没有联系，但是因为成为同一家医院的患者，因而对这家医院的医务人员素质、医疗设备、服务质量等就有了相同的要求，如果医院服务有问题，那么患者就会联合起来共同捍卫自己的利益。可见，公众总是与某一特定的共同点联系在一起的，共同点的性质决定公众的性质。因此，社会组织在开展公共关系工作时，要注意找出公众内部的共同点，有的放矢地开展公共关系活动，才能取得最好的效果。

(二)相关性

公众的相关性是指公众与组织之间的“相关”或“相关程度”。社会群体虽然广泛存在，但不是“每个”社会群体都会与某个社会组织发生关系。凡不与某个组织发生关系、不影响该组织形象塑造和组织目标实现的群体，只是一般的“大众”而已，并不构成该组织公共关系意义上的“公众”。公共关系意义上的公众必定是与该组织“相关的”。因此，要确定一个组织的公众，必须界定该组织的目标和利益与若干公众的目标和利益的相关之处，从而确定每一类公众的相关性或“相关程度”，并根据这种相关性来制订组织公共关系的相关计划。

(三)多元性

公众的存在不是单一的，而是复杂多样的。首先，公众的存在形式是多元的。公众既可以是特定的社会群体、人群的临时组合、规范的组织机构，也可以是一些特殊的个人。日常的公共关系工作对象包括各种各样的个人关系、群体关系、团体关系、组织关系等，而同一类型的公众，也可以有不同的存在形式。例如，消费公众可以是消费者个人、消费者群体、消费者团体、消费者组织等，这种公众的存在形式就是多元的。

其次，公众层次呈现多维的性能。不同的公众，主观意识或工作目标以及价值取向、处事态度、处事方法等不尽相同或者完全不同，对同一问题的感受和要求也就不一致，即使是同一类公众，他们对解决问题的要求也不一定相同，这就导致公众层次呈现多维的性能。公众的多元性决定了沟通方式和传播媒介的多样性。

(四)可变性

公众不是一成不变的对象，而是一个开放的系统，处于不断变化发展的过程中。任何组织面临的公众，其性质、形式、数量、范围等均会随着主体条件、客观环境的变化而变化。这主要表现在三个方面：一是社会组织在运行过程中解决了公众所面临的问题，那么，原有的公众就自然消失，随着新问题的产生，又会形成新的公众。比如医院的患者，当他的病治好后，不再与医院发生联系，他也就不再是医院的公众，而新的患者又会成为医院新的公众。二是由于社会组织的目标发生变化，会使一部分公众自动消失，而另一些公众随之出现。三是由于客观环境的不断变化和主观情趣、财力、时间安排、需求等的不断变化，公众的态度也处在不断变化之中。

(五)可导性

社会组织的形象是由公众评定的，而良好的组织形象是组织生存、发展的基础。因此，公众的意见、观点、态度和行为对组织有很深的影响。但同时，组织的决策和行为也对公众具有实际的或潜在的影响力和作用力。因此，组织应经常借助对环境因素的改变来达到逐渐影响公众态度和行为的目的。

二、公众的分类

就公众的定义和基本特性而言，它是一个集合概念，在内涵和外延上有着广泛的指代性和较为复杂的构成。为了研究和操作的需要，对公众进行分类是十分必要的。用一般分类学方法，可以按公众内部的"同质性"种类和程度来划分，也可以按公众与组织的"相关性"种类和程度来划分。纵览国内外公共关系学的权威著作，大多是按照同质性和相关性以及公众自身所处的状态及发展阶段来对公众做出分类。同质性、相关性的分类是一种横向分类，按公众自身所处的状态及发展阶段的分类是一种纵向分类。为了使叙述更为简练和明白，本书对公众进行横向和纵向两个方面的分类，下面分别加以说明。

(一)横向分类

横向分类的根据是社会组织在运行过程中会产生各类问题，因问题的不同而形成不同的公众，属于同一社会群体或组织的公众就构成了同质性。因此，所谓横向分类，实际上是一种问题导向分类。对因问题的不同而形成的不同的公众进行横向分类，目的是为了更好地理解各类公众在其与社会组织的关系中的角色地位和角色作用，便于公共关系活动有针对性地分别解决各类问题，协调社会组织与各类公众的关系。根据这种分类原则，公众一般可划分如下：

1. 内部公众——社会组织内部的所有成员

公共关系的公众常被误解为仅仅指社会组织外的对象。事实却不然，社会组织内部的职工等成员都是公共关系的公众，不仅如此，内部公众对公共关系来说是一类特别重要的公众。道理很简单，公共关系要树立社会组织的良好形象，内部公众对自己组织的评价有特殊的意义和作用，因此同内部公众协调关系是公共关系工作中最重要的环节之一。此外，内部公众也不是内部成员的简单相加，内部公众同样可以根据他们所面临的问题的不同而分成若干类。例如，在一个企业中，有管理班子、白领群体、蓝领群体、青年群体、妇女群体等各种不同的内部公众，他们各自具有同质性，与作为群体的组织又有不同程度的相关性。

公关工作中的一个重要理论是"投公众所好"。要做好内部公关工作，首先必须清楚地认识内部公众对组织的期望和要求以及这些期望实现或满足的程度如何，因为这是内部公关的焦点，也是内部公关的出发点，只有以此为出发点，才能选择适合内部公众特点的沟通方式和传播媒介。大量调查表明，员工等内部公众对组织至少有以下几方面的期望和要求：

(1)工资报酬。工资报酬是员工努力工作的根本动机，是员工对组织的基本要求，员工希望得到公平的待遇和合理的劳动报酬。进一步精细地搞好分配制度、公平地解决劳动报酬问题是组织管理中的一件头等大事。

(2)奖金、福利。奖金是工资之外用以奖励优秀员工的。工资报酬、奖金、福利是组织发展的利益驱动力和劳动积极性的原始动力。

(3)工作环境。工作环境既包括物质环境和精神环境,也包括利益环境和发展环境。工作环境直接影响员工的工作热情和积极性,让一个人在他不喜欢或不满意的工作环境中长时间假装抱有热情、向上、乐观、勤劳、忠诚的态度是非常困难的,从人的本性来讲,这几乎是不可能的。因此,内部公众往往追求一个既喜欢又满意的工作环境。在知识经济时代,新知识工人不再像传统组织工人那样,仅仅注重劳动收益。他们更注重知识力的发挥,更希望寻找一个能充分发挥自己知识潜能的环境,对发展空间的要求比利益空间的要求更迫切、更大,因此现代组织必须为他们提供一个理想的工作环境。

(4)领导素质。领导素质是指领导者个人所具有的品德、能力、知识、修养和领导艺术等。领导素质的高低直接决定组织素质的高低,也直接决定着内聚力的大小。一个组织的领导者是组织理想的构思者和实践者,他的自身魅力就足以吸引众多追随者,足以树立一个组织的精神标杆。对员工来说,他不仅挑选工作,而且挑选领导。有时候,领导比工作更重要,一个好领导可以让员工感到工作更有价值、生活更有意义。

(5)管理制度。管理制度主要包括组织机构设置、民主管理制度、财务制度等。员工希望增强管理的科学性、民主性和公开性。现在很多企业都逃不过"火不过三年、好不过五年"的命运,问题主要就出在管理上。

(6)组织氛围。氛围是人与环境互动的状态,好的氛围不仅可以提高工作效率,而且可以提高生活品质。大多数人在选择工作时,都对工作氛围有特别的要求,这不仅仅是出于一种对安全感的追求。

2. 政府公众——对社会组织行使管理监督职能的所有政府职能部门

在一般情况下,政府及其管理部门总是与公众相对应的。但在公共关系实践中,政府和管理部门本身也可以成为社会组织公共关系中的客体,即它也会成为公共关系工作的对象,尽管这种对象有一定的特殊性。政府公众的特殊性主要表现在以下几个方面:

(1)政府是一种具有强制力的权力机构。政府通过立法、行政、司法并运用各种政治、行政、法律手段管理和制约各种社会组织,以确保其政策的执行。这种权力是其他任何公众所没有的。

(2)政府是最具社会影响力的社会组织。作为国家政权机构,政府对有关产业和区域的优惠政策、财政拨款政策、经济调控政策等都能直接影响整个经济的发展走向,从而间接影响组织的经济状况。这种社会影响力也是其他公众所不可比拟的。

(3)政府是社会组织的统一管理者。政府具有行使组织、领导和管理等职能,对各种社会组织的管理是政府实行全社会统一管理的重要组成部分。政府通过制定法律政策和行政干预,对各种社会组织进行必要的管理、监督、指导和调节。

(4)政府是组织重要的信息源。中央和地方各级政府中,都设有专门负责收集社会各种政治、经济、文化等方面的社会信息和统计数据的机构,如统计局。这些信息资料和政府机关的各类文件、简报等,都是对社会组织具有重要参考价值的信息资料。

(5)政府是组织重要的资金来源。政府与各组织存在财政税务关系。政府可以采取免税、退税、无偿财政拨款、优惠贷款等方式,支持和扶助各类组织的发展。如果组织能争取到政府在资金和税收方面的支持,自然有利于自身的发展。

(6)政府是全体社会公共利益的代表。从利益角度来划分,全社会的利益可分为国家利益、集体利益和个人利益三种,这三种利益存在不可避免的矛盾和冲突。政府作为全民利益的代表,要同时维护三者的利益,在这种情况下,组织和政府、公众之间又存在着所谓的“对立关系”。社会组织对这种利益关系要有清醒的认识和明确的态度,协调好政府和组织的关系是搞好与政府公共关系的关键所在。

3. 消费者公众——社会组织所经营的产品或服务的消费群体

这里的“产品”是一个广义的概念,包括物质产品,也包括精神产品。这里的“消费”也是广义的,包括商品消费、服务消费、信息消费等。组织所经营的产品或服务的消费群体也常被称为消费者公众。对于大多数社会组织来说,这类公众是最主要和最广泛的公众。消费群体同社会组织的关系,在任何商品经济社会中,都是决定社会组织目标的完成甚至社会组织生存的重要因素。

4. 事件性公众——由某个突发性天灾、人祸、事件而形成的公众

例如,因工厂泄漏有害气体而受到危害的行人和居民等;又如,因汽车发生交通事故所涉及的受害者和公安部门等。此类公众的重要性要视事件的影响程度而定。2012 年,引发全国舆论一片哗然的“河南周口强制平坟事件”,使得反对强制平坟的周口百姓成了周口市政府的一个棘手的事件性公众。这一事件还引来了《人民日报》、央视新闻、《环球时报》等各大媒体的质疑,这个突然因该事件的发生而形成的“问责媒体”也成为周口市政府必须慎重应对的另一事件性公众。

5. 媒介公众——在社会分工中负责向大众传播信息的专门机构

媒介公众是指在社会分工中,专门负责向大众传播信息的专门机构和个人,如报纸杂志社、广播电台、电视台及其编辑、记者、节目主持人和专栏作家等。媒介的主要职能是整理和传播对社会发展有用的各种信息,通过报纸、杂志、广播节目和电视节目等信息载体把各种经过处理的信息源源不断地传送给社会公众。在现代社会中,公共关系活动常常要借助大众传播媒介,否则公共关系活动的影响就微乎其微,可见媒介公众直接关系到公共关系活动本身,是一种特殊的公众。对公共关系来说,此类公众有着双重功能和双向作用:一方面,它自身是公共关系的客体,是公共关系工作的对象;另一方面,它又是介于社会组织和其他公众之间的沟通桥梁,是一个中介因素,因而也可以说是公共关系工作的手段。一般来说,有远见的社会组织总是尽可能地让公众了解组织的目标和计划,如果这类公众能及时获悉有关社会组织的有价值的消息,那么社会组织要赢得它们的支持是不难的;反之,如果社会组织不让它们了解社会组织的运行情况,那么,就不可能提高自己的知名度,也很难在传播活动中取得它们的配合。因此,对大众传媒“封锁消息”,在它们的来访过程中采取不合作态度,甚至得罪它们,这是公共关系工作的大忌。

6. 社区公众——社会组织所在地周围的邻居和地区政府部门

社区一词属于社会学的概念,又称“地域社会”或“区域性社会”。社区是以地缘为纽带,联结一定数量的社会成员聚集在一定地域里,在一定的组织机构和系统中从事各种社会活动的社会基本单位。所有的人都生活在一定的社区中,都在一定的空间环境中生存,并相互产生交往关系。

社区公众是指社会组织所在社区周围的邻居及地区政府部门。它包括居住在社区内的居民及其家庭、社区中的其他社会组织和团体、当地的管理部门及工作人员。社区公众是由特定的活动空间、生活空间所确定的,区域性、空间性很强,他们涉及当地社会政治、经济、文化、教育等各个方面和阶层,由于与组织拥有共同的生存空间,因此与组织有着千丝万缕的联系。

社区公共关系即社会组织有意识地通过传播活动让社区公众了解社会组织，使之认识到社会组织既是精明的经营者又是社区中可信赖的好邻居，以形成社会组织在社区中的良好形象，并期望通过社区公众在社会上的传播活动建立起社会组织的良好形象。

社区公众的重要性主要体现在以下几个方面：

(1)社区公众是组织劳动力的主要来源。劳动力是社会组织正常运转的基本保证，而组织大部分的新员工主要来自社区居民。这种“就地取材”的方法，不但可以节约组织的招聘费用，而且可以使社区居民安居乐业，减少社区以及组织的不安定因素。

(2)社区是组织最可靠的后勤保障系统。组织的后勤保障系统有相当一部分来自所在的社区。组织所需要的相当大一部分的物资也有赖于社区提供。另外，组织员工的日常生活也要依赖于周围的商店、医院、学校、电影院、菜场、停车场等，社区生活环境的配套完整，可以解除组织员工的后顾之忧，使其全心全意地投入工作。

(3)社区公众是组织较稳定的顾客。组织提供的产品和服务在社区内推出，可以节省大量的运输费用与仓储费用；同时，组织可以较快地从社区公众中获得反馈信息，及时改进产品，提高在市场上的竞争力。从顾客的角度来说，购买或享受本社区的产品或服务，不仅价格上有优惠，而且售后服务更为方便。良好的社区关系有助于促成这种购买倾向，形成稳定的顾客队伍。

(4)社区文化影响组织文化。社区文化是指社区公众在社会生活过程中创造和孕育出来的人为环境、行为习惯与行为方式。它为社区成员所共享，又由社区成员共创和发展，社区文化的物质层面、精神层面、制度层面都会渗透到社会组织中，成为组织文化的组成部分。

7. 同行公众——属于同一行业的组织或业主

此类公众与社会组织之间既有竞争关系，又有合作关系。同行的宣传有特殊的效果，同行的信息也往往比较灵通。因此，如何在竞争中给同行公众留下好印象，也是公共关系工作应当认真考虑的一项任务。同行公众的理解、支持与合作在市场全球一体化的背景下可以互相借力、相互促进，即便是竞争也能使双方更快地成熟起来，更上一层楼，这对共同进发国际市场有益而无害。

8. 相关公众——社会组织正常运行中要涉及的各类组织和群体

这类公众很普遍，如原料供应、水电供应单位等。此类公众尽管对社会组织的形象不发生直接影响，但对社会组织产品的生产却至关重要，因此，与这类公众协调好关系，也是公共关系的重要任务之一。

上述 8 种分类，除第一类内部公众以外，都按照公众和组织的关联属性分类，都属于外部公众。此外，还可以按照公众对组织的态度，分为顺意公众、逆意公众和独立公众；按照公众对组织的重要程度，分为首要公众、次要公众和边缘公众；按照具体的组织利益相关群体，分为资金市场公众、产品市场公众和组织内部利益市场公众。

总之，在横向分类中，根据问题的不同可划分为不同类型的公众，对不同的公众采取对症下药的传播活动，公共关系方能取得较好的效果。

(二)纵向分类

所谓纵向分类，实际上是把公众作为一个过程按其发展阶段分类，也可以说是根据社会组织在运行中与公众发生关系的密切程度对公众进行的一种划分。根据公众与社会组织的关系程度和发展阶段，一般可把公众分成四类：非公众、潜在公众、知晓公众和行动公众。

1. 非公众——社会组织还未与之发生关系的公众

非公众是公共关系学中的特殊概念，是指本组织还未与之发生关系的公众，它既不受组织的影响，也不对组织产生作用，它不是公共关系的实际对象。严格地说，非公众不能算作公众。由此，有人以为非公众不能列入公共关系工作的对象范围。但从社会组织的运行角度来看，在对社会组织运行的必然趋势进行分析时，有必要对今后可能与社会组织发生关系的现在的非公众有提前的认识，即公共关系对公众的确定要有一定的“提前量”。但这并不是说，可以把公众与非公众混淆起来同等看待，事实上，提出“非公众”的概念就是要帮助公共关系工作减少盲目性，避免把力量过多地用到并不太需要的地方去，因为非公众毕竟不是公共关系工作的重点对象。

2. 潜在公众——事实上已与社会组织发生联系但尚未意识到的公众

在社会组织的环境中，常有这样的事情发生，即某些社会成员由于社会组织运行的关系而使他们面临共同问题，这时他们已经由该问题而连接起来成为社会组织的公众了，但他们本身并没有意识到这一点，这部分公众就是潜在公众。由于潜在公众本身并没有意识到问题的存在，所以他们不会付诸任何行动，这样他们对社会组织的影响就是潜在的。但问题早晚会暴露，潜在公众一旦意识到他们所面临的问题，就变成知晓公众了。对公共关系来说，应当尽量让潜在公众迅速转变为知晓公众。因为所存在的问题如果是对社会组织有利的，那么自然应当尽快让公众知晓；如果是对社会组织不利的，那么也应当让公众在了解的基础上尽快采取补救措施，主动变不利为有利，因为纸是包不住火的，一旦问题出现，再想办法就显得被动了。这就要求公共关系活动策划者更加重视公共关系的预测功能、参谋功能，充分发挥其作用。

3. 知晓公众——意识到问题的存在，并把它与社会组织的运行联系在一起的公众

由于知晓公众已经知道问题的存在，因此他们对任何与问题有关的信息都会感兴趣，并在信息反馈上有所表示，因而知晓公众一旦形成，公共关系活动应更积极地展开，以便与公众交流信息，努力做到相互了解、相互合作。特别是当不利于社会组织的问题已经暴露时，公共关系活动就更要通过各种传播媒介，积极主动地向公众解释问题的缘由并说明解决问题的办法；否则，公众就可能采取维护自己正当权益的行动，从而转化为行动公众。

4. 行动公众——不但意识到问题的存在，并已着手或已采取行动的公众

行动公众是由知晓公众发展而来的。当公众已意识到问题的存在，而社会组织又没能及时解决问题时，公众就会准备采取或已经采取行动，如诉诸大众传播媒介、诉诸政府有关部门，甚至诉诸法律等。面对行动公众，公共关系工作更要加紧进行，竭力让公众了解社会组织为解决问题所付出的努力，帮助社会组织的有关职能部门开展补救工作，变被动为主动，变不利为有利。

总之，在纵向分类中，随着从非公众到行动公众的发展，公众对社会组织的影响也越来越大。虽然一般来说，这四类公众都是公共关系工作的对象，但公共关系的重点应当放在知晓公众和行动公众身上，而对非公众只花较少的精力。

第三节 公共关系的手段——传播与沟通

公共关系的传播与沟通是信息双向交流的过程，也是社会组织开展公共关系工作的重要手段。离开传播与沟通，公众无从了解组织，组织也无法与公众沟通。传播与沟通是组织与公众之间相互联系的纽带和桥梁。一个社会组织不但要有明确的目标、政策和措施，还要充分利用传播与沟通手段开展公关活动，才能赢得公众的好感和舆论的支持，从而获得良好的经济效

益和社会效益。

一、传播模式与传播理论

(一)传播及传播要素

传播一词译自英文 communication,它还可以翻译为沟通、交往、传达、通信等。什么是传播?传播是人类运用符号并借助媒介来交流信息的行为与过程。传播伴随着人类的产生就已经存在了,人类在发展过程中,每时每刻都离不开相互传递信息和交流感情。可以说,传播行为是人类赖以生存与发展的基本活动之一。

形成传播要有一些必要条件,就是传播要素。传播要素主要包括以下几个方面:

1. 信源

信源又称传播者,是信息的发出者。传播者在传播过程中处于主动地位,制约和影响着传播的全过程,由传播者确定传播的内容、方法、形式,以及传播的渠道、接受者等,传播者的素质及传播经验是决定传播取得预期效果的首要因素。

在公共关系传播中,传播者是公共关系的社会组织或是代表组织行使传播职能的人。传播的效果因传播者的不同而有所差异,因为公众对传播者的认知和态度不同,就会有不同的接受结果。同样的信息出自不同的传播者,就可能产生不同的传播效果。传播者在公众中的声望、地位、职业、专长、社会形象等,都会直接影响传播的效果。因此,公共关系传播者应具有一定的权威性、公众信赖度和吸引度。

2. 信息

信息是传播的内容。信息是对事物运动状态和关于事物运动状态的陈述,一般是指具有新内容、包含新知识的消息,即它不是人们已知的知识、概念,而是人们以往不知道的东西。没有传播内容的传播是无意义的、不存在的,同样,不被传播的信息也是没有价值的。信息可以被感知、采集、储存并传播与共享,它是一种无形的资源。

公共关系传播的内容很多,应根据需要进行选择,其内容选择的结果,直接关系到公众的理解、注意和接受程度,直接影响传播的效果。它大体上可以分为两类:一是告知性内容,即向公众介绍有关组织的情况,它的目标、宗旨、方针、经营思想、产品和服务质量等;二是劝导性的内容,即号召公众响应一项决议,呼吁公众参与一项社会公益活动,或者劝说人们购买某一品牌的商品。不管哪种内容,都要有可信性、针对性和新颖性。

3. 信宿

信宿是信息的接收者,又称为受众。受众是传播的目标,可以是个体、群体,也可以是各种社会组织,他们在传播活动中处于被动地位,对传播什么样的信息没有选择权,但是他们却能决定接收什么样的信息。因此,传播者在传播信息时,要对接收者有所了解,尊重接收者的需要,并从传播内容上确保信息被接收的可能;否则,就会传播效果差,达不到传播的目的。传播效果在很大程度上取决于接收者的社会生活背景、文化知识水平、心理性格特征等因素。另外,传播者和接收者的地位并不是固定不变的,而是会相互转换。接收者接收信息后,根据情况向传播者反传播,即信息反馈。有反馈的传播是双向传播,没有反馈的是单向传播。

公共关系传播的对象是组织公众,如前所述,公众具有同质性、相关性、多元性、可变性、可导性等特点。公共关系的传播是双向传播,是社会组织与公众之间的双向交流和沟通。传播要根据公众的特点来选择不同的传播媒介。

4. 媒介

媒介是信息的物质表现形式，是信息的载体。人们利用各种媒介记录、保存、处理、传递、表现信息，如语言媒介（口语传播）、文字媒介（文字传播）、实物媒介（实像传播）等。

在公共关系传播中，常见的传播媒介主要有语言媒介、印刷媒介、电子媒介、网络媒介和实物媒介。不同的媒介有不同的特点，社会组织总是要根据自身公共关系具体目标的需要选择一定的媒介来传播，或者综合运用几种媒介来进行整合传播。例如，在公关实务活动中，口语传播是运用最为广泛的形式之一，在日常接待、新闻发布、沟通性会议、公务谈判和游说策动等领域中，口语传播是公关工作的主要手段。另外，以产品实样形式进行信息传播（产品展销），形成买卖活动，也是重要的传播手段。因此，在选择媒介时，组织应从传播效果、传播内容、目标公众、经济预算等方面进行考虑，选择最适合的媒介。

5. 信道

信道是信息从传播者到达接受者的渠道、途径，它是连接信源与信宿的纽带，是信息交流的中介。信息传播一般可分为大众传播和人际传播两种不同类型的传播渠道。公关传播应根据不同类型公众的特点和传播内容的不同，确定不同的传播渠道，是口口相传，还是运用大众传播媒介？我们知道，大众传播是运用大众传播媒介来进行传播活动，其中包括报纸、杂志、书籍等印刷媒介，也包括电视、广播、网络等电子媒介。公关作为一种传播活动，其实务操作显然离不开大众传播渠道。借助大众传播，组织能更迅速、更广泛地树立社会形象，取得最佳的传播效果。

（二）几种主要的传播模式

1. 拉斯韦尔的5W模式

哈罗德·拉斯韦尔（Harold Lasswell）是当代西方著名的政治学家，对传播学的卓越研究使他成为传播学的创始人之一。1948年，拉斯韦尔发表了被誉为传播学开山之作的论文《社会传播的结构与功能》，从传播的内部结构分析传播过程的5个要素或5个环节：(1)针对传播主体的控制分析；(2)针对传播信息的内容分析；(3)针对传播媒介的工具分析；(4)针对传播对象的受众分析；(5)针对传播效果的效果分析。

根据以上5种分析，拉斯韦尔得出至今为传播学所公认的传播要素理论，即5W理论：(1)谁(who)——传播主体；(2)说什么(say what)——传播内容；(3)通过什么渠道(which channel)——传播媒介；(4)对谁说(to whom)——传播对象；(5)产生什么效果(with what effect)——传播效果。因为这5个要素的英文表述各有一个以“W”打头的疑问词，所以这个理论也称为5W模式。通俗地讲，我们也可以将这5个W描述为：(1)传播主体：信源——发出者——传播者；(2)传播内容：信息——编码；(3)传播媒介：渠道——工具；(4)传播对象：受众——信宿；(5)传播效果：反馈——影响。

2. 两级传播模式

1940年，保罗·拉扎斯菲尔德（Paul Lazarsfeld）等人在美国俄亥俄州开展了一项有关总统选举的调查研究。调查结果表明，真正影响人们投票行为的是个人之间的接触和方方面面的劝说，只有大约5%的人确认他们是受到大众传播媒介的影响而决定投票倾向的。由此，拉扎斯菲尔德提出了“两级传播”的假设，他认为，来自媒介的信息总是先到达一部分意见领袖，再由这些意见领袖传递给周围的受众；也就是说，信息传递是按照“媒介——意见领袖”和“意见领袖——受众”这种两级传播模式进行的。媒介的信息大多通过意见领袖的过滤才能影响受众，因而，人际关系的影响要比大众传媒更显著。

这就是著名的两级传播假设。它使人们认识到大众媒介渠道和人际传播渠道在人们信息获取与决策(态度形成和转变以及具体的行动)中的不同角色和作用。在创新的传播扩散中,两级传播模型具有重要的意义。受众对传播的态度由以下阶段组成:认知,说服,决策,使用,确认。

在两级传播模式的诠释下,大众传播在人们的认知阶段具有重要作用;而在说服和决策阶段,人际传播的影响为更显著。

两级传播模式的公共关系意义在于,它揭示了意见领袖在传播中对公众的影响力。在公共关系传播中,意见领袖属于消息灵通人士或者权威专家,影响着其他人的态度,具有极其重要的作用。意见领袖的影响力来源于两个方面:

(1)亲和力。意见领袖与受其影响的人群具有基本一致的生活环境和行为特征,这种一致性的特点使得意见领袖具有很强的亲和力。

(2)权威性。意见领袖对于某一方面的事务具有更专门的兴趣和实践,在某一领域有丰富的知识与经验,这种专门性的特点使得意见领袖具有一定的权威性。根据这种观点,在公共关系传播策划中,应该善于开展名人公关,高度重视专家名人效应,借助于他们的传播力量来强化组织的对外影响力。

3."把关人"理论

在研究传播控制方面,有学者提出了"把关人"理论。"把关人"这个概念最早是由德国著名的社会心理学家库尔特·勒温(Kurt Lewin)在1947年所写的《群体生活的渠道》一文中提出的。"把关人"又译为"守门人",是传播学的一个基本概念,如果说"把关人"是对信息进行筛选和过滤的行为——即传播学所讲的控制,那么,凡是具有或表现这种行为的人就是"把关人"。1950年,怀特(D. White)运用这个概念对一位编辑的新闻选择过程做了有名的个案研究,从而开创了传播学的"把关"研究。后来,许多学者沿着这个方向不断研究,使"把关"理论进一步深化和完善,"把关人"成为控制分析领域的基础成果之一。

"把关人"是指在信息传播过程中,对信息的提供、制作、编辑和报道能够采取"疏导"与"抑制"行为的关键人物。

在一个传播系统中,信息总是通过某些决策点和关口来完成传递过程的。在信源与受众之间,存有决定中止或中转信息的"把关人"。"把关人"有时是个别人,有时是一个集体。编辑取舍新闻和传播媒介对作品的审核则是典型的把关行为。

一般来说,"把关人"的传播行为包括"疏导"与"抑制"两个方面。"把关人"对某些信息准予流通便是疏导行为,即报道出去;对某些信息不予以流通或暂时搁置,便是抑制行为,即不予报道。"把关人"之所以对信息交流采取不同的态度和行为,主要是出于自己的"预存立场"。所谓"预存立场",是指自己原有的意见、经验、兴趣和精神状态的总和。"预存立场"同时也受到周围信息的影响。

"把关人"理论的公共关系意义就在于,根据"把关人"理论,在公共关系传播活动的策划中,应该重视新闻价值问题的研究,积极开展具有新闻价值的公共关系活动,争取各种"把关人"的支持,借助于大众媒介的报道扩大组织公共关系活动的影响范围。

4. 议题设置理论

该理论是由美国传播学家马克思韦尔·麦克姆斯(Maxwell McCombs)和唐纳德·肖(Donald Shaw)最早提出的。1972年,马克思韦尔·麦克姆斯和唐纳德·肖发表了题为《大众传播媒介的议题设置功能》的论文,并在其中首次明确使用了"议题设置"的概念。文中提到的一个观点就是:媒介的议题设置功能就是指媒介的这样一种能力:通过反复播出某类新闻报道,强化该话题在公众心目中的重要程度。

也就是说,这种理论认为,大众传播只要对某些问题予以重视,为公众安排议事日程,它就能影响公众舆论。传媒的新闻报道和信息传达活动以赋予各种议题不同程度的显著性方式影响着人们对周围世界的看法及重要性的判断。

议题设置理论的特点如下:

第一,传播效果分为认知、态度和行动三个层面,这三个层面是一个完整的传播效果形成过程的不同阶段,"议题设置功能"假说的着眼点是这个过程的最初阶段,即认知层面的效果。这一层面主要是对"思考对象"形成影响,即以告诉人们"想什么"的方式来把他们的关心和注意力引导到特定的问题上。

第二,议题设置理论所考察的,不是某家媒体的某次报道活动产生的短期效果,而是作为整体的大众传播具有较长时间跨度的一系列报道活动所产生的中长期的、综合的、宏观的社会效果。其着眼于传播媒介日常新闻报道的信息传播活动所产生的影响。

第三,议题设置理论暗示了这样一种媒介观,即传播媒介是从事"环境再构成作业"的机构。也就是说,传播媒介对外部世界的报道不是"镜子"式的反映,而是一种有目的的选择取舍活动。传播媒介根据自己的价值观和报道方针,从现实环境中"选择"出它们认为重要的部分或方面进行加工和整理,赋予一定的结构顺序,然后以"报道事实"的方式提供给受众。不管这种"再构成"对现实环境是客观反映还是歪曲反映,都会影响人们对周围环境的认识和判断。

议题设置理论对公共关系的启示是:在公共关系传播中,应该高度关注公众的议题和媒介的热点,并据此进行新闻策划,使组织的行为和产品(服务)等成为报道的热点,成为公众关注的热点,成为舆论关注的对象,以取得良好的传播效果。

5. 受众选择的3S理论

在研究受众接收传播信息方面,最著名的是受众选择性理论,一般又称为受众选择的3S理论。该理论揭示了受众的选择性接收是一种非常普遍的行为,这种选择性行为体现了受众心理的自我选择过程。所谓选择性,是指在传播活动中,受众对信息的选择性处理,包括受众心理的自我选择过程,即选择性注意(selective attention)、选择性理解(selective perception)、选择性记忆(selective retention)。其基本思想是受众并不是不加区别地对待任何媒介内容,而是更倾向于那些与自己固有的立场和态度一致或接近的信息;选择性接收的结果,往往进一步强化了受众固有的立场和态度,而不是导致它的改变。

受众心理选择的三个环节构成了受众心理的三个"防卫圈",信息如果不合乎受众的个人需要,则会被挡在"防卫圈"之外。由此,3S理论超越了传统的"刺激反应"的传播模式,这就意味着受众并不是对外部信息刺激做出被动的反应,凸显了受众作为信息加工主体的作用。这对公共关系传播来说,无疑具有极大的启发性。既然受众接收信息具有选择性,对于传播者来说,重视这种选择行为的特征并了解其内在联系,才能真正实现预期的传播效果。

二、公共关系传播的类型

公共关系传播是指社会组织通过各种有效的传播媒介把组织的有关信息传递给社会和公众,达到提高自身的认知度、美誉度、和谐度的效果,以影响或改变公众的态度和行为,创造有利于组织的社会环境和舆论环境的过程。公共关系传播强调信息的双向交流与沟通,通过信息传播—反馈—再传播—再反馈这样的过程，一方面使公众了解、理解、支持组织，另一方面社会组织也可以根据反馈信息调整组织的运行机制、工作方法、产品形象等，使之更符合公众的意愿。

按照不同的划分标准，传播可以分为不同的类型。以传播所涉及的主客体关系及其规模为标准，公共关系传播可分为内向传播、人际传播、组织传播和大众传播等类型。

(一)内向传播

内向传播又称为自身信息传播，是以自我为传播对象，是自身内部进行的信息传播。它的形态表现为不断接受外部信息的刺激，调动日益积累起来的知识和经验来理解新的外部信息，从而产生概念和推理，形成思想，进而调整自己在社会生活中的各种活动。内向传播过程包括人的感觉、知觉、表象、想象、概念、判断、推理、情绪等环节或要素。

实际上，教师的备课、讲课活动首先就是一种内向传播的活动。因为人的内向交流实际上是一个信息的认知、加工处理和输出的过程。内外环境的各种刺激通过感受器的活动和传导途径的传输，把信息送入大脑，人脑经过主动选择，对输入的信息进行加工、处理或创造，然后输出信息。因此，内向传播体现了客观反映和主观创造的统一。

内向传播是人类最基本的传播活动，它是人类传播的最小细胞，是一切传播活动的前提和基础。正是因为个人具有这种思考和表达信息的处理能力，人与人之间才可能进行对话，才有人际传播、群众传播、组织传播和大众传播的可能。

自身信息传播使组织的公关人员具有正确的自我自觉和自我意识，并通过自我自觉和自我意识发现和了解自己，对自己的存在、自己与他人和周围事物的关系以及自己的行为表现有一个正确的意识。同时，公关人员自身信息的传播能及时转换观念、接受新知识、克服情绪紧张，并具有创造力和创新力。

(二)人际传播

人际传播是个人与个人之间的信息沟通，也是人与人之间的交流、交往、联络、联系、沟通。这是最常见、最普遍、渗透人类生活一切方面的一种最基本的传播方式。人际传播包括面对面传播和非面对面传播两种基本类型。面对面传播是人际传播最基本和最主要的形式，主要是通过语言符号(如说话、讨论、演讲等)和非语言符号(如手势、感情、姿态等)进行。非面对面传播是指传播者与接收者之间通过一定的媒介进行信息沟通，如电话、书信、图片、电报、录音机、互联网等。

人际传播具有以下一些明显的特点：

1. 灵活性

人际传播是一种随时随地的传播，无论是在时间还是在空间上都有很大的自由度和及时调整、见机行事的选择余地。同时，传播者不仅可以使用语言符号，还可以借助于各种非语言符号来表达信息。多种渠道和手段的配合能有效地表达丰富的信息内容，而且，由于人际传播通常是面对面的交流，因此传播者可以随时得到受传者的反馈，及时调整传播的内容、态度和方式。

2. 对象明确

一般来说，人际传播因为是针对具体对象的，所以传播对象的身份或某项特征是传播者知晓和明确的，传播者可以根据不同的具体个人和具体特殊环境展开传播。

3. 情感性互动

这是就面对面的人际传播而言的。在这种情况下，人与人的传播可以察其颜、观其行，而且表现形式灵活多样，加之表情和动作很富有人情味，对受众而言有身临其境的感受，有情的感染和理的引导，使双方形成共鸣、产生共识，很容易被感化、被激发。

4. 反馈及时

在这种传播中，信息传递平等且双向，每一个个体既是传播者又是受传者。一方发出信息的同时也在接收对方的反馈，而反馈本身就是一种传播，互动频率极高。在传播过程中，双方能够不断地相互调整、相互适应，传播效果易于显现。

5. 局限性

由于信息的传播范围小，传播双方可以进行封闭式交流，传播内容可以具有隐秘性，但传播内容的容量变小，传播面十分有限，使传播的影响力也很有限。因此，它主要适应于组织内部领导、管理人员和公共关系人员对内部公众进行信息交流。

(三)组织传播

组织传播是组织内部成员之间、组织与外部社会之间的信息交流活动。组织传播在组织生存和发展过程中起着不可忽视的重要作用。组织目标的确立、组织活动的实施、分工合作的协调以及对外关系的联络与调整自始至终都离不开传播活动。组织传播的过程也就是组织形成与发展的过程。

组织传播的总功能是指通过信息传递将组织的各部分联结成一个有机整体，以保障组织目标的实现和组织的生存与发展。它既是保障组织内部正常运行的信息纽带，也是组织作为一个整体与外部环境保持互动的信息桥梁。

组织传播分为内部传播和外部传播两种。在内部信息传播活动中，同时存在着正式的组织传播和非正式的人际沟通形式。正式沟通以正式方式达到主要目标，非正式沟通以感情、兴趣为润滑剂辅助正式沟通，形成富有弹性的人际沟通，从而达到组织目标的最大实现。组织外部传播是运用组织媒介对有关外部公众进行的信息传播活动，具有综合性。由于组织面对的外部公众对象的多样性，组织在传播活动中必须综合运用人际传播、公众传播和大众传播等方式，集各种媒介的优势，广泛开展传播。常见的组织媒介和形式有宣传手册、新闻稿、户外广告、新闻发布会、企业识别系统、各种报表与报告、专业性会议、联谊会等。

(四)大众传播

大众传播是职业传播者运用现代传播技术和大众传播媒介，向社会大众提供信息和传播信息的过程。现代社会信息容量最大的传播就是大众传播。大众传播是随着科学技术的发展而实现的。大众传播的出现和每一次重要的发展都离不开技术进步的推动。技术是信息得以高质量和高速度生产与传播的保证。现代化的技术扩大了大众传播的规模，提高了大众传播的速度和效率，远程通信与大批复制信息的技术，如电子传真、激光照排、电脑编辑、彩色复印、全息摄影、卫星通信等，使大众传播运用产业化的手段大量生产、复制和传播信息。大众传播具有以下特点：

1. 广泛性

大众传播的广泛性是指大众传播对象的高度大众化和传播内容的大众化。大众传播拥有大量的受众，他们是分散、不确定、由各类人混合而成的，涉及不同的地域和不同的阶层，大多数互不相识、彼此陌生。对于传播者来说，受众是模糊的。由于传受双方不熟悉，且距离远，因而大众传播常常没有及时反馈，传播呈单向性；而且受众往往处于主动地位，选择性大，可以根据需要进行选择，决定拒绝或接受。由于面对整个大众，大众传播的内容一般要符合广大对象的各种要求，引起他们广泛的兴趣，所以传播内容之广泛、信息量之大是可想而知的。

2. 目的不确定性

大众传播目的的不确定性是因为这种传播的信息反馈困难。对大众传播者来说,分散的、匿名的受众之间是互相分离且无法谋面的。因此,大众传播的信息反馈迟缓,传播者难以确切了解受众的意见,很难满足每一个受众的需求。这样,传播者有时很难完全实现自己的既定目的。

3. 专业性

在大众传播中,传播者往往是一个拥有现代化传播媒介的组织机构。现代大众传播是一个专业化很强的行业,它由专业机构和专门人员构成,如报社、杂志社、电台、电视台,以及这些机构中的记者与编辑。

4. 高效化

大众传播的高效化是指大众传播使用现代传媒大量、高速地复制和传递信息。网络和其他电子媒介同步传播使所有信息瞬间即至,具有强大的公众舆论影响力。因此,大众传播成为公共关系工作最有效的手段。

5. 传播内容具有公开性和权威性

大众传播通过信息的大量生产、复制和传播,使得信息具有公开性、权威性和共享性,造成普遍的信息声势,从而使大众传播的信息具有强大的社会影响力。

三、公共关系传播的媒介

传播媒介是信息的物质载体,是传播活动赖以进行的方式或手段。不同的传播类型可选用不同的、适用的传播媒介,以达到理想的传播效果。例如,人际传播一般使用语言媒介,大众传播使用大众传播媒介,等等。公共关系实际操作中涉及各种不同的沟通技术和传播媒介,选取的标准主要取决于媒介的功能。

公共关系传播媒介的种类是多种多样的,我们一般可以根据不同的物质载体形式将它分为语言传播媒介、印刷媒介、电子媒介、网络媒介、实物媒介等。

(一)语言传播媒介

1. 符号

符号是负载或传递信息的基元,表现为有意义的代码及代码系统,如语言、图形、姿态、表情等。威尔伯·施拉姆(Wilbur Schramm)在《传播学概论》中指出:“符号是人类传播的要素,单独存在于传播关系的参加者之间,这些要素在一方的思想中代表某个意思,如果被另一方接受,也就在另一方的思想中代表了这个意思。”一般来说,符号分为语言符号和非语言符号。语言符号是信息传播的主要载体,是人类特有的有声符号集和符号系统,包括语言与文字两类,即口头语言和书面语言。除语言之外的其他所有传播信息符号都称为非语言符号。

2. 语言符号媒介

如前所述,语言符号媒介包括口语传播媒介和文字传播媒介两种。

(1)口语传播媒介。口语,即口头语言。口语传播是指传播者(说话人)通过口腔发声并运用特定的语词和语法结构及各种辅助手段向受传者(听话人)进行的一种信息交流。口语的出现是人类进化历程中的一大飞跃,也是人类传播活动的一次巨大变革。口语符号是人类最基本、最实用的符号系统,人类的大部分日常交流都要借助口语完成。它是一套构成最为严密、表意最为准确、使用最为便利的符号系统,也是人类最重要的交际工具。同时,使用广泛的口语有约定俗成的全民性和社会性。对于语言符号的含义,社会的每一个成员都有大致相同的理解,这是它作为全民交际、相互沟通所必须具有的特性。口语传播具有直接性、综合性、双向性、情感性、反馈性特点，它是公共关系实务的基本传播手段，在日常接待、新闻发布、演讲、沟通性会议、公务谈判和演说等场合应用非常广泛。

(2)文字传播媒介。文字传播媒介是以书面符号为信息传递工具的各种载体。口语的出现使我们的先祖完成了从猿到人的转变；文字的发明使人类由原始走向文明，也是人类信息传播史上一次革命性的飞跃。文字使信息能够长期保存下来，跨时空传播；文字使信息借助各种媒介传递到很远的地方，不同地域的人们可以共享信息；文字能使信息保持原始性、准确性，减少信息在传递过程中"失真"的可能性。正是由于文字的存在和传播作用，人类才有了历史和发展，有了传统、教育、国家、文明等概念。

3. 非语言传播媒介

在人类的传播活动中，非语言符号的重要性并不在语言符号之下，相反，大量的信息正是通过非语言符号进行传播的。正如施拉姆所说："传播不是全部(甚至大部分不是)通过言辞进行的。一个姿势、一种表情、声调类型、响亮程度、一个强调语气、一次接吻、把手搭在肩上、理发或不理发、八角形的停车标志牌等，这一切都带着信息。"

非语言符号大体上分为类语言和体语两部分。类语言是有声的非语言，如语气、语调、哭笑声、叹息、呻吟等。体语是无声的非语言。从视觉角度来分析，体语可以分为动态体语(如手势、手语、目光、笑容等)和静态体语(如坐姿、站姿、距离、服装、饰品等)。

(二)印刷媒介

印刷媒介是指将文字、图片等书面语言印刷在纸张上，把信息和意见传递给公众的一种大众传播手段。它包括书籍、报纸、杂志、企业内部刊物、简报和其他宣传品等。印刷媒介信息容量大，可对信息做较为详尽、深入的报道，具有传播面广、便于公众自由选读、重复查阅、易保存等特点。

然而，同样是印刷媒介，又各有不同之处，因此对其传播方式和内容也应区别运用。就报纸、杂志等大众传播媒介而言，报纸的特点是传播面广、传播迅速、具有新闻性、阅读率高，但时效短、受读者文化水平的限制；杂志的特点是时效长、针对性强，但出版周期长、及时性不够，而且声势小，同样受读者文化水平的限制。因此，公共关系传播只有根据实际需要及目标公众的特点选择适当的传播媒介，才能得到理想的传播效果。

(三)电子媒介

电子媒介是指使用电子技术、电子技术设备，通过无线电波或导线进行信息传播的媒介。电子媒介包括广播、电视、电影、录音、光碟等。大多数媒介属于大众传播媒介。

电子媒介使用多样的符号来进行传播，使电子媒介具有更强的纪实性、生动性与感染力。其中，广播、电视是最主要的电子媒介，它们在信息传播中具有时效性好、传播迅速、不受空间限制、传播范围广、形式生动活泼、直观性好、对接受者没有文化水平的限制等特点。但电子媒介也有保留性和选择性差的缺点。

(四)网络媒介

网络媒介是新兴的一种传播媒介，目前网络传播和网上公共关系成了国际公共关系界的一个新的热门话题。网络媒介代表了现代传播科技的最高水平，是人类传播史上的第四个里程碑。它的出现将从根本上改变人类的传播意识、传播行为和传播方式，并影响人类社会的方方面面。它的最大特征是几乎消灭了时空限制，不同国度、不同地域、不同人种、不同语言在同一个时间内，可以随时进行文字、数据、图像、声音等多媒体的相互交流与沟通，使得偌大的世界变成了地球村。虽然它在传播媒介中出现得最晚，但它的方便与快捷吸引了越来越多的公众，成为最有前景的传播媒介。

（五）实物媒介

实物媒介是指用来传播信息的实物，如样品、赠品、礼品、旗帜、徽标等。这些实物通常是为特定的公关目标而制定的，它具有信息直观可靠、反馈真实快捷等特点。

四、公共关系传播的原则

（一）实事求是原则

公共关系活动是社会组织用传播的手段使自己与公众相互了解、相互适应的活动。公共关系的开展必须以基本事实为根据，实事求是地传播信息，使公众了解社会组织的真实信息。只有这样，才有助于社会组织树立良好的社会形象，使组织目标得以顺利实现。然而，遗憾的是，很多政府机构在处理政府公关危机时做不到这一点。例如，2014 年 4 月 11 日，兰州自来水苯超标事件曝光，造成市民争相抢购自来水，引起恐慌。由于相关部门对这次供水安全事件处理不够及时，导致不少市民在网上质疑和批评政府应急工作的不到位，没能让公众了解水污染的真实信息，后经专家论证和调查组认定，4 月 11 日发生的兰州水污染事件为供水安全责任事件。问责的结果是兰州市副市长被行政警告处分，建设局局长被行政撤职处分。[①]

（二）目的明确原则

公关传播是带有明确目的性的传播。公共关系是为了达到使公众了解组织、支持组织而进行的一系列信息传播活动。一般来说，全面、客观地掌握信息和实事求是地传播信息是公共关系传播要坚持的首要原则，而改变公众对组织的态度，使负态度向正态度转变，是公共关系传播的根本性目的。

这种目的明确的传播在很多情况下要求目标公众也要明确，这是传播目的中的重要内容。每组织一次传播活动，接收者是谁、他们的情况如何以及兴趣在哪儿，公关人员必须心中有数，以便有针对性地组织活动。这与大众传播一般化地估计受众及其特点是不同的。即使公关工作借助大众传播媒介进行传播，接收对象模糊不清，公关人员仍应有明确的传播目标，以期引起目标对象的注意和关心。公关传播一定要避免盲目性和随意性。

公共关系传播活动旨在形成和改变公众的态度。态度的构成有三个心理层次，即知晓、情感、意向。因此，改变公众态度的公共关系传播活动，首先是引起公众注意。引起注意是公共关系传播的最基本目标，在此基础上，才有可能使公众对组织产生认同、肯定的积极态度与行为。强度、对比度、新鲜度和重复率这些信息的结构性因素是引起公众注意的关键性因素。其次是培养情感。组织通过社会赞助、公益广告、服务性公共关系等方法和手段，争取公众的好感，塑造组织的良好形象。最后是取得公众的肯定，从而改变公众行为。改变公众的行为是公共关系传播的最高目标。通过传播活动，公众对组织产生肯定、认可的态度，并使目标公众和潜在公众都有实质性的行为表现。

（三）双向沟通原则

双向性是公共关系传播的基本特征和要求。双向沟通原则是指传播双方互相传递、互相理解的信息互动原则。沟通双方互为角色：当一方是信息的发出者时，另一方就是信息的接受者；而当另一方是信息发出者时，这一方又成了信息的接受者。在沟通过程中，不断更换自己的角色位置。沟通不仅仅是一种信息的交流，更是人的认识活动的反映。参与沟通

---

① 《兰州自来水苯超标事件原因查明》，《北京青年报》（电子版），2014 年 6 月 13 日。

的双方皆为具有主观能动性的人，在整个沟通过程中，双方的认知场总是不断地扩大、不断地深化。

双向性传播能够提高信息互动的质量，使信息传播更为准确和完善，迅速消除沟通障碍。因此，高度重视公共关系传播过程中的双向性原则是十分必要的。首先是创造沟通的共识区域。这里的共识区域是指信息接传各方在知识、经验、兴趣、爱好、文化传统等上有近似之处。这些近似之处就是人们可以交流的范围。一般来说，传播者与接收者的类似经验越多，沟通的语言就越多，信息分享的程度也越高。其次是具备反馈意识。公关传播追求有效沟通，传播者与接收者必须具备反馈意识。所谓反馈意识，是指沟通双方在信息接收后，经过领会、理解，要将自己的意见和态度按原来的传递路线进行“逆传递”。反馈构成了传播沟通互动循环的过程。沟通双方应根据反馈来做自我调节，它实际上是用结果(输出信息的实践结果)对原因的反作用来调节沟通，使沟通的双方轮流充当施控者与受控者，彼此都对对方的行为产生制约力。

反馈不仅要求组织的公共关系人员具有反馈意识，还要求组织建立沟通机制，保证反馈的及时性和通畅性。对反馈的要求一般有主动、适时、适量以及合适的途径等方面。

(四)有效原则

有效原则是指通过传受双方的沟通活动要取得预期效果的原则，追求传播的有效度和传播的有效率。

任何一种传播对受众都会产生一定的影响和作用，这就是效果。但是效果并不是等值的，它们发生作用的范围大小不一样，作用的程度深浅也不同，有些传播效果太差，根本就不起作用。公共关系传播追求的是有效沟通，即通过沟通使公众了解、理解、支持组织。公共关系传播面对的公众是各种各样的，他们对组织的态度差别很大，他们的需求也各不相同，所以公共关系在传播信息前要充分了解公众，从设计传播方案起就要充分考虑它对于受众可能产生的效果，要尽量争取使受众中多数出现对组织从无知到知晓、从漠然到喜爱、从偏见到认同、从敌对到合作的转变。要坚持公共关系传播的有效原则，就要保证传播的信息是可靠、可信、新鲜的，是公众所关心、感兴趣的；传播媒介的使用简便、易于掌握；传播者的方式与态度是公众喜好的；传播内容的制作技巧是公众易于接受的；传播渠道是畅通的。

关键术语

公共关系主体　公共关系客体　组织形象　公众类型　公关传播　传播模式

案例分析题

开市客的经营哲学

2017 年 9 月 8 日，开市客(Costco)官方宣布，中国内地第一家门店即将在上海落地。消息一出，沃尔玛立即坐不住了，家乐福、大润发、华润万家统统坐不住了。因为它们知道，这不是来了一头狼，而是来了一台推土机！开市客被超市巨头当成推土机，是因为当所有超市都在追求毛利不断增长的时候，只有开市客整天在想如何才能少赚一点，今年毛利 10%，明年能不能 9.5%，后年直接 9%。

开市客的全球付费会员总数超过了 8 103 万。开市客约 70%的营业利润来自会员年费收入，而且会员都有着非常高的品牌忠诚度，老会员的续费率高达91%。只要是开市客的会员，就可以享受超市的免费服务，例如免费安装轮胎、超级便宜的加油服务以及免费停车。而且开市客承诺，顾客在缴纳会费后，无论什么时候，只要觉得对服务不满意，想退掉会员服务，都能获得全额的会员费返款。

开市客的毛利率平均只有10%，如果高于14%就要经过CEO批准，私自提价是要受处罚的。在开市客有一个雷打不动的招牌套餐：热狗＋汽水。这个套餐非常便宜，34年来一直是1.5美元，总共卖出去了几十亿份。曾有高管在开会的时候提议CEO，说有一个很简单的方法可以增加7 000万美元的收入，只要把“热狗＋汽水”套餐加价5分钱就够了。没想到CEO勃然大怒道：滚去人事那里结工资，我在想怎么让这个套餐便宜5分钱，你却让我涨价！正是因为开市客整天想着不赚钱的印象已经深入人心，所以人们去了那里不管三七二十一就是一通买买买，从来不担心买贵了。

开市客的售价真的会低到不盈利，而且宁愿低到不盈利也绝不加价。依靠巨大的销售量，开市客经常会压低进货价格，如果一家供应商在别的地方的定价比在开市客的还低，那么它的商品将永远不会再出现在开市客的货架上。

只要有一张开市客的会员卡，就可以随时、随地、随性地退货。开市客规定，除电脑、数码相机和投影仪等一些电子产品需要在购买后90天内进行退换外，其他商品没有退货期限。也就是说在购买后，顾客随时都可以拿着商品无理由退换，而且不需要提供任何购物收据。关于开市客的无理由退货，曾一度刷爆社交网络，比如有人成功退掉已经发烂的桃子、蔫掉的盆栽、吃到只剩一颗的巧克力、买了几年的衣服和残破的拖把。因为开市客不管你的理由是什么、有没有收据、时间过去多久，只要你的会员卡里有消费记录，就可以退货。

（资料来源：创日报，http://www.krdlw.com/cy/newsInfo-360430.html。）

思考·讨论·训练

通过案例说明作为公共关系客体的公众具有哪些基本特点。作为公关主体的好市多在公共关系传播沟通中遵循了哪些原则？

练习题

一、单选题

1. 公共关系的公众是指与公共关系主体发生联系与相互作用的（　　）。

A. 人民大众　　B. 组织　　C. 个人　　D. 组织和个人的总和

2. 现在还没有与社会组织发生关系和影响，但将来会与社会组织发生关系和影响的公众，或者事实上已与社会组织发生关系但尚未意识到的公众，称为（　　）。

A. 非公众　　B. 潜在公众　　C. 知晓公众　　D. 行动公众

3. 社会组织所在地周围的邻居和地区政府部门统称为（　　）。

A. 社区公众　　B. 外部公众　　C. 内部公众　　D. 非公众

4. 公共关系部是一种具有服务性质的、较高层次的间接（　　）。

A. 管理者　　B. 领导者　　C. 生产者　　D. 管理部门

5. 职业社团和群众组织属于（　　）。

A. 非营利性组织　　B. 互益性组织　　C. 营利性组织　　D. 服务性组织

6. 社会组织的形象是由（　　）来评定的。

A. 个人　　B. 组织　　C. 领导者　　D. 公众

7. 组织公共关系活动的核心是(　　)。

A. 建立良好的形象和声誉　　B. 盈利

C. 确立工作目标　　D. 公众利益第一

8. 公众不是一盘散沙，而是具有某种共同的目的，或共同的利益，或共同的意识，或共同的文化心理，或共同的愿望，等等。这是指公众的(　　)。

A. 相关性　　B. 同质性　　C. 多元性　　D. 可变性

9. 公共关系传播媒介的种类不包括(　　)。

A. 语言传播媒介　　B. 网络媒介　　C. 意见领袖　　D. 实物媒介

10. 两级传播模式认为，在说服和决策阶段，(　　)的影响更显著。

A. 大众传播　　B. 人际传播　　C. 自我传播　　D. 组织传播

二、多选题

1. 根据公众与社会组织的关系程度和发展阶段，一般可把它分成四类，即(　　)。

A. 非公众　　B. 潜在公众　　C. 知晓公众　　D. 行动公众

2. 下列选项中属于员工对组织的期望和要求的是(　　)。

A. 工作环境　　B. 领导素质　　C. 培训计划　　D. 组织形象

3. 传播的基本要素有(　　)。

A. 信息　　B. 媒介　　C. 信源　　D. 信宿

4. 公众对信息存在的"三选原则"是指(　　)。

A. 对信息选择性接受　　B. 对信息选择性理解　　C. 对信息选择性记忆　　D. 对信息选择性回避

5. 公共关系理论的"把关人"是指大众传播媒介的传播者，一般指(　　)。

A. 组织领导　　B. 记者　　C. 政府官员　　D. 编辑

6. 公共关系传播媒介的种类可分为(　　)等。

A. 语言传播媒介　　B. 印刷媒介　　C. 电子媒介　　D. 网络媒介

7. 语言符号是信息传播的主要载体，语言符号媒介包括(　　)。

A. 口头语言　　B. 书面语言　　C. 类语言　　D. 体语

8. 实物媒介是指用来传播信息的实物，如(　　)等。

A. 样品　　B. 赠品　　C. 礼品　　D. 徽标

9. 公共关系传播活动旨在形成和改变公众的态度，态度的构成有三个心理层次，即(　　)。

A. 知晓　　B. 情感　　C. 意向　　D. 肯定、认可

10. 双向性是公共关系传播的基本特征和要求。双向沟通原则是指传播双方(　　)的信息互动原则。

A. 互相传递　　B. 互相理解

C. 创造沟通的共识区域　　D. 具备反馈意识

三、名词解释

1. 社会组织
2. 经济性组织
3. 公共外交
4. 公众
5. 传播

四、简答题

1. 什么是社会组织的形象？
2. 在横向分类中，根据问题的不同可划分为哪几种类型的公众？

3.“把关人”指的是什么?
4. 谈谈公共关系传播中值得重视的传播模式。
5. 何谓“两级传播模式”? 其公共关系学意义何在?
6. 试述社会组织的概念、类型及特点。

五、论述题

1. 谈谈公共外交的意义。
2. 举例说明在实际公共关系工作中怎样建立组织形象。

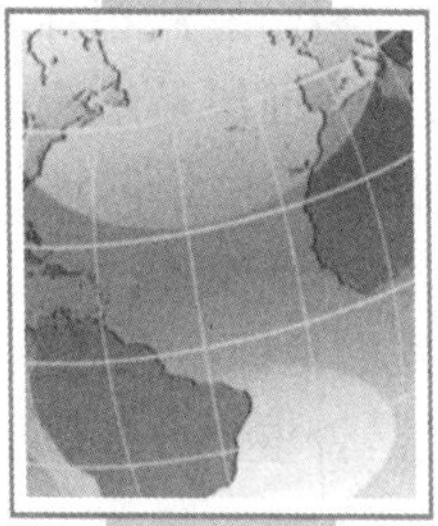

第四章
公共关系的职能与作用

本章概要

本章主要介绍公共关系的职能与作用。首先阐明了公共关系职能的定义及其五大职能，其次介绍了公共关系对社会组织和整个社会的作用，进而探讨了政府公共关系的含义、特征与功能，因为政府公关除了具备一般的公关职能与作用以外，还具有特殊的功能。

第一节　公共关系的职能

公共关系的职能是指公共关系在社会组织运行过程中的工作范围和应承担的责任。公共关系以塑造和改善社会组织形象为工作目标，围绕这一目标所开展的具体活动和工作便形成了它的职能范围。

公共关系的职能非常广泛，对于不同的社会组织，从不同的角度看，其公共关系的职能也不尽相同。总的概括起来主要有采集信息、提供咨询、参与决策、控制危机、协调沟通五大职能。

一、采集信息的职能

公共关系活动就是信息传播与沟通的过程，即全面、及时、准确地将有效信息传送给社会组织主体，同时将组织主体的政策与行为信息向公众传递，是信息“双向循环”的过程。采集信息便成为公共关系最重要的职能之一。而组织形象信息、产品形象信息和组织环境信息是所有信息中最为重要的信息。

（一）组织形象信息

组织形象是公众对组织的整体印象。公共关系活动的重要目标是树立组织良好形象，因此首先要注意与本组织形象评价有关的各种信息，以了解社会组织在公众中的地位以及组织的公关状态。例如，2014 年 4 月 15 日，记者在韩国首尔报道，为期 4 天的第 28 届“首尔国际食品产业大展”在韩国高阳市 KINTEX 落下帷幕。但是占据 60 多个展位的中国展区连日来几乎无人问津，与周围的日本及美国等展区形成了鲜明的对比。[①] 过去人们常说“吃在中国，穿在法国，玩在美国，住在英国”，而今天，“吃在中国”已经成为过去。为什么？原因在于，近年来中国的食品安全问题频发，使中国的食品形象遭到了破坏。

可口可乐总裁曾言，假如可口可乐一夜之间遍及世界各地的加工厂全被大火烧掉，那么第二天世界各大银行的巨头会纷纷排队向可口可乐贷款。可见可口可乐在公众心目中的地位，

---

① 《从第 28 届“首尔国际食展”看中国食品安全》，http://www.fhw88.com.cn/Html/2760.html。

其品牌形象就是一笔巨大的无形资产。

组织形象信息一般包括以下几项具体内容：

（1）公众对于组织管理层的评价。例如，管理能力、创新意识、工作效率、合作精神、精神风貌以及组织机构设置是否合理，运转是否灵活，办事效率是否高，等等。因为管理层是组织的指挥中心，因此对管理层的评价往往在一定程度上反映了人们对整个社会组织形象的评价态度。

（2）公众对于组织管理水平的评价。这方面的评价内容主要有组织的发展目标是否合理、决策是否正确、对市场的预测是否准确、生产节奏是否紧凑、用人是否得当、是否重视服务质量等。

（3）公众对于组织人员素质的评价。评价内容包括组织人员的文化程度、职业水准、道德修养、工作能力、观念意识、服务态度等。

（二）产品形象信息

产品既可以指社会组织提供给消费公众的有形物品，如汽车、房屋、食品、服装等，也可以指无形的劳务支出或服务。任何组织都非常重视公众（消费者）对该组织产品的意见和评价。产品形象主要包括产品的质量、性能、品种、款式、价格、包装、服务（特别是售后服务）等，同时也包括对产品优点和缺点的反映及建议。向消费公众提供产品是社会组织实现组织目标最基本的方式，产品形象与社会组织的生存与发展直接相关，因此公关人员应认真收集这方面的信息。

（三）组织环境信息

环境对于一个组织来说，是指对组织运行起着直接或间接作用的内部和外部互动系统。一个组织的生存与发展离不开它所处的环境的影响和制约，而这个环境是不断变化的。这种变化对组织而言，可能有利，也可能不利。对于环境的变化，如何才能趋利避害呢？这就要发挥公关的预警功能。所谓公关的预警功能，是指公关部门通过对目前环境严密的监控和精细的分析，随时掌握环境状况及未来变化趋势，预先向组织决策层提供信息，使组织能迅速出击，抓住有利时机，或及时调整，避免不利因素。因此，监测组织环境的变化非常重要。采集信息并不是公关的最终目的，信息只有在经过加工、整理和分析并能预测趋势时，才能真正发挥其作用。

对于一个社会组织来说，组织环境的信息内容庞杂、涉及面广，其中需要重点关注的组织环境信息有以下几点：

1. 社会环境变化趋势的信息

社会环境可以从多方面对组织产生作用，包括经济、政治、文化、科技以及民族传统、风俗习惯、时尚潮流、价值观念、宗教信仰等。这些因素都可能对组织的公关工作产生或强或弱的影响。例如，社会需求与市场环境的变化从整体上影响组织的经营；公众需求、公众心理的变化将很快给产品开发提出挑战。因此，组织必须密切注视社会环境的发展动态，分析其对组织各种直接或间接、潜在的影响，充分利用环境变化中的有利因素，避免不利因素，以使组织能根据环境变化主动出击，获得更大的发展空间。

2. 政府政策趋势的信息

在现代社会，任何组织都必然要与政府部门打交道，接受政府部门的管理。成立一个组织必须得到政府相关部门的认可，同时组织在运行过程中必须遵守政府的法律、法令、法规，而且组织的发展受到政府政治、经济、文化、外交等方面政策的影响。因此，任何组织的现实行动必须符合政府的现行政策，未来行动则必须符合政府的未来政策走向。这就要求公关部门密切关注政策环境，随时掌握政府的决策动态和方向，及早预测与组织有关各种现行政策可能发生的变化，以及这种变化可能带来的机遇和挑战，以使组织提前准备应对之策。

3. 竞争对手的发展情况

每个组织都存在竞争对手，由于有了竞争对手，市场经济才充满活力。但同时竞争是残酷的，组织只有了解对手的情况，借鉴竞争对手成功的经验和失败的教训，分析竞争对手的优劣所在，预测竞争对手的未来走向，才能使组织取长补短，立于不败之地。因此，洞察竞争对手的状态，同样是公共关系的重要工作。例如，现在大家都在关注网络金融的发展状况，对余额宝投资有没有风险、收益是否比银行高等都心存疑虑。作为网络金融的竞争对手，银行也在关注网络信贷的发展状况，这就需要银行采集社会环境变化趋势的信息和政府政策趋势的信息，以应对竞争对手的挑战，及时调整自己的服务。

采集信息的方法概括起来大致有以下几种：

(1)社会调查。如普遍调查、典型调查、个案调查、抽样调查等。

(2)借助传播媒介。这种方式信息量大、覆盖面宽、传播速度快。

(3)专家集体预测。主要依靠集体智慧、经验及逻辑思维能力来揭示事物发展的客观规律，从而进行预测。

(4)直接听取公众的反映。如接待来访和投诉者、现场面谈、专题采访、追踪调查等。

(5)利用各种会议与活动。利用新闻发布会、学术交流会、演讲会、展览会、纪念会、重大庆典、座谈会、宴会等采集信息。

二、提供咨询的职能

采集信息是提供咨询建议的前提条件。为完成提供咨询建议的任务，公关工作人员必须对采集来的信息进行整理、选择、分类、归档等处理工作，建设信息库。这样，在提供咨询建议时就能做到条理分明、有理有据。提供咨询是指业务人员如何就某个问题向决策层提供情况说明和参考意见。就公关来说，则指公关专业人员向社会组织的决策层提供有关公关方面的信息和参考意见，以作为组织决策的依据，从而使决策更加科学化、系统化。

公共关系人员提供的咨询内容全面、涉及广泛，一般来说主要包括以下三个方面：

(一)对组织社会环境的变化进行预测和咨询

这类咨询是指公关人员通过长期观察和信息积累，对组织的社会环境变化趋势形成分析意见，并结合组织的中、长期规划向决策层提出相关建议。社会环境处于不断变化中，这种变化对组织的运行构成不同程度的影响。当发生重大变化时，如果组织的决策、规划不做相应的调整，以适应这种变化，那么将妨碍组织目标的最终实现。因此，公共关系人员必须在长期收集和积累信息的基础上，对环境变化及时进行分析并做出预测。这是社会组织进行科学决策的重要依据。

(二)提供社会组织与公众关系状态的情况咨询

这类咨询包括：组织在社会上的知名度和美誉度，消费公众对组织产品的意见，社会舆论对组织的评价，相关公众对组织的认可，等等。这类咨询的目的是让组织的领导及时了解和掌握公众的一般情况，以便适时调节组织的运行机制，为实现组织目标创造有利条件。

(三)提供专题活动的咨询

当社会组织举办各类专题活动时，公关人员向有关部门提供相关信息和咨询意见。例如，组织举办一次主题宴会，邀请工商界有名望的人士参加。宴会的目的在于通过交谈使组织被认识、被了解、被接受，最终得到各界的支持。公关人员需提供工商界名人的各类信息，并建议邀请出席宴会的名人名单、本组织出席宴会的名单以及宴会上座次的安排、宴会地点等。

三、参与决策的职能

决策是指如何确定社会组织运行的具体目标及实现目标的方法与步骤。公共关系工作的一个重要内容就是协调公众与组织的关系，公共关系工作的对象是公众，而组织的每一项决策的执行都将涉及内部或外部公众。因此，在组织的决策过程中，公众利益是必须考虑的重要因素，所以公共关系人员参与决策是必然的。这种参与的目的是为了协助决策者综合考虑各种复杂的社会因素，平衡各类公众的关系。

公共关系参与决策的作用主要表现在以下几个方面：

（一）从公众视角审视决策，以保证决策的公正性

在组织的决策过程中，确立具体目标、确立实现目标的方法步骤时，需要处于不同地位、不同部门的人员从不同的立场、角度提出意见，寻找解决问题的方法。公关人员站在公众立场上以独特的公众视角寻找决策途径，这能使问题表现得更加明显和直观。例如，当企业面临开发新产品或转产等这类决策时，它必须首先考虑其消费公众的特定需要，才可能做出正确决策。

社会组织的发展目标，最终是获得最大利益。因此，在组织决策的过程中，自然要考虑自身的利益。但是，组织长期发展的基础是在组织运行过程中，公众利益与组织利益并存，达到双赢。如果不充分考虑公众利益，公众将离开组织，组织也就失去了生存的基础。因此，社会组织应当建立相应的约束机制，避免组织在进行决策时只顾自身利益而忽视公众利益，以保证决策的公正性。公共关系人员参与决策，可以从公众利益出发，向决策层传递公众的呼声和意愿，要求本社会组织在决策中必须考虑公众利益，必须在决策方案中反映公众利益和需求，从而有效地避免组织的“短视”行为。

（二）在决策中确立公共关系目标

组织决策是根据组织的目标、各部门的自身职能和工作范围来确定的。公共关系的目标是树立组织良好的形象，而组织形象在现代组织管理中占有显著地位，可以说组织形象是组织战略制胜的法宝。因此，公众关系、社会舆论这些与公共关系职能密切相关的资源越来越重要，日益成为组织进一步发展的基础。公关人员参与决策，可努力争取组织的各种决策方案中都能体现树立组织良好形象的战略目标，并在每个方案中都形成公共关系具体的工作目标及内容。只有这样，才能确定公共关系在组织内部的战略地位。

（三）平衡利益，注重社会整体效益

一方面，由于组织各部门的职能不同、具体分工不同，各部门在实际工作中往往只注重部门的利益，考虑问题欠全面。而公共关系的目标是针对组织整体形象，因此公共关系可以超脱于各专业部门之外，从组织整体的角度来考虑问题，提出的决策意见有利于平衡各方利益。另一方面，公共关系所追求的不仅仅是组织的经济效益，它更关注在组织运行过程中给自然环境、人际环境和社会经济环境带来的影响；也就是说，它注重的是社会整体效益。通过公共关系活动，使组织在运行过程中给社会的生态环境、社会公益事业、社会精神文明等诸方面带来有益影响，这种影响反过来又为组织创造了良好的社会舆论和社会关系，最终推动组织的发展。公共关系参与组织决策可以使组织的决策评价增加社会效益评价的内容。

公共关系参与决策的职能贯穿于决策的全过程，从决策目标的确立、决策信息的收集，到

决策方案的选择和决策效果的评估，公共关系在决策的每一个环节都发挥作用。

四、控制危机的职能

危机是由于外界环境因素或组织自身因素引起的危及组织形象与生存发展的突发性和灾难性事件或事故。危机是组织生存与发展的大敌，处理不好往往会造成重大损失，甚至威胁到组织的生存。因此，公关的重要职能之一就是控制组织的危机，即对危机进行有效的防范和全面的处理。

(一)建立危机的“预警”机制

组织在运行过程中，不可能避免突发事件的发生。如何对可能发生的事件进行调查、监控是非常重要的。公共关系可通过不断地采集、分析和反馈信息，对组织运行状态进行监测，及早发现或捕捉那些可能引起纠纷的苗头和可能发生事故的隐患，未雨绸缪，防患于未然。这样，一方面可以尽量减缓矛盾，杜绝恶性事件的发生；另一方面能预先采取必要对策，以避免当公关环境发生变化时组织出现束手无策的被动局面。

(二)针对组织内部原因引起的公关危机，发挥危机公关的应变作用

要了解公共关系控制危机的功能，就要追溯到公关危机的原因上来。危机使组织形象受到损害的原因无非有两种：组织内部原因和组织外部原因。

一旦查明危机是由组织自身原因所引致，公共关系活动就要积极应变，以改变组织的运行情况来改善组织形象。公共关系职能部门是组织的信息窗口，对如何改变组织运行状况最有发言权。在重大危机发生后，公关人员要利用掌握的第一手资料，通过各种现代化传播方法正确引导舆论，使人心逐渐稳定下来，为妥善处理事件创造有利条件。任何一个明智的领导者都会充分认识到危机公关具有的应变作用。

(三)针对组织外部原因引起的公关危机，发挥危机公关的抵御作用

当有确凿证据证明组织形象受损或公关危机是源于外部因素时，公共关系职能部门就要发挥它的抵御作用。公共关系的抵御作用不是通过刚性手段来实施的，而是通过柔性的信息沟通手段来发挥的，这样既避免了刚性手段的缺点，又能合理解决问题，不留后遗症。具体操作办法如下：在调查研究的基础上，对当事的公众、有关主管部门和新闻媒介以及内部员工实事求是地说明真相，掌握对外报道的主动权，同时采取果断的应急措施，及时控制事态的发展，并与新闻媒介取得联系，争取使他们对事件进行客观、公正、准确的报道。

五、协调沟通的职能

协调沟通是公关最基本的职能。任何组织都不是孤立存在的，它必然处在一个相互联系的社会环境中，每个组织都要与社会环境发生联系，同时每个组织也是社会环境的一个组成部分。因此，在组织的运行过程中必定要与不同的组织、群体、团体、个人产生这样或那样的关系，良好的关系能促进组织目标的快速实现，而产生矛盾就会阻碍组织的发展。由于不同的社会成员有各自不同的利益，产生矛盾是必然的。因此，在社会组织运行过程中协调各种关系、沟通信息以减少组织与社会环境的矛盾就成为公关的主要职能。

公关协调沟通的工作主要包括组织内部的协调沟通和组织外部的协调沟通两个方面。

(一)协调组织内部关系

社会组织的内部关系主要包括上级部门与下级部门之间的关系、部门与部门之间的关系、领导与员工之间的关系以及员工与员工之间的关系。这些关系是否和谐直接影响组织的功能和效率，因此，公共关系必须发挥承上启下的作用。一般来说，产生矛盾与信息不够畅通有很大关系。虽然处理员工矛盾、协调各部门的关系并不是公共关系的工作重点，但是传播沟通信息是公共关系的主要职能。因此，一方面，公关人员要经常把员工的意见、要求以及精神面貌、思想状态反映给领导层，使领导层及时了解和把握员工的状态，制定切实可行的规章制度，调动员工的积极性；另一方面，公关人员要积极做好上情下达的工作，及时向员工介绍组织的目标、管理方针政策以及现阶段的发展状况，传达领导的决定和意见，使员工及时知晓领导的意图和组织的发展方向及前景，从而理解和配合领导层的工作。同时，组织各部门之间由于工作内容、职能、角度的不同，或有些部门从局部利益出发，导致部门之间工作步调不一致的情况时有发生。公关人员应通过帮助沟通各部门信息，使部门之间相互理解、支持，从而发挥部门合作的整体优势。

(二)协调组织外部关系

协调组织外部关系就是协调社会组织与外部公众的关系。组织外部公众类型多种多样，面对各类公众及其各自不同的利益要求，组织公共关系要创造一个良好的外部环境，就必须本着公正、公平、互惠的原则，正视公众利益，尽量满足这些利益。在组织运行过程中，不同类型的公众与组织的密切程度不一样，与实现组织目标的关系也不一样。因此，公共关系沟通的重点和运用的方法也应有所不同。首先，组织要处理好与消费公众的关系，这是组织生存的基础；其次，要协调好与政府公众的关系，这是组织发展的重要条件；再者，要与新闻媒介公众、社区公众等保持良好关系，这是组织公共关系传播信息、树立组织良好形象的保障。此外，组织还应处理好与社会名流、社会团体、竞争对手以及其他相关公众的关系，尽可能扩大组织的公关网络，广结良缘，为组织的生存和发展化解各种矛盾和冲突，减少各种舆论障碍和关系障碍，寻找发展机会。

第二节 公共关系的作用

公共关系的作用是指公共关系机构或从业人员在履行公共关系职责过程中产生的客观效果和影响。公共关系的作用是多方面、多层次的，每一个方面、每一个层次的公共关系活动都有其相对独立的作用，但同时又彼此联系、相互渗透，共同发挥着公共关系的整体性作用。从公共关系实践过程来看，公共关系活动不仅直接对社会组织产生积极作用，而且间接地对个人和社会产生积极作用。

一、公关对社会组织的作用

(一)监测作用

公共关系的监测作用是通过信息的采集、处理和反馈来发挥的，其实质是对信息资源的一种有利有理的运用。公共关系的监测作用表现为在对信息资源筛选的基础上，对公关主体和客体的行为或态度实行监视与监测。因此，它分为对内监测和对外监测两个方面。

1. 对内监测的作用

这是指公共关系对其主体，即社会组织的监测作用，它通过不断地采集、处理和反馈信息，掌握社会组织内部和外部的各种变化及最新信息，对社会组织运行状态和组织目标实现的可行性进行监测。

对内监测需要采集和处理社会组织内部与外部公众两个方面的信息。如果只注重收集内部信息，忽视外部信息，那么，公共关系至多只能发挥其监视社会组织运行状态的作用，而不能发挥其预测社会组织运行发展趋势和社会组织目标实现可能性的作用；反之，如果只注重收集外部信息而不顾内部信息，那么，公共关系对内监测的作用就更加无法发挥。只有同时注重收集内、外两方面的信息，公共关系对内监测的作用才能得到充分发挥。

公共关系的监测行使的是社会组织的反馈功能。公共关系工作人员把通过采集而掌握的最新信息源源不断地输送到决策层那里，以使组织做出相应的反应并采取必要的措施，让组织的运行与公众的要求一致起来，这样就减少了公众信息输入对社会组织输出的影响，使社会组织的运行与公众的要求保持在相对平衡的过程中，最终保证组织目标的实现。例如，一个工厂生产了一种产销不对路的产品或有质量问题的产品，公共关系工作人员捕捉到这一信息，于是把它返回到决策层，工厂领导根据这一输入的信息，及时对产品生产做出调整或改进，这样，工厂重新输出的产品就变得产销对路或质量良好了。这就是公共关系对内发挥监测作用的过程。信息反馈过程往往不是一次性的，它通常要经过多次反复才能使输入与输出达到相对平衡的状态。同样，公共关系对社会组织某一行为的监测也不是一次就能完成的，它也要经过从信息采集、信息反馈到输出更新这样多次反复的过程。

2. 对外监测的作用

所谓对外监测，是对公共关系客体即公众对组织行为或态度的监测。这种监测必须通过各种信息传播媒介及时掌握与组织自身有关的各种信息及其走向，以监视和预测公众的态度及其行为变化趋势，其目的是使组织在自身运行过程中及时拿出应变对策，以防当公众意向发生变化时出现“心中无数”、束手无策的尴尬局面。

社会组织对外监测的范围可能很广，所以必须抓住重点监测目标。这个重点监测目标就是大众传播媒介。大众传播媒介传播的信息不但影响大，而且是一切社会组织都可以共享的信息资源。同时，从沟通信息的意义上来说，大众传播媒介已成为组织与社会、组织与组织之间联系的主要桥梁。因此，公共关系特别要监测大众传播媒介传播的信息，不但要注意当前与社会组织直接有关的信息，更要注意今后可能会对社会组织产生影响的信息。这些年来，我国一些企业因公共关系对大众传播媒介的监测而及时获取各类经济和社会消费趋势的信息，由此增进效益并提高了知名度的事例很多。这充分说明了公共关系对外监测作用的重要性。

(二)凝聚作用

公共关系的凝聚作用是对组织内部而言的。公共关系是一门“内求团结、外求发展”的艺术，因此，它必然有凝聚作用。

社会组织无一例外地由人构成，人的能动作用对社会组织来说始终存在着正、反两方面的效能。从正面来说，正是社会组织成员的能动作用，组织才能保持活力，运行才能正常发展，离开了人的能动性，组织就会失去活力，变得空有其名。但同时，也正因为社会组织成员能动性的存在，才使有些社会组织内耗不断，以致四分五裂。这就是人的能动性对组织的负向影响。公共关系的凝聚作用就在于它能使这种潜在的负面影响向正面效能转化，从而使得组织内部上下一心、团结一致，为组织的正常运行扫除内部障碍。

组织内部成员关系的维系常常是由经济因素决定的，但又并不仅仅受制于经济因素。它还常常依赖于相互之间的情感沟通和心理认同，有时甚至要依靠强制性的行政命令。公共关系凝聚作用的发挥既不靠行政命令，也不靠经济奖励，它通过信息交流、人际互动来沟通组织成员的心理情感，从而使组织成员团结起来，同心协力地为实现组织的各项目标而工作。因此，公共关系的凝聚作用常常更具有持久性。

公共关系的凝聚作用与通常意义上的思想政治工作既有相通之处，也有自己的特点。一般来说，思想政治工作和公共关系都是以信息交流为手段，通过“晓之以理，动之以情”的方法来协调组织内部成员的关系，达到团结一致的目的。但是，思想政治工作政治性较强，因而它的立足点也比较高，它注重于提高人们的思想认识和历史责任感。相比之下，公共关系在这方面的工作层次要低一些，但也更具体一些，它把工作的重点放在情感的沟通上，主要强调组织成员对其组织的权利和义务。因此，思想政治工作与公共关系的凝聚作用是相辅相成的关系，专业的公共关系从业人员常常把它们结合起来。有人认为，现在思想政治工作效果不好，应用公共关系活动来替代它，这实际上是不懂得两者之间关系的一种表现。事实上，两者各有自己的工作重点，因而不能互相取代。

（三）调节作用

对于任何组织来说，确立正确的组织目标是首要的，但仅有目标还不够，组织还必须通过正确无误的运行来实现目标。由于公共关系强调直接渗透并介入组织运行的每个过程和每个环节，因此它不但能在宏观上实现对组织监测的作用，并且在微观上也能表现出经常性的调节作用。具体来说，这种作用表现在以下两个方面：

首先，对各种摩擦的调节。任何组织在其运行过程中都必然会产生各种摩擦，公共关系的调节作用具有减小这类摩擦系数的成效，就像“感情互动”“上下对话”“礼貌待人”等公共关系部门组织的专门活动，能直接减少和避免矛盾的发生，达到防患于未然的目的。

其次，公共关系的这种调节功能不仅表现在“预先调节”以防止某些矛盾的发生上，而且表现在当摩擦或纠纷发生后，能够及时防止矛盾的扩大，最大限度地减少摩擦或纠纷给组织带来的危害。当摩擦或纠纷发生后，公共关系并不是一味地为自己的组织做辩护，更不是企图压服公众，而主要是通过各类传播活动来争取公众的谅解。事实上，也只有在公关意识指导下采取的行动和措施，才是妥善解决矛盾的办法。当摩擦或纠纷发生时，公共关系要求组织成员首先虚心地听取公众的意见；然后在查清事实的基础上，与公众交流彼此的看法，以达成谅解；最后再了解公众对摩擦或纠纷及处理措施的反馈，并把反馈信息反映给组织的决策层，还可向决策层提供改进组织运行状况的建议，以避免摩擦和纠纷的再度发生。

（四）应变作用

由于组织是在复杂的现实环境中运行的，即使有完善的预警系统，公关部门也不能对组织运行过程中可能发生的情况做出完全准确的预见，也不能保证组织与公众之间的关系始终处于最佳状态。出现突发事件是正常的，无论这种突发事件是由组织自身原因引起的还是由外部原因引起的，都使组织形象受损，与公众的关系出现问题。为了改变这种不利于组织的状况，公共关系就要积极应变，发挥其抵御作用。如果是由组织自身的原因引起的组织形象受损事件，公关职业人员就必须充分听取公众的意见，设法查清事实真相，与公众进行必要的沟通，相互之间达成谅解，从而妥善解决矛盾，维护组织的信誉和形象。如果是由组织外部原因引起的组织形象受损事件，如假冒伪劣商品的出现、公众中出现以讹传讹的现象等，公关职能部门就应发挥它应有的抵御作用。当然，公共关系的这种抵御作用并不是通过行政、法律等刚性手段实行的，而主要是采用柔性的信息传播手段来发挥的。例如，当假冒商品出现后，有的企业就利用报纸等大众传播媒介来加以揭露，提请公众注意。又如，当组织与协作单位之间发生法人关系纠纷并查明主要责任在对方时，它就可以让公共关系工作人员或领导出面主动要求交换意见，以寻求解决纠纷、重新修好的途径。由于公共关系活动采取的是各种柔性手段，所以在其发挥抵御作用时往往能避免采用刚性手段而无路可退的缺点。用柔性手段常常既能使问题得到合情合理的解决，又不留后遗症。当然，在公共关系的协调失败后，组织也可以诉诸行政、法律等刚性手段来解决问题，以起到强制抵御的作用。

二、公共关系对社会的作用

公共关系可以推动社会环境的变化。社会环境包括社会心理环境、社会政治环境、社会经济环境和社会文化环境等。

(一)对社会心理环境的作用

公共关系在现代社会一个突出的作用就是优化了社会心理环境。一位西方心理学家曾说过，进入21世纪后，对人类威胁最大的不是洪水，也不是战争，而是心理疾病。随着社会的不断发展，竞争越来越激烈，造成了人们心理的不平衡与落差。这种心理不平衡与落差极易产生社会问题，引起社会动荡不安。心理病态的人是无法与他人建立良好的人际关系的，这类人在与他人的关系中得不到尊重与承认，得不到爱与帮助。公共关系在一定程度上有助于克服这类病态的社会心理，培养健全的社会心理。

同时，由于任何人都有合群的需要、情感的需要和交往的需要，如果这些需要得不到满足，就会导致个人心理失调。公共关系恰好可以向社会提供这样一种良好的关系氛围，它用真诚、广泛的社会交往帮助人们摆脱孤独和隔阂、恐惧和忧虑，帮助人们获得一种心理自控能力和心理释放能力，从而使社会心理环境得到优化。

(二)对社会政治环境的作用

现代社会要求政治制度向民主化发展。公共关系既是民主政治的产物，又是促进民主政治建设的动力。公共关系在推动社会主义政治建设中有着重要作用，主要体现在以下三个方面：

(1)丰富沟通渠道。政府可以利用公共关系渠道有目的、有计划地同各阶层公众接触，从而使下情上达，使政府真正了解民众的愿望、要求，使政府决策民主化，使政府施政方针能够真正造福于民。

(2)加强监督效率。公共关系有助于各级政府政务公开，提高执政透明度，将施政的目的和利害告诉公众，重视传播媒介的舆论监督，逐步完善监督机制，逐步建立起民主与科学的决策制度。

(3)促进政治民主化。公共关系强调公众至上，主张社会组织的一切行为立足于满足社会成员的正当需求，热忱为他们提供各种优质服务。一方面，这种主张成为组织的一种信念和经营思想，从而培养了社会管理人员强烈的公仆意识，使他们自觉地深入民众之中，了解他们的愿望，倾听他们的呼声，帮助他们解决问题；另一方面，社会成员看到自己的愿望得到实现、自己的问题有人关心、所提的建议能被采纳，其强烈的主人翁意识被唤起，必然激发出参与社会事务的极大热情。组织成员与社会公众形成一种良性互动，在提出问题、解决问题中得到共同的进步，使得社会政治民主化程度越来越高。

(三)对社会经济环境的作用

党的“十四大”报告指出：“我国经济体制改革的目标，就是建立社会主义市场经济体制。”这是我们国家经济思想和经济理论的一个重大突破，同时也为开展公共关系活动提供了广阔的空间。

在新的经济思想指导下，企业不再是政府机构的附属物，而是市场独立的生产经营者。要想在市场经济的竞争中求得生存和发展，社会公众和环境就成了决定企业兴衰成败的关键因素。这就要有计划地开展一系列的公共关系活动，进行横向的和纵向的经济联系，为合作和交流铺平道路。一方面，可以通过对外公关宣传树立自己的形象，使外国人了解我们的方针政策，了解企业的生产经营活动和产品等；另一方面，可以运用公关技术详细地研究国际市场环境、政治环境、经济环境、文化环境以及各国的风土人情，从而有助于我们的对外经济贸易活动。

对于社会民众来说，公共关系还能促进社会成员消除贫困，使广大人民的教育、医疗、卫生、社会福利等条件不断改善。公共关系加强了社会各部门、各团体之间的联系，促使它们齐心合力承担各种社会义务，消除经济环境中薄弱和落后的部分。

（四）对社会文化环境的作用

社会主义精神文明要求社会成员具有社会责任感，把社会和人民的利益放在首位。公共关系倡导以公众利益为出发点的原则、承担社会责任和社会义务、谋求组织与社会利益的一致性，体现了这一现代文明思想。

社会主义精神文明要求组织成员具有团结一致、忘我工作、相互协作的精神，而公共关系的内在要求是“人和”，与这一精神文明的要求相一致，有助于在社会主义企业或组织内部建立一种团结一致、相互合作的氛围，使得社会主义精神文明不断提高，加快促进社会主义和谐社会的建设。

总之，公共关系在构建和谐社会中具有十分独到的地位和突出的作用。这是因为，公共关系学本身就是一门通过传播沟通行为达到社会和谐的学问。公共关系是以真实、诚信、沟通、交流、协作、互惠互利为特色开展公关活动的，通过一系列的公关活动，协调社会组织与社会组织之间、社会组织与人之间、人与人之间的关系，使得人际交往和社会经济生活中那种你死我活的生存斗争、势不两立的激烈对抗逐渐趋于缓和。互惠互利的公关原则使人们在和谐的社会环境中共同发展。这样，公共关系就在无形中起到协调社会行为、构建和谐社会的作用。

第三节　政府公共关系的含义、特征与功能

一、政府公共关系的含义

所谓政府公共关系，即将公共关系引入政府领域。政府公共关系是以各级政府为主体、以广大内外公众为客体的一种特殊的公共关系类型，是政府在维护社会利益和促进社会发展的前提下，为了更好地履行其职能、实现工作目标而运用各种传播手段与社会公众建立相互了解和相互适应的关系，以期在公众中树立良好的形象、争取公众的支持和理解的行政管理行为。

对于政府公共关系的含义，可从以下四个方面加以理解：

（一）以政府组织和人员为主体

从广义上讲，政府组织包括中央和地方的全部立法、行政、司法机关以及执政党的组织机构；从狭义上讲，政府通常仅指国家的行政机关。这里采用的是广义的政府概念，比如中国政府就包括中国共产党的组织机构、全国人民代表大会、政治协商会议、人民法院、人民检察院，以及政府各个组成部门等。政府公务人员同样是政府公共关系的主体，在全员公关的理念下，政府每个成员都应对政府形象负责。其中，领导者和窗口行业人员还是政府公关的重要途径和关键因素。

（二）以包括内部成员在内的社会公众为客体

社会公众是政府公共关系的客体和对象，它由政府内部成员和外部公众两部分组成。针

对政府内部成员做好内部公关，可以内求团结，增强政府组织的凝聚力和向心力；针对外部公众做好外部公关，能够外求发展，获得社会各界的理解、拥护和支持。公共关系本身就是一种“内求团结、外求发展”的管理艺术，只有重视政府公关活动面对的不同公众，有的放矢，才能创造有利的内外部环境，造就良好的政府公共关系状态。

（三）以塑造良好的信誉和形象、获得公众支持为目标

政府信誉与形象均为公众心目中对政府的态度与评价。要获得公众对政府工作的最大支持，必须塑造良好的政府形象、培育公信力。这是政府公共关系工作的出发点和最终目标，所有公关活动都是围绕实现这一目标而展开的。政府应当珍惜信誉，保持良好形象，因为信誉和形象是政府的生命线。

（四）以各种传播工具和沟通技巧为手段

传播是政府公共关系的途径，政府与公众之间正是通过各种传播渠道来实现沟通和互动的。一方面，要将政府各方面的信息传播给相关公众，争取公众的理解和支持；另一方面，也要注重从外部收集信息，为改善政府决策和行动提供依据。从这个角度来说，传播媒介是否先进和传播渠道是否畅通将直接影响政府公关活动的效果。此外，沟通技巧对政府公共关系也具有重要影响，是公关主体不可忽视的一环。

政府公关活动对外体现为公共外交（public diplomacy）。公共外交是指一国政府通过文化交流、信息项目等形式，了解、获悉情况和影响国外公众，以提高本国国家形象和国际影响力，进而增进本国国家利益的外交方式。比如，中国政府通过举办奥运会、世博会、青奥会等活动，加强了与国际社会的联系与沟通，这就是公共外交，它区别于民间外交。然而，在传统的认识中，公共外交被简单地等同为政府宣传和政策的“创可贴”，政府的外交活动是主要内容，集中化的大众传媒是主要手段。现在，随着公民社会的形成与通信技术的日新月异，非政府组织及其网络的兴起标志着“新公共外交”的崛起。新公共外交强调双向对话，将公众视为国家形象的共同创造者与信息的共同传递者，成为“巧实力”武库中的重要工具。真正意义上的民间交流是对公共外交的有力补充。

二、政府公共关系的特征

我们知道，公共关系所涉及和处理的是组织与公众之间的关系，组织是公共关系中的主体。从这个意义上说，公共关系实际上就是一种组织行为。政府也属于社会组织的范畴，但它又不同于一般的社会组织。这就决定了它一方面具有一般组织公共关系的基本属性，另一方面又具有自身独有的特点。其自身独有的特点主要表现在以下几方面：

（一）主体的特殊性

政府公共关系的主体就是各级地方政府组织。政府与其他社会组织相比，其特殊性表现在：

（1）唯一性。在正常情况下，同一国家或同一地区，不可能有几个政府并存。政府是唯一的，处于独一无二的特殊地位。

（2）权威性。政府的权力是国家宪法和法律赋予的，它具有至高无上的权威，不容随意挑战。

（3）强制性。任何社会组织、群体和个人都必须服从政府的领导和管理，一旦违背了政府意志，就可能受到政府的强制制裁。

政府所具有的独特地位使其在开展公共关系活动时，具有其他社会主体所不具备的优势。

但同时，由于缺少竞争对象，使部分政府人员容易产生官僚主义、命令主义、主观主义等问题。正确认识政府作为公共关系主体的特点，对于开展政府公共关系至关重要。

（二）客体的复杂性

政府公共关系的客体就是公众，它是政府公关的对象。与企业或其他社会组织相比，政府公共关系的客体更为广泛和复杂。

（1）结构的复杂性。公众包括社会的各阶层、各民族、各党派、各种社会组织、各种利益团体等，不仅针对国内公众，而且包括国外公众。

（2）状况的复杂性。不同群体的经济状况、政治地位、文化素质、生活方式、价值观念等差异极大，这些因素成为公众对政府不同态度或看法的重要基点。

（3）利益的复杂性。各自的利益追求是公众对政府的意见和态度的出发点，特别是与公众切身利益密切相关的问题，如物价、住房、医疗、教育等。

（三）环境的全局性

任何公共关系都与社会环境有着某种程度的联系，环境是公共关系生存与发展的空间和土壤。企业或其他社会组织的公共关系环境一般只是与本组织相关的、涉及组织利益的局部性环境，而政府的性质决定了政府公共关系面临的环境更为广泛和宏观。

（1）政府公共关系身受自然环境、经济环境、政治环境、社会环境、人文历史环境等众多环境种类的影响，需要权衡考虑的环境因素更为复杂，对政府综合全局和整体协调的能力提出了更高要求。

（2）政府公共关系反过来又对环境产生更大程度和更深层次的影响，它涉及每个公民的切身利益，涉及广大群众发挥民主权利并参与国家管理的程度与广度，涉及国家政治生活的性质和状态，涉及整个社会的稳定、发展与繁荣。

因此，政府公共关系应将环境置于战略高度，从全局的视角看待和处理公关环境，在适应环境要求的同时，力争对环境发挥积极的能动作用。

（四）目标的公益性

任何组织开展公共关系活动，都是为了在社会环境中更好地生存和发展、更好地实现自身利益。例如，企业公关活动的主要目标是追求更高的经济效益，实现利益最大化。而政府作为公共部门，在开展公共关系活动时绝不能单纯追求自身利益和经济利益，应把公共利益和社会效益放在首位。

（1）公共利益。政府公共关系要实现和维护的是绝大多数人合理、正当的利益，而不是少数人的利益。对公共利益的追求，符合人民群众的根本利益和长远利益，应成为政府公关的基本着眼点。

（2）社会效益。概括而言，社会效益是指某种产品或服务对社会所产生的效应，主要表现在公众反映和社会评价体系上。政府公共关系的社会效应是指政府的公共关系行为给社会带来的影响和作用的综合反映，表现在对社会关系的调整、社会环境的改善、社会文明的发展，社会的和谐进步等方面。政府开展公共关系活动的目标众多，促进经济发展、实现和维护经济利益只是其中之一，更重要的在于协调社会关系，稳定社会环境，促进整个社会的文明、进步和发展，也即促进社会效益的提高。

（五）手段的优越性

任何组织开展公共关系工作都必须借助于传播工具，传播是联结公关主体与客体的桥梁和纽带。政府公共关系的传播条件与众不同，它拥有其他任何社会组织所不具备的优势。

(1)政府掌握着大量的传播工具。报纸杂志、广播电视、网络等大众传媒都由政府管理,政府可以牢牢掌握主动权,将各种需要传播的信息从各个角度反复进行信息传播,从而大大提高公关效率,牵引舆论导向,造就最有利的舆论环境。

(2)政府的组织传播最为严密、完整。政府组织传播比其他社会组织更庞大,也更加严密、完整。无论是纵向的垂直传播还是平行的横向传播,政府都可以有效控制信息,并按一定程序使信息有目的、准确且迅速地在组织内部流动,并有效地传递给社会公众。

(3)政府经常交叉综合使用传播手段。政府的许多政策都是先采用文件形式进行组织内部传播,然后再采用大众传播方式,有时则两种方式并用。这也是政府公共关系有效沟通的优势所在。

(4)在一些实行新闻审查和书报检查的国家,媒体信息要预先经过政府的筛选。这种通过控制信息以调控政府形象的做法,也是其他任何社会组织无法办到的。

(六)资源的公共性

政府公共关系的实施,运用的大多是公共资源。公共资源属于公共物品,至少属于准公共物品。具体来看,它包括报纸、广播、电视、网络等。在所有权上,它由国家所有,不属于任何私人或组织;在使用权上,政府运用公共资源更能够体现出政府公共关系的公益性和服务性。

当然,政府公关活动也采用了一些公共资源以外的其他资源,如公关顾问或公司等。这主要是基于对其专业性和工作效率的考虑,并不对政府公共关系的性质构成影响。从整体来看,公共资源仍然是政府公关活动采用的主要资源。

(七)战略的稳定性

战略是对组织整体态势和长远发展的全局把握。公共关系战略就是在相当长一段时期内对组织的公共关系起到宏观指导作用的原则或方针。当内外部环境改变到一定程度,就会使组织进入新的战略阶段,公共关系战略也应相应进行调整。

就企业而言,企业的战略期基本可分为创始、发展、成熟、衰退、变革等几个较为明显的阶段,它取决于市场的瞬息万变。因此,企业的公共关系战略更为灵活。现代政府的战略周期普遍较长,对于外界环境的反应也较为迟缓。因此,政府的公共关系战略一般相对稳定,不易发生剧变。

值得一提的是,在政府公关战略相对稳定的情况下,公关策略是可以经常改变的。它作为对实现政府公关目标的方法技术的设计和运用,只有保持更新、与时俱进,才能够适应各种政府公关活动的新要求,符合政府公共关系发展的需要。

(八)定位的服务性

为公众服务是政府的根本宗旨,政府良好声誉的获得和形象的建树,最终取决于政府提供服务的质量和水平。因此,进一步提升政府的服务功能已成为改善政府公共关系的适时回应和必然要求。尤其是随着市场经济和民主社会的发展,管理方式逐步由刚性向柔性转变,重视公共服务职能的意义更为明显。

当前,构建服务型政府①已成为政府改革的基本方向。重视和搞好政府公关工作,正是促进各级政府向服务型政府转变的难得机遇。一方面,要认识到"公关就是服务",切实增强形象意识和服务理念;另一方面,要改善公关态度、柔化公关手段、注重公关技巧,真正使公关活动符合服务的行为特征,摒弃高高在上的统治思想和官僚作风。

---

① 目前,理论界对于服务型政府的概念尚无定论,但就一般意义而言,服务型政府是指改变过去的治理模式,从以管制为主向以服务为主转变。即以人文关怀、民主、透明、责任、法制等价值为基础,在社会公众的参与和监督下,以提供公平、优质、高效的公共服务为标志的政府形态。

三、政府公共关系的功能

从政府公关的概念和特征的界定可以看出，政府公关除了具备一般公关的职能与作用以外，还具有其特殊的功能。政府公共关系的功能就是公共关系在政府工作中应该发挥的作用。政府公共关系最基本的功能可以概括为"对内协调求团结，对外交往求发展"。具体来说，就是通过开展公关活动塑造政府形象，全面提升和营造政府内外部的和谐关系。

（一）塑造政府形象

塑造形象是公共关系的首要功能，对政府形象的塑造与维护是所有政府公关活动的根本目的。

政府形象是政府机构的静态实体和政府人员的动态言行等因素综合作用于内外公众主观意识的产物，是政府的行为特征、精神面貌和管理水平在公众心目中的反映。良好的形象是政府的无形资产和无价之宝，也是赢得公众信任与支持、有效开展各项工作的重要条件。我们通常所说的常态公关旨在塑造和建立政府形象，而危机公关则是弥补和修复政府形象。

（二）改善政民关系

政府公共关系的重要功能是通过思想、观念、态度、情感、信息等方面的沟通交流，改善政府与内外公众之间的关系，营造有利于政府的内外环境与氛围。

搞好政府内部关系，能够培养团结合作的组织文化，建立和谐的内部氛围，进而发挥广大公务员的积极性和创造性，提升政府的凝聚力。相比较而言，政府外部公共关系更为重要。政府应积极谋求与外界各方的合作，扩大交往，广结良缘；增进了解，扩大共识；加深理解，化解矛盾，使政府与公众步入良性互动的发展轨道。政府公共关系应成为联结政府与公众的桥梁和纽带，成为体现执政为民、展现亲民作风的一扇窗口。例如，2013 年，我国新一届国家领导人执政后刮起了一股廉政风暴。习近平与身边的工作人员走进北京的庆丰包子铺，他花了 21 元午餐费，自己买单、自己端盘子、自己取包子。于是，媒体、网络的报道铺天盖地，北京的庆丰包子铺火了。庆丰包子铺的"火"，很大程度上是社会、民众从代表国家最高领导人的习近平身上，看到了希望，看到了国家治理腐败的决心。习近平走进普通的庆丰包子铺、21 元午餐费、不时与群众合影等看似不经意的举动，向外界传递的是告诫党的干部，不管你位居多高的官职，别忘了自己是群众的根本。①

（三）辅助政府决策

政府公关工作就是通过全面、准确的信息收集，认清形势，了解民意，为政府决策提供咨询和建议，这是政府公共关系参与政府决策的有效途径。

现代社会管理是一项复杂且庞大的系统工程，单凭个人的经验、能力或才智很难完成，应当重视发挥决策咨询的功能。通过政府公关工作收集的数据、资料和情况一般都是来自社会的真实信息，包括关于政府形象的信息、政府工作环境及其变化的信息、政务信息等。依靠这些信息资料，广泛征询公众及有关专家的意见，分析和预测发展趋势，及时向决策层加以反馈并提供建议，能够大大提高政府决策的科学性和可行性。

（四）推动政策执行

政策制定后，由于种种因素，可能会在执行过程中遇到阻力和障碍，而政府公关活动有助于减小执行阻力，保证政策的顺利落实，提高执行力和执行效果。

---

① 《北京的庆丰包子铺"火"了，究竟为什么？》，http://club.china.com/data/thread/1011/2766/94/32/8_1.html。

(1)做好政策执行前的宣传工作,使社会公众,尤其是政策目标公众领会政策的内涵、意义和必要性,增加对政策的理解和认识,减少执行中和执行后反对的声音。

(2)做好政策执行过程中的解释、说服工作,减少或消除公众对政策的质疑,提高目标公众对政策的接受程度,优化执行效果。

(3)做好政策执行后的总结工作,及时反馈政策的执行情况,了解公众对政策执行的态度和意见,以便进行政策调整和完善。

(五)提升施政水平

政府公共关系,尤其是政府内部公关,能够提高领导人和公务员的公关意识、技巧和职业道德,提升政府的管理能力和施政水平。

(1)通过形式多样的宣传教育等内部公关活动,能使公务员认识到良好的形象对于政府的重要意义,提升形象意识;认识到塑造和维护政府形象要靠公关工作,提升公关意识;认识到政府形象和公关工作与每个成员息息相关,提升全员意识。

(2)通过培训学习等途径,能使公务员掌握基本的公关技巧,具备一定的公关艺术。更重要的是,在实际施政过程中,能够举一反三,运用自如,学会用"柔"劲和"巧"劲处理政务,转变工作作风。

(3)通过公关活动贯彻和落实公务员的职业道德,树立公仆意识和"权为民所系"的观念,严格要求自己,规范自身行为。

(六)宣传意识形态

宣传意识形态,宣扬自身执政地位的合法性是政府的重要职能。但随着政治民主化的发展,靠强制宣传的手段越来越不可行,取而代之的是公共关系这一柔性化的宣传方式。

依靠公关手段来宣传意识形态,具有以下两个优势:一是在内容上,通过理论联系实际,对与公众生活紧密相关的现实问题进行解答和剖析,有助于公众消除距离感,更易产生切身体验;二是在形式上,公关手段往往形式多样、生动活泼、深入浅出、通俗易懂,能在很大程度上减少宣传的枯燥性,提高其世俗化和易接受的程度。

(七)培养公民意识

公民意识是指公民个人对自己在国家中地位的自我认识,也就是公民自觉地以宪法和法律规定的基本权利和义务为核心内容,以自己在国家政治生活和社会生活中的主体地位为思想来源,把国家主人的责任感、使命感和权利义务观融为一体的自我认识。它围绕公民的权利与义务关系,反映公民对待个人与国家、个人与社会、个人与他人之间的道德观念、价值取向、行为规范等。它强调的是人在社会生活中的权利意识、责任意识、公德意识、民主意识等基本道德意识。

政府公共关系能够根据公众的思想动向,有针对性地进行教育引导,帮助公众树立公民意识,使之符合社会倡导的价值观,促进社会进步。

(1)通过政府公关活动,如公益广告等,能够提升公众的思想道德水平,更好地维护公共利益。

(2)通过政府公关活动,将政府的各项政策、措施和计划向社会广泛进行宣传教育,有助于提高公众的法律意识和政策水平,增强主人翁意识和责任感,激发其参与管理国家事务的热情。

(3)通过政府公关活动,能够进一步提高公众的社会参与能力,规范参与行为,保证参与活动有序、有效开展。

(八)渡过危机难关

除了常态公关的功能以外，政府公共关系还包括危机公关的功能，即回应社会各界的批评与责难，解决公关危机；配合政府的危机管理，帮助政府渡过危机难关。

从危机性质来看，政府公关危机管理主要解决两方面的问题：一是解决公关危机，即有损政府形象与声誉的危机事件，政府公关部门应当责无旁贷地对此类事件负责；二是配合危机管理，即对于其他原因所导致的危机事件，公关部门也要协同参与，负责宣传、沟通、协调等属于公关范畴的危机管理事宜。总之，实践一再证明，对于政府渡过危机难关，公共关系是极为重要的工具，应学会熟练地掌握和运用。

四、在我国开展政府公共关系的意义

政府公共关系是指政府为了争取公众对政府工作的理解和支持，在公众中塑造良好形象，运用传播沟通手段处理和协调与公众的关系，以便更好地管理社会公共事务的一系列活动。开展政府公共关系是时代的要求，具有深远的意义，主要体现在以下几个方面：

(一)开展政府公共关系是建设中国特色社会主义的必然要求

政府作为一种社会组织，它代表国家行使行政权，对社会政治、经济、文化等各方面进行管理，为社会正常、有序的运作提供保障。行政权是一种公共权力，它来源于公众，又为公众服务，并对公众负责。政府的这个特性从根本上决定了政府开展公共关系的必要性。

(二)开展政府公共关系是实现人民知情权的需要

我国的社会主义性质决定了我国政府是人民政府。人民是国家的主人，人民有权知道自己政府的所作所为，这就是人民的"知情权"。这就决定了我们的政府应该将自己置于人民群众的监督之下，及时将自己的所作所为向人民群众公开，让人民群众充分了解自己。

(三)开展政府公共关系是实现人民参与权的需要

政府的一切决策应该建立在广泛征求公众意见的基础上，以公众的利益为出发点，代表最广大人民群众的根本利益。为此，政府应该通过各种渠道，与人民群众进行双向沟通，及时了解人民群众的所思所想，以此作为自己决策的基点和依据，这是宪法对各级政府的要求。

(四)开展政府公共关系是科学决策的需要

社会活动功能交错、因素众多、变化多端、影响巨大、社会信息量猛增，这些都增加了政府决策的难度。政府凭经验就可以决策的时代早已过去，必须引入科学决策的机制。科学决策除了要运用现代科学理论外，重要的一条就是占有足够的信息。开展政府公共关系，政府可以及时、重复地掌握内外各方面公众对政府工作的意见和建议，了解他们的需要和好恶，从而为决策提供可靠的依据。

(五)开展政府公共关系是转换政府职能的需要

随着我国社会主义市场经济体制的基本建立，行政环境发生了重大变化，政府职能也必须相应转变。政府要从社会经济活动的直接参与者转变为社会经济活动的组织者、引导者和协调者。为促进政府职能由"管理"向"服务"转变，有必要开展政府公共关系。

(六)开展政府公共关系是树立对外形象、适应对外开放的需要

政府开展公共关系，它可以从整体上策划政府的形象并进行广泛的宣传，让更多人了解中国。现在，我国已成为世界贸易组织的正式缔约方，根据世贸组织规则的要求，成员各自的法律、法规及具体操作方法必须具有透明度，所有已有的和新制定的规章制度都必须尽快公布并且能方便地获得和查询。各国的贸易政策及政府的管理行为要透明，成员方发生纠纷时，以公

布的贸易政策作为解决依据。

关键术语

公共关系　　社会组织　　职能　　作用　　政府公共关系　　特征　　功能

案例分析题

案例 1

张家界的《一封信》在网络破防

2021 年 7 月 30 日下午，中共张家界市委旅游工作委员会办公室发布的《致居留在张家界游客朋友的一封信》开始在网上热传，网友纷纷给张家界点赞。

在信中，中共张家界市委旅游工作委员会办公室首先根据疫情联防联控机制的相关要求，就张家界所有景区景点须全部关闭一事向所有游客朋友表达了歉意，然后向所有游客朋友作出了三点疫情防控工作提示。

第一，请所有游客朋友在离开张家界之前配合完成三次核酸检测。全市所有核酸检测点都专门设置了应急免费核酸检测游客专用通道，团队游客由旅行社组织检测，自助游客人就近选择检测。

第二，请求各位游客朋友能够多多考虑自己和家人安全，遵守国家疫情防控要求，配合酒店、旅行社、所在街道社区(村居)做好居店自我隔离，落实各项防控措施，非必要不外出。全市相关旅行社、酒店、疾控部门等将为大家居留在张家界期间提供便利温馨服务。

第三，当各位游客朋友完成三次核酸检测，符合离张条件后，张家界将为大家提供 24 小时咨询服务，以方便大家顺利离张，并附上咨询电话。

这封信发布后，打动了不少网友，大家都在评论区点赞，称赞“张家界是有温度、有担当、有格局的城市，是防疫担当的榜样，待疫情过去，他日定会再去旅游”。这可谓是一次非常成功的公关活动。

(资料来源：https://m.gmw.cn/baijia/2021-07/31/1302447322.html。)

思考·讨论·训练

试分析张家界的《一封信》公关活动的职能和作用。

案例 2

妙用类同感的“骆家辉现象”

年龄、性别、籍贯、教育水准、职业的不同常常使得人与人之间呈现出差异，而这种差异往往造成人与人之间相互交往中的距离和障碍。为了缩短这种距离，行为主体有时候会想方设法建构与行为对象之间的共同点，以便让行为对象更容易接受和认同自己。这种共同点，即类同感。

2011 年 8 月 12 日晚，华裔美国人骆家辉携其妻儿抵达首都北京，成为美国历史上首位华裔驻华大使。他背着鼓鼓囊囊的双肩包，妻子和儿女背着行李走在身旁，没有秘书和警卫相陪。从当晚开始，骆家辉及其一系列代表美国主流社会的“本色”行为(如他坐经济舱、吃普通快餐等行为)经过媒体报道后在中国引起了轩然大波，网络论坛及媒体的广泛讨论使骆家辉成为舆论中心。关于骆家辉的言行,国内明显分成了左右两派:一派认为骆家辉是用作秀这种软行为进行“文化入侵”;另一派认为中国应该学习美国官员的作风——节俭、亲民。有媒体称此现象为“骆家辉现象”。

(资料来源:http://zhidao.baidu.com/question/443455220.html。)

思考·讨论·训练

政府公共关系的目的是什么?请从政府公共关系的角度解释“骆家辉现象”。

案例3

江苏淮安居民节目现场跪求环保局长治污

江苏淮安柴米河是区域主要排涝河道,河道两边居住着大量居民。据村民反映,柴米河最近几年河水越来越脏,发绿的河水常年散发着阵阵怪味。2014年4月25日,省市政风热线联动直播走进淮安。住在河边的陈女士带着一瓶河水走进了直播现场,并当场向环保局局长下跪,请求尽快治理柴米河污染问题。①

视频中,记者与投诉人一起走访市、区环保局。记者首先来到淮安市环保局,并将柴米河受污染一事向工作人员进行了反映。但工作人员称,这是属地管理,他们能做的只是将领导批示过的投诉单转到清浦区环保局去,其他的管不了。

记者又来到清浦区环保局,这里的工作人员答复:河道上游的水冲下来,河水就成了活水,污染就可以被冲淡一点。“你们可以打投诉电话,打市长热线,打‘12365’‘12369’都行。只要你们加大投诉力度,问题才能解决。像我们这样小小的环保局,能有多大作为?”

在节目现场,市环保局局长卞爱武严厉批评了视频中的两名工作人员的工作作风,并称此为“懒政”。她说,环保局接到举报电话,职责是交办任务,而这两名工作人员并未履行职责。“环境问题是大事,不能怠慢。我们回去以后,还要加强环境队伍的教育建设。”据卞爱武局长介绍,柴米河是清浦区内一条排涝河流,岸边有许多居民住宅,也有一些小企业。由于这些企业和民宅的基础设施不到位,污水横流,直接往河里排放,导致水质越来越差。“我去过柴米河,也在密切关注这件事情。”卞爱武说,在省环保厅下达的黑臭河流整治任务中,淮安已上报了5条污染河,至于柴米河,目前正计划上报。“目前,我们已责成环建局、监测站,加强对这条河流的监测、监控,现在已经把这个情况通报给区政府,正在筹划方案。”

随后,主持人现场发问:柴米河什么时候才能治理完毕?

清浦区区长史卫东回应,他对此事并不了解。而河道何时能治理完成?史卫东只说了两个字:“尽快”。“我们清浦区居然有这样的河,这件事情对我来说,确实之前不清楚。在清浦区加大力度创建国家级生态区的大背景下,我们还有这样的现象,这让我感到震撼,我想,接下来对这件事情的处理,在节目过后,立即责成相关部门赶赴现场认真清查,尽快将此河道治理完成。对于造成这条河长期污染的源头,坚决要堵住污染源,对那些造成污染的肇事单位依法进行查处。”

思考·讨论·训练

结合政府公共关系的功能,试述当地政府职能部门的施政行为有哪些不当之处。

---

① 《江苏淮安居民节目现场跪求环保局长治污》,2014-04-27,http://news.163.com/14/0427/04/9QQF49KM00011229.html。

练习题

一、单选题

1. 公共关系的职能是指公共关系在社会组织运行过程中的(　　)和应承担的责任。
A. 一般功能　B. 基本功能　C. 直接功能　D. 工作范围
2. 公关协调沟通的工作主要包括(　　)和组织外部的协调沟通两个方面。
A. 与政府部门的协调沟通　B. 组织内部的协调沟通
C. 与社区公众的协调沟通　D. 与消费公众的协调沟通
3. 下列选项中不属于公关作用的内容是(　　)。
A. 监测作用　B. 凝聚作用　C. 调节作用　D. 桥梁作用
4. 公共关系的监测作用是通过信息的采集、处理和(　　)来发挥的。
A. 上传下达　B. 反馈　C. 输出更新　D. 决策
5. 公共关系的调节作用，首先是对各种(　　)的调节。
A. 摩擦或纠纷　B. 公众心理　C. 利益关系　D. 组织形象
6. 公共关系的作用分为监测作用、凝聚作用、调节作用和(　　)。
A. 应变作用　B. 管理作用　C. 聚合作用　D. 协调作用
7. 下列选项中不属于组织内在形象范畴的是(　　)。
A. 组织产品质量　B. 组织精神　C. 组织的建筑风格　D. 组织办事风格与效率
8. 假冒伪劣商品的出现，是(　　)引起的组织形象受损事件。
A. 组织外部原因　B. 组织内部原因　C. 偶然原因　D. 社会原因
9. 因组织外部原因而引起的突发事件发生后，公共关系的抵御作用应该是(　　)。
A. 诉诸行政、法律等刚性手段　B. 采用柔性的信息传播手段
C. 妥善解决矛盾，维护组织的信誉和形象　D. 虚心听取公众的意见，达成谅解
10. 政府公共关系主体的特殊性不包括(　　)。
A. 唯一性　B. 权威性　C. 强制性　D. 竞争性

二、多选题

1. 采集信息是公共关系最重要的职能之一，其中(　　)是所有信息中最为重要的信息。
A. 组织形象信息　B. 产品信息　C. 组织环境信息　D. 员工素质信息
2. 常用的采集信息的方法有(　　)。
A. 社会调查　B. 借助传播媒介　C. 直接听取公众的反映　D. 专家听证会
3. 公共关系的职能概括起来主要有(　　)和危机控制。
A. 采集信息　B. 提供咨询　C. 参与决策　D. 协调沟通
4. 公共关系人员提供的咨询内容主要包括(　　)。
A. 对组织社会环境的变化进行预测和咨询　B. 提供社会组织与公众关系状态的情况咨询
C. 提供科学决策的咨询　D. 提供专题活动的咨询
5. 公共关系参与决策的作用表现在(　　)。
A. 从公众视角审视决策，以保证决策的公正性　B. 在决策中确立公共关系目标
C. 平衡利益，注重社会整体效益　D. 寻找解决问题的方法
6. 对危机进行有效防范和处理的方法有(　　)。
A. 建立危机的“预警”机制　B. 实事求是地说明真相，掌握对外报道的主动权
C. 封锁消息　D. 追查谣言
7. 政府公关的客体的复杂性包括(　　)。

A. 公众结构的复杂性　　B. 公众状况的复杂性

C. 公众利益的复杂性　　D. 环境的全局性

8. 政府公共关系的特征表现为(　　)。

A. 主体的特殊性　　B. 客体的复杂性　　C. 环境的全局性　　D. 目标的公益性

9. 除了第 8 题的选项,政府公共关系的特征还表现为(　　)。

A. 手段的优越性　　B. 资源的公共性　　C. 战略的稳定性　　D. 定位的服务性

10. 政府公共关系的功能主要表现为(　　)。

A. 塑造政府形象　　B. 改善政民关系　　C. 宣传意识形态　　D. 培养公民意识

三、名词解释

1. 公共关系的职能

2. 公共关系的作用

3. 政府公共关系

四、简答题

1. 公共关系主要有哪五大职能?

2. 公共关系参与决策的作用主要表现在哪几个方面?

3. 试述危机公关对社会组织的重要性。

4. 公共关系在政府工作中应该发挥什么作用?

5. 应如何处理竞争对手关系?

四、论述题

1. 结合政府公共关系的功能,谈谈我国大力开展政府公共关系的必要性。

2. 为什么说开展政府公关有助于培养公民意识?

3. 公共关系中采集信息应注意哪些方面?

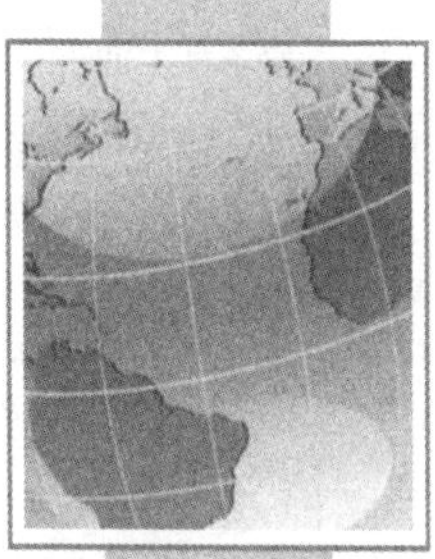

第五章
公共关系的原则与方法

本章概要

本章主要介绍公共关系的原则和方法。公共关系原则主要包括实事求是原则、双向沟通原则、互利共赢原则、全员公关原则、科学性原则和不断创新原则。公共关系方法按照不同的层次分为方向性方法、指导性方法和具体技术性方法。公共关系运用和发展的过程就是合理运用各种不同方法的过程。

第一节　公共关系的原则

公共关系作为一门现代管理的科学和一种新兴的职业，有它必须遵循的原则。公共关系的原则对公共关系工作具有重要的指导作用，它是公共关系职能有效发挥、公共关系活动成功完成的前提。按照这些原则来从事公共关系工作，才能保证公共关系沿着健康的道路发展，发挥公共关系特有的作用。

一、确立公共关系工作原则的意义

(一)公共关系工作原则的含义

原则就是人们思想和行动的准则。公共关系工作原则，就是组织在开展或实施公共关系工作过程中应当遵循的原则。它是公共关系性质、目的、职能、任务、方法、手段的综合表现和抽象概括，是组织正确地确定公关目标、处理与公众的关系、开展公关活动等应当恪守和奉行的指导思想、基本方针和行为规范。

公共关系的基本原则有实事求是原则、双向沟通原则、互利共赢原则、全员公关原则、科学性原则和不断创新原则。

(二)公共关系工作原则的依据

公共关系原则是公共关系实践经验的总结和公共关系科学理论的概括，因此，公共关系工作原则是有实践和理论依据的。

1. 公共关系原则的实践依据

公共关系原则是在公共关系从产生、发展到成熟的实践过程中逐步形成和确立起来的。例如，对实事求是的原则，人们并不是一开始就懂得它的重要性并奉为公共关系的行为准则。相反，言过其实、坑蒙拐骗倒是不少人的惯用伎俩。如美国早期出现的“巴纳姆神话”，即所谓“无商不奸”“不说假话，办不成大事”等，反映了过去不少商人对待公众的欺诈心态。但随着历史的发展，无数的实践证明了一个真理：机关算尽太聪明，反误了卿卿性命。那些善于弄虚作假、喜欢愚弄和欺骗公众的人，到头来只落得搬起石头砸自己脚的下场。可见，实事求是的原则并非空穴来风，而是以实践为依据的。

2. 公共关系原则的理论依据

人们的认识是一个从具体到抽象、再从抽象到具体的循环往复过程。公共关系原则是一种高度抽象概括的认识：一方面，它必须以丰富的具体的公共关系实践活动为依据和基础，否则，它是难以确立起来的；另一方面，公共关系原则确立以后是否为人们广泛认可、遵守，还有赖于公共关系理论的阐发和论证。

(三)确立公共关系工作原则的意义

1. 公共关系工作有了科学的指导思想

有了科学的指导思想，公共关系工作就有了正确的理论指导，它是保证公共关系实践活动正确开展的前提。无数事实证明，没有科学的指导思想，公共关系是肯定搞不好的，即使一时上去了，也会很快垮下来。例如，有的企业由于创出了某种紧俏产品，一时间名声大噪，但是，由于指导思想不端正，不是以公众利益为出发点，而是只图赚钱、不讲信誉，产品质量靠不住，售后服务又跟不上，结果很快便名声扫地。这就告诉我们，掌握公共关系工作的原则、树立正确的公共关系指导思想，是公共关系成功的前提。

2. 公共关系能遵循正确的行为规范

公共关系工作说到底就是在公众心目中树立良好的企业形象，这就要求公共关系工作必须遵循良好的行为规范。没有明确的行为规范，或者行为规范不合理，都不利于公共关系活动的开展，只有掌握了公共关系工作的原则，才能确立正确的公共关系行为规范，公共关系才能发挥效能，走向健康发展的道路。

3. 公共关系能更好地贯彻“长远规划，持久努力”的基本方针

良好的组织形象并非一朝一夕就能树立，公共关系工作是一项持久的工作，不是在短时间内就能收到效果的。只有坚持长期努力，才能建立起稳定的组织形象。因此，确立了公共关系工作原则，公共关系工作人员在建立组织形象时就不能只停留在一两次活动上，而是要考虑活动的持久性，通过不懈的努力，把企业形象塑造起来。

二、公共关系的基本原则

(一)实事求是原则

公共关系作为一种传播活动，必须遵循实事求是的原则。这一原则的基本含义是指组织开展公共关系工作，必须以科学为指导，踏踏实实地去做，公关活动要建立在对事实真实把握的基础上，向社会公众如实地传递有关组织的信息，并根据事实的变化来不断调整组织公共关系活动的政策与行动。现代“公共关系之父”艾维・李的公关思想就是“真实性”和“公开性”，敢于对公众说真话。1906年，艾维・李应邀协助宾夕法尼亚州铁路公司处理一桩意外事故的善后工作。李首先要求保护好现场，然后派车接记者前去采访，让记者了解造成事故的真实原因并目睹铁路公司为处理此次事故正在做出的种种努力。各有关人员均诚实地回答记者的问题，向记者解释技术性问题，为实地采访提供种种方便。当第一批有关此次事故的专稿公开见报之后，公司的董事们惊愕地发现，这家公司得到了有史以来最公正、最善意的评价，十分有助于改善公司的形象。

恩格斯在其经典著作《自然辩证法》中曾经指出：“唯物主义的世界观，不过是对世界本来面目的了解，不附加以任何的外来成分。”这就是说，按照客观事物的本来面目予以揭示而不凭自己的主观臆断随心所欲地附加某些莫须有的成分，是唯物主义者最基本的行为准则，当然也

是公关人员在公关活动中必须坚持的基本原则。美国公共关系协会《关于公共关系业务的职业道德准则》在其基本“原则声明”中向公众做出的第一个保证就是：“在职业上坚持真实性、准确性、公正性以及对公众的责任感。”

一名合格的公共关系从业人员必须从以下三方面把握好实事求是原则的内涵：

第一，先有事实，后有公共关系。美国企业家万纳曾给公共关系工作下了一个定义：Do good，tell them（自己做好事，让别人知道）。显然，他认为公共关系的重点是“做”，然后才是宣传。没有客观存在的事实，也就没有与之俱生的信息。事实与信息全无，那么以传播为手段的公共关系工作就是无源之水、无本之木了。公众不仅听组织的宣传，更重视组织的行为。组织形象具有客观性的特征，如果只有宣传而没有实际行动，组织的形象就不会有实质性的改变。当然，事实常常呈现混乱无序的状态，这就要求公共关系人员一切从事实出发，规划和制定公共关系政策和措施。例如，某化工厂在某一社区，因其生产导致了当地水质污染，从而引起当地居民不满，并强烈要求其拆迁。面对这一局面，该化工厂为维护其生存发展，立即成立了一个专门的工作小组来处理此事，他们首先从组织自身开始了解事实真相，然后一方面向群众做解释并道歉，以平怨气；另一方面听取群众意见，从公众那头弄清客观要求是什么，再尽力采取必要的治理措施。在对事实准确把握的基础上，该工厂对症下药地开展了公共关系工作，获得了良好的公关效果。

第二，全面、深入地掌握事实。所谓全面地掌握事实，指的是扩大对事实掌握的宽广度；深入地掌握事实，指的是提高对事实掌握的充分度。要全面、深入地掌握事实，就要求公共关系工作人员在调查、了解有关事实时，必须杜绝主观随意性，力求客观公正，在广度和深度两个维度上把握好事实。比如，某厂家不久前向市场推出了一种家电新产品——洗碗机，但一段时间之后，此产品的销路却不怎么好，完全出乎该厂的市场预测之外。产品滞销的原因究竟是什么？厂方将这一探寻任务交给了公共关系工作人员。为找出这一原因，他们开始了调查，但这种调查不能在小范围内进行，也不能只限于单方面的调查。具体来说，调查不仅要在本地进行，也应在该厂产品已打入的外地展开；不但要调查有关商店的反映，也应重视对消费者的调查。同时，对消费者的调查也应有宽广的覆盖面，其中要包括工人、农民、知识分子、机关干部及其他阶层的用户。另外，调查问题也应较宽、较广，具体包括调查市场与消费者对产品的性能、使用方法、价格、造型、色彩等多方面的意见。不难想象，该厂公共关系部门能如此全面地进行调查、掌握事实，那他们应该不难找到产品滞销的原因。

第三，实事求是地传播信息。公共关系是一个信息传播、沟通的过程，一方面将组织的信息向公众进行传播，另一方面将公众的信息反馈给组织，以获得双方的相互了解和适应。公共关系工作人员必须牢记，信息传播的前提不仅要看是否符合自身的利益，而且要看是否有助于人们了解事实真相。因此，即使某一事实的传播会引起对自身利益的损害，也必须顺应当时的大局，实事求是地予以传播。报告不利的事实未必引出不利的结果，有时还可能获得公众或社会的谅解和同情，出现变坏事为好事的转机。以广州某报社为例，鉴于市场纸价、采编费用、图文稿酬与印刷厂工价皆大幅度提高的事实，该报从 2000 年起需要提价。这一信息的传播对报社和读者双方皆不利，报纸提价一方面会导致发行量下降，对报社的经济效益多有不利，另一方面要增加读者的经济负担，对其日常开支有负面影响。毫无疑问，如果只是简单地宣布何时提价、提多少价，其结果必然不是一个皆大欢喜的场面。但这家报社遵照实事求是的原则，历数提价的真实原因，坦承自己在前一段时期为争取不提价所尽的努力及为此而造成的经济损失，最后在道出提价是出于不得已之外，还承诺提价后一定在原有质量的基础上，继续再接再厉、改善服务、回报读者(如新辟栏目、增加版面等)。结果,该报由于实事求是地陈述了事实,使自己的提价之举获得了广大读者的理解。事后统计,尽管订量较以前还是有所下降,但订数仍超过了预先估计。更重要的是,该报在读者中保持了原有的美好形象。

当然,我们在实事求是传播信息的过程中,要正确处理“保密”问题。企业对某些技术或情报进行保密仍是需要的。但是,俗话说,“好事不出门,坏事传千里”,家丑再保密也难免会外传,而且由于保密所产生的怀疑或猜测有可能造成更坏的影响。对此类事情,最好的办法莫过于主动公开弊端,以显示改善的决心,争取公众谅解,赢得信任和好感。正如德国前首相俾斯麦说过的那样:“把那石板揭开,让底下黑暗的泥泞暴露在阳光之下,那些虫蚋自然就会消失了。”

(二)双向沟通原则

这一原则是由美国公共关系学家卡特利普和森特共同提出来的。双向沟通既是公共关系的核心内容,又是公关活动的基本原则之一。双向沟通是公共关系与宣传的根本区别。作为原则,它强调沟通是“双向的”,即把组织的信息向公众输出,同时,把公众的信息向组织输入。坚持传播中的双向沟通原则,一方面,要求组织及时地把组织的观念、政策、行动传达给公众,让公众能及时了解组织的情况,以减少双方的误解,保证组织的政策、行动得到公众的支持和理解,进而建立起良好的关系;另一方面,公关人员也要注意把公众的想法和意见向组织进行传播和解释,使组织更多地倾听公众的声音,从而使组织和公众之间建立起一种双向沟通及对称的和谐关系。

是否坚持了双向沟通原则以及能否及时地输入与输出信息,对于组织的发展至关重要。例如,20 世纪 60 年代美国速溶咖啡刚投入市场时,家庭主妇的反应非常冷淡,原因是她们觉得娴熟地掌握一门煮咖啡的技术是对自己能力的显示,所以她们不愿意购买速溶咖啡。当厂家获得这一信息后,通过传播媒介一方面大肆宣传介绍煮咖啡的艺术与方法,另一方面又向人们灌输“时间就是金钱,效益就是生命”的观念,终于赢得了家庭主妇的理解和支持,从此速溶咖啡由滞销变为畅销。

坚持双向沟通原则,具体而言,应该做好以下几方面的工作:

第一,要建立起全新的公关传播关系,即双向平等的传播关系。要在思想上充分认识到传播中的了解和影响都是相互的,要充分尊重公众的权利。组织的意见要传达给公众,公众的意见也应该传达给组织。组织要影响别人,也要接受别人的影响。用“以上对下”“以我为中心”的思想来看待、指导公关传播,不可能真正实现双向传播。

第二,广开渠道,提供足够的机会、良好的环境,让公众的声音得以充分的表现和传播。公众意见的表达常常要比组织困难得多,常常要受到各种客观条件的限制。因此,主动提供各种渠道和条件,努力为公众创造良好的表达意见的环境,防止出现传播向组织一方倾斜应是公关工作的责任。同时,要相信大多数的公众是出于友好的诚意,不论公众的意见是否正确,对公众的意见要有耐心,并给予同情和理解。

第三,疏通组织信息收集、反馈的渠道,保证公众表达的意见能传到组织决策的最高层,保证公众意见能对组织的决策和组织的行为产生影响。

(三)互利共赢原则

现代公共关系互利共赢原则的基本内容是要求组织时时处处考虑自己的行为对公众利益的影响,自觉地保持组织利益与公众利益一致,共同发展。如果抛弃了这一原则,组织形象的建立、良好的社会环境的形成、公关工作所有的努力都会成为空话。

1952年,美国贝逊企业管理学院公共关系主任康菲尔在《公共关系的政府与实务》一书中首次明确提出了"公共关系……在所有的决策与行动上,都以公众利益为前提",他把公众利益的问题提到前所未有的高度来认识。福特汽车公司董事长亨利·福特二世曾经说过:"最近20年来,企业已经意识到,无论其行动多么合法和循规蹈矩,仅以盈亏作为衡量行动的准则是远远不够的。我们必须自觉意识到国家的宗旨和目标,并且努力使企业的行动尽可能顺应公众意见的思潮。"换言之,一个真正对社会负责的组织,在采取任何行动之前,应该注意公众的意见和态度。只有同时处理好组织自身、公众、社会三方面的利益,组织才能长期保持与外界的协调和平衡,并得以顺利发展。

公共关系中的互利共赢原则有以下明显的特点:(1)投入性。没有投入就没有产出,为了以后的产出应主动向公众进行精神或物质上的投入。(2)相容性。排斥他人利益并不一定能增加自身利益,公关双方的利益一般相容在相互合作产生的成果中,因而首先要关注把"蛋糕做大"。(3)限制性。关系双方为保持合作的稳定发展,有时应采取克制自我利益或让利的做法。(4)长期性。公关活动的目标是要树立组织的良好形象,营造一个合适的生存与发展的环境。此非一日之功,要致力于获得长期利益,避免急功近利的倾向。

公共关系强调互利共赢的原则,落实到具体的公关工作中有以下要求:

第一,坚持互利共赢的原则要求组织的决策、计划、经营管理行为、提供的所有产品及服务都要以公众的需求和公众的利益为出发点,都要以社会的整体效益为尺度来衡量。例如,企业在投资项目、资源利用等方面要考虑国家整体利益、国家大政方针,如果只图一时之利,与相关方针政策相违背,一旦国家运用法律的手段进行控制,必然会造成重大的损失,甚至危及组织的生存。又如,在产品质量的控制上如果偷工减料、以次充好,有可能获得一时的利润,但对整个社会而言可能产生负面效益,长此以往,必然会失去市场。

第二,坚持互利共赢的原则要求组织在做任何决策时,都要有很强的社会责任感,要考虑到对他人、对社会环境、对后代可能造成的影响。例如,市政当局搞市政建设时,就应考虑到周围厂家、商店的利益,要考虑到居民、行人的方便,要尽可能减少对周围环境的不良影响。又如,企业在自己的经营过程中,一定要注意担负起保护周围生态环境的责任,与周围的生态环境构建良性的循环系统,为社会、为后代着想,也为创造出自身长期生存与发展的环境着想。

第三,坚持互利共赢的原则要求组织具有政治家的眼光,看到社会整体发展、良好的社会环境对组织发展的重要性。一方面要多行善事,尽自己所能关心社会的公共事业,参与社会服务;另一方面,当局部利益与全局利益、短期利益与长期利益发生冲突时,要敢于从社会整体利益出发,制订一些有益于社会的公关计划。

(四)全员公关原则

全员公关原则是指组织全体员工及所有部门同心协力,把专业技术、经营管理、科学方法和组织文化结合起来,形成人人关心组织形象、事事有利于组织形象的公关氛围,从而建立、塑造和维护组织的良好形象。组织公共关系的根本任务是提高组织的知名度和美誉度,以影响公众舆论,同时组织关系网络,为组织的发展创造一个良好的内外环境。实现这个目的,不仅需要专职公关部门和公关人员的不懈努力,而且有赖于企业各个部门和全体人员的整体配合。只要组织中的任何一名成员在工作的某个环节或某一时刻的行为违背了公共关系目标,就会损害组织形象,公共关系工作就有可能全盘皆输。

全员公关原则的实现,要求社会组织或企业的公关人员集中全力做好社会组织和企业内部全体员工的思想工作,使其树立公关意识。具体来说,应做到以下几点:

第一,社会组织的领导要有强烈的公关意识。社会组织的领导要对组织的声誉和形象承担直接责任。因为公共关系工作是一种特殊的管理活动,它渗透到社会组织工作的各个环节,必须从全局和战略的角度加以协调管理。没有社会组织、企业领导的支持,公共关系就不可能成功。

第二,组织全体成员对公共关系活动要密切配合。要将公共关系的经常性工作与全体员工的日常工作结合起来,各部门在自己的工作中要自觉地配合社会组织的公共关系目标,要经常对员工、干部进行公关知识培训和公关成绩的考评。任何社会组织要想在现代社会中求得发展和繁荣,都必须首先积极协调内部公共关系,优化内部生存环境,求得内部公众的鼎力支持和配合。组织内部公共关系的重点在于尊重内部员工的知情权,强化组织内部信息的有效沟通;尊重内部员工的个人价值,强化组织内部上下级之间的情感交流;尊重内部员工的参与权,强化组织内部决策程序的民主性和科学性;尊重内部员工的主人翁地位,强化组织内部个人创新精神,创造性地建设沟通渠道和激励机制。

第三,要在组织内部形成一种浓厚的公关风气和公关文化,使全体员工自觉认识到组织形象这个无形资产比有形资产更珍贵、更难得。创造和维护良好的形象和声誉要靠大家的共同努力,对有损于组织形象的言行都应该视作事故,加以认真处理。美国一位小企业管理专家曾经这样写道:"那些以诚实、礼貌、尊重的态度为公众服务的企业正在促成一种良好的公共关系,它们失败的可能性最小。有些企业之所以闻名于世,很大程度上就是因为它们几乎成了公关机构。"

(五)科学性原则

科学性原则是指公关工作不仅要坚持以科学理论为指导,而且要坚持以调查研究为基础的工作原则。早期的公共关系更多地被视为一种协调组织与其公众关系、消除组织危机的艺术,或是参与市场竞争的艺术。以艾维·李为代表的早期公关人员一般是凭经验和灵感做事,基本上不注重公关事前的科学调查研究工作。随着公共关系事业的发展,公共关系活动对组织的影响日益扩大,而组织也对公关提出更高的要求,使得单凭经验或感觉已经很难驾驭公关活动的开展。公关界开始认识到科学性对公共关系理论发展和实务操作都具有重要的意义。

坚持以调查研究为基础的公关原则,具体而言,要做到以下几点:

第一,现代公关人员不能只凭经验和灵感,而是要做到凡事先调查。在调查的基础上进行科学的研究分析,尽可能采用现代调查研究的方法和手段,做到有理有据,提高公关决策和计划的科学性。

第二,公共关系机构和公关人员必须向专业化方向发展。任何认为公共关系就是迎来送往、谁都可以做的看法都不能充分发挥公关职能。

第三,组织的重大公关决策,必须遵循科学的决策程序。一般而言,科学的决策需要经过以下几个步骤,即发现问题、进行调研、确定目标、确定价值准则、开发方案、分析评估、方案选优。只有严格按照这一程序进行决策,才能保证决策的科学化和合理化。

当然,遵循公关工作的科学性原则,同时还必须认识到,公关活动不仅是一门科学,同时也是一门艺术。公关工作是一项充满了创造性智慧的工作,只有把科学性和艺术性紧密结合起来,才能使公关工作达到预期的目的。

(六)不断创新原则

公共关系作为科学性和艺术性的统一,只有不断创新,才能保持其旺盛的生命力。如果公关活动不能够求新,就会陷入人云亦云、依样画葫芦的境地,公关活动就会浪费人力与物力而收效甚微。公共关系不断创新原则主要包括以下几点：

第一，观念创新。公关关系工作要不断顺应历史发展的潮流，要分析新情况、研究新形势、解决新问题，根据现实情况，不断满足公众的需求。

第二，方法创新。社会组织由于接触的公众类型千差万别，在开展公关活动时就要做到因人而异、因事而异、因地而异。社会在发展，公关活动的工作方法也应该不断创新，才会有良好的工作效率。

第三，内容创新。公众情况不是一成不变的，公众需求也在发展变化，因此，怎样促使组织公关关系工作内容适应公众变化的需求，成为当前和以后公关工作需要研究的重要课题。

如何在工作内容项目上推陈出新、新招迭出，关键在于要适应时代的变化，要研究公众不断变化的各种消费或服务需求。毫无疑问，从自身组织利益出发，组织的公共关系部门理应不断设计并推出新的经营项目或服务内容。近几年来，曾在我国公共关系实践和理论领域发挥过先驱作用的城市，如上海、深圳、北京、广州等，又连出新招，先后开设了各种特色经营店家，如陶吧、玩具吧、球迷吧等，受到许多有兴趣的公众的欢迎。比如陶吧，一些爱好手工制作陶器的人，能在这里过把瘾，还可以将自己制作的器皿买下，留作纪念。

总而言之，只要心中时刻有公众，并能适时为他们不断推出新的服务项目及内容，那么公共关系就能永葆活力、青春常在。

第二节　公共关系的方法

在一定原则指导下的公共关系，在具体的实践中存在着一个方法问题。公共关系学的运作和发展，归根结底是方法的运用和创新。没有科学方法的运用，就等于没有公共关系的科学运作；没有科学方法的创新，就必然没有公共关系学的发展。在公共关系发展过程中，对公共关系方法进行深入研究以熟练掌握和灵活运用显得非常重要。

一、公共关系方法的特点

公共关系方法是整个人类社会实践活动方法体系中的一个专门的方法体系，它是指各种能够保证公共关系朝着预定方向发展，达到公共关系科学运作目的的途径、方式、手段和措施的总和。公共关系方法具有以下特点：

（一）独立性

公共关系方法体系是专门适用于公共关系活动领域的，它专门为公共关系活动的实施而构建，专门为公共关系目标的实现而应用。从这个意义上讲，公共关系方法体系确实具有适用领域的独立性特点。当然，不同的社会实践方法适用于不同的社会实践领域，即使其中某些方法内容能为别的社会实践活动领域利用，也必须依据有关人类社会实践中的实际情况进行移植。经过移植应用到某一具体实践领域的方法，便会具有新的内容和形式，而不再是原来那种社会实践活动体系中同名的方法内容了。

（二）综合性

公共关系学是一门综合性很强的社会科学，它的兴起和构建与众多学科密切相关，如社会学、管理学、信息学和传播学等，这些学科在公共关系学的构建中起到了重要的作用。公共关系学的综合性决定了公共关系学方法的综合性，社会学、管理学、信息学和传播学的许多方法都综合地运用到公共关系活动中。另外，社会组织中的公共关系是一种十分复杂的社会关系，它涉及不同的社会组织和形形色色的社会公众，也涉及不同情况下的相关组织和公众的问题。面对纷繁复杂的社会关系，公共关系管理组织如果只采取某种单一的方法是行不通的，它必须综合地运用各种科学方法才能有效地处理各种公共关系问题。

（三）科学性

方法的科学性和科学化历来为科学工作者和实践者所重视。随着科学技术的不断发展，人们对方法的科学性的认识越来越深刻，方法的科学性也得到了极大的提高。确保公共关系方法的科学性是实现公共关系科学运作和发展的基本保证。离开了方法的科学性或者远离了科学的方法，公共关系学就不能称为科学。

二、公共关系方向性方法

公共关系方向性方法是从社会科学方法论中引入的。不同的方法论所引导的方向也不同。社会科学中的方法论流派主要有三种，即实证主义方法论、人文主义方法论和马克思主义方法论。

（一）实证主义方法论

实证主义方法论最早由法国社会学家奥古斯特·孔德(August Comte)提出，它的核心是唯物科学主义，本质特点在于在研究社会现象时采取“价值中立”的原则。这一方法论建立在社会文化现象可以还原成自然现象的假设之上，并由此逻辑导出一个方法论原理，即可以运用自然科学的规律和方法来进行社会科学研究。基于此，实证主义方法论主张：(1)从宏观层次通过对大量样本的调查和统计来考察社会现象；(2)依靠自然规律对社会现象进行客观解释；(3)运用自然科学的方法对社会现象进行静态分析和定量分析；(4)主张按照自然科学“价值中立”的原则，对研究结果进行客观检验。

（二）人文主义方法论

人文主义方法论是在与实证主义方法论的论争中兴起的一种社会方法论。人文主义方法论的基本观点是人的行为不同于物体的运动，对社会现象的研究应不同于对自然现象的研究。人文主义方法论反对从自然科学中寻找社会研究的方法，提出了以下主张：(1)在微观层次上通过实地调查来直接了解具体的社会生活状况；(2)从主观角度来对社会现象进行理解；(3)运用人文科学方法对社会现象进行动态分析和定性分析；(4)不存在一个客观的标准来评价研究结果，只能依靠主观判断。

（三）马克思主义方法论

马克思主义方法论的基本内容是唯物辩证法。唯物辩证法是关于普遍联系和对立统一规律的学说。马克思主义方法论有以下基本观点：(1)任何社会现象之间都是有联系的，而且社会发展有一定的规律性。人们对社会现象的研究，一方面要从整体上通过大量对现象的分析来把握其中的规律性；另一方面要根据不同的联系采用不同的方法对具体的现象和问题进行具体分析与研究。(2)量变和质变是事物发展的两种状态。我们要正确把握量变和质变的关系，防微杜渐，促使事物向正确的方向发展。(3)我们在研究社会现象时，不仅要静态地研究事物的现状，还要动态地考察其来龙去脉和发展趋势。(4)世界上任何事物都包含着矛盾。事物内部各个方面既对立又统一，它们共同构成了一个整体。因此，对社会现象的研究要采用一分为二的观点和对立统一的分析方法。

在公共关系的根本方向和方法层次上，我们应以马克思主义方法论为依据，吸收实证主义方法论和人文主义方法论的合理成分，建构公共关系学根本方向性方法的内容体系。

三、公共关系指导性方法

公共关系指导性方法是指从具体操作性方法中概括出来的带有广泛性意义的方法，它表明了公共关系的运作过程和方式。由于公共关系学是一门新兴的综合性社会学科，公共关系要受以下多种科学方法的综合指导：

（一）母体科学方法

母体科学即某门科学的直系上位科学。作为一门交叉学科，公共关系学是管理学、传播学、社会学的整合。但从本质上讲，公共关系是一门处理社会关系的科学，所以与社会学更为接近一些。在公共关系中，社会学方法早已得到了充分运用。其实，公共关系的实践过程，就是通过对社会组织的公共关系现象进行调查研究，从而描述和分析社会组织的公共关系状态，发现社会组织的公共关系问题，并在此基础上提出解决各种公共关系问题的有效办法以及实施各种公关活动，以期协调社会组织的各种公共关系，改善社会组织的公关状态。

（二）系统科学方法

系统科学方法是寻求适用于一切综合系统或子系统的模式、原则和规律的各种科学方法的总称。在公共关系领域运用系统科学方法自觉地考察社会组织的公关活动是从 20 世纪 50 年代开始的。人们逐渐把社会组织的公共关系作为系统来考察，同时引进信息论、控制论等方法，对公共关系进行系统分析，并据此进行系统改造。目前，人们正自觉地运用系统科学方法，认真地对公共关系进行系统分析、系统规划、系统协调和系统控制等，取得了良好的效果。这说明，系统科学方法对公共关系的综合指导作用非常大。

（三）管理科学方法

管理科学方法是指能够有效地发挥管理职能、提高管理效益、实现管理目标的各种手段、措施和途径的总和。公共关系作为独特的管理职能，需要管理科学方法的综合指导。美国公共关系研究与教育基金会主席哈洛博士认为："公共关系作为一种独特的管理职能，它帮助一个组织与其他公众之间建立和保持相互沟通、了解、接受与合作的渠道；参与问题和纠纷的处理；将公众的意见传达给管理部门并做出反应；明确与加强为公众利益服务的管理职责；它还作为监视预警系统，帮助管理部门预先做好应变准备，与社会动向保持一致并有效地加以利用；它用调查研究和正确并合乎道德的沟通技术作为重要工具。"利用管理科学方法，通过对计划、组织、指挥、协调、控制和创新等职能的发挥，有效利用人、财、物、信息等要素，达到公共关系预期目标。从某种意义上讲，公共关系的实践和发展，也就是管理科学方法不断得以运用与发展的过程。

四、公共关系具体技术性方法

公共关系具体技术性方法是指公共关系四步工作方法中的相关方法和技巧。公共关系四步工作方法是指将公共关系过程分为四个步骤：

（一）调查

调查是指最初的事实发现过程，了解问题并对公众进行初步分类。

（二）策划

一旦通过不同的公众收集到事实，必须对其重要性以及各群体对公司或组织的影响做出准确的判断。在决策的时候，开始制定针对各个受众群体的公关战略。

(三)实施

实施业已制定的战略和政策,进而收集针对各个目标受众的公关信息。

(四)评估

在策划并实施公关活动之后,应对其是否达到预定目标进行评估。评估的结果不仅可以用来判断公关活动的有效性,还可以作为未来公关活动的策划依据。

由于公共关系具体技术性方法十分庞杂,且在本书之后的各章中都会具体涉及,因此这里就不具体展开了。

五、公共关系方法合理运用的原则

通常来讲,公共关系方法的合理运用需要遵循以下原则:

(一)宏观方法与微观方法相结合的原则

在公共关系运作中,不仅要运用宏观方法把握整个公共关系的运作过程,还要运用微观方法使这一运作过程中的各项具体性事务和个别化操作落到实处。公共关系运作通过从宏观着眼,从微观入手,可以避免单纯运用某类方法所造成的失误,使公共关系工作更加严谨、科学和有效。

(二)定性方法与定量方法相结合的原则

公共关系活动和公共关系科学的发展一定要将定量分析和定性分析有机结合起来。运用定量方法对社会组织公共关系的存在状态、公共关系的发展趋势、公共关系的运作过程、公共关系的运作结果等进行数量化处理和揭示,从而把握社会组织公共关系运作过程中的各种数量关系。运用定性方法对社会组织公共关系活动进行主观判断和主观理解,可以把握社会组织公共关系的性质和方向性问题。定量分析是定性分析的基础,定量分析以定性分析为指导。

(三)理性方法与经验方法相结合的原则

列宁曾经说过:"从生动的直观到抽象的思维,并从抽象的思维到实践,这就是认识真理、认识客观实在的辩证的途径。"这就告诉我们,理性方法和经验方法具有相互联系、相互转化的辩证关系。在公共关系学中,我们有必要把经验方法和理性方法统一起来,把经验方法和理性方法结合起来运用。一方面,应当运用理性的方法分析公共关系的运作过程;另一方面,公共关系还要对经验方法给予一定的重视,如观察法、实验法在公关活动中还有特别重要的地位。

(四)逻辑方法与非逻辑方法相结合的原则

公共关系学的基本特点是科学,是有内在逻辑联系的科学知识体系。但是,在公关活动中,人们针对公关现实提出的各种假设、各种创意、各种策略,其中并非都是用逻辑方法得出的。因此,在公关活动和公关理论的发展中,既要承认逻辑发展的重要性和主导地位,也要承认非逻辑方法的有效性和存在的意义,并将这两种方法结合起来,做到既遵循现有科学知识揭示的规律,又不断创新方法和知识,进而推动现实公关活动的发展。

关键术语

实事求是原则　双向沟通原则　互利共赢原则　全员公关原则　不断创新原则　实证主义　人文主义

案例分析题

官媒怒斥房企拿东航 MU5735 航班做营销工具

2022 年 3 月 22 日，中国民航局官网消息，东航一架波音 737 客机在执行昆明—广州航班任务时，于梧州坠毁。有网友爆料称，东航 MU5735 航班失事后，晋中一房地产公司以该事件为背景，做了一张宣传图，海报上明确标注着楼盘名称，同时画面中还介绍了项目情况。上述海报中不仅有楼盘的名字，还有楼盘地址，甚至销售热线为了更加醒目，还做放大、加粗处理了！

"这热度也蹭？太没节操了！""这海报不合时宜，也毫无同理心。"网友纷纷谴责开发商毫无社会责任和担当。还有网友喊话，让开发商出来道歉。

据上述海报显示：这个名叫"田森・新晋福邸"的楼盘，位于山西省晋中市榆次区环城西路和顺城西街交汇处往南 800 米路西，开发商是山西山江村房地产开发有限公司，母公司是山西田森集团房地产开发有限公司（持股 100%），间接控股股东（最大股东）是山西田森集团有限公司。

经中国质量新闻网房产频道工作人员对该楼盘电话采访后，楼盘工作人员称，当时由于项目上的策划人员未经审核就在朋友圈直接发布了，现在已经将发布的内容全部撤回。

思考・讨论・训练

试运用公共关系的相关原则与方法，针对"房企拿东航 MU5735 航班做营销工具"事件，对公司的公共关系活动提出几条建议。

练习题

一、单选题

1. "现代公共关系之父"是（　　）。

A. 巴纳姆　　B. 艾维・李　　C. 马丁・路德　　D. 马斯洛

2. 公共关系最核心、最基本的概念是（　　）。

A. 组织、公众、传播　　B. 关系、舆论、形象

C. 双向沟通　　D. 公共关系状态、公共关系活动

3. 下列说法中符合公共关系原则的是（　　）。

A. 无商不奸　　B. 不说假话，办不成大事

C. 巴纳姆神话　　D. Do good, tell them

4. 公共关系在决策和行动上，要以（　　）。

A. 企业利益为中心　　B. 员工利益为中心　　C. 公众利益为中心　　D. 顾客利益为中心

5. 下列选项中不符合公共关系互利共赢原则的有（　　）。

A. 海尔集团以"交通安全"为主题做的广告

B. 三鹿奶粉事件

C. 伊利在广告中明确表明所有产品未查出三聚氰胺

D. 汶川大地震中，神舟电脑公司董事长吴海军提出"没有向灾区捐款的神舟员工离职"的批示

6. 实证主义方法论的核心原则是（　　）。

A. 价值中立　　B. 矛盾分析法　　C. 变化发展观点　　D. 定性分析

7. 下列说法中不符合马克思主义方法论的有（　　）。

A. 社会发展具有规律性　　B. 注意量变和质变的统一

C. 世间充满了矛盾　　D. 存在即是合理的

8. 为了使自己和公司扬名，置公众利益于不顾，任意编造谎言和神话，利用新闻媒介“愚弄公众”，是(　　)时期的显著特点。

A. 格鲁尼格　　B. 巴纳姆　　C. 伯尼斯　　D. 恺撒

9. 下列处理公众关系的做法中，不妥当的是(　　)。

A. 应选择最佳时机处理公众意见

B. 发现公众投诉不实时，要给予严厉批评

C. 应通过各种方法将听取公众意见制度化、经常化

D. 要鼓励公众批评本组织的错误和不足

10. 公共关系管理过程的基本模式是(　　)。

A. 四步工作法　　B. 八步工作法　　C. 六步工作法　　D. 五步工作法

二、多选题

1. 双向沟通原则是由(　　)提出来的。

A. 卡特利普　　B. 艾宾豪斯　　C. 森特　　D. 马尔萨斯

2. 公共关系创新包括(　　)。

A. 观念创新　　B. 方法创新　　C. 内容创新　　D. 问题创新

3. 公共关系方法具有(　　)。

A. 独立性　　B. 固定性　　C. 综合性　　D. 科学性

4. 公共关系四步工作方法包括(　　)。

A. 调查　　B. 策划　　C. 实施　　D. 评估

5. 确立公共关系工作原则，(　　)。

A. 公共关系工作有了科学的指导思想

B. 公共关系能遵循正确的行为规范

C. 公共关系能更好地贯彻“长远规划，持久努力”的基本方针

D. 就可以再现“巴纳姆神话”

三、名词解释

1. 公共关系实事求是原则

2. 公共关系双向沟通原则

3. 公共关系互利共赢原则

4. 公共关系全员公关原则

5. 公共关系科学性原则

四、简答题

1. 简述公共关系四步工作方法的步骤。

2. 简述公共关系中互利共赢的特点。

3. 如何坚持公共关系的科学性原则?

4. 如何坚持公共关系的全员公关原则?

5. 如何坚持公共关系的双向沟通原则?

五、论述题

1. 论述公共关系的实事求是原则。

2. 论述公共关系的方法。

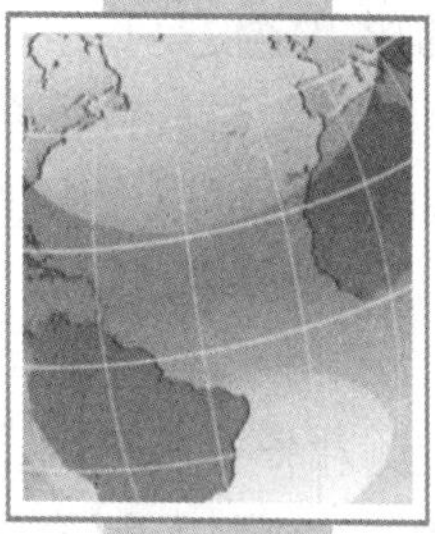

第六章 公共关系调查与策划

本章概要

公共关系的调查与策划是公共关系实务操作过程“四步工作法”①中的基础与核心。本章主要阐述了公共关系调查、策划的定义与内容，分析了公共关系调查、策划的原则和要素，揭示了公共关系调查与策划的一般方法和独特技巧，介绍了其基本操作程序。

第一节　公共关系调查概述

公共关系的工作程序通常分为调查、策划、实施、评估四个步骤。其中，公共关系调查是对公司或组织做形象分析，因此又称调查分析；公共关系策划是根据调查的结果对公司或组织的形象进行整体设计，因此又称制订计划；公共关系实施实际上实施传播，也就是对公司或组织的计划开展全面实施传播的过程；最后，公共关系评估的任务是对实施过程的结果进行全面的效果评估，也是对组织或公司的形象进行检测评估。这四个步骤又称为“四步工作法”，被国内外公共关系专家普遍认可，它们相互衔接、环环相扣。遵循“四步工作法”程序，公共关系工作便走上了计划性、连续性、节奏性和规范化的道路。

在公共关系实务活动中，调查是了解情况、找准目标、制订和实施计划并评估效果的基础。调查就其实质而言，是一种获取信息的工作。要进行公共关系实务工作，必须充分并及时地掌握准确的信息，通过调查了解那些受到组织行为和政策影响并可能反过来影响组织的生存与发展的特定公众的观点、态度和反映，从中找出问题，找出导致问题的主要原因和种种相关因素，从而制订出切合实际的公共关系活动的计划和方案。总之，任何有目的的公共关系活动，都必须在充分掌握信息的基础上才能进行。就这一点而言，调查是公共关系实务操作中必不可少的一环，也是最先的一个进入点，并贯穿于公共关系活动的全过程。

一、公共关系调查的含义和意义

(一)公共关系调查的含义

公共关系调查是指公共关系工作人员对自己或服务的组织(指公共关系专业公司受特定组织的委托为其进行公共关系调查)的公共关系状态进行情报收集与研究工作，即运用一定的理论、方法和技巧，以组织内外部公众为对象，通过收集资料和分析资料，了解组织的公共关系状态，揭示其发展趋势并提出改进措施或意见的一项调查研究活动。

---

① 在1952年出版并被后人誉为“公关圣经”的《有效公共关系》一书中，斯科特·卡特利普提出了两大理论观点，其中之一就是“四步工作法”。

(二)公共关系调查的意义

1. 使组织能够准确地进行形象定位

公共关系调查可以使组织准确地了解其在公众中的形象地位。组织的形象定位是指组织在其公众中形象的定量化描述。通过形象定位,可以测量出组织自我期望的形象与其在公众中实际形象的差距。组织可针对这个差距策划有效的公共关系活动方案,由此也可以大大加强策划的目的性。

2. 为组织决策提供科学依据

公共关系调查的主要任务就是及时为组织提供决策依据并能有效地预测和检验决策的正确性。要保证组织的决策正确,调查是最好的办法。因为只有通过调查,才能使组织了解公众的要求和愿望,只有在了解公众的基础上进行决策,只有做出符合公众的要求和愿望的决策并认真实施,才能使组织在公众的心目中树立起良好的形象。

3. 使组织及时把握公众舆论

公共关系调查可使组织及时把握公众舆论并适时地做出决策。公众舆论是自发产生的并处于不断扩大或缩小的动态中,它是公众对组织的一种浮动的表层认识。但是,当少数人的观点和态度扩展为多数人的观点和态度,分散的、彼此孤立的意见集合为彼此呼应的公众整体意见,声势尚小、影响甚微的局部意见变成声势浩大的公众的共同反响时,对组织的形象将产生很大的影响。积极的公众舆论有利于组织塑造良好的形象,消极的舆论则有损于组织的形象,甚至会造成形象危机。因此,通过公共关系调查监测公众舆论,并使组织及时扩大积极舆论、缩小消极舆论是十分重要的。

4. 提高组织公共关系活动的成功率

组织在开展某项公共关系活动之前,必须要对现有的人力和物力条件做充分的调查,必要时还应现场考察。通过调查,组织对所要开展的公共关系活动的主、客观条件有了足够了解,这样,才能保证公共关系活动有充分的准备和切实可行的计划,并取得良好的效果。

二、公共关系调查的内容

公共关系调查的内容,从大的方面说,包括组织形象调查、社会环境调查和公共关系活动效果调查。

(一)组织形象调查

组织形象是社会公众对组织综合认识后形成的一种总体评价,是组织的表现与特征在公众心目中的反映。组织形象调查主要是对组织知名度、认可度和美誉度等方面信息的调查。通过调查,了解组织自我期望形象、组织在公众心目中的实际形象以及这两者之间的差距。

1. 组织自我期望形象调查

组织自我期望形象调查是指一个组织自己所期望达到的形象目标,它是一个组织开展公关活动的内在动力和方向。期望值越高,组织所做出的努力就越大,但不切实际的期望往往难以实现,因此必须注意主观愿望与实际可能的良好结合,讲究科学性。开展对组织自我期望调查主要从以下三个方面入手:

第一,了解组织决策层的目标和期望。公共关系活动的目标必须围绕着组织的总目标,为实现组织总目标服务。作为组织的决策者和领导者,对组织形象期望的水平、组织目标和信念的形成以及组织形象的选择与建立具有决定性的意义。作为公共关系活动的调查研究,必须详尽研究决策者和领导者所制定的各项目标和政策,领会他们的决心和意图,研究他们的思想和经营管理手段，测定他们对组织形象的期望水平和具体要求，以此作为设计组织形象的重要依据。

第二，调查组织员工的期待和评价。一个组织的目标和政策须得到组织员工的认同和支持，才可能有效地实现和达到目标。为此，就要通过调查分析，了解组织员工对组织的期待、意见和评价；了解他们对决策层提出总目标的信心和支持程度；发动全体成员寻找组织的薄弱之处，积极听取和采纳他们合理的建议。

第三，分析组织的现状和基本条件。组织对自我形象的期望不能脱离组织的客观现状和现有条件，为此还应该全面、完整地掌握本组织各方面的情况。就企业而言，应调查分析组织的经营方针、管理政策、生产计划、财务制度、营销状况、用人制度、人才培训、领导及管理人员素质等，并以此作为设计组织形象的客观依据。

2. 组织实际形象调查

在开展对组织自我期望形象调查的同时，还要了解外部公众对组织形象的评价，这是非常重要的一环。只有了解了组织在公众心目中的实际形象，才能比较两者差距，才能更进一步了解公众对组织形象的期望。

了解组织实际形象，就是运用各种调查方法，了解该组织在公众中享有的知名度、认可度和美誉度，一般从以下几方面进行：

第一，公众分布分析。组织的公众处于不断变化之中，为了正确地找到调查对象、获得准确信息，必须对本组织的公众范围、公众类别、目标公众等进行调查分析。通过对公众的辨认，确定调查对象和范围。公共关系对象不清楚、调查对象找不准将产生调查结果不正确和调查经费投入不当等问题。

第二，形象地位测量。在对公众调查分析的基础上，通过具体调查，然后，根据知名度和美誉度两项指标，综合分析公众的评价意见，运用形象评估坐标图来测定组织的实际形象地位。组织形象评估二维坐标图如图 6－1 所示。

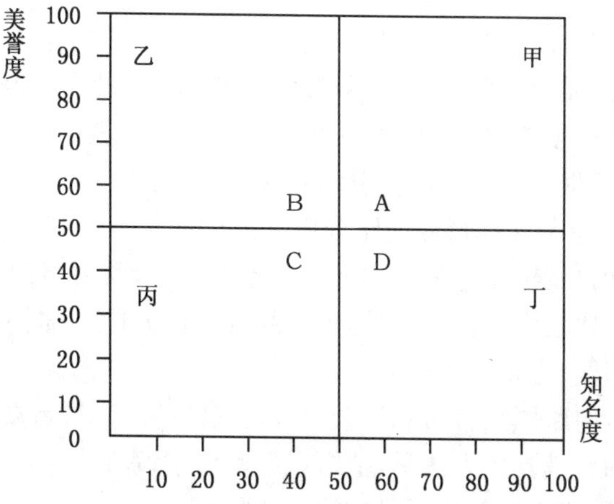

图 6－1　组织形象评估二维坐标图

组织形象评估坐标图的四个区（A、B、C、D 区）分别表示组织形象地位的不同状态。

A 区表示高知名度、高美誉度。甲组织处于这种区域，说明该组织形象处于较好状态。

B 区表示高美誉度、低知名度。乙组织处于这种区域，说明该组织具有良好的基础，公共关系活动的重点应该是在维持美誉度的基础上提高知名度。

C 区表示低美誉度、低知名度。丙组织处于这种区域，表明该组织形象不佳，公共关系工作需从零开始。首先要完善自身，在传播方面暂时保持低姿态，待享有较好的美誉度以后，再着手大力提高知名度的工作。

D 区表示低美誉度、高知名度。丁组织处于这种区域，说明该组织处于名声不佳的恶劣境况。公共关系工作应先从扭转已形成的坏名声做起，踏踏实实改善自身，逐步挽回信誉。

第三，形象要素的分析。组织形象包含多方面内容，对企业而言，具体涉及经营方针、产品质量、服务态度、办事效率、业务水平等各种要素。要正确评价组织的实际形象，需要对涉及形象问题的诸要素进行分析研究，找出形成某种形象的具体原因，以便更有针对性地策划改善形象的公共关系活动。

对组织形象的调查，一般可运用组织形象要素调查表，将其作为形象要素分析的工具。表 6—1 是某公司设计的组织形象要素调查表。

表 6—1　　组织形象要素调查表

评价 调查项目	非常	相当	稍微	中	稍微	相当	非常	评价 调查项目
管理部门作风正派	80	10	10					管理部门作风不正派
办事效率高		20	20	50	10			办事效率低
业务水平有创新			20	20	60			业务水平没有创新
产品质量好		20	20	40	20			产品质量差
服务质量优				40	40	20		服务质量差
职工在社会上表现好					30	30	10	职工在社会上表现差
公司规模大						10	90	公司规模小

从表 6—1 可以看到，该公司的组织形象是：企业的管理部门作风正派，但办事效率平平，公司缺乏创新精神，产品质量和服务态度不够理想，其职工在社会上的表现不好，公司规模小。总体形象是知名度和美誉度都低，其具体原因可以通过对该表中逐项内容的分析显示出来。当然，调查表的设计应根据组织的实际需要增删或改变内容。

3. 组织自我期望形象与实际形象差距分析

在调查了解组织的自我期望形象与实际社会形象之后，就要将组织的实际社会形象与组织的自我期望形象进行比较和分析，找出两者之间的具体差距。弥补或缩小这些差距就是组织下一步所要解决的问题，也是组织公共关系工作的努力方向。

可以运用形象要素差距图来分析和比较两者之间的差距。形象要素差距图是在形象要素调查表的基础上绘制的。其具体方法是：把组织形象要素调查表中表示不同程度评价的 7 个档次的相应数值相比较，成为数值标尺，如图 6—2 所示。

在图 6—2 中，10 表示非常差，20 表示相当差，以此类推，70 表示非常好。然后根据统计表的统计数据，计算出公众对某一个调查项目评价的加权平均值。由于组织形象要素调查表中的公众对各档次的评价都是用百分数表示的，因而组织形象要素的公众评价加权平均值为各档次分值与对该档次项目公众评价的百分比之积的和。以图 6—2 中该公司的服务优质一项为例，其加权平均值为：40×40%＋30×40%＋20×20%＝32。计算完后，将各个平均值分

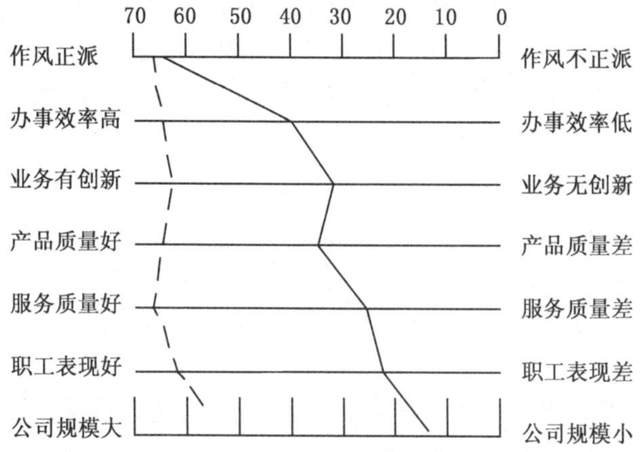

图 6—2　组织形象要素曲线图

别标定在标尺相对应的位置上，再连接各点，即成为组织形象要素曲线图。

图 6—2 中的实线部分是该公司的实际社会形象，虚线部分则是该公司的自我期望形象，两者相比较，就可看出差距。除"正派"一项要素两者较接近外，其余各项要素均有相当差距。找出企业自我期望形象与实际形象之间的具体差距，就能准确地确定本企业要解决的主要问题。

(二)社会环境调查

社会环境是指与社会组织生存和发展相关联的外部社会条件总和。社会环境不仅对社会组织的经营发展具有制约作用，同时还对社会组织的公共关系工作具有重要影响。公共关系工作的目标之一，就是从环境的动态发展中不断地把握对组织有利的机会和不利的威胁，使社会组织与它所处的环境达到一种和谐的氛围，处于一种相对平衡的状态，因此要广泛收集一切同组织有关的社会环境信息，以求得企业更好的生存与发展。社会环境调查是指收集一切与组织有关的社会环境资料，从中找出影响组织发展的主要因素，预测其变化规律，为组织的发展决策提供依据。社会环境调查主要包括以下三个方面的内容：

1. 基本社会环境调查

基本社会环境是指社会组织所处的一个国家或地区的政治、经济、文化等因素构成的宏观社会环境系统，它主要包括政治法律环境状况、经济环境状况和人文环境状况等。

2. 具体市场环境状况调查

具体市场环境是指与社会组织公关活动相关联的市场因素组成的中观社会环境系统，它主要包括：市场需求状况调查，如市场容量、居民的消费结构、消费水平及消费需求等；消费者状况调查，如消费者的数量、构成情况、消费动机等；市场竞争状况调查，如竞争对手的各方面情况、市场竞争态势等。在现代市场经济条件下，进行具体市场环境状况的调查，对于社会组织特别是企业组织来说尤其重要，它是环境状况调查的重要内容。

3. 所属行业环境状况调查

这项调查是指由社会组织所在特定行业的各种组织构成的微观社会环境系统，它主要包括：所属行业基本情况调查，如所属行业各种组织的数量、总体的发展水平、所属行业所处的地位和作用；所属行业特定组织情况调查，如所属行业特定组织的经营管理、技术力量、人员构成、产品与服务、生活形象等；所属行业横向协作情况调查，如所属行业各组织之间的协作项目、协作类型等；所属行业竞争对手情况调查，如竞争对手的优势、成败经历、公共关系活动情况等。开展所属行业环境状况调查，可以收集同行组织的信息，把握本行业的发展动向，确定本组织在本行业所处的地位，在此基础上制定本组织的经营发展战略，策划有针对性的公关活动。

（三）公共关系活动效果调查

公共关系活动的效果往往是一个过程，要避免渴求立竿见影的急躁情绪。尽管准确地评估公共关系活动的效果有一定难度，但仍可从以下几方面进行调查：

（1）调查组织知名度和美誉度的变化情况，了解组织自我期望形象与实际形象的差距是扩大了还是缩小了。

（2）从新闻媒体收集涉及对本组织各方面报道的情况，尤其是对开展公共关系活动的报道情况，如版面位置、篇幅大小、报道时机、新闻媒体的深入程度及本组织向媒体提供有关资料的实际使用情况等。

（3）通过直接和间接方法，了解公众对本次公关活动的评价等信息。如通过召开座谈会、问卷调查、摘编公众来信、接待来访等渠道，分析目标公众对公共关系活动的评价。

三、公共关系调查的指导原则

为了保证科学性，在公共关系活动调查的实务操作中，必须遵循全面性、代表性、客观性、定量化、时效性等指导原则。

（一）全面性原则

公共关系调查的对象是社会公众，但社会公众有其各自不同的社会背景，如年龄、性别、职业、教育程度、信仰、居住环境等，其态度及行为也会有不同程度的差异。公共关系调查要把握的不是个别成员的态度及行为特征，而是总体的全面情况，即调查对象必须代表公众，调查所得的资料必须全面、系统，不能以偏概全。前期调查应做到大量观察，必须使观察的量所代表的样本与总体数所表现出的平均值接近；并且还有必要着重选取某些典型做重点调查，以求在更大程度上符合全面性原则。

（二）代表性原则

由于调查对象数量巨大，在分布上又十分广泛，因而前期调查只能采取从总体中抽取样本的方法来进行。样本的代表性对反映总体全面情况的质量至关重要，所以必须以“均等抽取”“随机抽取”来保证每个个体都应该得到机会。

（三）客观性原则

社会调查不仅面临着调查对象的问题，同时由于它往往是由一个群体而不是少数几个人单独完成，容易受到众多调查人员的业务水平、理解能力、对调查课题的熟悉程度、责任心等的影响，因此，公共关系的调查实务操作必须要有一个统一的标准尺度，要有自身相对的独立性，以保证在实施调查的过程中，调查人员能从客观实际出发，区分公众的客观态度和主观臆想，做到客观、公正。

（四）定量化原则

客观性原则的目的是防止调查出现误差，定量化原则则是防止出现误差的强有力的措施。在调查中要运用统计学的原理对调查做规划，要运用某种数学模型来收集和分析调查资料，要用数学关系显示和表达调查的结论。

（五）时效性原则

在公共关系调查过程中，调查人员既要注意调查信息的准确性，也要注意调查信息传递的快捷性。因为公共关系调查是了解调查对象在某一确定的时间内对组织形象的评价，调查的结果具有很强的时效性；而且客观事物总是有不同的变化，一次调查只能反映当时公众的态度和评价，而不是一劳永逸、一成不变的。因而，公共关系调查的时效性还包含了调查的长期性和反复性。这些都是在调查时所要注意的。

四、公共关系调查的一般程序

公共关系调查一般要经过调查准备、调查实施、调查研究三个阶段。

（一）调查准备阶段

任何一次成功的调查活动，都要在事先做大量周密、细致的准备工作。调查准备阶段是公共关系调查的基础阶段和首要环节，这个阶段包括调查开始前所要做的各项工作。公共关系调查能否达到满足公共关系工作所需公共关系信息的要求，在很大程度上取决于调查准备阶段的工作内容与工作质量。这一阶段的工作主要包括三项内容：调查课题的确定、调查方案的设计、调查条件的准备。

1. 调查课题的确定

公共关系调查的内容范围很广泛，其调查课题是多种多样的，可以是与经营、销售有关的问题，如公众的消费习惯、消费倾向、消费情趣、市场现状等，也可以是组织与各类公众之间的关系状况，如上级部门对组织的评价、同行的看法、新闻界对组织在一段时间内的报道倾向等。

在调查前，公共关系调查人员首先要弄清楚为什么进行调查，通过调查要获得哪些方面的情况和信息，即要根据组织工作和发展的客观需要、基本的公共关系状况、面临的主要困难与问题来选择并确定调查的对象和任务，使公共关系调查真正做到有切实的针对性。例如，一家汽车生产厂商要调查市民对私家车的需求量在3年中的变化，那么，这个调查课题就可以确定为“私家车需求量在3年中的变化”，为了使调查的最终结论产生意义，我们可以根据直观印象和已经掌握的材料来假设这种需求在3年内已经产生了某种变化。调查这个问题，对于一家汽车生产厂商是有指导意义的，一个可靠的调查结论能够帮助它们调整各自的生产或销售计划。

2. 调查方案的设计

确立了调查课题，就对整个公共关系调查工作提出了所要达到的目标。接下来的工作步骤就是进行周密的公共关系调查设计。公共关系调查设计的任务主要包括调查课题设计、调查指标设计、调查样本设计、调查问卷设计、调查过程设计、调查方案设计等。一个完备的调查方案应包括8项内容：(1)调查的目的、意义和研究课题；(2)调查研究范围和分析单位；(3)研究类型和调查方式；(4)调查对象的选择方案或抽样方法；(5)调查内容、调查指标和调查项目；(6)调查的场所、时间和进度；(7)调查所需要的经费和物质手段的计划与安排；(8)调查人员的选择、培训和组织等。

公共关系调查方案是否科学、周密、合理、完善、独具匠心，是决定调查活动成败的关键因素。例如，在设计调查方案时，最常见的问题是如何确定调查对象。以私家车的市场销售情况调查为例，在这项调查中，我们的调查对象就可以是某一城市的汽车销售商场。由于我们事实上不可能对所有的汽车销售商做同样的调查，根据统计学的“大数定律”，我们可以有选择地在要调查的所有商场中抽取部分商家来调查，而调查结论又可以推及所有的汽车销售商，这就是抽样。它是设计调查方案时要确定的一个至关重要的问题。只有抽取的部分汽车销售商这个样本具有全面性、客观性、代表性，由此产生的定量化的调查结论在推及所有汽车销售商时才是可靠的。

另外，在调查方案的设计中，问卷的设计也很重要。问卷是载有各类表明调查者意向的问题的工具，其基本形式是纸面材料。问卷的设计一般分为三部分：

第一部分是对调查的简要说明。通常列在问卷的开头，用以向受试者解释调查的性质、目的以及向受试者做出的承诺，如保密、不公布受试者个人的选择情况等。

第二部分是对受试者如何回答问题进行方法上的指导。问卷一般流行选择题，在指导中，应列出1～2个例题，予以示范，并对受试者的选择符号做出统一规定。如"√"表示同意，"×"表示不同意。如不统一规定，又无事前指导，便有可能在选择中引起混乱，导致最后无法汇总。

第三部分是问题的陈述与排列。在前面部分，我们已经在客观性原则的阐述中提出了问题陈述的语言要求，这就是具体、明确、不产生歧义。除问题的陈述之外，问题的排列也应当注意下列问题：

(1)不能让后面的问题影响受试者对前面问题的准确回答。例如：

【问题1】 您喜不喜欢××牌巧克力？

□非常喜欢　□比较喜欢　□不是喜欢也不是不喜欢　□不大喜欢

□非常不喜欢

【问题2】 您对以下句子同意或不同意(每个句子请选一个答案)：

这个产品	非常同意	同意	中	不同意	非常不同意
总体味道好	□1	□2	□3	□4	□5
甜味适中	□1	□2	□3	□4	□5
巧克力浓度适中	□1	□2	□3	□4	□5
香味好	□1	□2	□3	□4	□5
口感好	□1	□2	□3	□4	□5

这是一种不合适的排列，问题2在起着一种暗示作用，会影响受试者的客观判断。

(2)问题的排列必须有逻辑性，不能让受试者的思想陷于混乱。例如：

【问题1】 您经常睡前刷牙吗？

□是　□否

【问题2】 您喜欢穿哪种款式的皮鞋？

这种跳跃性过大的问题排列，会影响受试者的耐心，从而导致草率了事、搪塞交差。

(3)假如问题比较复杂，则尽可能将其简化，一个陈述只包含一个问题。像"您喜欢哪一种牌号、哪一种性能的洗衣粉？"这类问题，不如换成这样三个问题："您喜欢用洗衣粉吗？""您最喜欢下列哪种牌号洗衣粉？""您认为下列哪种洗衣粉的性能最好？"

(4)对一些较为敏感的或可能令人难堪的问题，应避免正面提问。例如有一个问题："您是否认为应该尊敬父母？"尽管受试者是不留姓名的，但潜意识的作用会使想回答"否"的人在内心感到不安，并违心地倾向"是"的选择。这就失去了调查的意义。如果换个角度问："有些人认为父母必须受尊重，有的人不以为然。您的意见呢？"这样效果就会好些。

(5)应尽量使问题陈述呈封闭性，即限定受试者在给出的答案中选择。封闭性问题的优点在于指导性强、易于汇总统计结果。与封闭性问题相对应的是开放性问题，即让受试者自由发表看法。尽管开放性问题可以获取许多甚至是意料之外的信息，但它难以控制，也难以统计汇总，因此，在公共关系的实务操作中，这类问题只处于辅助地位，大量的、主要的问题形式是封闭性问题。

3. 调查条件的准备

公共关系调查必须要有一系列的条件作保证，否则调查就是纸上谈兵。这些条件包括人员条件、经费条件、物质条件等。人员条件包括人员的数量要求和人员知识、能力、素质等方面的质量要求。要根据本次公共关系调查的需要，有针对性地开展调查人员的培训工作，使他们全面了解和掌握调查的计划、任务及个人的具体要求，掌握本次调查涉及的相关知识及专业知识，熟悉和掌握调查中使用的各种工具与手段。公共关系调查活动需要经费的支持，经费条件是指要做好经费预算，确保经费到位。物质条件是指准备录音机（录音笔）、录像机、摄像机、摄影机、电话机、传真机、电脑等。

（二）调查实施阶段

这一阶段主要包括实际收集材料、初步整理资料、争取多方支持等内容。

1. 实际收集材料

资料收集是公共关系调查唯一的现场实施阶段。收集资料的基本方法有科学观察法、访谈调查法、问卷调查法、量表测量法、文献调查法等。收集的资料可分为两种：原始资料与现成资料。原始资料又称为第一手资料，即调查者深入现场实地调查所收集的资料，它是公共关系调查的重点。现成资料又称为第二手资料，即经过他人收集、记录或已经整理的资料。无论采用何种资料，都应以保证资料的真实、准确、全面、丰富为原则。

2. 初步整理资料

一般来说，从现场收集的调查资料具有三个特点：(1)这种资料多是原始状态的资料，往往真伪不分、良莠不齐，真实度和准确度都有待确认；(2)这种资料多是零乱无序的资料，往往内容分散、形式各异，有序度和完整度都比较低；(3)这种资料多是粗糙的信息资料，往往无主次，冗余性强，概括度和有效度都比较低。要想根据这样一些调查资料清晰地测度社会组织的公共关系状况和明晰地反映社会组织的公共关系问题并有效地预测社会组织的公共关系趋势，一定存在很大的难度。因此，要进行资料的初步整理，为之后的研究阶段做好准备。

调查资料整理的工作内容主要包括：(1)按照真实性、准确性、完整性、标准性的要求对调查资料进行审核；(2)按照科学性、实用性、渐进性、相斥性的原则对调查资料进行分类；(3)按照条理化、系统化、精练化、规范化的要求对调查资料进行加工。

3. 争取多方支持

资料收集阶段是公共关系调查人员在一定的社会环境中与被调查者正式接触的阶段，也是公共关系调查者接受种种外部因素制约而无法完全控制自己的工作进程的阶段。这一阶段的具体工作内容包括：(1)要协调好与被调查者的关系，努力争取他们的支持与合作。被调查者不是消极地被反映，他们在接受调查时，也在对调查者进行“调查”，并以此决定对调查者的态度和与调查者的合作程度，因此，协调好与被调查者的关系尤为重要。(2)要协调好与被调查者有关的组织及人士的关系。这些组织和人士有可能影响、阻碍也有可能支持、帮助调查者向被调查者采集信息，甚至还可能向调查者提供被调查者的有关信息，因此，调查人员要协调好与他们的关系，尽量争取他们的积极支持与具体帮助。

（三）调查研究阶段

1. 分析调查资料

公共关系调查资料的分析是指调查者运用一定的科学分析方法，对公共关系调查资料的内容进行深度加工的过程。公共关系调查资料的分析是公共关系调查的深化和提高过程。这一过程运用的分析方法很多，主要有定性分析方法和定量分析方法。在这一过程中，调查者可以通过对已经整理的公共关系调查资料进行由此及彼、由表及里、由浅入深的测算、比较、推理和判断，发现隐匿在大量调查资料之中的某些重要信息，揭示隐藏在大量调查资料背后的某些关键问题，并以此提出社会组织公共关系工作的若干对策，形成公共关系调查的科学认识成果。

2. 撰写调查报告

调查报告是指用以反映公共关系调查所获得的主要信息成果或初步认识成果的一种书面报告。它是公共关系调研成果的科学结晶和系统总结。调查报告的写作是相当重要的环节，是公共关系人员必须掌握的一项专业写作技能。

调查报告一般由标题、导语、正文和结尾四个部分组成。其内容主要包括：(1)综合分析经过审核加工处理的信息资料，确定调查报告的主题；(2)全面汇集有关信息资料，概括出相应事物存在变化的一般情况；(3)综合研究相关信息资料，提炼出有关观点；(4)选择运用有关信息资料，具体说明社会组织公共关系工作中应当注意的有关问题等。

撰写调查报告要按照一定的要求：(1)要坚持实事求是的科学态度，以丰富、精确的调查统计资料为依据，确保调查报告内容的客观性和真实性；(2)报告要逻辑严谨、条理清晰、层次分明、结构合理，用词准确，文字简洁流畅，形式、体例完备，确保调查报告体例的系统性、准确性和便读性；(3)要对资料进行科学的分析、加工、取舍和引证，突破一般性的现象描述，力求提出具有较强说服力和一定理论深度的观点、结论；(4)要注意反映调查中公众反馈的新信息，进一步论证调查活动的成效、影响与必要性，帮助有关方面加深对调查工作的认识。

五、公共关系调查方法

从资料收集的方式来看，公共关系调查方法可以分为访谈调查法、科学观察调查法、文献资料研究法、问卷调查法和量表测量法等。

(一)访谈调查法

访谈调查法是一种利用交谈进行调查的调查方式。它是指公共关系调查人员根据一定的调查目的和调查任务的要求，通过向调查对象提问、与调查对象交谈而收集所需的公共关系信息资料的公共关系调查方法。

按照所采用的信息媒介与手段，访谈调查法可分为面谈访问、书面访问、电话访问、电子邮件访问等。各种方法各有长短、各有其适用范围。一般而言，收集简单的、时间性强的信息资料，可采用电话访问；收集涉及面广、深度要求高的信息，可采用面谈；涉及不便当面谈的内容信息，可采用书面访谈。例如，面谈访问中，如果是个别访问，访谈者能审时度势，随时发问，深入了解有关情况；被访谈者内心顾虑较少，可不受给定问题的限制，畅所欲言；如果是座谈会，它便于调查对象之间通过回答来相互启发、相互补充意见，也便于当面调查核实一些情况。公共关系调查人员在访谈时，首先要有充分的准备和安排，准备好访谈调查提纲，了解被访问者的社会环境、文化背景、宗教信仰、兴趣爱好、生活习惯等，为访谈的顺利进行创造有利的条件。

(二)科学观察调查法

科学观察调查法是指公共关系调查人员深入实际，根据一定的调查目的和调查任务的要求，科学地、具体地观察调查对象的行为表现和所处状态、以收集所需的公共关系信息资料的公共关系调查方法。这种调查方法是收集非语言资料极为有效的方法。

科学观察调查法有多种类型，根据观察者是否参与被观察者的活动，可分为参与观察和非参与观察；根据观察内容是否有统一设计、有一定结构的观察项目和要求，可分为结构观察和无结构观察；根据观察对象所处的环境状态特征，可分为自然状态中的观察与人为环境中的观察等。科学观察调查法大多是在观察对象没有觉察的情况下进行的，能够真实地反映被调查者的内心世界，因此其调查结果较为客观。但采用科学观察法只能了解被观察者的表面现象和行为活动，而不能看出观察者的内部特征，尤其不能看出被观察者内心世界和了解被观察对象的行为动机、态度、打算等，因而调查深度往往显得不够。这种方法要求公共关系调查人员自觉养成观察的习惯，随时随地有意识地掌握有用的相关信息。

(三)文献资料研究法

文献资料研究法是一种收集、保存、检索与问题有关的资料情报并进行分析、研究的方法。文献资料是指贮存在物质载体上按照一定逻辑组织的有关知识内容的信息记录。它包括各类方案资料，如报纸、杂志、书籍、有关文件、统计资料、赠言、题字、群众来信；各种声像资料，如广播、电视、录音、图片、电影等。文献资料的构成有两方面的要素，即一定的知识内容与记录知识的物质载体。

文献资料的获取可分为两个途径：(1)通过浏览、阅读各种文献和从有关文献中摘取信息资料；(2)通过检索工具从有关信息文档中检索文献资料。调查人员利用文献资料法进行公共关系调查一般有两个特定步骤：(1)文献载体的采集；(2)文献资料的获取。此外，要有效地进行文献资料调查，还要努力做到：储备相关书籍、各类报纸杂志、组织自身各种统计报表和文书档案；及时收集、整理相关资料，做好剪贴、装订、登记、归档等工作；通过高速信息网络检索各种文献资料信息等。采用文献资料研究法能尽快了解、掌握所需要的资料，可以节约时间、降低调查费用、提高工效。

(四)问卷调查法

问卷调查法是目前国内外社会调查中使用较为广泛的一种方法。美国社会学家艾尔·巴比(Earl Babbie)认为问卷是社会调查的支柱。不仅如此，问卷调查也是公共关系调查的支柱。

问卷调查法是指由公共关系调查人员通过向调查对象提供问卷，并请其对问卷中的问题作答的方式来收集所需的公共关系信息的调查方法。问卷是用于收集信息的重要工具，其形式是一份由公关人员精心设计的问题表格。问卷调查法大多采用邮寄、个别分送或集体分发等多种方式发送问卷。目前，网络问卷调查也很流行。

问卷依其问题的构成特点，可分为封闭式问卷和开放式问卷两种。封闭式问卷的提问是在提出问题的同时，还给出若干个备选答案，要求被调查者选择其中一个或几个作为回答，因而又称为封闭式问卷；开放式问卷的提问是只提出问题，不提供具体的答案，由调查者自由填答，因而又称为自由式问卷。封闭式问卷的特点是答案比较规范，公众回答方便，结果便于定量分析；而开放式问卷则恰恰相反。在封闭式问卷的设计过程中，关键是要设计好问卷的问题和答案。

问卷调查法有着许多不同于其他调查方法的特点。其优点是：可以节省时间、经费和人力；具有较好的匿名性，有利于收集真实的信息；所获得的信息资料便于定量处理和分析；可以较好地避免调查者的主观偏差，减少人为误差。其缺点是：回收率一般较低；不适合对文化水平低的人的调查；由于被调查者填写问卷时调查者有时不在场，因而所获得的信息资料的质量往往难以保证。尽管如此，问卷调查法却仍不失为现代公共关系调查的一种科学、规范的调查方法。

(五)量表测量法

量表测量法是指公共关系调查者根据一定的调查目的和调查任务的要求，借由测量量表对调查对象的主观态度和潜在特征进行测量，以收集公共关系信息资料的公共关系调查方法。量表是适用于较精确地调查人们主观态度和潜在特征的调查工具，它由一组精心设计的问题构成，用以间接测量人们对某一事物的态度、观念和某一方面的潜在特征。人的态度、观念和潜在特征都具有隐匿性和模糊性，有时连自己也难以发现或进行精确地描述，因而，调查人们的态度、观念和潜在特征并非易事，尤其是以直接的方式很难达到目的，这就需要采取量表测量法这种间接的方式。量表也具有多种类型，按其测量内容分，主要有态度量表、能力量表、智力量表、人格量表、意愿量表、人际关系量表等；按其作用分，主要有调查量表和测验量表；按其设计方式和形式分，主要有总加量表、累积量表等。公共关系调查者可以根据不同的目的、要求，结合实际情况选用。

第二节　公共关系策划概述

公共关系策划是公共关系"四步工作法"的第二步，是公共关系工作中一个极其重要的环节。公共关系策划是指公共关系人员在调查研究的基础上，根据组织的现状和目标要求，谋划、设计最佳行动方案的过程。公共关系策划是公共关系工作程序的核心，也是公共关系工作成败的关键。

公共关系理论的奠基者爱德华·伯尼斯曾说："我们是经过审慎的考虑后才使用策划这个词的。在我们的社会里，有着无以计数的利益集团和传播媒介。要解决协调、信息传播和说服等问题，只有通过策划这种途径才能取得有效的成果。"[①]通过调查与情报分析，在确定公共关系问题之后，必须设计解决问题和利用机会的方法。这就要求我们在制定战略决策的基础上，进一步研究与确定行动计划。它包括将调查获得的情报运用于组织的政策和计划的制订过程中，确定直接涉及和影响组织各种利益的公众对象、公关战略、程序和目标。这一步骤既是公关策划的过程，是公关运作的升华，是公关程序的核心，也是公关成败的关键。西方管理学者认为，策划是与决策紧密相连的，在本质上是一种运用脑力的理性行为。

公共关系活动的中心内容——有效的沟通，应该建立在一个完善的计划基础上，因此计划是公共关系活动成功的关键。制订公关计划的过程，就是公共关系策划。

一、公共关系策划的含义及其基本原则

所谓公共关系策划，就是公共关系人员为塑造社会组织形象或改善社会组织环境这一根本目标，在分析整理现有信息的基础上，遵循科学的原则和方法，凭借自身的知识和经验，充分发挥创造力和想象力，设计出旨在影响特殊公众行为的最佳方案的过程。公共关系策划包含四个基本要素：策划主体(公共关系人员)、策划依据(信息)、策划方法(手段)、策划对象(公众)。公共关系策划也有其特定的内涵：(1)策划具有一定的目的性，而且是组织的目的性；(2)策划必须基于对现实情况的了解；(3)策划有一个研究分析的过程；(4)策划是一个制订行动方案的过程。只有具备了上述四点，才能称为公共关系策划。

公共关系人员在进行公共关系策划时，要遵循目标导向原则、利益驱动与公众利益优先原

---

① 周晓红：《走向社会的名片》，中国社会科学出版社 1993 年版，第 166 页。

则、尊重客观事实的原则、独创性与连续性相统一的原则、计划性与灵活性相统一的原则、合理可行的原则。

(一)目标导向原则

目标导向原则是指组织的公共关系策划活动必须在一个明确目标的指引下完成。在每一次公共关系活动前，策划者都必须清楚此次策划的原因、目的、所要解决的问题及其难易程度，而且公共关系策划的每一个步骤和环节都必须紧扣组织的公共关系总目标，在公共关系策划的整个过程中都要始终围绕着既定的目标来进行。例如，“上海申办2010年世界博览会”的公关案例(见本书第七章)，就是在公关调查的基础上确定了公关目标:(1)塑造上海国际大都市形象，展现上海魅力;(2)最终夺取2010年世博会的主办权。项目策划中列举了上海举办世博会的五大优势，并设计了申博的主题:“城市，让生活更美好”，受到了世界各国的广泛关注。而且，它还围绕着既定目标策划了一系列宣传活动(一共有12项)，因而这个案例成为“城市公关”的一个经典案例。

(二)利益驱动与公众利益优先原则

利益是公共关系策划和公共关系行为的原动力。组织的利益由组织的经济效益和社会效益两方面构成。公共关系活动带来的组织良好形象的塑造和与公众关系的协调，将为组织创造有利于其生存与发展的优越条件，并由此带来更为深远的经济效益和社会效益。

同时，坚持公众利益优先也是公共关系策划的重要原则。所谓公众利益优先，并不是要组织完全牺牲自身的利益，而是要求组织在考虑自身利益与公众利益的关系时，坚持把公众利益放在首位;组织在追求自己的目标、完成自身任务的同时，要重视公众的反应，关心整个社会的进步与发展。只有这样，才能赢得公众的好评与社会的支持，才能使组织自身获得更大的、长远的利益。

(三)尊重客观事实的原则

公共关系策划必须建立在对事实真实把握的基础上，以诚恳的态度向公众如实传递信息。告诉公众真相需要很大的勇气，尤其是当企业或组织面临危机的时候，虽然短期内的利益可能会受到一定程度的损害，但是却有益于企业或组织的长期利益，企图掩盖事实真相的策划，只能使企业或组织走向自己愿望的反面。2003年初，当“非典”疫情在中国大面积暴发的时候，最初人们并不了解问题的真相，以至于谣言四起，一时间人心惶惶，有些人甚至开始怀疑政府控制危机的能力，中国政府在紧急关头采取了果断的措施，及时公开疫情，让民众知道事情的真相，最后使谣言停止了传播，人心得到了稳定。这一政府危机公关的策划案例就遵循了尊重客观事实的原则。

1986年，苏联切尔诺贝利核电站发生核泄漏，新闻媒介在事故发生三天后才对外发表正式消息，此前各方猜测不断，人心惶惶，西方国家对此纷纷责难，影响极坏。苏联政府不仅因为核泄漏蒙受了重大损失，其国际形象也遭到了严重损害。1988年，在澳大利亚墨尔本第11届公关世界联盟大会上，一位苏联教授做了题为《切尔诺贝利核电站事故以来的两年》的报告，报告中他沉痛地总结了切尔诺贝利的教训——违背了尊重客观事实的原则，事发后公布消息过晚，致使人们产生“苏联政府是不顾人民死活的政府”的坏印象。[①]

此外，在项目策划过程中，尊重客观事实的原则要求解决实际问题、达到切实效果。方案设计要经过大量、全面的信息收集和客观、公正的分析研究，客观、真实、全面地塑造组织形象。

① 熊钟琪:《公共关系教程》，国防科技大学出版社2006年版，第147页。

例如，上海申办2010年世界博览会的策划案就是一个尊重客观事实的佳作。在申办世博会前，上海做了充分的调研，一方面认为自己具备了举办大型国际活动的条件：作为中国最大的经济中心城市，拥有1 300多万户籍人口的上海，2002年人均国内生产总值超过4 900美元，综合经济实力达到中等收入国家水平。上海的市政基础设施建设、旧区改造、产业结构调整都取得了重大进展，城市综合素质大大提高。特别是经过1999年财富全球论坛、2001年亚太经合组织会议的洗礼，上海举办大型国际活动的能力得到进一步增强。上海正逐步成为国际经济、金融、贸易和航运中心。另一方面，经过调研论证，如果上海申博成功，将对长江三角洲地区产生巨大影响，上海周边城市将迎来一个扩大对外开放，活跃人流、物流、信息流，带动相关产业发展的历史性机遇。正是因为遵循了尊重客观事实的原则，充分地摆事实、讲道理，上海才能最终获得2010年世界博览会的主办权。

（四）独创性与连续性相统一的原则

独创性是组织形象竞争的需要。公共关系策划应该随着形势的发展而不断地创新，否则就会在激烈的竞争中失去优势。创意是策划的灵魂，创造性思维方法是获取创意灵感的有效手段。策划要有创意，就要不受陈规的束缚，力求别出心裁、独辟蹊径，尽量避免重蹈老路或与别人雷同。例如，法国白兰地酒进入美国市场的策划案就是法国公关专家精心策划的一幕公关杰作。它选择在美国总统艾森豪威尔67岁生日这天，用专机赠送两桶窖藏达67年的白兰地酒，主题是“礼轻情义重，酒少情谊浓”。它的独创性体现在：首先让两桶白兰地酒扮演友好使者，有效地缩小了法国公司与美国公众的心理差距；其次，策划充分利用现代化传播媒介，对公关活动的方案进行广泛宣传，较好地发挥了舆论的沟通作用，使白兰地酒的形象提早进入美国公众心目中，这无疑是制造“事件新闻”的一次成功实践；最后，策划选择最佳宣传推广时机，将作为商品的酒与异国元首的诞辰联结起来，构思奇特，设计精细，既有益于提高法国白兰地酒的身价，又不动声色地调动美国总统客串了一次高级传播媒介的角色，从而使白兰地酒一举打入美国市场，在美国公众心目中树立起良好的产品形象。总之，该策划案在公共关系策划的总过程和每一个步骤、每一个细节上都采用了创造性思维方法。

此外，公关策划还要考虑公关活动的连续性，将独创性与连续性相结合，因为组织形象的塑造需要一定的积累，公众要通过多次参与对组织形象的评判，才能建立起对组织较为确定、客观的评价。

（五）计划性与灵活性相统一的原则

经公关策划所形成的行动方案，作为组织整体运行计划的一部分，涉及组织各方面工作的协调以及人力、财力、物力的调配，具有较强的计划性，因此，当行动方案确定后，在通常情况下是不宜轻易改变的。只有这样，才能保证整个行动方案得以贯彻执行。但是，社会组织所处的外部环境和自身条件以及公共关系状态随时都可能发生变化，所以公关人员在策划方案时，应留有余地，使其具有一定的弹性和灵活性，以便在发生变化时做出相应的调整和补救措施。只有把计划性和灵活性紧密地统一起来，才能保证公共关系工作达到更好的效果。

（六）合理可行的原则

公共关系策划是在组织整体计划与社会发展大背景的制约与影响下进行的，并以之为基础。因而，公共关系策划方案应与组织整体计划和社会发展规划相一致，应合理可行，否则再好的创意、再好的策划都没有用。遵循合理可行的原则，在策划中就要考虑到风险性、经济性、可操作性和融通性。

1. 风险性

策划的结果可能成功，也可能失败，因此策划就要考虑到风险。对未来行为的策划，总要在充分考虑到各种有利因素和不利因素及其给组织带来影响的前提下尽量争取成功，降低风险出现的可能性。

2. 经济性

策划是考虑公共关系行为投入与实际效益产出比率的策划。公共关系策划必须充分地认识、估量组织自身资源，必须根据组织的经济实力和经济潜力去考虑组织的经济承受能力。要尽量在有限的条件下多办事、办好事、办成事，以最快的速度实现组织的目标。

3. 可操作性

要使操作者能充分理解公共关系行为的表述和规定。策划要建立在组织现有资源条件的基础上，要具有现实性；策划必须与操作者的观念意识、文化水平、工作技能等素质水准相适应；策划必须与公众对象的心理素质和承受能力相适应。

4. 融通性

公共关系策划要成功，要注重融公共关系意识于组织的管理意识中，融公共关系行为是组织每一个成员的自觉行为，融公共关系活动于组织的其他活动之内，融公共关系效益于组织整体效益中。只有将公共关系思想变成组织中每一个人的自觉意识，公共关系策划才会有效果。

二、公共关系策划的一般程序

按照英国著名公共关系专家弗兰克·杰夫金斯提出的策划公共关系工作方案的六点模式（评价现状，确立目标，确定公众，选择传播媒介和方法，预算，估价结果），结合卡特利普和森特的“四步工作法”，我们可将公共关系的策划程序大致划分为以下七个步骤：

（一）确定公共关系工作的目标

将公关调查阶段收集的信息进行加工整理，从中找出有价值的信息进行汇总分析，针对组织形象现状，开展有关组织形象的研究，然后在此基础上确定公共关系工作的目标。

公共关系工作具体目标的确定是公共关系策划的前提。公共关系工作的具体目标与调查分析中所审定的问题密切相关。一般来说，需要解决的问题往往就是公共关系工作的具体目标。公共关系工作的具体目标是公共关系策划的现实依据，它既有别于公共关系总目标和组织的总目标，又要与这些总目标相一致，为这些总目标服务。

公共关系目标实际上就是社会组织通过公共关系策划和实施所希望达到的状态和标准。它是指导和协调公共关系工作的依据，同时也是评价实施方案效果的标准。

1. 公共关系目标的类型

按照组织的不同发展时期，公关目标可分为以下四种：

(1)建设型目标。在组织的初创阶段或某项产品与服务的初创、问世阶段，组织要通过开展有效的公关活动，引起媒体和各方面公众的关注，使公众对该组织及其产品、服务产生兴趣，提高组织的知名度或其产品、服务的知名度，进而取得目标公众的信任与了解，为组织塑造良好的社会形象。

(2)维系型目标。在组织顺利发展时期，为了维系组织已享有的声誉，稳定已建立的良好关系，保持组织与公众的沟通，加深理解，增强信任感，组织应对公众进行强化宣传，采取一些持续不断的传播方式，对公众施以不知不觉的影响，保持一种潜移默化的渗透力。

(3)矫正型目标。在组织的公共关系严重失调、组织形象受到严重损害的时期，为了调解纠纷、处理危机、化解敌意、改变偏见，组织应在弄清危机发生的原委后，有针对性地矫正组织行为，以获得公众的重新评价，使坏事变好事，向好的方面扩大自己的知名度，重塑组织形象。

(4)进攻型目标。在组织有了一定的基础，需要乘势拓展事业，或是组织发生“形象”危机的时候，为了摆脱被动局面，开创新局面，组织应抓住有利时机和有利条件变换决策，采取以攻为守的战略，制定事业拓展的新目标，主动开辟新的有利于组织发展的环境和机会。

2. 确定公共关系目标应注意的问题

公共关系目标是公共关系策划的依据，可分为以下两点：

(1)要做到目标明确、具体。所谓明确，是指目标的内容要清楚、明晰，不能让人们产生多种理解或误解。具体是指可操作性，具有确定的内容和要求，如“提高本企业在全国的知名度8个百分点”，这个表述就比较具体。那些大而无当的目标使人无从着手，势必流于空泛，没有任何实际意义，如“提高本企业知名度”“回报社会”等。

(2)目标的确定要有可行性和可控性。可行性是指提出的目标要切合实际，不能脱离现实，既不能好高骛远，也不能目标过低。可控性是指确定的目标应有一定的弹性，留有一定的余地，在出现意外情况时能够随机应变。

(二)设计公共关系活动的主题

公共关系活动的主题是对活动内容的高度概括，是整个公共关系活动的“灵魂”，它对整个公共关系活动起着重要的指导作用。主题设计得如何，将直接关系到公共关系活动的成效。

公共关系活动的主题表现形式多种多样，它可以是一个口号，也可以是一句表白或陈述。但无论是口号还是表白或陈述，在拟定时，都应对公共关系的目标、信息个性、公众心理给予充分的考虑。

(1)根据公共关系目标确定活动主题。公共关系活动的主题必须与公共关系目标相一致，以充分表现目标。也就是说，公共关系活动可以有不同的主题，但都是围绕着组织目标而开展的，都体现着公共关系目标。

(2)用来表达公共关系活动主题的信息要简明、新颖、独特、亲切、中肯，能够突出本次活动的特色，给人留下深刻的印象。比如，日本精工计时公司为使精工表走向世界，利用在东京举办奥运会的机会，进行了以“让世界人都了解精工计时是世界第一流技术与产品”为目标的公共关系活动，活动的主题是：“世界的计时——精工表”。

(3)公共关系活动主题的设计要适应公众心理的需求，做到雅俗共赏。

(三)确定公共关系活动的对象

任何一个社会组织必有其特定的公众，任何一次公共关系活动都是针对特定的公众而开展的。不同的组织由于其性质和任务不同，它所面对的公众也不完全一样，这就需要分析公众，确定哪些公众是主要公众，哪些公众是次要公众，各类公众的信息接受能力与方式是怎样的，以便有针对性地拟定活动主题，选择适当的传播媒介和方法，提高公共关系活动的绩效水平和实现目标的能力。

确定公众一般分为两个步骤：

(1)明确公众的权利要求。公共关系在本质上是一种互利的关系。一个成功的策划必须考虑到互利的要求，因而在策划时，必须明确公众的权利要求，将其作为策划的依据之一。

(2)对公众形象的各种权利要求给予分析与概括，找出哪些是公众的普遍要求，哪些是公众的特殊要求，哪些是与组织的理念和发展目标相一致的，哪些是与组织的理念和发展目标不一致的，从而分出轻重缓急，区别对待，确定公共关系活动的对象。

(四)选择传播方式

为了有效地实现目标,在制订计划时还必须对传播方式进行选择。选择传播方式包括选择传播时机、传播类型、传播渠道和传播媒介。

传播时机有时是可以预先选定的,有时却是偶发的,公关人员必须善于捕捉。

不同的主题,需要采用不同的传播类型。按照公关活动的功能划分,公关类型有矫正型、防御型、进攻型、维系型、建设型五种;按照公关活动的工作方式划分,公关类型有宣传型、交际型、服务型、社会型、征询型五种。

为了最有效地实现公关活动目标,必须选择最佳传播渠道。传播渠道包括人际传播、群体传播和大众传播。

选择传播媒介应遵循以下原则:

1. 根据公共关系工作的目标、要求来选择媒介,充分发挥其特有的功能

如果组织活动的目标是为了提高知名度,那就选择具有广泛性的传播媒介;如果活动目标是促销某一产品,且该产品有明确的适应人群,就可以通过人际传播与群体传播的方式来进行。

2. 根据不同对象来选择传播媒介

要想使组织信息有效地传达给目标公众,就必须考虑到他们的经济状况、受教育程度、职业、生活方式及接收信息的常用方式等。

3. 根据传播内容来选择传播媒介

每种传播媒介都有其鲜明的特点和一定的适用范围。选择媒介应将组织信息内容的特点和不同媒体的长处结合起来。例如,内容简单的信息应选择广播、电视、互联网等电子媒介;而内容比较复杂、需要反复思索的信息,最好选择报纸、图书、杂志等媒介,可以仔细品味,慢慢研读。

4. 根据经济实力来选择传播媒介

社会组织的公共关系活动经费一般都很有限,传播媒介的现代化程度越高,费用也就越大。因此,公共关系策划应量体裁衣,恰当选择媒介。

(五)经费预算

进行公共关系活动经费预算,既可从财力上保证公共关系工作的顺利开展,又可为以后评估公共关系工作取得的效益提供科学的依据。

1. 公共关系活动经费的构成

公共关系活动经费通常包括以下几类:

(1)劳务费用。包括公共关系工作人员和外聘的公关专家的工资、奖金和各种补助,以及礼仪人员、名人嘉宾以及临时聘用的工作人员的劳务费等。

(2)办公费用。包括房租、电费、保险费、维修费、折旧费、接待费、交通费、办公文具费、通信费用等。

(3)器材费用。包括购置的摄影设备与材料费、工艺美术器材费、视听器材费、展览设备及展品费等。

(4)实际活动费用。如广告费、赞助费、交际活动费、专项调研费、宣传品制作费、纪念品的购置费等。

2. 公共关系活动经费预算的方法

对公关预算进行成本概算是最理想的。公关经费预算有很多种方法,常用的有以下几种:

(1)固定比率法。即按照一定时期内经营业务量的大小来确定预算的一种方法。经营业务量既可按销售额计算，也可按利润额计算。这种方法主要适用于企业，通常按其年度销售总额抽取一定的百分比作为年度公关预算经费，这种方法只能匡算出年度公关活动经费的总额，因此，只适用于年度公关预算。例如，某公司的全年销售额为1亿元，按1%的比率提取全年的公共关系费用，则总经费为100万元。该公司现需举办一次大型公共关系活动，且确定这项活动的比重为全年公共关系活动计划的15%，那么，此次活动的总金额即为15万元。这种方法的优点是便于计算、简单易行；缺点是最佳比率不易确定，缺乏弹性，难以满足特殊需要。

(2)目标先导法。即先确定公共关系活动所期望达到的目标，制订出公关项目计划，然后将各项公关活动项目费用详细列举出来，核定单项公关活动预算，最后将年度内各个公关项目汇总便可得出年度公关预算经费的总额。同时还应准备一定比率的风险基金，以备偶然事件发生时，能够留有适当的余地。这种方法的优点是目标明确、项目具体，具有主动性和伸缩性，可以根据公共关系活动的自身需求和环境变化进行预算，便于充分发挥策划者的主观能动性。因此，策划者往往将此种方法与其他方法结合使用。

(3)随机分摊法。如果预算的制定不用仔细分析的方法，而是根据项目负责人或公关部门主管的经验来决定，称为随机分摊法。这种方法只适用于一些小型企业或小型公关活动。

(4)平均发展速度预测法。即运用历史资料计算出公关经费实际开支总的发展速度，然后计算出平均发展速度，按照这一平均发展速度确定计划期公关活动经费预算数额。这种方法适合于重视公关活动并已积累了一定活动经验的组织，它可以保证公关活动经费每年都有适当的增加。

(5)量入为出法。即按照组织的财务状况、经济实力，根据财政上可能支出的金额来确定公共关系活动经费总额，有多少钱办多少事。一个生产能力和经济实力小的企业，一般就不应投入高额资金进行大规模的公共关系活动。

(六)审定方案

公关活动是创造性的活动，公关策划是公关人员才华的施展。他们常常可以针对不同的公众，选用不同的公关模式，选择不同的传播媒介，提出各种不同的方案，做出各种形式的公关活动设计。不过，这些方案未必都适宜，很难尽善尽美，并被同时采用。因此，必须通过优化和充分的论证才能最后选定。

公共关系活动方案优化过程是提高其合理价值的过程。一般从三个方面去考虑，即增强方案的目的性、增加方案的可行性、降低耗费。通常可采用以下方法：

(1)重点法。在对一个方案进行优化时，可先分析在目的性、可行性、耗费三个方面，哪个方面的增加或减少对该方案合理性的影响最大，即把影响最大的方案确定为重点，在重点突破薄弱环节的过程中使方案整体优化。

(2)移植综合法。在基本确定某一方案后，将其他方案可以移植的优点部分综合到被选定的方案中，达到最优化。

选定某一方案后还要对方案进行充分的可行性论证。一般是由有关领导、专家和实际工作者对方案的可行性提出问题，由策划人员答辩论证。方案论证包括以下几个方面：

(1)对目标进行分析。即分析目标是否明确以及实现的程度如何。

(2)对限制性因素进行分析。即方案在哪些条件下可以实行，在哪些条件下不可以实行。

(3)对潜在问题进行分析。即预测方案实施时可能发生的潜在问题障碍，分析防止和补救的可能性。

(4)对预期结果进行综合效益评价。判断该计划是否付诸实施。

方案进行论证后,必须形成全面的报告。报告内容包括综合分析介绍、公关活动的计划书和方案论证报告。然后,提交相关领导审核批准。公关策划方案最后由组织领导审核批准,目的在于使公关计划与组织总体目标相一致,使公关活动与组织其他部门的工作互相协调、互相配合,取得预期效果,最终实现其目标。

(七)形成策划书

策划人员在设计好方案之后,必须将方案的内容写成公共关系策划书,以便于组织领导进行审批和下一步组织实施方案。从方案设计完毕到具体实施,策划书是一个中间点。公共关系策划文案的基本格式大致包括下列五项:

1. 封面

策划方案的封面无须如书籍装帧那样去考虑设计的精美,但文字书写及排列应大小协调、布局合理,纸张只要比正文略厚即可。

封面内容一般包括:(1)题目。题目必须具体清楚,让人一目了然。(2)策划者单位或个人名称。方案如是群体或组织完成,可署名"××公共关系公司""××专家策划团"或"×公司公共关系部",对其中起主要作用的个人也可在单位名称之后署名,如"总策划×××""策划总监××"等。方案如系个人完成则直接署名:策划人×××。(3)策划文案完成日期。写明年、月、日甚至时。(4)编号。如根据策划方案顺序编号、根据方案的重要性或保密程度编号或根据方案管理的分类编号等。(5)在需要的情况下,可考虑在封面上简洁地加上说明文字或内容提要。(6)如策划方案尚属草稿或初稿,还应在标题下括号注明,写上草案、送审稿、讨论稿、征求意见稿等字样。如果前有草稿,决策拍板后的策划方案就应注明修订稿、实施稿、执行稿等字样。

2. 序文

并非所有策划方案都需加序,除非方案内容较多、较复杂,才有必要以简洁的文字作为一个引导或提举。

3. 目录

目录同序文一样,除非方案头绪较多、较复杂,才有做目录的必要。目录是标题的细化和明确化,要做到让读者通过看标题和目录后,便知整个方案的概貌。

4. 正文

正文即是对前述几个要素的表述和演绎。其主要内容有:活动背景分析、活动主题、活动宗旨与目标、基本活动程序、传播与沟通方案、经费概算、效果预测。

正文的写作需要周到,但应以纲目式为好,不必过分详尽地加以描述渲染,也不要给人以头绪繁多、杂乱或干涩枯燥的感觉。

5. 附件

重要的附件通常有:活动筹备工作日程推进表;有关人员职责分配表;经费开支明细预算表;活动所需物品一览表;场地使用安排表;相关资料,主要是提供决策者参考的辅助性材料,不一定每份方案都需要,例如完整的或专项的调查报告、新闻文稿范本、演讲词草稿、相关法规文件、平面广告设计草图、电视片脚本、纪念品设计图等;注意事项,即将策划方案实施过程中应当注意的事项做重点、集中的提示,比如完成活动需事前促成的其他条件、活动实施指挥者应当拥有的临时特殊权限、需决策者出面对各部门的协调、遇到特殊情况时的应变措施等。

三、公共关系策划的主要方法

(一)制造新闻

制造新闻是社会组织或个人在尊重事实、不损害公众利益的前提下,有目的地策划、组织、举办具有新闻价值的事件,制造新闻热点,争取报道机会,通过新闻媒介向社会传播,以达到吸引公众注意力、扩大组织知名度和影响力的目的。

1. 制造新闻的原则

(1)以事实为依据。说真话是公共关系的信条,对于组织制造新闻活动具有指导意义。制造新闻中的新闻事件不是自发产生的,而是社会组织或个人在具备确凿事实的前提下,有目的地精心策划安排,目的是在真实可信的前提下,使策划出来的新闻事件更富有戏剧性和吸引力。

(2)有较高的新闻价值。新闻界流传着一句话:“狗咬人不算新闻,而人咬狗就成新闻了。”社会组织或个人策划的新闻事件要具有较高的新闻价值,能够明显引起公众注意和兴趣;也就是说,策划制造的新闻,越具有新闻性,越容易吸引新闻界的报道。

(3)抓住公众心理。组织或个人策划的新闻事件要具有新奇性、普遍性和趣味性,这样才能吸引公众广泛关注,才能产生轰动效应。

2. 制造新闻的类型

根据切入点的不同,制造新闻可分为四类:

(1)传播媒介新闻。传播媒介新闻是指社会组织通过与新闻媒介联袂举办智力竞赛、社会活动等形式,引发新闻媒介的报道,借以传播组织影响的一种方式。这种活动形式由于直接搭上了新闻媒介的快车,被报道的机会大,因此容易收到预期的效果。本章后的案例介绍了1999年IBM公司为了推出新产品而委托北京海天网联公关策划有限公司精心策划PC300G 6288系列和6563系列商用台式机上市发布会,发布会邀请了《北京晨报》《解放日报》等大众新闻媒体、《上海证券报》等不同行业媒体以及《信息产业报》等IT专业媒体的代表出席,这种依靠新闻媒介的报道来树立IBM公司新形象的策划案就是在制造传播媒介新闻。

(2)名人新闻。社会组织与知名人士建立某种能引发社会关注的联系,借以吸引新闻界报道,引发公众注意。诸如请名人参观、发表见解,对名人表示关注、慰问、感谢、奖励等。

(3)公众新闻。公众新闻是指社会组织通过与公众建立新联系来显示自己的价值观和经营观念,从而赢得公众的瞩目和好感。

(4)事物新闻。抓住某些初露端倪的事物,巧加点化,制造出轰动性新闻。

(二)借冕增誉

借冕增誉是指社会组织在策划公共关系活动时,将组织及其产品与声望高、权威性强的名人、知名组织、有影响的事物或事件联系起来,借助他们的名望、声望及权威来扩大组织的影响及知名度,从而达到事半功倍的效果。运用这一方法应注意两个要点:

1. 借冕者必须具有较高的信誉度

公共关系专家卡特利普和森特在《有效公共关系》一书中指出:沟通者的信誉度取决于他的动机、信用历史和专业水平,因为这种品质标准为目标公众所掌握。沟通者较高的信誉度增加了公众态度向有利于组织一面转化的可能性;相反,较低的信誉度则缩减了这种可能性。沟通者的知名度越高,他的目标公众就越有可能倾向于将自己的信仰朝沟通者所倡导的方向转化。

2. 权威应具有较强的影响力和说服力

常言道：人微言轻，人贵言重。一个人或组织的权威性直接关系到它的影响力和说服力。权威性越高，其说服力和影响力越大。权威性包括两个方面的因素：一是专业性，诸如受教育、受训练的程度、常识水平、资历条件、专长、专业身份等；二是可信性，诸如社会地位、名望、个人品质等。

（三）小题大做

小题大做是指在与公众交往中，社会组织要注重小节，在小事上发掘大道理，在小事上展示自己的大观念，从而有效强化自己的形象。

1. 强调从小事做起，树立形象

一滴水能折射太阳的光芒。事情的价值往往不是以其规模的大小来衡量的，小中有大道理，小中能透视出大观念。因此，社会组织要树立起美好的形象，必须从一点一滴的小事做起。

2. 信奉一丝不苟、精益求精

小题大做，并不是只做表面文章，捞取廉价的信誉，而是在体现一种意识，向公众昭示一丝不苟、精益求精的理念，使组织内的每一个成员都注重一点一滴的小事，从我做起，为塑造组织美好的形象而努力工作。例如，美国有一家超级市场曾当众把成桶的牛奶倒入污水沟中，有人询问他们为什么这么做，回答说牛奶已经过期，为保障顾客健康必须这样做。卫生部门对这些倒掉的牛奶进行化验，发现这些牛奶并未变质，仍可继续销售，公众得知后对这家商场赞赏不已，第二天当地报纸又对此事进行了报道。从此以后，这家商场的牛奶以及其他商品的销售量直线上升。

（四）以攻为守

以攻为守是指当组织与社会环境发生矛盾，环境对组织的生存发展构成严重威胁时，社会组织不应消极观望等待，而应主动出击，对环境积极施加影响，从而变被动为主动，化不利为有利。以攻为守应把握以下两个原则：

1. 抓住有利时机

社会组织与环境发生冲突时，社会组织要运用一切可以利用的手段密切关注环境的变化，抓住一切有利的时机和条件以积极主动的姿态调整自身的行为。改变周围环境，创造有利于组织发展的新局面。

2. 主动出击

社会组织在遇到环境挑战和威胁时，切不可消极等待，要抓住有利条件，变换决策，迅速调整、改变对原有环境的过分依赖，开辟新的环境和新的机会，借机来抚平公众心中的不满情绪。例如，百事可乐公司趁可口可乐改变配方之机，展开了广告攻势，推出“新生代的可乐”形象对可口可乐实施了侧翼攻击，从年轻人身上赢得了广大的市场。其策划的“为了新一代”理念的广告播出后，使百事可乐的市场份额迅速扩大，当年的销售额远远超过了可口可乐。这就说明百事可乐抓住了稍纵即逝的时机，以攻为守，一举改变了自己的竞争劣势。

（五）以诚换诚

以诚换诚是指当公众对社会组织或个人产生不满、误解和抱怨时，社会组织或个人首先要摸清情况，对社会、公众做出善意的解释，然后提出相应措施，以实际行动换取公众的谅解。

1. 以诚换诚的原则强调真诚地对待公众的指责

当社会组织与公众产生分歧和矛盾时，社会组织不能辩解，更不能态度强硬、无视公众，否则就会陷入“指责—解释、反指责—指责”的恶性循环之中。要知道经营企业也是在经营人生，希望别人以什么样的方式对待自己，自己就必须以同样的方式对待别人。社会组织只有经过充分调查，搞清事实真相，对公众做出善意的解释，虔诚地对待公众，才能得到公众的理解和支持。

2. 奉行这一原则就要积极行动，勇于承担责任

当公众对社会组织提出不满之时，社会组织要积极主动行动起来，调查事实真相。如果责任在组织自身，组织要尽快提出改进措施，将公众的不满情绪降低到最小的范围之内，并提出以后保证不犯类似错误的承诺；如果责任在别人，社会组织应宽大为怀、得理让人，主动分担相应的社会责任，与社会公众联手解决危及社会的问题，赢得公众好感与支持。例如，美国一家化工厂位于一条污染严重的河边，附近居民组织反污染委员会要求治理这条河，新闻媒介支持这一行动，并发表数篇社论批评这家化工厂，化工厂公共关系部门在听取公众意见后，请一家独立机构对这条河流的污染情况进行调查，结果证实化工厂是较为次要的污染源。在此基础上，化工厂召集居民会议，散发调查报告，并表示愿意出资治理污染。化工厂坦诚的态度和真诚沟通产生了积极的效果，几乎所有人都对化工厂予以好评。

(六)唯一是举

唯一是举是社会组织在进行形象定位和产品定位时所运用的一种策略，即在实施名牌战略时，企业要想方设法使自己的产品成为世界一流的产品。

1. 唯一是举的原则信奉不做第一也是唯一

心理学研究表明，人们对待首次出现的事物和刺激强度大的事物比较敏感，而重复出现的、刺激强度较小的事物不易引发人的注意。在传播过程中独一无二的事物出现的概率小，使公众不易混同；名列第一的事物比随后出现的事物刺激强度大，也较容易被人选择接受。因此，社会组织在开展公共关系活动时，应树立“宁为鸡头不做凤尾”的意识，不做第一也做唯一。

2. 唯一是举的原则强调选择好目标市场

社会组织可借鉴市场细分策略，根据人口、地理、社会文化等标准对市场进行细分，把消费者的需求划分为诸多子市场，然后把组织的资源、目标与消费者子市场交合，选出既能发挥自身优势，又有开拓价值的子市场作为自己的目标市场，在此基础上塑造出自己的第一、唯一特色，如质量最好、价格最低、独家经营、行业第一等。例如，美国七喜汽水起步较晚，竞争不过实力雄厚的可口可乐和百事可乐，但它却独辟蹊径，在定位时把自己说成是非可乐型饮料，强调“七喜汽水从来不含咖啡因，也永远不含咖啡因”，从而把自己与可乐型饮料区分开来，并确立了自己在非可乐饮料市场上独一无二的至尊地位。

上述公关策划的方法旨在说明策划的灵魂在于创意。日本的创造学家、千叶大学多湖辉教授曾说过：“策划内容中的96.6%是任何人都知道的、非常常见的东西，当它们被一种新的关系体系重新组合起来而具有相当的有效性时，就能发展成为策划。”美国著名的广告大师詹姆斯·杨在《产生创意的方法》一书中也说过：创意完全是旧元素的新组合。在公共关系策划中，经常需要考虑如何去运用组合这一法则。比如，目标、需求的组合，传播媒介的组合，传播交流形式的组合，时间与空间的组合，组织资源利用的组合，形象因素的组合，营销、广告、公关的组合，等等。利用联想思维方式，考虑借组合产生综合效应，或将一些看似不相关联的事物经过有序的思维碰撞去产生组合的创意，这些都是公共关系策划争取事半功倍的途径。①

---

① 吴光芸：《公共关系学》，南开大学出版社2008年版，第184页。

四、公共关系策划效果反馈与评估

对公关策划效果的评估是成功策划的最后一个环节。一般而言，策划的效果在短期内较难评估，这里所讲的评估是指公共关系活动结束后，在短期内对公关策划方案的创意、文案的评估与测量。这种测量一般有两种方法：一种是定性的方法，即通过非量化的结果进行评价，如调查公众对公关活动的主观感受；另一种是定量的方法，即通过量化的结果进行估算，如在公关活动完成后统计公众对组织的了解度、好评度等。

公共关系的一般目标是树立企业、组织或产品的正面形象和传播企业或组织的文化、理念，但是这些目标通常是抽象且不可测量的，因此公关策划的效果评估是极难操作的。那么应该如何评估一项公共关系策划呢？这里我们按照评估程度的逐步深入，将公关策划的评估方法分为三类：第一类是最基本的，即公关策划传播信息所到达程度；第二类要求较高，即公关策划所要传播的信息被公众认知、理解和记忆的程度，这需要直接调查受众，通常采用的方法有问卷调查法、电话访谈法和当面访谈法三种；第三类要求最高，即公关策划对公众态度和行为改变的程度，需要测量公关策划所引起的目标公众的态度和行为改变。

一般我们在做评估时，通常采用的是第一类方法，这里对基本评估做详细介绍。基本评估通常是间接调查，调查内容包括以下几点：

(1)内容分析。主要是通过对媒体内容的分析来评估公关策划的效果，内容分析法能够客观反映公关策划的宣传力度。在运用内容分析法时应注意三个事项：①媒体的经营形态、定位、发行量；②信息在媒体上的篇幅、顺序与位置；③媒体报道内容为正面的、中立的还是负面的。

(2)媒介接触量。媒介接触量是指公关策划经由媒体接触到潜在公众的数量。

(3)网络点击次数。公关策划的宣传也常用到网络这种新媒体，一般来说，网络点击次数越多，内容的知晓度越高。

(4)等效广告。计算相等传播效果的广告的价格即为公关策划的价值。

(5)消费者专线来电咨询。一般来说，咨询越多，说明消费者对企业、组织或产品越感兴趣。

(6)每人成本。即公关策划平摊到每位受众的成本。

(7)受众出席率。从受众出席率的高低可以判断公关策划的信息到达程度。

(8)广播与电视节目接受者调查。

关键术语

公关调查　组织形象调查　社会环境调查　公关调查的指导原则　访谈调查法
科学观察调查法　文献资料研究法　问卷调查法　公关策划　公关策划的原则
公关策划的程序　公关策划效果的评估

案例分析题

案例 1

先搞清楚这些问题

有一家宾馆新设了一个公共关系部。开办伊始，公共关系部就配备了豪华的办公室，漂亮迷人的公关小姐、现代化的通信设备……但该部部长却发现无事可做。后来，这位部长请来了一位公共关系顾问，向他请教“怎么办”，于是这位顾问一连问了以下几个问题：

“本地共有多少宾馆？总铺位有多少？”

“旅游旺季时，本地的外国游客每月有多少？本地游客有多少？港、澳游客有多少？国内外地游客有多少？”

“贵宾馆的‘知名度’如何？在过去两年中，花在宣传上的经费共多少？”

“贵宾馆最大的竞争对手是谁？贵宾馆潜在的竞争对手将是谁？”

“去年一年中因服务不周而引起房客不满的事件有多少起？服务不周的症结何在？”

面对这样一些极其普通而又极为重要的问题，这位公共关系部部长竟张口结舌、无以应答。于是，那位被请来的公共关系顾问这样说道：“先搞清这些问题，然后开始你们的公共关系工作。”

（资料来源：张岩松著，《公共关系案例精选》，中国社会科学出版社 2006 年版，第 53 页。）

思考 · 讨论 · 训练

1. 你是如何理解公关顾问“先搞清这些问题，然后开始你们的公共关系工作”这句话的？公共关系调查对组织有何意义和作用？

2. 公关顾问所提的五个问题体现了公关调查的哪些内容？

案例 2

阿里巴巴 18 周年这场 4 万人年会为何会刷屏

2017 年 9 月，一场阿里巴巴史上最大规模的年会在杭州黄龙体育中心举办，4 万海内外阿里巴巴员工奔赴这里。从下午开始，关于阿里巴巴年会的各种消息，就开始在朋友圈刷屏。有人说：“好的公司，能让那些离开的员工，自发地为它自豪。阿里巴巴做到了。”为什么一场公司的内部年会能演变为一场全民的狂欢？甚至有网友称堪比“春节晚会”“奥运会”。下面就为大家拆解一场刷屏年会的背后套路。

第一弹：话题造势。

1. 发布 18 年来未曾曝光的年会视频，引发猜测：“马爸爸”今年表演啥

9 月 5 日，一段名为《1999—2017 未曾曝光过的阿里巴巴年会》的视频由阿里巴巴在官方微博和官方微信上发布，随后迅速在网上流传。视频里曝光的马云的各种奇葩造型也再度掀起大家的好奇：今年“马爸爸”又会以什么劲爆造型亮相？带来什么样的新节目？

2. 晒年会大数据图，营造超强场面感

9 月 5 日，阿里巴巴官方微博还晒出一张《2017 阿里年会大数据》长图。4 万名员工到场，来自 21 个国家和地区，100 多趟航班，32 班次高铁，1 700 车次大巴，100 多家酒店，7 000 多间房间，6.7 万件 T 恤，12 万瓶矿泉水，2 000 多位演职人员，2 000 多位现场工作人员，4 万只 IOT 手环，3 万平方米无线大屏……

3. 21个国家的1.1万名员工回杭，上演“春运”大片

这么多阿里巴巴员工要从世界各地汇集杭州，该如何解决他们的交通问题？阿里巴巴人用自己的方式拍摄了部“春运迁徙”大片！从世界21个国家和地区赶来的“阿里小二”，更是实时在社交媒体上晒出“迁徙”照片。

4. 大玩“共享住宿”

早在7月底，一个阿里巴巴的程序员就在公司内网上发布了一篇名为“908年会，欢迎你住在我家”的帖子，引来数万点击。这位程序员擅长家居改造。就在不久前，他把自己89平方米的房子进行了全屋智能改造，所有的家具都“大变活人”！花会自己浇水，猫屋会自动铲屎，灯会自动亮和灭……这一改造引得亲朋好友纷纷来他家参观房子。恰逢阿里年会来临，这位程序员干脆向大家提出邀请：“我想不如借着这次年会的契机，直接来住吧。”不过，他也对房客提出了要求：“欢迎智能家居爱好者来提提意见。希望你是(有着)跟我一样爱好、不抽烟的壮汉。会打鼓最好了，因为我可以弹吉他。冰箱里有啤酒，房间里有吉他，我等你来一起聊天喝酒!”一石激起千层浪。“阿里小二”纷纷晒出自家的“房照”，邀请海内外的阿里巴巴员工来“共享住宿”。随着参与“共享住宿”的员工越来越多，阿里巴巴的程序员又在闲鱼短租平台上线了阿里人专用免费短租页面，把“共享住宿”变成了一件有制度保障的事情。

第二弹：花式互动。

构建参与感，与用户充分互动，是制造热点的另一法宝。

1. 与“阿里小二”的互动：一群官方微博

9月7日，阿里巴巴官方微信推文“年会即将开始了，点个名吧”。正文部分是：“大家都到了吧?”仅有6个字、1个问号、1个笑脸。就是这么言简意赅的一条推送，收获了10多万次阅读、近1万个赞。底下评论区的画风更是把人给逗乐了(瞬间把人拉回了点名签到的青葱校园时代)。

与此同时，阿里巴巴官方微博上写道：“听说大家都回来了，到了的快来吱一声。”然后则上演了一出“吱吱吱汪吱吱吱”的大戏。

此外，阿里巴巴还在微博上发布主题为#一个有故事的客服#，晒出来自虾米音乐、蚂蚁金服、UC、高德地图、飞猪、大麦等“阿里系小二们”的私房照，邀请大家竞猜哪位“阿里小二”会在年会上露脸。

阿里里巴巴还通过官方微博公布了一则喜讯：两位阿里人在年会当天，将穿着阿里巴巴18周年年会T恤结为夫妻!

2. 与群众的互动：上线朋友圈神器

为了让广大群众也在阿里巴巴这场盛事中感受到参与感，阿里巴巴专门上线了一款朋友圈神器——自动生成“我的阿里头条”。

此外，还有一段非常有趣的群访短视频在网上传开了。“阿里爸爸好像是个饭店”“是那种拍儿童相片的”……

第三弹：制造悬念。

1.“统一回复”埋梗引遐想

阿里巴巴官方微博针对#阿里巴巴18周年年会#发布了一份“统一回复”。以跟大家互动的姿态“撒娇卖乖”：明明知道大家关心的是马云表演，偏说这不重要，明明要吸引你看，偏不对外直播；明明知道大家好奇年会大奖是什么，偏欲说还休……

2.“无意流出”现场照片、彩排视频、终极大奖、节目单……

在这看似密不透风的外表下,其实不少秘密都在悄悄"泄露"而出。比如,早在年会前几天,微博上就流出了一张年会现场的彩排照片。梦幻的灯光中,一个孤独的身影引人无限猜测。又如,"泄露"出一分钟剧透版的彩排视频。年会当天"泄露"出阿里巴巴年会终极大奖的照片和节目单,这些看似无意流出的"秘密",其实都是"马爸爸"的心机套路。

(资料来源:营销新榜样,http://www.newrank.cn。)

思考·讨论·训练

你认为阿里巴巴18周年年会是精心策划实施的一幕公关杰作吗?公关策划应遵循哪些原则?

案例3

超越自我,跨越2000

——IBM PC300G新产品上市公关案例

一、项目背景

PSG部门是IBM公司个人电脑事业部,负责IBM公司PC机的全球研究、生产和市场开发,并为各行业用户开发基于IBM PC的解决方案。PSG在中国开拓市场的短短几年内,市场份额迅速上升,成为中国市场最受欢迎的国际品牌之一。为了满足国内中小企业转变核心业务向电子商务时代过渡,挤占低端商用台式机市场,IBM决定在1999年9月推出其PC300G 6288系列和6563系列商用台式机上市,使其成为跨越2000年低端商用台式机的主流产品。

二、项目调查

当前国内的商用台式电脑市场,品牌机、兼容机品种繁多,产品竞争日益激烈。我们从市场调研入手,通过直邮、专业知识问卷调查和利用IBM公司网页进行网上调查的方式了解到,人们认为IBM公司商用机为第一品牌,品质好、售后服务好,价格也高;消费者的消费心理和行为并不成熟,不了解自己所需机型和必要的功能;对IBM电脑所提供的其他解决方案知之甚少。由此我们分析出,目前消费者对IBM公司产品并不十分了解,同时消费行为也有待指导。我们的市场活动应从此着手,突出产品特性,打消消费误解。

三、项目策划

(一)公关目标

1. 在全新的会议形式和氛围中,全面了解和体会两款新机型的性能特点,体会到IBM公司专业的服务和物超所值的价格。

2. 通过此款跨世纪产品的市场促销,展示出IBM公司在21世纪的市场营销战略。

(二)公关策略

1. 突出产品的优越性,PC300G作为IBM商用台式机跨越2000年的主打产品之一,符合最新的PC99标准,通过了国家计算机质检中心2000年符合性测试,在系统配置、3D性能、主频速率、可管理性以及降低总体拥有成本(TCO)等诸方面比其较早型号有了显著的提高和改善。因此,确定活动的主题为"超越自我,跨越2000"。

2. 强调IBM产品价格并不高,具有最佳性价比和配置灵活性。此次推出的PC300G是商务型的台式电脑,在行业中属于低端产品,同时它还有非常诱人的价格。

3. 我们通过独特的活动形式来增进IBM公司的市场亲和力,并拉近客户与商家的距离。

4. 类似产品的市场推广活动一直是墨守成规,没有新奇和精彩的创意,会议形式安排也都基本上大同小异，没有创新，几乎都是台上侃侃而谈、台下气氛沉闷。

（三）具体安排

1. 将整个会议过程策划为一个现场抢答竞赛综艺节目的形式。

(1)用必答题和抢答题的方式，充分地调动起每位客人的参与积极性；

(2)来宾以行业区分，安排不同方阵竞争；

(3)在优胜方阵中抽出幸运来宾，从而增加活动的紧张刺激。

2. 会场布置。

(1)会场外周边悬挂海报和挂旗，布置来宾签到处；

(2)会场内搭建的形象背景板，两侧安排产品介绍区和现场演示区；

(3)搭建专用舞台和舞台灯光架。

3. 设备安排。

(1)专业多媒体投影仪、巨型银幕和音响设备；

(2)采用专业舞台灯光器材和整套电子计分设备，突出抢答竞赛活动时的真实感觉。

4. 设计制作大量的宣传印刷品，全部活动印刷品的设计风格都以大会形象为主线，主题形象贯穿始终，并在印刷品明显位置标出产品价格，强调价格在行业中并不高。

5. 设计、制作促销卡并在活动期间发放，再次突出产品价格优势，为整体市场宣传活动起到推波助澜的作用。

6. 针对此次活动的受众人群并配合上市广告的宣传，分别邀请了《北京晨报》《解放日报》等大众新闻媒体、《上海证券报》等不同行业媒体以及《信息产业报》等 IT 专业媒体。

7. 聘请知名电视台栏目主持人担当司仪，邀请电视台节目现场乐队，以增加现场效果。邀请电脑行业专家和 IBM 公司 PSG 部门产品经理做专题演讲。

8. 邀请 IBM 代理商前来助兴，并安排展台区域，展示 IBM PC 解决方案在实际工作中的应用。

9. 新产品发布会要求在北京、上海和广州三地举办，并且要同样规模和效果，为保证活动的顺利进行，成立专门的项目小组，成员为：

项目总监 1 人：负责此次活动整体的运作和与客户保持联系；

项目协调 6 人：负责与公司内部、会场协调，布置现场装饰；

服务支持 8 人：负责各种器材、会议资料的筹备和运输；

设计创意 3 人：负责会议整体形象、会议装饰品、印刷品的设计；

设备工程师 9 人：负责灯光、音响设备的安装调试和现场控制；

接待人员 8 人：负责现场引导来宾签到、入场、分别落座于不同方阵以及发放会议资料。

四、项目实施

（一）时间安排

1999 年 9 月 15 日北京、9 月 21 日上海、9 月 28 日广州。

（二）日程安排

09:00—09:30:签到

09:30—09:50:致辞

09:50—10:20:新产品发布

10:00—10:30:必答题时间

10:30—11:00:抢答题时间

11:00—11:20:媒体记者提问

11:20—11:30:抽奖

(三)前期准备

1. 会场布置时间预留和前期协调。

2. 新闻媒体和来宾的邀请及确认工作。

3. 全部会议资料印刷品的设计和制作。

4. 主持人发言稿和现场提问材料的撰写。

5. 运输会议资料、物品,保证三地活动用品及时到位。

(四)现场实施

1. 氛围营造

(1)会场内的形象布置同样围绕会议主题形象,用造型宏伟的背景板来衬托气氛;

(2)用不同形状和颜色的材质制作成展板,并悬挂在特制的展架上摆放在会场内两侧;

(3)整体设计制作的签到台和一组大会形象的指引牌;

(4)IBM 代理商和经销商的展台布置在会场两侧。

2. 来宾区分

(1)会场内所有来宾根据不同行业组成客户方阵、媒体方阵和合作伙伴方阵;

(2)来宾分别佩戴红色、黄色和蓝色的胸牌,并用红色、黄色和蓝色的灯光来区分三个方阵,来宾依据自己胸牌的颜色对号入座,分别安排礼仪小姐指引;

(3)以方阵为单位选出发言代表,经过选答题和必答题选出优胜队。

3. 主持人安排

(1)经过主持人修辞润色,将原本单调乏味的专业论述变为五彩缤纷的综艺活动;

(2)在一系列与此次会议相关的产品知识提问当中,主持人用诙谐幽默的问题来调节紧张气氛;

(3)避免讲演者与观众的尴尬,拉近台上台下的距离;

(4)在广州市举办会议,特别安排讲粤语的主持人作司仪。

4. 现场乐队助兴

(1)邀请中央电视台《实话实说》栏目乐队;

(2)在大会中,特别是在主持人、嘉宾抢答问题和抽奖时,制作效果并烘托气氛。

5. 新产品亮相

(1)快速变幻的灯光、震撼逼真的音效配合烟雾,表现出紧张神秘的气氛;

(2)利用特殊制作的旋转舞台,展出新产品。

6. 奖品筹备

(1)用玩具小熊作为计分的筹码,以增加趣味性;

(2)抽奖奖品选择信息时代的代表产品——IBM 公司的掌上电脑和移动电话。

7. 其他和促销

(1)活动结束时响起节奏轻缓的乐曲恭送来宾散场;

(2)发给每位来宾纪念品和此次新产品的促销热卖卡。

8. 发挥专业会务组织经验

(1)准备签到时所需要的文具用品,保证数百名来宾分别签到;

(2)确保会议流程上每个细小环节连接的顺畅;

(3)对会场整体进行协调部署。

五、项目评估

1. 来宾感受

(1)此次活动使与会来宾感受到了IBM企业文化,客户对会场内外形象鲜明的装饰布置和生动刺激的新鲜组织方式表示认同;

(2)会议现场主持人话语与乐队的即兴发挥相配合;

(3)IBM公司专家的细致讲解和来宾争先恐后地回答提问,都达到活跃现场气氛的目的,并能够让与会者印象深刻。

2. 活动资料筹备

(1)在活动筹备时间不足1个月的情况下,我们压缩设计制作时间,超时加班完成印刷品和装饰品的制作工作;

(2)保证会议资料运输按时到位。

3. IBM公司企业文化

(1)此次活动体现出IBM公司的精神风貌、未来的市场策略和发展方向;

(2)IBM在本次发布会上充分展示了国际化大公司的工作作风,在很多方面体现了大公司特有的水平。

4. 媒体评估

(1)此次发布会共出席媒体52家、记者50人,其中大众媒体18家、行业媒体2家、专业媒体28家、网站媒体2家、电视台2家。

(2)各个媒体对此反应都很积极,截至1999年10月底,已经有47家媒体为此做了51篇专题报道,其中《中国计算机用户》《电脑商情报》《PC Shopper》《北京经济报》还从不同角度连续刊登了两篇文章,并附上了图片。

(3)总之,IBM PC300G的发布在今秋成为媒体和用户关注的焦点,并在公众媒体和IT媒体获得了很好的传播效果。

5. 代理商评估

(1)活动过后,此次推出的新款机型在行业市场上一度呈上升热销势头;

(2)此款机型比以往的产品要畅销很多;

(3)合作愉快,将会大力推动产品销售。

(资料来源:吴光芸主编,《公共关系学》,南开大学出版社2008年版,第186—190页。)

思考·讨论·训练

试分析该产品发布会公关策划的成功之处。

练习题

一、单选题

1. 公关调查的指导原则是(　　)。

A. 全面性、代表性、客观性、定量化、时效性　　B. 均等抽取、随机抽取、客观实际、定量化

C. 准确性、长期性、反复性、时效性　　D. 全面性、准确性、长期性、反复性

2. 公共关系调查一般要经过(　　)三个阶段。

A. 调查准备、调查实施、调查研究

B. 调查课题的确定、调查方案的设计、调查条件的准备
C. 调查课题设计、调查指标设计、调查样本设计
D. 调查问卷设计、调查过程设计、调查方案设计
3. 公共关系调查中收集资料的基本方法有（　　）。
A. 真实性、准确性、完整性、标准性的方法
B. 原始资料的收集、现成资料的收集
C. 条理化、系统化、精练化、规范化的方法
D. 科学观察法、访谈调查法、问卷调查法、量表测量法、文献调查法等
4. 公众利益优先的原则是指公共关系策划要以（　　）为出发点和归宿。
A. 公众利益　　B. 公司利益　　C. 员工利益　　D. 国家利益
5. 进行公共关系策划时，公关人员不仅要考虑到方案的创新性，同时也要使策划方案具有（　　）。
A. 灵活性　　B. 连续性　　C. 可行性　　D. 计划性
6. 遵循合理可行的原则，在策划中就要考虑到（　　）。
A. 风险性、经济性、可操作性、融通性
B. 多办事、办好事、办成事
C. 操作者的观念意识、文化水平、工作技能等素质水准
D. 公众的心理素质和承受能力
7.（　　）是策划过程的书面体现，也是策划最终的表现形式。
A. 策划方案　　B. 策划对象　　C. 策划者　　D. 策划目标
8. 公关策划的一般程序不包括（　　）。
A. 确定目标、界定公众、设计主题　　B. 确定项目与活动时机、选择媒体、预算经费
C. 公共关系活动经费预算方法　　D. 公关策划效果的评估
9.（　　）是指公关人员通过调查研究和综合分析，确立公关目标，制订公关活动计划方案的过程。
A. 公共关系策划程序　　B. 制订公共关系计划
C. 确定公共关系行动方案　　D. 公共关系策划效果反馈与评估
10. 公关策划效果的评估是在短期内对（　　）的评估与测量。
A. 公关策划方案的创意和文案　　B. 公众对公关活动的主观感受
C. 公众对组织的了解度和好评度　　D. 公关策划所传播信息的到达程度

二、多选题

1. 公关调查是了解情况、找准目标、制订和实施计划并评估效果的基础，需要（　　）。
A. 掌握准确的信息　　B. 了解特定公众的观点、态度和反映
C. 策划有针对性的公关活动　　D. 明确调查的目的
2. 公共关系调查的内容包括（　　）。
A. 组织形象调查　　B. 策划改善形象的公关活动
C. 社会环境调查　　D. 公共关系活动效果调查
3. 组织形象调查的内容包括（　　）。
A. 组织自我期望形象　　B. 组织的实际形象
C. 市场需求状况　　D. 市场竞争态势
4. 社会环境调查的内容主要包括（　　）。
A. 基本社会环境调查　　B. 具体市场环境状况调查
C. 所属行业环境状况调查　　D. 居民的消费结构调查
5. 公共关系活动效果调查的内容包括（　　）。
A. 组织知名度和美誉度的变化情况　　B. 媒体对组织各方面报道的情况

C. 公众对本次公关活动的评价信息　　　　D. 组织所处的政治法律环境状况

6. 一个完整的策划方案应包括(　　)。

A. 设计活动主题　　　　B. 设计具体活动项目

C. 选择行动时机　　　　D. 确定大众传媒

7. 公共关系策划所依据的目标必须按照(　　)要求确立。

A. 目标的确定性　　B. 目标的具体性　　C. 目标的可行性　　D. 目标的可控性

8. 公关策划要遵循的原则有(　　)。

A. 目标导向原则　　　　B. 利益驱动与公众利益优先原则

C. 尊重客观事实的原则　　　　D. 独创性与连续性相统一的原则

9. 英国著名公关专家弗兰克·杰夫金斯提出的策划公共关系工作方案的六点模式包括(　　)。

A. 评价现状　　　　B. 确立目标

C. 确定公众　　　　D. 选择传播媒介和方法

10. 公关策划的主题设计中要注意(　　)。

A. 根据公关目标确定活动主题　　　　B. 主题表达要简明、新颖

C. 主题设计要单一　　　　D. 主题设计要适应公众心理的需求

三、名词解释

1. 公共关系调查

2. 公共关系策划

四、简答题

1. 公共关系调查的意义是什么?

2. 公共关系调查包括哪些内容?

3. 公共关系策划的基本原则是什么?

4. 公共关系策划的程序包括哪几个方面的内容?

5. 简述公共关系策划的主要方法。

6. 公共关系策划的效果应如何评估?

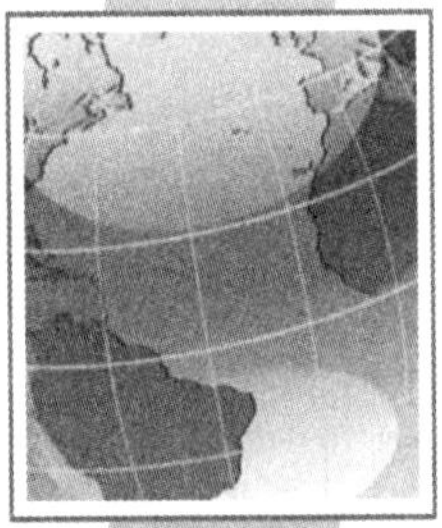

第七章 公共关系实施与评估

本章概要

公共关系实施与评估是公共关系运作的重点和总结。本章第一节论述了公共关系实施的内涵、意义和特点，介绍了公共关系实施的原则和方法、公共关系实施的方式和实施障碍的排除，以及公共关系实施的控制和协调；第二节揭示了公共关系评估的基本内容、评估标准、方法、作用和程序。

第一节　公共关系实施概述

如前所述，在公共关系的“四步工作法”中，调查是公共关系运作的基础，策划是关键的一步，公关实施则是重点，公关评估既是对公关工作的总结和完善，又是开展后续工作的必要前提。

公共关系实施是指公共关系计划被采纳后，综合运用多种手段，把公关计划确定的内容变为现实的过程。它是整个公共关系活动的重点，也是一个具体而复杂的过程。公共关系实施是解决公共关系问题和实现公共关系目标的重点环节，它决定了公共关系策划创意能否实现，以及实现的程度和范围。由于公共关系的实施能够给组织带来实际的利益，因而是整个公关活动的价值所在。

一、公共关系实施的意义

从制定公共关系策划方案到实现公共关系策划的目标，其间存在着一段相当长的距离，充满了许多变数，是一个复杂的过程。这一过程便是公共关系实施的过程，这关系着整个公关策划方案的成败，而且复杂多变。这不仅是对公共关系计划可行性的一次考验，也是对公关人员本身素质的一次检验。

(一)公共关系实施是解决问题的中心环节

研究问题的目的就是为了解决问题，任何美好的计划、完美的设想如果不能付诸行动，无疑是不能达到预期目的和效果的。制订公共关系计划是一个研究问题的过程，而公共关系实施的最终目的不是研究问题，而是解决问题。通过公关实施，公关计划才可能成为现实。

(二)公共关系实施决定了公共关系计划能否实现以及实现的程度和范围

正如国外一位知名的企业家所说，一个好的决策可能会因无效的贯彻而遭到破坏，而一个不好的决策也会因有效的贯彻执行而得到改善。也就是说，一项好的公共关系计划或方案由于实施人员素质不高、经验不足以及应变能力不强等原因，会造成行动的效果不佳，而一项即使不十分完善的计划却很可能由于公关实施人员创造性的巧妙行动而弥补了计划上的不足，取得成功。因此,公关实施决定计划能否实现以及实现的程度和范围。

(三)公共关系实施的结果是后续方案制订的重要依据

一项公共关系计划的实施过程不论成功与否,它都会在社会上造成一定的影响和后果。因此,可以说,我们面临的社会现状是过去社会组织开展公共关系工作所形成的结果。另外,制订公共关系计划必须要以社会组织所面临的现状为依据,特别是要注意将前一项公共关系计划完成后由各种渠道反馈回来的信息作为依据。以前一项公共关系活动的结果为基础,针对新出现的问题制订新的计划,是公共关系计划制订过程中必须遵循的一个原则。

(四)公共关系实施是积累公共关系相关经验的重要步骤

事物是普遍联系的,历史是不容割断的,公共关系实施也是一个历史的联系的过程,无数已经发生的公共关系实施事实无疑给现有公共关系的开展提供了丰富的经验,积累了大量成功的经验与失败的教训。以业已发生的公共关系实施的经验为基础和借鉴,针对层出不穷的新情况,才能使公共关系实施不断地得到优化。公共关系学科也在对公共关系实施的不断总结中前进。

二、公共关系实施的特点

(一)实施主体的能动性

公共关系实施是公共关系人员发挥能动性的过程。社会为公共关系人员提供开展公共关系活动的机会以及展现公关人员魅力和风采的平台。在这个过程中,公关人员根据客观情况、现有的条件、面临的环境、遇到的机会等,充分发挥自己的主观能动性来确定实施战略和策略。而且,公共关系计划的实现也不是一个单纯地执行原有计划的简单过程,而是一个对原有计划进行补充和完善的过程,这无疑需要公关人员发挥自身的能动性和创新性,能够开创性地解决实际中出现的新问题。这需要实施者根据自己的实践方案中的原则和自己所处的环境、条件来调整行动策略,如准确地选择传播渠道、媒介与方法,更合适地选择有利时机等。从这个意义上说,公共关系实施的过程不仅是一个对原计划进行再创造的过程,也是一个不断丰富公共关系实务经验的过程。把公共关系策划方案按计划转化为现实的公共关系活动,使之接受广大公众和实践的检验,可以充分展示公共关系实施人员的实际操作能力和专业水平。

(二)实施目标的协调性

公共关系实施的终极目标是协调,而协调又是以公众利益为重。社会组织进行公共关系实施的根本动因也是为了改善社会组织与公众之间的关系状态,使之更和谐、更融洽、更协调。社会组织只有争取协调的公共关系状态,才有生存与发展的机会。因此,正是基于协调,社会组织的公共关系实施才变得十分有价值,成为组织整体事业的重要组成部分。美国著名学者斯科特·卡特利普等明确指出:“应该注意的是,不要把公共关系行动认为是单纯的沟通活动;这里,公共关系行动主要是改变组织的政策、产品、服务和行为,以便满足组织与公众双边利益的各种行动。”

(三)实施内容的超前性

公共关系实施的内容不是具体行动本身,而是对实施的设计。公共关系实施是对公共关系计划的实施。而公共关系计划的本质是对即将操作的实施过程进行思维性的“彩排”,是站在当前替未来做安排。公共关系实施的超前性由两方面因素决定:一是由人类思维的超前性决定的。马克思曾高度评价人类的超前性思维,他说:“虽然人类最优秀的建筑师也得惊叹蜜蜂建造蜂巢的艺术,但是即便是拙劣的工匠,在建造房子之前,脑子里也已经有了房子的图形及结构了。”二是由公共关系实施的基本目标决定的。公共关系实施的基本目标在于指导和推动社会组织的公共关系活动，因而它必然要求行动者具有超前的意识和行动，做到未雨绸缪，以发展的眼光看待当前环境，使预计的实施行为符合未来实际。

(四)实施过程的动态性

公共关系实施是由一系列活动构成的，是一个需要不断调整的过程。一方面，一项公共关系计划无论制订得多周详、具体，难免会与现实存在一定的差距；另一方面，现实本身就是不断变化发展的，这使得实施过程中会遇到一些新情况和新问题。如果以固定的模式机械地执行计划，那就不仅不能实现自身的计划目标，反而会给自己带来新的麻烦。公共关系实施过程的动态性包括两层含义：一是动态的适应性，即公共关系活动要符合社会组织公共关系运动的客观规律，要适应社会组织公共关系及其影响因素的变化情况，以求不断地策划出切实可行、行之有效的公共关系活动方案；二是动态的调控性，公共关系策划是可以调控的，也是应该调控的。任何一项公共关系活动方案出台后，如被发现不可行，就可以而且应当予以调整，即便是在实施过程中也应该如此。当然，强调实施过程的动态性并不意味着实施人员可以随意以一些无关宏旨的变化为借口不执行原有的计划，公共关系实施的动态性与实施人员的主观随意性不可混为一谈。

(五)实施影响的广泛性

一项公共关系计划涉及众多的因素和变量，它会对各类公众产生广泛的影响。然而，公共关系计划所预计的影响在方案策划阶段还只是纸上谈兵，只有在计划实施后，这种影响才能真正地体现出来。

公共关系实施主体的能动性、实施过程的动态性、实施目标的协调性、实施内容的超前性以及实施影响的广泛性不是孤立存在的，而是相互影响、相互制约的。公共关系实施的成功与否是多种因素相互作用的结果。

三、公共关系实施的原则和方法

公共关系实施过程中的动态性、创造性及影响的广泛性等构成了公共关系实施的复杂性。为了在复杂的活动中不偏离既定的公共关系战略目标，公共关系实施人员必须遵循实施的原则及掌握正确的方法。

(一)目标导向的原则与方法

所谓目标导向的原则，是指在公共关系实施过程中，保证公共关系活动不偏离公共关系计划目标的原则。执行目标导向的原则实际上是控制的一种手段。一项公共关系活动的环境是复杂而多变的，若要成功地运用目标导向原则实现公共关系计划，就必须不断地把该项计划与在这种复杂的环境中实施的结果和目标相对照，如有偏差，必须及时调整才能避免失误。

在公共关系实施过程中，为了使目标导向的原则得到正确的运用，人们常常采用线性排列法和多线性排列法，将所有公共关系行动和措施按先后顺序有机地排列组合起来，然后再加以实施。线性排列法是按公共关系行动、措施的内在联系为先后顺序逐一排列出来，逐步地向目标迈进。线性排列法的优点在于，当前一步行动没有取得成功的时候则不急于开展下一步工作，以避免浪费人力、物力与资金。多线性排列法是将几个行动同时展开、共同向成功迈进的排列方法。这种排列方法可以缩短整个计划实施的时间，但花费的人力、物力、资金相对比第一种排列方法要多，而且一旦前面一步的工作不能获得成功，下一步工作将造成浪费。

(二)控制进度的原则与方法

控制进度的原则就是根据整个公共关系计划的目标和需要,按照一定的程序,掌握工作的进展速度,以避免出现偏轻或偏重倾向的原则。公共关系人员应根据公共关系计划方案和实现目标的需要,按照预定的程序步骤,掌握好实施工作的进程。由于在公共关系资源分配和人员分工与能力上的不平衡,以及环境变动因素的影响,公共关系计划方案实施时,会出现项目之间进度不平衡的问题,有时还会造成工作的脱节。在公共关系活动的开展过程中,应经常检查各方面工作的进度,及时发现超前或滞后的情况,搞好协调,使各方工作平衡推进。贯彻控制进度的原则必须具备两个条件:一是要有明确的控制目的;二是要重视反馈信息。重视运用控制进度的原则和方法,对成功地实现公共关系计划具有重要意义。同时它也是控制者有效地推进工作进程的一项领导艺术。

(三)全面协调的原则与方法

全面协调的原则是指在公共关系实施的过程中使工作所涉及的各方面配合得当,达到一种和谐、互补、统一状态的原则。全面协调要注重理顺实施过程中的各个环节之间、部门之间及公关实施主体与其公众之间的关系,尽量避免各种矛盾的产生,并对已发生的矛盾及时协调解决。

最普遍、最常见的协调有两类:纵向协调和横向协调。纵向协调是指上下级、部门之间的协调。为了保证协调的效果,需注意以下几点:上级部门对下级部门要有充分的了解;上级部门提出的新行动措施不应在下级部门毫无思想准备和组织准备的情况下付诸实施;实施计划中的主要目标和措施必须告知下级部门及全体公关实施人员;下级部门必须实事求是,如实反映情况。横向协调通常采用当面协商、文件往来等形式沟通信息,从而达到协调的目的。

无论是纵向协调还是横向协调,都要依赖信息的沟通。在信息沟通过程中,信息应具有明晰性、一致性、正确性、完整性的特点。明晰性就是沟通的信息要有清楚、明确的表达,并能在实施人员的心目中形成清晰的印象。如果不能明确地表达预定计划的指令和概念,目标上下不能统一,那么,实施人员就不能抓住整个公共关系计划的重心,协调工作也会因目标不明确而无所适从。一致性的特点在于,实施人员所接到的指令往往不止一个,这种先后发布的指令必须前后一致;否则,实施人员就会对指令感到困惑不解,协调只会成为空谈。正确性是指要避免信息失真,不要在沟通过程中有意无意地曲解信息的内容,或者加上自己的主观猜测;否则,协调工作将不可避免地因信息失真而偏离既定的目标。完整性是要求建立双向交流的信息通路。只有通过双向的信息交流,才能有效地进行协调。

总之,在公共关系实施中,要注意着眼于整体,进行整体和全面协调。要使各个工作环节保持相互配合和协调一致的良好状态,避免在它们之间产生不和谐、不配合的现象,避免矛盾冲突的发生。一旦出现协调性方面的问题,要及时加以调整处理。这样才能减少内耗,提高工作效率,减少或避免人力、物力和财力的浪费,保证公共关系实施的有效进行。

(四)反馈调整的原则与方法

对反馈信息进行整理、分析,并以此为依据来调整公共关系实施,就称为反馈调整。反馈调整贯穿于公共关系实施的全过程。首先,公共关系计划制订者确定公共关系目标,根据公共关系计划的目标制订具体的实施方案,实施方案制订好以后,组织有关部门和人员对方案进行评估,然后,把评估结果与原定的公共关系目标进行比较,发现问题后再重新修订整个公共关系计划。其次,将经过修订后的公共关系方案付诸行动。实施后再将实施结果与原定的目标进行比较,以影响、调整下一步公共关系计划的制订与实施。实行反馈调整,要依靠各种形式的信息反馈渠道，把方案实施的各种信息及时、准确地收集并汇总上来，经过研究分析，作为调整实施的依据。这里应该说明的是，一项公共关系计划的制订与实施，并非只需做一次反馈调整便可解决一切问题。它需要经过多次循环。在反复的反馈、调整中使实施不断完善，直至完成公共关系计划、实现战略目标。

(五)选择时机的原则与方法

在公共关系实施中，必须考虑到一个关键因素，即时机问题。正确选择时机是提高公共关系计划成功率的必要条件。忽视时机这一因素，常常导致计划实施的失败。一般来讲，公共关系人员选择公共关系实施时机，在目标设定上应遵循以下要求：(1)服从整体公关策划。组织的公共关系人员在策划公关活动时，对公关目标、公关对象、公关策略等重大问题都进行了周密的论证与安排，因此，为了服从整体公关目标，公关时机的选择必须服从于整体公关策划，并为之服务。(2)满足公众的心理期望。就企业公关时机而论，公众对不同类型的产品会有不同的心理期望。要“择时而动”“见机而行”，使企业的公关活动符合公众心理，激发公众的购买动机，并使这种动机尽快转化为购买行为。

选择公关实施时机，在时间选择上应注意以下三点：首先，要避开或利用重大节日。凡是与重大节日没有联系的活动都应该避开节日，以免被节日活动冲淡了公共关系活动的色彩。凡与重大节日有直接或间接联系的公共关系活动则可以考虑利用节日为自己烘托气氛，扩大活动影响的辐射范围。其次，要注意避开或利用国内外重大事件。凡是需要广为告知的公共关系活动都应避开国内外重大事件，避免与重大事件冲突。凡是需要广为告知但又希望减轻影响的活动可选择在有重大事件(如公布物价的上涨)的时候，此时公众的注意力被重大事件所吸引，这样可减少活动的影响和舆论的压力。最后，还应注意不要同时进行两项没有关联的公共关系活动，以免效果相互抵消。

公共关系的最佳活动时机在事件营销上一般有以下几个“时间窗口”：

1. 在组织开业或更名时亮相

抓住社会组织开业或更名的大好时机开展各种刻意创新的公共关系活动，向公众详细介绍社会组织的宗旨、经营方针、业务范围、技术力量、产品质量等，这样从一开始就能给公众留下深刻的印象。

2. 在组织转产或开拓新产品、新业务时推销形象

抓住这一时机，社会组织在向公众大力介绍新的经营项目、新产品、新业务的同时也提升了社会组织的形象，并能给公众留下深刻、美好的印象。

3. 在组织知名度不高或下降时加强组织形象的宣传工作

有些企业不为人所知或美誉度不高，后来通过努力，在各方面都有了大幅度的进步，但公众可能还是以老眼光看待这些企业。在这种情况下，社会组织应开展有效的公关活动，如注册新的商标、采用新的营销手段等，以创造良好的社会效应，提高组织的知名度，塑造组织的新形象，使公众对企业“刮目相看”。

4. 在组织出现失误或被公众误解时维护形象

突发的危机事件将使社会组织的形象受到严重损害，甚至有可能危及社会组织的生存和发展。这时，社会组织必须积极主动地采取措施，以挽回声誉、重塑形象。

四、公共关系实施的方式

所谓公共关系实施方式，是指以一定的公共关系目标和任务为核心，将若干种公共关系媒

介和方法进行有机组合，使之形成一套有特殊功能的方法系统。实施公共关系方案，需要根据不同类型的公众对象、不同类型的组织机构以及其发展过程中的不同阶段，分别采取适合的工作方式，才能实现预期的目标。当然，实现这些目标的方式可以是多种多样的，同一个目标也可以通过不同的公共关系实施方式来完成。

根据特定的公共关系实施的性质，可以把公共关系实施方式分为以下几种：

（一）宣传型工作方式

宣传型工作方式是指利用大众传播媒介和内部沟通方法开展宣传工作以树立组织良好形象的公共关系实施方式。这种工作方式的主要做法是：利用各种传播媒介和交流方式进行内外传播，让各类公众充分了解组织、支持组织，进而形成有利于组织发展的社会舆论，使组织获得更多的支持者与合作者，达到促进组织发展的目的。其特点是权威性强、时效性强、传播面广、推广效果快。根据宣传对象的不同，又可分为内部宣传和外部宣传两种。

内部宣传的目的是让内部公众及时、准确地了解与组织有关的各方面的情况。它的主要对象是组织的内部公众，如员工、股东等。常用的宣传媒介有内部发行刊物、黑板报、闭路电视、职工大会、座谈会、演讲会、讨论会等。对于组织内部的特殊公众——股东，还可以采用年终总结报告、季度报告、股东刊物、财务状况通告等形式进行宣传，使股东随时了解组织的经营状况，支持组织的工作。

外部宣传的目的是让外部公众迅速获得对本组织有利的信息，形成良好的公众舆论。它的主要对象是与组织机构有关的一切外部公众。宣传可借助大众传播媒介，也可借助一些特殊的宣传活动，如记者招待会、展销会、演讲报告会、信息发布会、订货会等。

（二）交际型工作方式

交际型工作方式是指不借助大众传播媒介，越过中间环节，通过直接的人际交往而进行的公共关系实施方式，它具有直接性、灵活性、人情味重等特点，常常使公众对组织形象的识别进入情感层次。此外，交际型公共关系还是一种交换、传播和获得信息的有效方法。因此，交际型公共关系活动是实际工作中最常用、最有效的公共关系活动模式。公共关系人员正是以这种情感投资的方式，逐渐与公众发生关系。根据交际对象的不同，又可分为团体交际和个人交际两种。团体交际方式包括餐会、招待会、座谈会、茶会、工作午餐、谈判、专访、慰问、接待、参观等；个人交际是指个人与个人或个人与组织之间的交际活动，包括交谈、拜访、祝贺、打电话、书信往来等。

实施交际型公关活动，要注意以下三个方面：一是注重交际的策略和语言沟通技巧以及公共关系礼仪。二是加强情感交流。交际型公共关系活动是以人际情感为纽带同公众进行情感交流的。在这里，组织与公众的关系是以个体间情感流露的形式表现出来的，通过个体对组织产生连锁反应，以达到树立组织形象的目的。三是交际手段要正大光明。开展交际型公共关系活动时，要坚决杜绝各种不正当手段，明确认识到交际只是公共关系活动的手段，同时更不能把一切私人交际活动都视为公共关系。

（三）服务型工作方式

服务型工作方式是指以提供优质服务为主要手段的公共关系实施模式。其特点是有实实在在的活动，使公众对组织形象的识别深入到行为层次。内容包括操作表演和培训、消费咨询、散发教育材料、设立领导接待日、现场办公、提供售前与售中及售后服务等。服务型公关活动是尊重公众、为公众服务意识的体现，因此它不仅仅局限于服务性行业，社会上任何一类组织都能以自己独特的方式向公众提供必要的服务，如工业企业的售后服务、公用事业单位的服务、政府部门为基层组织和民众的服务。各类组织向公众提供的服务,其质量的好坏直接影响组织在公众心目中的形象。因此,开展优质服务是各类组织的一项重要的公共关系工作。在服务型公关活动中,要注意以下几个方面:

(1)服务内容。服务要周到,能解决公众的实际问题。优质服务不能只搞“短暂突击”,而要坚持不懈,并把它作为一项基本服务来要求组织各部门和各成员。

(2)服务方式。公共关系人员要在调查分析的基础上,针对组织的实际情况,提出独特的服务方式:或以吸引公众为主,或以方便公众为主,或以使公众在物质上得到实惠、在精神上得到满足为主。

(3)服务人员。服务型工作方式不仅需要专职公共关系人员,更需要包括全体企业员工,特别是第一线的营销人员的努力,因而它所反映出来的是企业的精神面貌和整体素质。作为服务型公共关系活动,必须为公众提供优质服务才能获得公众的信任和支持。它要求每个员工都以最优的服务去接触公众,只要有一个人做得不好就会影响企业的形象。

(四)社会型工作方式

社会型工作方式是指组织利用举办的各种社会性、公益性、赞助性活动开展公共关系活动的模式。其特点是公益性、文化性、非营利性、成本费用支出较高。组织通过开展社会型公共关系活动,扩大组织影响,提高社会声誉,从而赢得公众的支持。

社会型公共关系活动的具体形式有以下三种:(1)以组织本身的重要活动为中心而开展的活动。例如,利用开业庆典的机会,邀请各界宾客光顾,渲染气氛,借此播下友谊的种子。(2)以赞助社会福利事业为中心开展的公共关系活动。如赞助慈善事业、公共服务设施、福利事业等,通过这些活动,在社会公众心目中树立组织关心社会、乐善好施、注重社会责任的形象。(3)赞助大众传播媒介举办的各种活动。如××杯象棋比赛、××杯汽车大赛等,以提高组织的知名度,加强公众对组织的了解和联系。

在开展社会型公关活动时,为了达到公关效果,要注意以下几个方面:(1)要淡化商业气息,突出社会公益性。在进行各种赞助、资助时要避免商业炒作的嫌疑,不要提出任何先决条件,而应该体现为真心地为社会提供公益服务。(2)要量力而行,充分考虑企业的实际情况和承受能力。不要超越自身的经济实力去参与一些大型活动,给企业增加负担。(3)坚持双赢的原则。既考虑社会效益,又考虑企业自身利益,尽量使投入的公共关系活动能发挥最佳效益。对于社会型公共关系活动,从近期来看,往往不会给组织带来直接的经济效益,并且会使组织付出较大的费用,但从长期来看,却会为组织树立良好的形象,创造一个良好的外部发展环境。

(五)征询型工作方式

征询型工作方式是指以采集社会信息、民意测验、舆论监督为主,为组织经营管理决策提供征询或咨询的公共关系活动方式。其特点是:过程长期、复杂,需要持之以恒,实现组织与社会环境之间的动态平衡,通过建立信息网络来开展公关活动。征询型公关活动包括举办各种资讯服务,建立合理化建议渠道和信访制度,进行问卷调查,设立热线服务,举办信息交流会。

组织选择征询型公共关系活动时要注意考虑以下因素:(1)征询活动的对象。针对组织决策层,公共关系人员要能及时为组织决策层提供涉及内外公众的有关资料和数据信息,并能及时提出意见和建议;针对广大消费群体,公共关系人员要通过不同的工作手段广泛收集公众信息资料。(2)征询活动的基础。及时、全面、准确地了解组织状况与公众状况和其他相关信息。公共关系部门只有掌握了相当数量的信息资料,才能在开展征询型公共关系活动时从容不迫,才能更有针对性地开展各项其他活动。收集、整理、分析信息是公共关系部门的一项日常工作，公共关系人员要善于利用信息为开展征询型公共关系活动打下基础。

另外，按照公共关系实施的状态，还可以将公共关系实施方式分为建设型、维系型、防御型、矫正型和进攻型。

五、公共关系实施障碍的排除

(一)公共关系实施的障碍

公共关系的实施过程实际上是传播沟通的过程。由于主观或客观的原因，在具体实施过程中不可能一帆风顺。公共关系的实施肯定会遇到不少障碍，出现不少问题或困难。这就需要研究公共关系实施障碍。影响公共关系策划实施的因素是多种多样的。一般来说，主要包括三个方面，即方案本身的目标障碍、实施过程的沟通障碍和突发事件的干扰。在这里，我们把公共关系实施的障碍分为传统因素障碍、非传统因素障碍和其他因素障碍。

1. 传统因素障碍

第一，人员障碍。人是公共关系实施重要的构成要素，在某种程度上决定着公共关系实施的效能。目前，公共关系人员障碍主要集中体现在两个方面：权力的异化和优秀公关人员的缺失。在很多公共关系活动中，公共关系实施人员违反制度，违反职业道德规范，从“经济人”的角度出发导致了行动中权力的异化。例如，在公共组织公共关系实施中，人民群众是权力的拥有者，行使权力的是政府公职人员，两者的分离造成权力利益的背离，“经济人”的本性促使一部分公共组织公关人员违背职业道德直接或间接牟利。不受制约和监督的权力必定会导致腐败，腐败化的权力运用必然成为公关实施的障碍。

造成公共关系实施效率低下的主要原因是优秀公关人员的缺失。由于很多企业或组织对于公共关系活动的认识仍然停留在传统观念之中，认为公共关系活动就是拉关系，这种理论上和思想上的局限性必然导致行为上的局限性。任何公共关系活动均要由人来组织实施，公共关系从业人员是整个公共关系活动的核心，优秀的公关人员更是核心中的核心。优秀公关人员一般都具有较强的表达能力、交际能力、创新能力、应变能力、组织管理能力和政策领悟能力。同时，还具有良好的个性因素、较高的心理健康水平、善于理解他人、塑造形象的意识、服务公众的意识等一系列比较突出的优秀品质。无论是公共组织还是企业或其他团体，优秀公关人员的缺失主要是没有建立起有效的激励机制和约束机制。有效的激励机制与约束机制是排除来自公共关系实施人员障碍最有效的方法。

第二，目标障碍，即公共关系实施方案中的目标不可行、不明确、不一致等原因给公共关系活动的开展带来的障碍。此外，经费预算不足也会导致公共关系实施方案中的目标不能达到。

第三，制度障碍，即制度的超前性或滞后性阻碍公共关系的开展。公共关系作为一种社会关系，它普遍存在于社会组织的运行之中。任何社会组织无论是有意识还是无意识开展公共关系活动，必然受到制度的引导或约束。良好的社会制度、文化制度、经济制度和政治环境制度必然会促进公共关系活动的开展。与此同时，制度的超前性或滞后性会阻碍公共关系活动的开展。随着社会的发展，制度的局限性会不断暴露出来，制度无法满足公共关系的需求，在一定程度上制约了公共关系活动的开展。同样，制度的超前性也会成为社会组织开展公共关系活动的障碍。因此，为了有效地推动公共关系活动的实施，必须加强制度建设，通过加强制度建设来克服制度障碍。

第四，信息障碍。如信息失真、信息渠道单一、信息量不足、信息偏好障碍等。

第五，沟通障碍。公共关系实施的过程实际上是传播沟通的过程。在传播过程中沟通常常会因为传播工具运用不当、方式不当和传播渠道不畅而使公共关系效能不能实现。公共关系实施中的沟通障碍主要有以下几个方面：

(1)公众知识水平与阶层结构差异带来的沟通障碍；

(2)不同的语言、风俗习惯障碍；

(3)不适宜的公共关系活动方式造成的障碍；

(4)不合理的组织机构导致信息堵塞，形成信息不对称等。

2. 非传统因素障碍

公关实施的非传统因素障碍有政策障碍、公众心理障碍、公共组织和非政府组织及公民社会利益博弈障碍等。

(1)政策障碍。政策的实质是对社会价值进行权威性分配，是不同利益主体利益的直接反映。在公共关系中，政策障碍表现在以下几个方面：

第一，正误性障碍。任何政策都有正确与错误之分。政策对每个公共关系主体活动的开展具有一定的引导性，不同时代、不同社会制度下社会主体开展的公共关系活动必定具有一定的时代性。造就这一时代性的根源就是政策的引导性作用，错误的政策会使整个社会的公共关系发展偏离正常的轨道。

第二，时效性障碍。政策是在特定环境下，针对特定问题制定的，具有一定的时效性。政策的供给能否满足公共关系发展的现实需求，决定政策是否具有时效性障碍。

第三，表述性障碍。政策不是物质实体，而是外化为符号表达的观念和信息。政策是国家或者政党为了实现一定历史时期的路线和任务而制定的国家机关或者政党组织的行动准则。例如，作为国家的政策，一般分为对内与对外两人部分：对内政策包括财政经济政策、文化教育政策、军事政策、劳动政策、宗教政策、民族政策等；对外政策即外交政策。政策在表述中由于理解角度的不同会产生这样或那样的障碍，对公共关系的开展产生一定困扰。

(2)公众心理障碍。研究表明，目标公众的心理因素最容易导致公共关系实施结果的变化。因此，对公众心理的关注成为现代公共关系实施的一个重要方面。

心理障碍主要是指人们的认知、情感、情绪等心理因素对沟通造成的障碍。公众方面存在的心理障碍会影响传播的效果。公众的心理复杂多变，不易了解与把握，如果所传播的信息与公众的特定心理不相符合或难以相融合，公众对传播者轻视、不信任、抵制，甚至扭曲其沟通信息，就会造成传而不通和通而无效。

(3)公共组织和非政府组织及公民社会利益博弈障碍。随着社会的不断发展，非政府组织、公民社会在市场经济条件下力量不断发展壮大。公共组织成员、非政府组织成员、公民社会成员都是组织效用最大化的追逐者。三者的公共关系利益博弈障碍主要体现在公共组织与非政府组织、公民社会这两者之间的利益博弈：一是非政府组织、公民社会对公共组织规制政策的歪曲；二是非政府组织、公民社会对公共组织公共关系利益博弈存在时的政治均衡。

从公共组织公共关系的博弈过程来看，博弈至少具有两种功能，即制衡与平衡。博弈的基础在于承认不同利益主体的独立性，没有独立的主体地位，博弈机制就失去了其动力源泉。这种动力的源泉来自非政府组织与公民社会不断壮大的力量。为了维护自己主体的利益，非政府组织与公民社会团体对公共组织展开公共关系传播活动，通过博弈机制进行理性的诉求表达、利益的维护和争取。这是有别于传统公共关系障碍的因素，已成为公共关系研究的一个新热点。

3. 其他因素障碍

公关实施的其他因素障碍主要是指介于传统因素障碍与非传统因素障碍之间的障碍。突发公共事件障碍是典型的介于传统因素障碍与非传统因素障碍之间的影响公共关系实施的障碍因素。在公共关系活动萌芽时期，突发事件就时常出现，但是未被当成一种影响因素。直到20世纪80年代，西方危机管理兴起，突发公共事件障碍才被公共关系人员重视并作为公共关系实施重要的影响因素。

突发公共事件的表现形式是多样的，按照《国家突发公共事件总体应急预案》表述，根据突发公共事件的发生过程、性质和机理，突发公共事件大致可分为自然灾害(水灾、旱灾、地震、泥石流等)、事故灾难(交通安全事故、消防安全事故、生产安全事故等)、突发公共卫生事件(重大传染病疫情、重大食物中毒、重大动物疫情等)和突发社会安全事件(恐怖袭击、群体性骚乱等)。

目前，我国正处于社会发展转型时期，利益格局的不断调整给整个社会带来了巨大的影响，由此引起各种利益矛盾的冲突碰撞，对公共关系实施产生了很大的干扰。突发事件对公共关系实施活动的影响面广、后果严重。如果处理不当，不但公共关系方案难以实施，还会影响组织的整体形象。

(二)公关实施障碍的排除

上述公共关系实施的障碍，作为组织的公关人员能够排除的主要有沟通障碍、组织管理障碍、突发公共事件障碍等。

1. 沟通障碍的排除

沟通障碍主要包括语言障碍、习俗障碍、观念障碍、心理障碍等。排除沟通障碍需要注意以下几个方面的问题：

(1)要切实了解和掌握公众的“优势需要”。传播沟通必须要满足公众的需要，但公众的行为往往受多种需要的支配，而在一定的条件下，在多种需要中，总有一种是最为迫切并起主要支配作用的优势需要，优势需要决定着人们的行为。只有切实了解和掌握公众的优势需要，在实施过程中，才有可能与公众产生共鸣，才能进行有效的双向沟通。

(2)要选择和运用好传播媒介和沟通方法。社会组织的公共关系经费一般都很有限，即使是那些经济效益较好的社会组织也应该本着勤俭节约的原则开展公共关系活动。要做到这一点应注意以下几个方面：

第一，必须联系具体的目标。即根据公共关系的具体目标和工作要求来选择传播媒介和使用沟通方法。选择的媒介和使用的方法必须符合公共关系工作的性质和要求，才可能发挥其功能。

第二，必须适应不同的对象。即根据公共关系对象的特征来选择传播媒介和使用沟通方法。要根据不同的公众对象选择不同的传播方式，以使信息快捷、有效地传递给目标公众，并被目标公众所接受。

第三，必须区别传播的内容。即根据传播内容的特点来选择传播媒介和使用沟通方法。要根据传播的内容来决定传播的形式，使传播形式的优势得以充分的发挥。

第四，必须本着节约的原则。即根据具体的经济实力和最经济的条件来选择传播媒介和沟通方法。要根据社会组织的公共关系预算和传播投资能力，力争在最节约、最经济的条件下尽可能获得最大的传播效应。

2. 组织管理障碍的排除

公共关系活动是社会组织精心策划、具体实施的公关活动。然而，在具体的实施和组织管理的过程中，也有许多不尽如人意之处，会出现组织管理方面的障碍。如果这些障碍不排除，有可能使公共关系实施受损。

组织管理方面的障碍主要有:(1)由于组织机构重叠,使得信息传递的层次过多;(2)由于组织机构分工混乱,使得信息传递通道不畅通;(3)由于组织机构内部协调不够,使得信息传递过于单向。

当社会组织在进行公共关系实施的过程中发现组织管理方面存在问题、出现障碍时,必须及时采取有效措施,运用组织内部机构不断自我完善的机制,排除障碍。排除障碍的具体措施包括:(1)针对组织机构重叠的现象,要精简机构。精简机构的要义不在于"减",在于"精",在于强有力地发挥出组织管理的职能。(2)针对组织机构分工混乱的现象,制定相应的规章制度,并着力健全各种信息传播渠道,使之畅通无阻。(3)针对组织机构内部协调不够的现象,加强内部公关,增强内部员工的凝聚力和向心力,增强员工的荣誉感和责任心。上级与下级、部门与部门之间要同心协力,使信息传播渠道多样化、目标一致化、效果最佳化。

3. 突发事件障碍的排除

对于突发事件障碍,可从以下几方面进行处理:

(1)建立处理突发事件的关系网络。突发事件的出现一般影响面广、压力较大、时间较短。处理突发事件要最大限度地平衡组织与目标公众的利益,控制事态的发展。根据组织遇到的突发事件,与有关单位建立合作网络。与医院、消防、科研单位、保险公司、银行等,组建专门的公共突发事件处理机构,有权独立代表组织做出承诺。

(2)宣传及时。宣传及时是处理好突发事件障碍的首要原则。突发事件影响的广泛性要求组织处理突发事件一定要迅速、及时,要求迅速组织突发事件的专门公关人员了解危机事件,及时控制事态发展,迅速与媒体联系,让目标公众了解事件进展,对外报道的各种材料、信息要求准确无误,避免公众误解或其他竞争对手别有用心的宣传。组织应积极主动承担责任,积极对受害者提供服务,争取得到公众的理解与合作,逐步摆脱困境。

(3)制订突发事件处理计划,合理配置资源。突发事件的处理和危机公关要根据事件的性质与情况的不同采取不同的方式:如果危机事件尚未被曝光,组织应争取将危机控制在组织内部处理;如果事件已经被曝光,公共关系活动应将重点转到媒介公关上,引导媒介对事件进行客观报道,赢得公众对组织的认同感。

六、公共关系实施的具体操作

(一)公共关系实施的基础保障

公共关系的一系列策划只是对未来公关活动的一种设想,要达到公关目的,实现行政管理或企业活动的目标,还需要有完善的措施来保证实施。因此,周密完备的实施方案是公共关系实施成功的基本保障,是对公共关系计划最终落实的具体的行动安排。

1. 组织保障

组织的公共关系行动主体一般有三种:组织内部公共关系部门、公共关系公司和各种各样的公共关系社团。

(1)组织内部公共关系部门。随着市场经济的发展,社会中的大型组织为了塑造自己的形象、密切与公众的关系、推销自己的产品,都成立了公共关系部门,其名称各异。公共关系部门是组织内部的职能机构,与财务、计划、销售、技术等部门并列。公共关系部门是公共关系活动的发起者和承担者,主要负责收集情报、了解政府政策信息和立法信息、产品形象信息、同行社会组织信息、市场信息、有关社会组织形象信息,以及民意、舆论、意见等。在此基础上,公共关系部门要随时注意观察社会组织内、外部的环境的变化给其已经或可能带来的影响，还应在对其所拥有信息分析的基础上，预测出社会组织未来的发展方向，从而确保社会组织决策的正确性和发展的稳定性，提高社会组织的生存能力和适应能力。公共关系部门也是领导决策的咨询机构。公共关系部门拥有的信息量大，对公众需求明了，能较好地把握组织的未来发展方向。与此同时，公共关系部门也是最高领导经常接触的部门。在重大公共关系实施中，往往都有主要决策者的身影，他们通过自己的权威和人格魅力化解矛盾、淡化冲突，使组织化险为夷，甚至起死回生。

公共关系部门的设置要遵循精简的原则：一是机构精简，组织规模不宜过大，要根据主体组织公关活动的需要；二是要人员精简，人员组成要遵循公共关系规律，做到知识结构、心理结构、年龄结构、性别结构等适度搭配。

(2)公共关系公司。公共关系公司是指由具有一定专业特长的公共关系专家及专业人员所组成，专门从事公共关系咨询或接受客户委托为其开展公共关系活动，并收取费用的社会服务性机构。公共关系公司主要有综合服务咨询公司、专项业务服务公司、特定行业服务公司等几种类型。综合服务咨询公司一般人才众多，涉及领域广泛，能满足客户的多元化需求。专项业务服务公司是以各种专业人才、技术和设备为客户专门提供各种公共关系技术服务的公司。特定行业服务公司是为特定行业提供公共关系服务的公司，一般讲究行业的差异性，其业务是根据特定行业、领域量身定制，服务面窄，同时其替代性公司较少。

(3)公共关系社团。公共关系社团是指社会上从事公共关系工作和热爱公共关系事业的团体与个人自发联合起来组建的，不以营利为目的的松散型群众组织和群众团体。它包括公共关系协会、研究会、专业委员会、俱乐部、沙龙、联谊会等公共关系机构。这些组织往往纳入非政府组织系列管理。公共关系社团具有群众性、松散性、非营利性、公益性、志愿性等特点。

2. 经费保障

将公共关系策划的总体预算经费合理分配到公共关系实施的各项工作内容中去，以保证各项工作开支需要。一般而言，经费总是有限资源，厉行节约应为首要原则。根据不同组织的运行规则，公共关系经费编制主要有两种类型：一是既定经费额度的编制法，即定期抽取机构经营总收入的固定数额作为公共关系活动经费。二是预算目标作业编制法，即按实际提出的公关目标计划方案，把具体开支项目详细列出；如果可行，那么预估的经费额度就是预算的限度。预算的方法是相对的，组织规模大小、盈利能力强弱、行业的差异、决策者的观念等都制约着公共关系经费的编制与使用。

(二)公共关系实施控制

1. 公共关系计划的实施控制

公关计划的控制是一种有步骤的规范活动，涉及计划实施的每一个环节。其实质就是社会组织在实施计划的过程中，根据出现的新问题和新情况，及时纠正计划中出现的偏差，或者根据信息反馈的结果，对原有的计划进行适当地调整和修正。没有计划就没有控制；反之，没有控制或者控制不好，计划就不能顺利地实施。计划是控制的基础，控制是实现计划的保证。两者从计划实施开始直至结束，始终联系在一起。两者关系处理得好，实施计划的结果就必然良好。计划控制的程序主要有：设定控制标准；将计划实施情况与控制标准进行比较；发现偏差，分析原因；采取纠偏措施，保证计划的顺利实施和公共关系目标的顺利实现。

计划控制一般针对以下情况进行：

(1)局部调整。计划实施过程中，目标指向没有偏差，基本上与预定目标和实施计划的方向、途径相一致，只是局部或者细节问题上有偏差，可能会对目标的实现产生一定的影响。如果出现这种情况，社会组织就要采用局部调整的方式弥补不足、纠正偏差，使计划实施得以顺利进行，并实现预定目标。

(2)重大调整。由于决策者在制订实施计划时没有掌握或者没有完全掌握某些重要信息，考虑不周，使计划实施存在着严重的不足和问题或在实施过程中与系统环境发生严重冲突。针对这种情况，社会组织必须对方案进行重大修正，甚至重新决策，按照新方案实施，以实现预定目标。

(3)在实施计划的过程中出现了一些新情况，特别是出现了意想不到且无法控制的重大事件，使计划实施不能继续执行。这些不断变化的信息如果不能及时反馈，就有可能给社会组织带来难以挽回的重大损失。如果出现这样的情况，社会组织必须立即终止原有计划的实施，并及时根据新情况、新问题，重新制定目标和计划，实施符合新情况的计划。

2. 公共关系实施控制的原则

公共关系实施控制是常态工作，有效的公共关系实施控制必须遵守以下原则：

(1)目标第一原则。计划控制的目的是实现预定的组织目标，任何对计划的控制活动都要围绕组织目标进行。要有知难而上、勇往直前的气概，遇到困难不气馁，要创造条件克服计划实施中的困难。

(2)客观、公正原则。所谓客观，就是实施计划的领导不能仅凭个人的判断、经验主观地去对照和测试实施情况，要尽可能用客观的事实和数据说话。所谓公正，就是实施计划的领导绝不能凭个人的情感、好恶来评价下属，更不能对与自己关系好的下属不加以控制，而对其他人严加控制，应该做到在控制面前人人平等。

(3)控制点原则。公共关系实施的控制点是指实施中关键的工作环节、工作内容、工作方法等，它们是最容易出偏差的部位或是出偏差后对整体影响较大的部位。控制点原则就是对控制点进行重点控制的原则。面面俱到或泛泛控制，没有重点，其后果是控而无效，或虽有效，但控制成本太高。

(4)及时和准确原则。这是指公共关系实施过程中保持联络渠道畅通，各种信息能够迅速、准确上传下达，坚决杜绝信息失真、传达延误。尤其是在实施过程中发生突发重大事件，控制反馈系统的信息传递不及时、准确，将造成重大损失。必须建立一个反应灵敏的信息机制和相应的一套规章制度，确保控制信息及时、准确地传递。

(5)弹性原则。目标是既定的，但实施目标的手段与方法是多元的。实施控制要强调对结果的控制，而不是对细节的控制。对结果的控制，能最大限度地发挥和调动工作部门的积极性，提高实施效率。对细节的控制使工作部门人员缩手缩脚，压抑其工作积极性。因此，控制标准要有合理的余地，在纠正偏差时也不要走“极端”，只能追求相对满意的结果。

3. 公共关系实施的控制方法

常用的公共关系实施控制方法是反馈控制法。反馈控制是指通过建立公共关系实施的反馈系统，不断地将实施前、实施中和实施后的情况与事先制定的实施控制标准进行对照，并发现偏差及纠正偏差的方法。反馈控制法包括前馈控制法、中馈控制法和后馈控制法。

(1)前馈控制法。又称超前馈控制法，是指在公共关系实施活动之前，充分调查分析影响实施的各种障碍因素，并采取控制措施，将可能导致产生偏差的原因和影响控制在最小范围内，以保证实施工作的顺利开展。前馈控制对调查分析和预测的能力要求高，如果分析预测不准确、控制失误，不但不能抑制问题的发生，反而增大控制成本，还会造成一些不良后果。

(2)中馈控制法。这是在公共关系实施过程中,采取各种检查方式及时发现实施行为偏差并及时纠正的方法。这时的控制标准主要是指公共关系实施的工作项目、工作内容、工作要求和工作方法。中馈控制法又称过程控制法,它主要控制的是正在进行的工作过程而非工作结果,是一种把偏差消灭在萌芽状态的控制方法。实施中馈控制法,关键在于高水平的公正负责的检查人员对实施过程进行检查。检查的主要类型有行政检查、专业检查、值班检查、专职检查和社会检查。

(3)后馈控制法。这是将公共关系实施中各项工作内容的工作方法的操作结果和工作内容的目标要求进行对照,发现偏差及时采取补救措施,以确保实现公共关系目标。后馈控制法是一种事后控制的方法,虽然控制具有极强的针对性,但由于偏差已经发生,甚至已造成损失,因此只能通过补救将损失控制在最低限度,并增加工作成本,才能完成工作任务。

七、公共关系实施的协调

公共关系实施是一个系统工程,不仅需要组织内资源的有效调动,还需要与组织外部的诸多因素协调,才能完成公共关系目标。具体而言,公共关系实施就是组织内部协调与组织外部协调的过程,是资源、利益整合的过程。

(一)公共关系内部协调

公共关系内部协调是围绕公共关系工作目标、内容而进行的针对内部各职能部门以及相关工作人员的协调,以使各种公共关系实施或工作力量统一步调、统一方向和有机配合。在实际工作中,除了公共关系机构外,组织的各个机构或部门都有其专项职责和特定目标,他们常常为其局部利益着想,而不把公共关系任务和责任视为分内之事,因而搪塞本属于自己的公共关系任务和责任的事经常发生。如果不经常加以协调,再好的公共关系构想都会因此而付诸东流。

组织内部公共关系的协调主要是员工关系的协调。目标的统一是基础,以人为本是前提。在实施协调工作时,要把组织目标与个人目标相统一。组织目标是组织存在价值的体现,为组织的活动指明了方向。社会组织为了实现其组织目标,需要协调和控制个人的活动,但是内部员工由于受教育程度、职位、价值观等方面的不同,每个人的目标差异较大。组织在开展内部公共关系活动时,应尽可能使组织的目标与个人目标联系起来,相互渗透,在实现组织目标的过程中实现个人目标。和谐的社会关系才是使人的潜力得以发挥的重要条件,人的精神追求才是最高的自我价值实现。

(二)公共关系外部协调

公共关系外部协调是一种超出组织范围之外的协调工作,特指社会组织与外部各类公众的协调。公共关系外部协调通常需要动员社会组织所有成员参与,即所谓全员公共关系。为此,公共关系的相关责任人要出面代表组织承担公共关系外部协调的责任与任务。

1. 顾客关系的协调

顾客是社会组织特别是经济组织外部公共关系的主要对象。顾客关系即消费者关系,是指社会组织与其产品或服务的顾客之间的关系。

顾客关系协调,首先要确立"顾客是上帝""顾客第一"的经营思想,开展公关活动要以顾客的需要为中心,摆正组织利益与顾客利益的关系,把为顾客服务作为组织的责任,及时满足顾客的需要。同时组织要树立良好的服务意识,充分认识到组织的发展有赖于顾客,主动增强为顾客服务的意识。其次,确立回应式的服务模式。组织的任务在于不断满足顾客的需求,需求就是命令。这就要求公共关系人员善于捕捉顾客需求信息,对顾客需求快速回应。最后,开展各种活动，充分与顾客进行信息交流。把自己的经营理念、服务思想、产品特点、产品质量、产品销售状况等告知顾客，尊重顾客的知情权。同时，悉心收集来自顾客的各种对组织及其产品的反馈信息，包括顾客对服务态度、服务项目、服务水平是否满意等。

2. 媒介关系的协调

媒介关系也称新闻界关系，是指社会组织与新闻传播机构及新闻界人士的关系，是社会组织重要的外部公众关系。媒介公众被称为组织外部公共关系工作中的首要公众，而被摆在最显著的位置。社会组织要争取新闻界对组织的支持、理解，以形成对组织发展有利的舆论环境；同时，社会组织也要通过新闻媒介完成与公众的沟通，加强与公众的联系。因此，社会组织必须正确处理和协调与媒介的关系。

首先，要主动提供有价值的信息。社会组织不能坐等新闻记者前来采访，应该经常向新闻媒介提供本组织有价值的信息，积极组织撰写新闻稿，随时提供有关组织发展的最新动态和情况，争取新闻媒介对组织的了解和支持。

其次，满足媒体的社会心理需求。要协调好与新闻媒介的关系，社会组织要满足媒体的好奇心。媒体的竞争也是激烈的，媒体也要满足受众的社会心理。因此，当组织发生事件时，组织应统一口径、统一认识，向新闻媒介提供事件真相，若确有事项不能公开时，应说明原因，请求记者与公众的同情与理解，绝不能采用威吓、指责或施加压力等手段阻止记者；不能以交情或是利益诱惑来强求记者撰写刊登新闻。

最后，把媒体当朋友，不要当敌人。社会组织定期举办新闻发布会，邀请新闻界参加本组织活动，给他们一个了解本组织的机会，增加对本组织及产品等方面的感性认识，为新闻界提供第一手的宣传材料。

3. 社区关系协调

社区关系是指社会组织与社区之间的公共关系，是组织公共关系的重要内容之一。社区关系包括地方各级政府、社区内的企业、非政府组织、社区居民委员会(村民委员会)、社区居民等。社区是组织存在的基础。一方面，从空间上看，社会组织在特定的社区内，是社区的一部分；另一方面，从社会关系看，社区内的组织和个人与社会组织发生直接的联系，对组织的发展有重大的影响。因此，社区是社会组织重要的外部环境的组成部分。

社区关系协调通常采用的方法主要有：主动加强与社区组织和居民的交往，经常邀请相邻单位负责人及有影响的居民代表参观本组织，让社区公众了解本组织的有关情况；策划并实施新产品研发、纪念庆典、联欢会等大型特殊活动；印制各类宣传品向社区公众、群体发放，宣传组织；收集社区内各种信息，及时平息社区公众对组织的不满；赞助社区文化、教育、艺术、体育事业，赞助地方的医疗保健和卫生事业，赞助地方的养老院、残疾人基金会等各种社会福利事业。

第二节　公共关系评估概述

1977 年，在美国电报电话公司(AT&T)的资助下，美国公共关系效果测量联合会(The National Conference on Measuring the Effectiveness of Public Relations)在马里兰大学正式成立。随后，美国公共关系协会要求申请加入这一协会的组织提供对其公共关系活动进行详细评估的具体方案，这一做法标志着“这一行业成熟时期的到来”。现在美国的许多大学已经把“公共关系评估”列为公共关系专业一门重要的必修课程。在被世界营销与公共关系学者公认的科学的公共关系工作程序中，公共关系效果评估是不可或缺的重要步骤和环节。

公共关系评估是指社会组织采用各种形式和各种方法，对阶段性公共关系活动进行调查研究、分析评价，总结成功的经验，估价所取得的成绩，寻找工作中的失误或不足，发现新问题，以便不断调整社会组织的公关目标、公关决策和公关行为，使社会组织的公共关系工作走上健康的可持续发展的轨道。简单地说，就是根据特定的标准，对公共关系计划、实施及效果进行检查、评价，以判断其优劣的过程。

一、公共关系评估的基本内容

公共关系评估的内容主要包括公共关系工作程序评估、专项公共关系活动评估、传播沟通评估、公共关系状态评估、公共关系实务及机构工作绩效评估等。

(一)公共关系工作程序评估

公共关系工作程序评估是对公共关系工作的各个步骤、各个环节的工作进行评价、估计或研究。主要包括公共关系调查过程评估、公共关系计划制订过程的评估、公共关系计划实施过程的评估等方面的内容。

1. 公共关系调查过程评估

公共关系调查过程评估主要研究四个方面的问题：(1)公共关系调研的设计是否合理，能否收集到完备的公共关系工作信息；(2)公共关系调研方法的选择是否得当；(3)公共关系调研工作的组织实施是否科学、合理；(4)公共关系调研的结论分析是否科学。

2. 公共关系计划制订过程的评估

公共关系计划制订过程的评估主要研究六个方面的问题：(1)公共关系计划的目标是否正确；(2)总体计划是否可行、合理；(3)公共关系构想是否科学；(4)公众目标选择是否正确、全面；(5)媒介选择及媒介策略是否得当；(6)经费预算是否合理。

3. 公共关系计划实施过程的评估

公共关系计划实施过程的评估主要研究五个方面的问题：(1)准备是否充分，是否包括实施方案的装备、组织机构统筹分工装备、信息资料准备、实施人员训练的装备、各种实物准备、沟通协调工作等；(2)实施过程安排是否合理、细致、周到、灵活、创新；(3)信息制作如何，内容是否准确、充实，表现形式是否恰当，数量、质量如何；(4)传播效果如何，有多少信息量被采用，有多少公众接收到或注意到信息；(5)实施效果如何，包括测量公众在了解信息、改变观点、改变态度方面的数量分析，引起行为的公众数量、重复行为的公众数量，是否达到目标及解决问题，等等。

(二)专项公共关系活动评估

专项公共关系活动评估主要包括日常公共关系活动成效评估、单项公共关系活动效果评估、年度公共关系活动效果评估、长期公共关系活动效果评估等方面内容。

1. 日常公共关系活动成效评估

日常公共关系活动成效评估主要研究五个方面的问题：(1)组织的全体成员公共关系运作如何，领导者内、外部公共关系活动开展得怎样，组织的形象如何，组织和各部门在经营管理的各个环节上的公共关系投入如何，组织是否通过日常活动建立了有利的公共关系网络；(2)组织的内部公共关系的协调状况如何，平时的组织沟通、人际关系如何；(3)组织和外部公共关系的协调状况如何，认知度、美誉度如何，公共关系环境是否有利；(4)公共关系人员的工作是否得力，日常工作的内容是否有利于推进内部、外部公共关系的进展，日常工作是否确定了长远目标；(5)公共关系人员与领导工作配合如何，是否经常与领导沟通并收集了大量可靠的信息。

2. 单项公共关系活动效果评估

单项公共关系活动更注重计划性及对目标的追求，主要研究六个方面的问题：(1)项目的计划是否合适，其目标与组织总目标、公共关系战略是否一致，项目的目标是否已经实现；(2)传播沟通策略、信息策略是否有效；(3)公共关系沟通协调状况如何，对公众产生了哪些影响；(4)公共关系形象有何改变；(5)项目预算是否合理；(6)组织管理工作成效如何。

3. 年度公共关系活动效果评估

年度公共关系活动效果评估是对年度内的日常公共关系活动、单项公共关系活动进行的总体评价，主要研究八个方面的问题：(1)年度公共关系计划目标是否实现；(2)年度公共关系计划方案是否合理，实现状况如何；(3)年度内日常公共关系活动成效如何；(4)年度内单项公共关系活动的类型、数量及成效分析；(5)年度公共关系经费预算使用情况及合理性研究；(6)内部公共关系利弊得失如何；(7)公共关系机构与公共关系人员的绩效如何；(8)组织的公共关系应变能力如何。

4. 长期公共关系活动效果评估

这类评估包括某一时期公共关系项目及公共关系长期工作的长效分析。它需要将日常工作评估结果、单项活动评估结果、阶段性工作评估都吸收进来，进行系统分析，从而获得一个总的结论。长期公共关系活动效果评估的内容要点与前几种专项公共关系活动效果评估的内容要点基本一致，只需加以归纳整理和分析研究即可。但在这种评估中，要特别注重公共关系战略的得失问题、公共关系变动的规律问题、公共关系与经营管理的关系等问题。

(三)传播沟通评估

传播沟通的评估研究，目的在于通过专门分析衡量公共关系中的传播效果来检测传播沟通工作中的得失问题。传播沟通的评估主要包括信息制作的评估、信息传播力的评估、传播沟通效果评估三个方面的内容。

1. 信息制作的评估

主要是评估一定期限内的新闻稿件撰写数量、专题报道数量、其他传播资料的制作数量、图片和信件的数量等，同时也要评估制作的表现形式是否合适、表现手法和质量是否很高等。

2. 信息传播力的评估

制作了信息但信息传播力不够，会影响信息的传播沟通效果。因此，需要把握信息得以传播的覆盖面和数量，对信息传播力进行必要的评估研究，以了解发稿量、被媒介采用的数量、传播是否充分、是否浪费等方面的情况。

3. 传播沟通效果评估

传播沟通效果评估主要评估：公众对信息本身的了解情况，即有多少公众了解，了解程度如何；公众接受信息的情况即是否接受、承认消息内容，接受的比例多大；公众接受信息后的态度情况，即多少公众赞同信息内容；多少公众形成了对组织的良好印象；公众行为效果的情况，即多少公众对信息产生相应反应，多少公众达到公共关系目标的期望水平，传播沟通方案如何，目标是否得体，媒体选择是否合适，信息策略是否合适，目标对象状况如何；等等。

(四)公共关系状态评估

公共关系状态评估研究的目的是通过各类公众的变化来评估以往公共关系工作的成效。公共关系状态分为内部公共关系与外部公共关系。

1. 内部公共关系评估

内部公共关系评估主要研究:(1)组织的政策在沟通中是否为全员接受,接受的程度如何;(2)员工的士气如何;(3)组织的凝聚力如何;(4)组织中的各种工作关系是否融洽,呈现出哪些趋势;(5)双向沟通带来哪些生机和活力;(6)影响员工关系的因素如何;(7)沟通渠道需要做哪些改进;(8)传播策略及目标有何欠缺;(9)公共关系是否贯穿于各种经营管理活动、各个环节之中,是否还有障碍。

2. 外部公共关系评估

外部公共关系评估主要研究:(1)消费者关系,如消费者的态度、行为变化特点,评估组织对消费者关系的传播沟通及人际协调方面的工作成效;(2)媒介关系,如其态度是冷淡还是热情,采取何种沟通策略及成效;(3)社区关系,如了解各类社区公众对自己及其活动的看法,分析社区公共关系投入的利弊,找出新的沟通策略;(4)政府公共关系,如了解政府的支持情况、组织与政府的沟通效果、政府关系的沟通协调策略等。

(五)公共关系实务及机构工作绩效评估

对实务活动分项评估与对机构的工作绩效进一步评估,有利于清点公共关系机构人员的工作效率、实际能力和策略手段等。定期对此做出评估分析,对改进机构工作效率和水平很有帮助。这类评估主要包括以下几方面:

1. 市场营销分析

主要研究公共关系工作对市场营销工作的促进状况、市场营销中的公共关系策略、市场公共关系传播的成效等。

2. 广告研究

主要测定广告覆盖状况、影响的广度与深度,评估广告所带来的认知度变化、产品被接受情况,评估广告策略的利弊得失,等等。

3. 新闻宣传评估

4. 专题活动评估

5. 管理绩效评估

管理绩效评估包括对目标完成情况、管理技能、工作人员目标任务完成情况以及工作效率、实际能力、策略手段的改善和调整的评估,等等。

上述五种公共关系评估类型,在研究内容上互有交叉,区别只在于评估的角度不同。公共关系评估工作可视其需要,选取其中一类或几类进行评估。

此外,还可以根据公共关系活动的时间发展,从公共关系工作事前、事中、事后三个阶段进行评估。不同阶段的评估标准、方法和侧重点是不同的。事前评估主要侧重需求研究,事中评估主要侧重过程研究,事后评估主要侧重效益和效果的确定。

二、公共关系的评估标准

(一)公关效果评估的目标与指标体系

美国学者丹尼斯·威尔克科斯(Dennis Wilcocks)在《公共关系的战略与战术》一书中指出:在对任何公共关系项目进行适当评估之前,必须首先明确一定的目标,目标应具体化。因此,他从四个方面来评价公共关系项目的目标:(1)现实的标准,即目标是能够实现的,是完全可以达到的;(2)可信的标准,即现有的成绩确实是该公共关系活动实施的结果;(3)明确的标准,即公共关系活动要避免抽象、模糊的目标;(4)可以接受的标准,即公共关系活动应该符合公众和客户对公共关系的期望。

衡量公共关系效果的标准是社会效益、心理效益和经济效益，以社会效益和心理效益为主，同时兼顾经济效益。公共关系活动的总体目标是树立企业的良好形象和信誉，创造和谐的公众环境，赢得公众的支持。因此，评估公共关系活动的效果，首先要衡量其社会效益。从某种角度来看，公共关系活动旨在影响公众心理，强调取悦于公众，使公众在赏心悦目的体验之中对企业产生好感与期盼。所以，评估公共关系活动的效果，还要衡量其心理效益。但是，公共关系活动的社会效益与心理效益最终还应体现为经济效益，这样才能有价值。因此，测评公共关系活动的效果，在重点评估社会效益、心理效益的同时，还要评估其经济效益。公共关系效果的社会效益、心理效益和经济效益评估的具体指标如表7－1所示。

表7－1　　公共关系效果评估指标

评估项目	评估指标
社会效益	①获得社会与政府的称赞 ②弘扬社会正气 ③支持社会主义事业 ④支持公益、慈善事业 ⑤弘扬民族传统文化与民族精神 ⑥发扬社会人文精神 ⑦宣传社会公德 ⑧推广科学的文化价值观念 ⑨培养文明的社会生活、工作、休闲方式
心理效益	①引起公众注目 ②留下深刻印象 ③产生美好联想与期盼 ④形成愉快、舒畅的心情 ⑤振奋人的精神，促人奋发向上
经济效益	①激发公众的需求欲望 ②培养新的消费市场 ③推广新的消费观念和消费模式 ④提高产品的认可度 ⑤增强产品的竞争力

（二）公关实施活动的评估标准

1. 准备过程的评估标准

（1）背景材料是否充分。在确定公共关系活动的目标公众时是否遗漏了关键公众，哪些关于公众方面的假设被证明是错误的，新闻界所需的材料哪些没有充分准备，组织环境中的所有关键因素是否都已确定，所有这些分析研究均可看作公共关系活动的实施者在实施前的行为投入。这种行为投入量是否充分是准备过程评估的一个重要指标。

（2）信息内容是否正确充实。在评估这一部分时则要分析问题：公共关系活动中准备的信息资料是否符合问题本身、目标及媒介的要求；沟通活动是否在时间、地点、方式上符合目标公众的要求；公众有没有对沟通信息和活动的排斥行为；有没有制造事件或其他行动配合这次公共关系活动；相对任务本身而言，人员与预算资金是否充分。

（3）检验信息的表现形式是否恰当。这一环节是准备过程评估的最后一个环节，其重点是信息表现形式的有效性如何。例如，检验有关信息传递资料及宣传品设计是否合理、新颖，是否能达到引人注目、给人以深刻印象的要求。

2. 实施过程的评估标准

(1)检查发送信息的数量。信息发送数量直接反映组织在实施公共关系活动中所进行的电视广播讲话次数以及信件、其他宣传材料和新闻发布的数量,并能间接反映其宣传性工作的努力程度。换言之,这一评估过程需要了解所有信息资料的制作情况和其他宣传活动的进行情况。通过该评估,不理想的环节和计划实施过程中的一些弱点便会从这些数据中反映出来。

(2)信息被传播媒介所采用的数量。公关人员要特别注重信息被传播媒介所采用的数量。因为只有通过传播媒介,才能最有效地保证公众接收到这些信息并受其影响。报刊索引和广播记录一直被用来作为查对传播媒介采用信息资料数量的依据。同样,其他宣传活动(如展览、公开讲话)的次数也反映了组织为有效地利用各种可能渠道将信息传递给目标公众的努力程度。

(3)检验接收到信息的目标公众的数量。这里需要注意的是,应将收到信息的各类公众进行分类统计,从中找出"目标公众的数量"。对于评估来说,不仅要了解收到信息的公众的绝对数量,更重要的是,要关注这些公众的结构。例如,在一份权威性的杂志上发表文章虽然能够取得一些传播效果,但是由于目标公众很少阅读这种杂志,所以对扩大组织影响的作用并不大。

报纸杂志的发行量可以作为评估组织信息传播效果的潜在参考数据。事件、会议、展览的出席人数也可作为这种评估的参考数据。但是这种数据不能反映组织传播信息的真正效果,真正的效果体现在有多少人真正注意到这一信息上。

3. 实施效果的评估标准

实施效果的评估是一种总结性的评估。这一阶段的评估标准有以下几点:

(1)了解信息内容的公众数量。公共关系活动的目的之一是为了增加目标公众对组织的认识、了解和理解。公众没有了解或没有完全了解关于组织的问题,都会影响他们对组织的观点和行为。评价公众从公共关系活动中了解到什么或者他们所掌握的关于组织的情况是否得到了补充,就要对开展公共关系活动前后公众对组织的认识、了解和理解进行比较。

(2)改变观点、态度的公众数量。这是评估实施效果的一个更高层次的标准。由于"态度"所涉及的范围很广泛,因此内容丰富而复杂,而且不容易在短时间内发生变化。例如,电力公用事业公司的节能宣传活动,可能使用户增加了"使用隔热天花板可节省空调电费"的认识,但这并不意味着他在态度上成为"自然资源保护者"。评价一个人的态度,要根据一段时期内他在所有有关问题上的立场和观点,而不能仅凭一时一事来判定一个人的态度发生变化与否。

(3)发生期望行为和重复行为的公众数量。人们行为的改变受多种因素的影响。在掌握了发生期望行为的公众数量之后,还应注意了解重复期望行为的公众数量。例如,对于戒烟运动,我们不能单纯计算在开展这一运动的第一天内戒烟者的总数,因为一天的戒烟行为并不能表明这些人将根除这一恶习,这并不能充分地说明这一运动的影响效果。对这些运动的实施效果的评估要根据运动开展后几个月甚至几年的持续观察数据。

(4)达到的目标和解决的问题。这个评估标准是公共关系活动效果评估的最高标准。应该注意的是,有时公共关系活动产生的结果并非与计划目标相一致,但是这些结果同样是积极的,可以认为是达到计划目标的其他表现方式。例如,前面提到的节约能源的活动,其目标是为了减少能源消耗,其结果却表现为人们增加了对节约能源的兴趣,增加了这一方面的知识,甚至改变了用电习惯。从表面来看,这次运动的结果与既定的目标不完全吻合,但是这些结果也足以说明这次宣传活动是成功的。当然,其中也包括结果与目标部分相吻合。

(5)对社会和文化的发展产生影响。有些组织开展的关于社会公众事务方面的公共活动可能成为具有社会意义的社会事件，对整个社会产生极大的影响。这种影响同其他各种因素共同发挥作用，并在较长时间里以复杂的、综合的形式表现出来。

三、公共关系的评估方法

(一)公共关系评估方法的类型

1. 自我评估法

这是开展公共关系活动的主体对自己所开展的公共关系活动效果进行评价的方法。当一次公共关系活动结束后，社会组织应组织参与此次活动的相关人员进行自我评估。具体可以通过计划与实绩的对比、观察公众的言谈举止变化或收集对比各种统计数字来进行评价。这种方法有利于公关人员直接总结经验教训，也有助于提高他们的专业水平，但这种方法往往带有公共关系人员的主观色彩，因而可能产生不真实的、与实际有差距的测量结果，这就要求在评估时坚持实事求是的原则，对于一些敏感问题要注意问卷或提问方式。

2. 专家评价法

这是一种邀请有关专家对组织开展的公共关系活动效果进行评价、综合专家意见的方法。这里所讲的专家，是指在组织公共关系活动所涉及的领域内名副其实的、能发表自我意见的专家，如果他们不具备专门的知识或知识不足，则无法做出正确、全面的评估。评估的方式如咨询会、座谈会、同行评论、非正式私人交谈等。在专家做出评估后，将他们的意见进行综合整理。采用这种方法，组织能获得对自己公共关系活动效果的较为准确、科学的评估。

3. 公众评价法

这是通过公众意见调查来推断公共关系活动效果的方法。在评估中，如果忽略了公众的舆论和评价，自我评估和专家评估就失去了应有的价值与意义。可以选用民意测验法，在选定的公众中选择一定数量的测验对象，用问卷等方式了解公众的态度和意见、组织在公众心目中的形象、组织公共关系活动中存在的问题等，然后做出统计和说明，为以后的工作做好准备。此外，还可以通过舆论调查法、意见征询法等方式。采用公众评估法有利于从多方面检验组织开展公共关系所取得的效果，但人力、物力和财力耗费较大。

4. 新闻媒介推断法

这是通过分析报纸、杂志、广播、电视、网络等新闻媒介对本组织的报道和传播情况来间接评价组织开展公共关系活动效果的方法。具体可从以下几个方面进行间接评估：(1)统计单位时间内传播的信息量；(2)分析新闻媒介的级别层次；(3)研究新闻资料使用的方法，即报道是正面或是反面、是重点或是一般、是醒目的版面或是次要的版面等；(4)了解新闻报道后的反响程度以及记者、编辑等的反应。通过这几个方面可以推断传媒对组织的重视程度、组织在各类公众中的知名度和美誉度，推断公共关系活动所产生的社会效果等。

5. 广告效果检测法

这是通过分析评价公共关系广告的效果来检测整个公共关系活动的效果。一般来说，良好的公共关系会转化为良好的经济效益，因而分析公共关系广告效果有利于从整体上评价公共关系活动成果。但是，由于影响经济效益的因素很多，公共关系广告仅是其中的一个因素，因而它不能完全反映公共关系活动效果，所以，采用公共关系广告检测法时，应与其他方法一起使用。

(二)公共关系评估方法的12点原则和测量方法导向

1988年,美国学者艾伦·R. 弗赖塔格(Alan R. Freitag)在整理过去研究测量及评估公共关系的文献后,提出了评估方法的12点原则和测量方法导向。

艾伦·R. 弗赖塔格认为,公共关系评估应遵循以下12点原则:

(1)在规划公关活动时,应加入“测量”这个步骤。

(2)规划时必须明确定义活动的要素,如要向谁传达什么信息以及期望的结果是什么,这有助于选择适当的测量工具。

(3)这些效果必须与组织目标紧密结合,这样才能将公关活动和组织联系起来。

(4)事前准备,在进行规划前即收集相关信息,预测某要素或整个计划的成功机会。

(5)以焦点团体访谈或实地实验(field experiment)的方式,对计划中的个别要素进行预测。

(6)计划执行前后及执行过程都应测量,可采用观察法(了解认知、态度及意见等)、深度访谈、内容分析、反馈、印象回忆等方法。

(7)不仅要测量产出物(output),而且也要测量结果(outcome)。

(8)可混合使用各种测量方式,设法找出单一因素与效果的关系。

(9)可进行有底线的测量,如销售量是否满足了最低限度,但不要只局限于短期效果。

(10)每天可用简单的程序来追踪和证实进行中的测量。

(11)把握质和量的评估,使计划有效性的评估有完整的组织和背景,这种方式也称为三角测量(triangulation)。

(12)不要只以结果来衡量公关的有效性,应从结构中学习,适度调整计划内容,试着用最高的回报让客户知道公关人员的努力。

测量方法导向:以什么样的思想来开展公共关系效果评估工作以及从哪些方面开展测量是非常容易被忽视的问题。艾伦·R. 弗赖塔格从产品、传播、报道、印象、广告价值、系统化内容、分析、目标等方面进行了有益的探索,具体内容见表7—2。

表7—2　　公关评估测量导向表

导向	测量标的物	
产品	公关公司或人员提供的公共产品数量	作品、产出物(output)
传播	媒体采用的数量或者到场参观的人数	
报道	计算媒体报道、评论的篇幅和时长	
印象	注意媒体报道的次数、时长、篇幅,还要关注发行数据和收听率、收视率的资料	
广告价值	将媒体曝光的情形换算成广告费用	结果、演变(outcome)
系统化内容	主要信息的立场是正面的、负面的,还是中立的,是否能追踪到消息的来源	
分析	版面位置显眼与否	
目标达成	以调查法或焦点团体法测试公关产品的效果	

(1)产品导向测量方法中的最低层次是对输出结果的统计。比如发了几篇新闻稿、几张照片等,这并不能反映传播的品质和效果,但却可以了解公关人员努力的程度。

(2)传播导向测量公关人员提供的新闻稿及照片等资料被媒体采用的数量、来参观活动的人数、资料索取的数量及反馈邮件的件数。虽然这比产品导向好,但仍有许多问题,例如,参观人数众多，但并不一定都是目标公众。

(3)报道导向是指对含有公关人员提供的资料、举办活动的报道或评论，进行最基本的内容分析，并计算报道的总篇幅或总时长。

(4)印象导向中，计算印象的许多手法来自广告研究，可预估哪些潜在大众可能会接触到报道。要掌握报纸、杂志的发行量及电台、电视台的收听率、收视率，再乘以曝光次数，即可预测可能接触的人数。

(5)广告价值导向是假设以广告方式接触目标大众需多少费用。但是，广告价值导向仍有缺点，如果采用广告，委托组织可以完全掌握广告的内容，但新闻报道和访谈并非如此，主导权在于记者及编辑；而且广告是为说服而设计的，对于容易怀疑的大众很难有长期的效果，相反，如果是一篇新闻报道，则可能会打消大众的疑虑。然而这种计算方式还是会引起争议，因为它可能需要更长时期的持续投资，这表示得花费更多的钱。

(6)系统化内容导向与分析导向旨在分析组织期望传播的信息或消息来源的立场和价值，如可以计算正面、负面或中立的描述组织的句子，也可以把标题、图表一一打散进行分析。内容分析还有诸多范畴，如位置分析，放在报纸第一版和第五版的意义明显不同。

(7)目标导向这个阶段是整个公关活动的核心。它主要有两种方式：调查法和焦点团体访谈法。调查法的关键是抽样，需要考虑以下问题：谁是目标大众？谁具有代表性？如何取得被访者的意见？其次是问适当的问题，开放式及封闭式提问各有优劣，可交叉使用。

在表7—2中，越靠下方的方法越以结果为测量出发点，越靠上方的则是以产出物为基准，艾伦·R. 弗赖塔格主张采用以结果为主的测量方法，以便真正看出“效果”。

艾伦·R. 弗赖塔格对公共关系效果评估方法的12点原则和评估测量导向的研究，使公共关系效果评估更具有科学性和可操作性，他的研究和探索具有重要的开拓意义。对我国的公共关系效果评估工作来说，他的研究具有十分有益的指导意义。不过，我国公共关系所面临的环境、情况与美国不同，我们不能照搬照抄艾伦·R. 弗赖塔格的许多具体做法。

四、公共关系评估的作用

公共关系评估既是一项公共关系活动的结束，也是下一次公共关系活动开始的起点和依据。公共关系评估除了用于效果的比较分析之外，它在整个公共关系计划实施过程中都有重要作用。可以说，在整个公共关系程序中，评估控制着公共关系实践的每个环节及活动。公共关系评估的重要作用体现在以下几个方面：

(一)公共关系评估是改进公共关系工作的重要手段

公共关系评估者对组织的公共关系工作具有“效果导向”的作用。公共关系的先驱者瓦特·罗特扎恩早在1920年时就曾经说过：“当最后一次会议已经召开、最后一批宣传品已经发放、最后一项活动已经成为历史记录的时候，就是你在头脑中将自己和自己所采用的方法重新过滤一次的时候。这样你就会清理出经验和教训，供下一次借鉴。”这位先驱者所说的“清理出经验和教训，供下一次借鉴”，指的就是公共关系评估是组织改进公共关系工作的依据。缺乏对公共关系实践活动认真、科学的评估而盲目地调整计划及实施的方法步骤，常常是导致整个公共关系实践活动失败的一个重要原因。公共关系实践活动是一个动态过程，任何一项公共关系计划在实施后都面临着两种结局：成功或失败。而无论是成功还是失败，其经验与教训都应成为下一个公共关系活动或环节改进的基础。组织只有通过公共关系评估才能为今后的公共关系工作提供经验，以资借鉴。

(二)公共关系评估是组织开展后续公共关系工作的必要前提

从公共关系工作的连续性来看,任何一项新的工作计划的制订与实施背景都不是孤立存在和产生的,它总是以原来的公共关系工作以及其效果为背景。或是前一项公共关系工作所要解决的问题没有得到完全的解决,问题仍继续存在甚至更加恶化了;或是伴随着原来的公共关系工作所解决的问题又产生了新的问题。然而制订新的公共关系工作计划要对前一项公共关系工作从计划的制订到实施、从效果到环境变迁进行系统的评估分析,以便使新的公共关系工作计划建立在良好的基础之上。

(三)公共关系评估是评价公共关系工作成效的重要依据

公共关系评估的主要作用是提供关于既定的公共关系工作的各种信息。对于这些信息,计划的制订者和实施者抱有不同的期望与要求。计划的制订者一般希望得到关于计划整体的信息:计划制订得是否完善合理?计划实施方法、程序是否需要调整或修正?计划所需资金是否恰当?计划的实施人员希望知道:为了成功地达到战略目标,在既定的成本条件下,哪些实施方法最为有效?计划实施的关键是什么?哪些计划与实施中的要素密切结合能得到最高效益?哪些方法和技术可以有效排除沟通中的各种障碍?总之,根据不同的需要、不同的着重点提供不同的信息是公共关系评估的目的。或者说,公共关系评估的目的就是取得关于公共关系工作过程、工作效益的信息,作为决定下一步开展公共关系工作、改进公共关系工作和制订公共关系计划的依据。

通过公共关系评估,可以用事先确定好的定量指标和定性指标来测评公共关系工作的成效,看其是否达到了组织预期的目标;也可以用来衡量经费预算和人力、物力的配置是否合理;还可以用来评价公共关系活动的效率和效果,从而使评估成为评价公共关系工作成效的依据。

(四)公共关系评估是激励组织内部员工的重要形式

日常的公共关系工作对组织形象的树立起到的作用是潜移默化的,组织内部的员工有时很难对它有全面、深刻的了解和认识。只有通过公共关系评估,将公共关系实施方案的目标、所采取的措施和实施的效果向组织内部员工进行解释和说明,才能使他们看到组织公共关系工作所取得的成果,认识到组织公共关系工作的重要性,认清组织的利益和实现途径,从而使组织内部员工受到鼓舞并增强自信心,激发员工的工作热情和创造精神。与此同时,公共关系评估的另一个重要意义还在于使组织领导人看到开展公共关系工作的明显成效,从而使他们能更加自觉地重视公共关系工作。一些组织的公共关系工作不能受到领导人的重视,其原因就是忽视了评估这一环节。让领导人看到公共关系活动的成效必须建立在对整个公共关系活动评估的基础上。离开了实事求是的分析和科学的评估,就难以做到言之有物、言之有据,难以真正起到鼓舞士气、激励内部公众的作用。

评估的作用固然很大,然而在实际的公共关系过程中,并不是所有的公共关系工作都能评估或需要评估。在下列情况中,进行评估的意义就不大:(1)公共关系计划经常变动,无明确的目标,缺乏评估的标准;(2)组织内部对公共关系工作所需达到的目标认识不一致;(3)不具备合适的评估人员和评估条件。总之,我们应该根据具体的公共关系工作过程的特点和不同需要来决定是否进行评估和如何进行评估。

五、公共关系评估的程序

公共关系评估的程序主要包括确定统一的评估目标、组建评估机构、选择评估标准、全面实施评估以及撰写、提交评估报告。

(一)确定统一的评估目标

公共关系评估必须有统一的评估目标,否则评估就没有方向,具体操作时就会无的放矢或偏离评估的目标,从而影响评估的效率与效果。评估的目标还必须明确,必须合理并有量化指标体系,否则实施的效果就无法评价。确定了统一的评估目标,并将目标具体化,就会避免无用资料的收集。此外,评估人员要将有关问题如评估重点等写成书面资料,以保证评估工作的正确方向。

(二)组建评估机构

评估工作是一项细致而又复杂的工作,因此要确定专职和兼职的评估人员,组建一个评估机构。评估人员的面要广,既要有专职的公关人员,又要聘请有关的兼职人员,如专家、同行、外部公众代表、内部公众代表等。

(三)选择评估标准

评估标准是检验公共关系工作的参考系,是评估公共关系绩效的依据。有了评估标准,才能通过对比来检验公共关系计划与实施的结果。社会组织要根据评估目标来选择和确立适当的评估标准,以保证对社会组织的公共关系活动效果进行客观、公正的评估。通常,评估人从定量和定性两大方面来确定评估的基本标准,故有人称为评估的定量标准和定性标准。定量标准是对评估标准给予特定的数量化。定性标准是对评估对象进行性质描述。

(1)定量标准。定量标准即使用量化指标体系,将评估标准用数字表现出来。用量化标准,能够具体地反映公共关系实施效果。

公共关系评估可以使用的定量标准既要依据评估对象——某项公共关系的具体情况和特征,又要考虑评估的目标和具体要求。可使用以下定量标准:

第一,沟通效率。即沟通有效与传播信息总数之比。用公式表示为:

$$Y=(Z-W)/Z\times100\%$$

其中,Y 代表沟通有效率,Z 代表传播信息总数,W 代表传播信息的无效数。

第二,信息传播速度。即单位时间内传播的信息量或一定的信息量传播所需要的时间。单位时间内传播的信息量越多或一定信息量传播所需要的时间越短,信息传播速度就越快;反之亦然。用公式表示为:

$$S=L/J$$

其中,S 代表信息传播速度,L 代表传播的信息量,J 代表传播所需时间。

第三,知名度。即了解公共关系信息的人数与被调查的总人数之比。用公式表示为:

$$M=X/R$$

其中,M 代表知名度,X 代表了解公共关系信息的人数,R 代表被调查的总人数。

(2)定性标准。定性标准即对评估对象进行粗略、抽象的描述。这种评价使用类似优、良、中、差等反映大体趋势的标准来评定。平时所说的某社会组织形象良好、某项公共关系活动比较成功、某种传播方式深受欢迎等,都属于定性分析的结论。定性标准与定量标准相比,其说服力要弱一些。

评估可以采用定量标准,也可以采用定性标准,更可以采用定量、定性混合标准。采用什么样的标准,要根据评估的目标要求以及评估对象的实际情况来选择,所确定的标准必须具有现实性、可信性、明确性、客观性和可操作性。

(四)全面实施评估

实施评估的过程实际上就是收集信息、汇总资料的过程,通过实施评估,可以获取与此项公共关系活动有关的大量信息和资料。信息资料是评价效果的基本材料和依据。这里特别强调,要注意选择收集评估资料的最佳途径。收集评估资料可供选择的途径很多,主要依据评估目标以及评估标准来选择。资料收集要全面、客观,要能反映公共关系工作各方面的情况,并尽可能做到准确无误。

(五)撰写、提交评估报告

公共关系评估报告是将公共关系活动的结果提供给组织的一种正式的公正性文本。它是通过文字、图表或相应的其他形式来体现开展公共关系工作的成绩、经验、教训、建议等评估工作成果的形式。它具有业务性强、理论性强、经验性强等特点。撰写时要遵循科学性、公平性、真实性、针对性、完整性、及时性、客观性和独立性的原则。

其内容主要包括评估的目的及依据、评估的范围、评估的标准和方法、评估过程、评估对象的基本情况、内容评估、分析与结论、存在的问题及建议、附件(对正文内容的详细说明和补充)、评估人员名单、评估时间等。

公共关系评估报告的撰写具有一定难度,它要求撰写人员具有较高的公共关系理论和实务水平,具有较强的文案写作能力。在写作中,既要求报告有理论深度,又要求报告有较强的可读性。在撰写评估报告时,应注意以下几个方面:

(1)定量与定性相结合,理论阐述与现实案例相结合。评估结论通常是定性的,但必须用定量的指标加以说明。理论阐述通常是严谨的,但必须用生动的案例来佐证。

(2)语言准确、精练、可读性强。写作时,应尽量使用简洁、通俗的语言来说明问题,切忌有太多的专业术语和学术词汇。

(3)结论客观、准确。评估结论要客观、准确,既要看到成绩和效益,又要说明缺点和不足。在结论中,要尽量避免使用“可能”“也许”“大概”等词汇。所有的结论都应该有相应的佐证材料。

(4)紧紧围绕中心。评估报告要紧紧围绕着公共关系工作目标是否实现、公共关系问题是否解决以及组织形象是否确立来写,绝不可游离于主题之外谈一些无关紧要的枝节问题。

公共关系评估报告的撰写、提交为公共关系评估成果的运用提供了依据,并能保证组织管理者及时掌握情况、进行全面协调。

关键术语

公共关系实施　　公共关系评估　　评估标准　　评估方法　　评估作用　　评估程序

案例分析题

案例1

上海申办2010年世界博览会

一、项目背景

当今社会国际商品交换的扩大和科学技术与经济发展之间的紧密联系使世界博览会这一国际经济、科技、文化的奥林匹克盛会显得举足轻重。中国前所未有的发展速度和在世界政治、经济、国际事务中的影响及作用,令世人瞩目,因此,举办一届成功的世界博览会显得极其重要。能否成功举办世界博览会,不仅反映出一个国家的建设成就和综合国力,更显示出主办国迈向下一个世纪的决心和信心。

二、项目调查

作为中国最大的经济中心城市、拥有1 300多万户籍人口的上海，2002年人均国内生产总值超过4 900美元，综合经济实力达到中等收入国家水平。经过20多年的不懈努力，上海的市政基础设施建设、旧区改造、产业结构调整都取得了重大进展，城市综合素质大大提高。特别是经过1999年财富全球论坛、2001年亚太经合组织会议的洗礼，上海举办大型国际活动的能力得到进一步增强。上海正逐步成为国际经济、金融、贸易和航运中心。如果上海申博成功，对长江三角洲地区影响巨大，上海周边城市将迎来一个扩大对外开放，活跃人流、物流、信息流，带动相关产业发展的历史性机遇。世界博览会从申办到举办，整个过程长达10年，上海市初步估计要投资30亿美元用于世博会园区建设。1美元的会展投资，将拉动5～10美元的城市相关产业投资，这对江苏、浙江两省无疑是一个极好的机遇。江苏、浙江两省作为经济大省、建筑大省，为上海发展出力、接受上海辐射是江苏、浙江的区位优势。目前，上海进行的上万个建筑工程中，有无数江苏人、浙江人的竭诚奉献。2010年上海世界博览会，预计有7 000万参观者，其中30%～35%将继续在华东地区游览。这意味着上海周边100公里以内的以苏州、周庄为代表的江南水乡，150～200公里范围内的无锡、杭州，300公里内的南京、扬州、镇江，以至中国最为富庶的整个华东六省一市，都将被上海世界博览会直接带动。

2010年上海世博会申办工作领导小组办公室委托上海城市经济调查队对全国50个城市的民意调查显示：89.4%的人认为中国有必要申办2010年世界博览会，94.4%的人拥护中国申办2010年世界博览会，92.6%的人认为中国有能力申办2010年世界博览会，78.6%的人相信中国申办2010年世界博览会会成功。一次广泛的网上调查也证明，92.3%的人支持上海举办2010年世界博览会。

三、项目策划

1. 公关目标

(1)塑造上海国际大都市形象，展现上海魅力。

(2)最终夺取2010年世界博览会主办权。

(3)充分发挥上海的五大优势是申博取得成功的保障，所以贯穿整个公关策划的就是突出优势、体现个性、展示魅力。

2. 五大优势

(1)参观人数多。如果2010年世界博览会在上海举行，超过7 000万人次的参观者将创世界博览会历史纪录。2010年上海世界博览会将成为各国人民的盛大集会。

(2)合适的主题。上海为世界博览会选定了合适的主题，“城市，让生活更美好”的主题能得到各国广泛关注。

(3)选址妥当。选址符合世界博览会的宗旨，做好了合理的选址场馆规划。世界博览会场址选在黄浦江滨水区，规划控制面积540公顷，世博园区面积规划400公顷，通过场馆建设，促使旧城改造，并在举办后，使该地区今后成为经济、科技和文化的交流中心。

(4)经济实力。上海改革开放以来积累的经济实力完全有条件举办世界博览会。

(5)社会稳定，秩序良好。上海举办世界博览会得到了民众的极大支持。据相关调查结果显示，上海世界博览会的民众支持率在90%以上。

围绕这五大优势的系列公关逐一展开，以让世界认同“上海是最好的选择”。

四、项目执行

2001年9月前以发放宣传册为铺垫,之后展开了大规模全方位的宣传,其间的宣传活动主要包括以下几方面:

(1)世界博览会知识网络电视竞赛。

(2)举行申办2010年上海世界博览会新闻通气会。

(3)世博会主题文艺演出。

(4)"万人支持申博网上签名"活动。

(5)"上海市民骑车申博万里行"。

(6)2 010名上海市民代表宣誓。

(7)"长江三角洲申博之旅"。

(8)征求申办徽标、口号、招贴画:通过宣传,征集徽标165个、海报470幅、口号6 140条。最终决定入围海报10幅,入围口号10条,入围口号是"中国如有一份幸运,世界将添一片异彩"。

(9)进入社区的"世博会向我们走来——世博知识巡回展"。

(10)派遣37个组团出国访问了87个BIE成员国,其中包括9个非建交国家。

(11)国外媒体宣传。世界各大主流媒体都对上海申博表示热切关注,分别以专题、专刊专版的形式给予追踪报道。英国《泰晤士报》、天空电视新闻频道以及星空传媒新闻频道,对上海市领导进行了联合采访,表示他们对上海申办世界博览会的支持。

(12)成立支持中国申博"企业后援团"。

五、活动主体

1.2001年6月6日

国际展览局第129次成员国代表会议在巴黎举行。会上确定了申博主题以及选址。

申博市民代表袁鸣做诚恳的介绍,现身谈到上海发展为人类提供实现价值的环境,以情动人,形式创新生动。

2.2001年11月30日

国际展览局举行第130次成员国代表大会,时任上海市市长徐匡迪做了申办陈述。

瑞士罗氏制药有限公司总经理以一名外资商人角度谈自身在上海的投资回报,证实了中国政府的承诺是绝对可以信任的。

3.2002年3月10—16日

中国作为申办国之一,第一个接受了国际展览局代表团的考察,通过一系列的陈述报告、实地考察,以及与各界人士交流沟通,国际展览局充分了解到上海的优势、能力、举办条件和各项准备工作。

4.2002年7月2日

国际展览局举行第131次成员国代表大会,时任国务委员吴仪、外交部长唐家璇、中国贸促会会长俞晓松等做了申博陈述。

唐家璇部长代表中国政府承诺我国将投入1亿美元支援发展中国家和地区前来参展,对参展国建立永久性展馆,中国政府还将给予建馆资金25%的补贴。此外,设立用于大会各项评奖的奖励基金。

5.2002年12月3日

国际展览局举行第132次大会,时任国务院副总理李岚清和国务委员吴仪进行最后一次陈述,再次肯定了中国政府对于承办2010年世界博览会的信心与态度。会上以一部充满上海市民热切期盼的实地拍摄的申博纪录片充分展示了上海的无限魅力。

当日国际展览局成员国对2010年世界博览会主办国进行投票表决，中国获得2010年世界博览会的主办权。

六、项目评估

(1)韩国YTN电视台在新闻报道中高度评价中国申博成功，认为这显示了中国经济发展的实力，提高了中国在国际社会上的威望和地位。

(2)香港贸发局认为上海世界博览会将为香港带来商机。

(3)西班牙《世界报》把上海定为2002年世界最知名城市，而成功申办2010世界博览会被作为其中关键的一条。

(4)法国《世界报》派发评论认为中国拿到2010年世界博览会主办权是众望所归。

(5)国际展览局官员评论：今天世界诞生了一个伟大的希望。

有了北京申奥的成功经验，上海申博活动开展得相当不错，整个申博过程中，政府牵头的国际公关活动为上海赢得了不少加分。首先，在国际展览局成员国会议上的四次陈述形式，上海有重大突破，给成员国代表以耳目一新的感受；其次，1亿美元援助基金的提出也是史无前例的，充分表示了中国政府的诚意以及表达了上海努力办好国际性世界博览会的意愿；最后也是最重要的，公关活动抓住了上海的五大优势展开，扬长避短，展示了上海开放、包容的鲜明个性，最终吸引了世界的目光。

上海申博成功的公关活动至少具备了以下几个特点：

第一，有明确的公关目标：(1)塑造上海国际大都市形象，展现上海魅力；(2)鲜明的主题："城市，让生活更美好"；(3)充分发挥上海的五大优势。

第二，总结出上海申办世博会的五大优势：(1)参观人数多；(2)合适的主题"城市，让生活更美好"；(3)选址妥当(黄浦江滨水区)；(4)经济实力；(5)社会稳定，秩序良好。

第三，上海举办世界博览会得到了民众的极大支持。相关调查结果显示，上海世界博览会的民众支持率在90%以上。

(资料来源：薛可、余明阳主编，《公共关系学——战略、管理与传播》，科学出版社2010年版，第56—59页。)

思考·讨论·训练

结合上海申办2010年世界博览会主办权的公关策划案例，总结其成功申博的公关活动具备了哪些特点。

案例2

精工表誉满全球的奥秘

1964年东京奥运会结束后不久，曾有日本人访问罗马。在一家餐厅里，当侍者看到这位日本人手腕上戴的是瑞士产品时，竟疑惑地问："您真的是日本人吗?"侍者诧异日本人竟然没戴在东京奥运会上叱咤风云的国粹——精工表。侍者的态度不仅反映了公众对精工表的评价，这实际上也正说明精工计时公司借助奥运会开展的公共关系活动的成功。从某种意义上讲，这也是对该公司公共关系活动效果的最好评价。精工计时公司的公共关系计划是如何实施的呢?

1. 精心策划、运筹帷幄

功夫不负有心人。精工表饮誉东京奥运会，其公共关系战略却要追溯到4年前，当奥运会一经宣布将在东京举行，日本主办单位决定的第一件事项就是大会的计时装置几乎全是日本产品。当东京奥运会决定首次使用日本国产表后，奥委会的有些人士曾深感不安，唯恐发生故障使大会难堪。

日本精工计时公司决心消除人们的种种顾虑，制订了“让全世界的人都了解精工的计时是世界一流的技术与产品”的公共关系计划，确立“荣获全世界的信赖”为公共关系目标，“世界的计时——精工表”作为公共关系活动的主题。为此，精工计时公司着手制订并实施了一项长达4年之久的整体计划，开始了一场史无前例的公共关系活动。

2. 巧妙实施、逐层推进

首先，精工计时公司派遣本企业的公共关系人员到罗马奥运会，进行“欧米茄”计时装置的现状及设施使用情况的调查。根据调查结果，决定产品开发的程序，拟订全盘公共关系计划。同时，各公司也开始进行多种多样的计时装置技术开发工作。随着计时装置开发工作的顺利进行，精工计时公司的公共关系计划也已策划成熟。调查研究工作结束之后，整个公共关系计划便分为三个阶段实施。

第一阶段，全力以赴地开发计时装置技术并同时说服主办单位使用该企业的产品。另外，会场的布置也需要征得国立竞技场和东京市政府的认可。精工计时公司一方面积极从事游说工作；另一方面将新开发的计时装置提供给日本国内举办的各种运动会作为实验之用，其目的是为了向各委员会证明精工技术的可信度。真诚努力终结硕果，奥委会于1963年5月正式决定东京奥运会全部使用精工计时装置。

第二阶段，在改进技术的同时，展开了以“精工的竞技计时表将被用于东京奥运会”为主题的公共关系活动。为了在世界范围内大造舆论，精工准备了奥运会预备会上所需的宣传手册，广告宣传也紧锣密鼓地开展。

第三阶段，公共关系的各种计划先后付诸实施，报纸、广播、电视等在报道与奥运会有关的消息时，都或多或少地涉及精工表，从而造成了“东京奥运会必须使用精工计时装置”的舆论。

由于精工与奥运会的完美结合，公共关系活动收到了奇效。当东京体育馆室内比赛大厅的竞技计时装置完成后举行盛大的落成典礼时，精工的技术被夸耀为日本科学的精华和无与伦比的结晶，终于实现了“精工——世界的计时表”这一目标。

精工计时公司为这次长达4年的公共关系战役投下的资本是：85名技术员与890名作业员，以及数百亿日元的财富。然而，公共关系成就的最好例证便是开篇的故事，在罗马人眼里，精工表可以与瑞士表相媲美，这足以说明精工计时公司此项公共关系活动的效果。

（资料来源：张岩松主编，《新型现代公共关系实用教程》，清华大学出版社2008年版。）

思考·讨论·训练

如何评估日本精工计时公司借助奥运会开展的公共关系活动的效果？

练习题

一、单选题

1. 公共关系实施是解决公共关系问题和实现公共关系目标的重点环节，它决定了（　　）能否实现，以及实现的程度和范围。

A. 公共关系策划创意　　B. 公共关系调查的成果

C. 公共关系实施的战略　　D. 公共关系评估

2. 实施交际型公关活动时，下列选项中不正确的做法是（　　）。
A. 注重交流技巧及公关礼仪　　B. 加强感情交流
C. 交际手段必须光明正大　　D. 为达到目的可以不择手段
3. 社会组织在举办公益性公关活动时，需要注意（　　）。
A. 必须当场有效　　B. 必须成本较低　　C. 量力而行　　D. 进行商业炒作
4. 公共关系实施的传统障碍因素不包括（　　）。
A. 人员障碍　　B. 优秀公关人员的缺失
C. 制度障碍　　D. 政策障碍
5. 会给公共关系实施带来毁灭性打击的是（　　）。
A. 组织障碍　　B. 沟通障碍　　C. 突发事件的干扰　　D. 信息障碍
6. 公关实施的过程中，把偏差消灭在萌芽状态的控制方法是（　　）。
A. 前馈控制法　　B. 中馈控制法　　C. 后馈控制法　　D. 超前馈控制法
7. 公共关系评估就是社会组织根据特定的标准，对（　　）进行检查、评价，以判断其优劣的过程。
A. 公共关系计划、实施及效果　　B. 社会调查的结果
C. 公关策划方案　　D. 公关实施方案
8. 公共关系评估最早出现在（　　）。
A. 英国　　B. 美国　　C. 中国　　D. 日本
9. 评估公共关系活动的效果，首先要衡量的是（　　）。
A. 经济效益　　B. 心理效益　　C. 文化效率　　D. 社会效益
10. 公共关系评估的标准不包括（　　）。
A. 准备过程的评估标准　　B. 准备效果的评估标准
C. 实施过程的评估标准　　D. 实施效果的评估标准

二、多选题

1. 公共关系实施（　　）。
A. 是解决问题的中心环节　　B. 决定了公关计划的实现程度和范围
C. 为后续方案的制订提供依据　　D. 是积累公关经验的重要步骤
2. 公共关系实施中的沟通障碍包括（　　）。
A. 语言、风俗习惯的差异　　B. 公众知识水平与阶层结构的差异
C. 政策障碍　　D. 不合理的组织机构导致信息堵塞
3. 沟通障碍的排除要注意（　　）。
A. 切实了解和掌握公众的“优势需要”　　B. 选择与运用好传播媒介和沟通方法
C. 增强内部员工的荣誉感和责任心　　D. 精简机构
4. 公关实施在组织管理方面的障碍主要有（　　）。
A. 组织机构重叠，使得信息传递的层次过多
B. 组织机构分工混乱，使得信息传递通道不畅通
C. 组织机构内部协调不够，使得信息传递过于单向
D. 员工的荣誉感和责任心不强
5. 突发事件障碍的排除需要（　　）。
A. 建立处理突发事件的关系网络　　B. 宣传及时
C. 制订突发事件处理计划，合理配置资源　　D. 精简机构
6. 公共关系评估的内容主要包括（　　）。
A. 公共关系工作程序评估　　B. 专项公共关系活动评估
C. 传播沟通评估　　D. 公共关系状态评估

7. 公共关系工作程序评估包括(　　)。

A. 公关调查过程评估　　B. 公关计划制订过程的评估

C. 公关计划实施过程的评估　　D. 公关年度计划的评估

8. 专项公共关系活动评估的内容主要包括(　　)。

A. 日常公共关系活动成效评估　　B. 单项公共关系活动效果评估

C. 年度公共关系活动效果评估　　C. 长期公共关系活动效果评估

9. 传播沟通的评估主要包括(　　)。

A. 信息制作的评估　　B. 信息传播力的评估

C. 传播沟通效果评估　　D. 公共关系战略的评估

10. 公共关系评估的意义包括(　　)。

A. 改进公共关系工作的重要手段　　B. 开展后续公共关系工作的必要前提

C. 评价公共关系工作成效的重要依据　　D. 激励组织内部员工的重要形式

三、名词解释

1. 公共关系实施
2. 前馈控制法
3. 公共关系评估

四、简答题

1. 简述公共关系实施的控制方法。
2. 公共关系实施的障碍有哪些?
3. 公共关系评估的概念是什么? 有何意义?
4. 简述公共关系评估的标准。
5. 公共关系评估的方法有哪些?
6. 企业中公共关系部门的职能有哪些?
7. 处理消费者关系有哪些意义? 具体方法有哪些?
8. 处理媒介关系应坚持哪些原则?

五、论述题

1. 怎样才能排除公关实施的障碍?
2. 结合中国的具体国情来评述艾伦・R. 弗赖塔格教授关于公共关系评估方法的 12 点原则和测量方法导向。

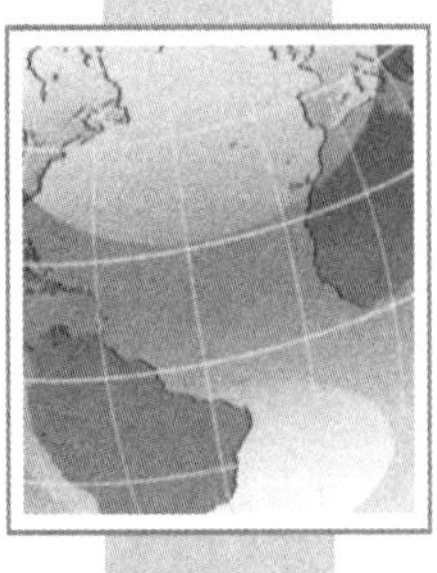

第八章 中国特色的政府公共关系

本章概要

政府公共关系是公共关系的一般理论在政务活动中的具体运用。政府公共关系是以各级政府为主体、以社会公众为客体的一种特殊的公共关系类型。中国政府公共关系的发展是社会主义市场经济和民主政治发展的需要,具有鲜明的中国特色。本章主要论述了改革开放以来中国政府公关发展的几个阶段,现状与问题;政府网络公关的发展现状,网络公关的特点及发展趋势;探讨了网络对政府公关的双重影响以及政府网络公关管理的对策与策略。

第一节 当代中国政府公共关系工作的实践

一、政府公共关系的含义

在本书第四章讲述公共关系的职能与作用时,我们已延伸介绍了政府公关的含义、特征与功能,既然政府公共关系是公共关系的一般理论在政务活动中的具体运用,因此,我们认为:政府公共关系是以各级政府为主体、以社会公众为客体的一种特殊的公共关系类型,是政府在维护社会利益和促进社会发展的前提下,为了更好地履行其职能,实现工作目标,而运用各种传播手段与社会公众建立相互了解、相互适应的关系,以期在公众中树立良好的形象、争取公众的支持和理解的行政管理行为。从动态上看,政府公共关系即政府机构与社会公众之间的传播沟通活动;从静态上看,政府公共关系是发生在政府与公众之间的一种信息交流、沟通与传播的行为与状态;从管理学角度看,政府公共关系是一种组织职能,政府公共关系管理即对政府组织与社会公众之间的传播行为与状态进行管理。

政府公共关系管理是现代行政管理活动的一个组成部分,就其基本性质而言,政府公共关系包括以下几层含义:

(一)政府的公众信息管理

即政府组织与社会公众之间信息流通的管理。现代社会,政府组织与社会公众之间的信息流通量日益增大。一方面,各种社会信息对政府组织的决策和行为的影响作用越来越大,面对日益膨胀、大量涌入的社会信息,如何通过过滤、提炼、分析、整理来去粗取精、去伪存真、由此及彼、由表及里,提高政府对公众信息的利用质量和效率,这是公众信息管理的基本职能;另一方面,政府组织对公众环境的信息输出量越来越大,对公众信息的反应速度越来越快,对组织信息输出的质量要求也越来越高,如果缺乏完善的信息输出管理机构和管理体制,就难以适应开放、多元、民主和竞争的社会环境。

(二)政府的公众舆论管理

舆论是公众信息的一部分,是一种集中的、强化了的公众信息。它是社会上大多数人对政府组织的看法和意见的公开表达，表示着大多数社会公众对政府组织的基本态度和行为，是衡量政府组织公共关系状态的重要标志。任何政府组织都生存在特定的公众舆论环境之中，其政策和行为既受公众舆论的左右和影响，又影响和左右着公众舆论。特别是在当今这个网络传播时代，公众舆论变得日益敏感，公众舆论对政府组织的压力也日益增强。通过政府公共关系去影响人们的看法、意见、态度和行为，为政府组织营造一个适宜和良好的公众舆论环境，是政府公共关系管理的重要职责。政府公共关系因此可以被称为认知管理和观念向导。

(三)政府的公众关系管理

在此，公众关系特指政府组织与社会公众相处和交往的行为和状态，其对象包括一切与政府组织的目标和政策存在着现实或潜在关系、直接或间接关系的社会个体、群体或组织，他们是政府组织赖以生存和发展的社会生态环境，决定着政府组织目标、政策和行政行为的成败。在现代社会，政府组织的公众关系日益复杂多变，对公众关系的开发、疏通、建立、维持、协调、发展是政府公共关系管理的重要任务。

(四)政府的公众形象管理

政府的公众形象是政府组织的素质、实力和表现在社会公众中获得的认知和评价，即政府的社会认知度和社会信誉度。这是现代政府的一种无形资产和无形财富。政府公共关系如何通过对政府组织各种形象要素的设计、规划、控制和传播，对政府的社会认知度和社会信誉度进行创造、维护、调整和提升，科学地调控和管理政府组织的公众形象姿态，这是现代政府管理所面对的一个新课题。

公众信息管理、公众舆论管理、公众关系管理和公众形象管理是相关度很高的几个概念，在政府公共关系研究中无法将它们割裂开来和孤立起来；而且从管理机制、管理手段和管理过程来看，它们都是以传播沟通为基础和特点的，都需要通过传播沟通才能实现。因此，可以用传播管理(management of communication)来整合这几个概念，并体现这几个概念的共同本质。可以说，政府组织和公众之间的双向沟通就是现代政府公共关系的本质。

从实践特点来看，公共关系操作即专门运用传播沟通的媒介、技术、手段、方法来处理组织管理中的公众信息、公众舆论、公众关系和公众形象的问题。政府公共关系的实践逐渐从传播的技术层面发展到传播的管理层面，说明公共关系已成为现代政府组织不可缺少的管理手段和管理职能。

在我国当今开放的环境和竞争的条件下，政府对社会公众的依赖性越来越强，政府的公共关系业务量越来越大，对公众传播的资源投入越来越多，从而需要在政府的管理行为和管理职能中形成相应的公共关系工作机制，以适应和整合复杂多变的公众环境。因此，政府公共关系职能化是必然趋势。

二、中国政府公共关系发展的几个阶段

(一)萌芽阶段(20 世纪 80 年代)

现代意义上的政府公关是从 20 世纪初开始的，而中国政府公关则是在 20 世纪 80 年代开始萌芽的，这个阶段的主要方式是一些简单的政务信息发布和有关政府形象的新闻报道。例如，1983 年天津市政府开始把为群众办实事作为制度；某些城市也设立市长电话和市长接待日；1988 年新华社两位记者报道上海实行廉政的情况，都引起了公众的广泛关注。

实际上，改革开放后中国政府公共关系活动的主要内容集中于媒体关系活动(新闻发布部门与机制的建立)。中国开始正式建立政府新闻发言人制度的时间是 1983 年。1982 年年初，

中央对外宣传领导小组起草《关于设立新闻发言人制度的请示》。1983 年 2 月，中宣部、中央对外宣传领导小组联合下发《关于实施〈设立新闻发言人制度〉和加强对外国记者工作的意见》，要求外交部和对外交往较多的国务院各部门建立制度，定期或不定期地发布新闻。1983 年 3 月 1 日，外交部新闻司司长齐怀远成为外交部第一位新闻发言人。1983 年 4 月 23 日，中国记者协会首次向中外记者介绍国务院各部委和人民团体的新闻发言人，正式宣布我国建立新闻发言人制度。①

政府建立新闻发言人制度，确定有能力代表政府发言的高级官员为发言人，目的是通过新闻媒介及时向社会各界公众传递和发布重要信息，介绍政府的路线、方针、政策、意图，就社会公众关心的问题做出宣传和解释，以增加公众对政府的了解和理解。

（二）起步阶段（20 世纪 90 年代初—90 年代中期）

这一阶段主要以国家和各省市相关新闻机构设置为标志，1991 年国务院新闻办公室宣告成立，与此同时，全国政协设立新闻处，其他部门也开始设立新闻发言人。

1992 年 5 月，湖南双峰县设立了全国首家公共关系局。

1993 年，广东省开始在“两会”期间向境内外记者发布新闻。到 1998 年，深圳设立了市、区和政府各部门三级新闻发言人制度，任命了全市 38 家单位和 40 位新闻发言人。1999 年，广东省政府办公厅转发省政府新闻办文件，明确以“广东省人民政府新闻办公室情况介绍会”的形式，定期向境内外媒体发布广东社会经济发展的最新信息。这标志着广东省成为中国第一个正式建立新闻发言人制度的省份。组织机构的设置代表着中国政府开始将与公众的沟通纳入行政管理工作之中。

此外，利用传统的社会协商对话方式收集来自公众的信息，也可以看作当时中国政府公关的主要方法。社会协商对话制度是我们党提出的一种促进各级政府与群众交流的方法，实质上就是各级党政部门开展的公共关系活动。这一制度一方面可以使普通群众反映自己的意见，参与国家的政治生活，增强群众的政治责任感；另一方面可以使政府部门了解群众意见，提高政府决策的科学性和有效性。通过协商对话，“重大情况让人民知道，重大问题经人民讨论”，自然会在政府和群众之间形成畅通的信息渠道，增加相互之间的了解、理解与支持。协商对话的具体形式有干群对话、首长接待日、热线电话、市长信箱等。广州市政府就以广泛的对话赢得社会各界对政府方针、政策的理解和支持。1988 年，在正式推行住房改革之前，广州市政府开展了“住房改革千家谈”；1990 年，围绕百姓关心的菜篮子问题，又开展了“菜篮子工程千家谈”。两次协商对话活动引起了群众的强烈反响和踊跃参与，为政府决策提供了帮助，也在很大程度上密切了政府与群众的关系。政府公共关系收集信息除社会协商对话方式外，还有以下几种渠道：通过设立信访机构，接待公众来访，处理公众来信；密切注意舆论对政府的批评和建议，迅速加以处理；政府工作人员深入基层调查研究，实地了解政策执行情况与群众反映和进行科学的民意调查等。

（三）局部发展阶段（20 世纪 90 年代中期—90 年代末）

随着公关进入政府管理领域，很多地方政府结合地方文化特色，运用公关策划举办了各种社会活动，开始打造自己的品牌形象，如潍坊风筝节、哈尔滨冰灯节、义乌国际小商品交易节等，城市通过活动来塑造特色和形象是政府对公关传播进程的推动。

（四）全面发展阶段（20 世纪 90 年代末至今）

20 世纪 90 年代，伴随着企业改革的深化、技术进步和经济结构调整，人员分流、职工下岗

① 冯丙奇、齐小华：《政府公关操作》，清华大学出版社 2011 年版，第 28－29 页。

和失业率上升难以避免。我国在1998年正式下岗职工已达2 000多万人，在国家的社会保障体系还未完全建立的情况下，数量庞大的失业者对突然失去工作缺乏思想准备，易出现心理动荡、情绪不稳，从而使潜伏的社会矛盾浮现出来。因此，必须开展政府公关，动员社会各界力量，关心下岗工人生活，搞好职业培训，拓宽就业门路，推进再就业工程；必须做好政策解释工作，争取广大社会公众的理解和支持，缓解下岗职工的不满情绪，在政府与企业、社会之间建立沟通协调机制，化解社会矛盾，维护国家的政治、经济和社会稳定。这是政府公关全面发展的社会背景。

政府部门公关全面发展首先体现在新闻发言人制度的逐步推行。2003年“非典”发生后，我国加快了建设地方政府新闻发言人制度的步伐。2003年是我国新闻发布工作中具有里程碑性质的一年。从这一年开始，全国广泛推进建立新闻发布会制度、设立新闻发言人、开展新闻发言人培训等相关工作。例如，2003年1月9日，北京市出台了《关于在各部委办局、各区县设立新闻发言人规范发布制度的意见》，规定各政府序列的局级以上单位都要设立新闻发言人制度。7月，公安部进一步规范了公安部新闻发言人工作和相关制度，成立了公安部新闻发言人工作小组和由有关单位人员兼职组成的公安部新闻发言人办公室，先后成功组织了一系列新闻发布活动。6月3日，上海市政府正式宣布建立发言人制度，确立了首批两位发言人，规定每两周举行一次新闻发布会，将市政府所做的重要决策、通过的重要决定以及近期的安排及时地向社会各界发布。9月，深圳市正式实施《政府新闻发言人工作制度》，实行新闻发言人工作的“行政首长负责制”。9月15日，云南省人民政府办公厅发布《云南省人民政府办公厅关于建立政府新闻发言人制度的通知》。9月22日，安徽省公布《安徽省人民政府新闻发布会制度》，确定安徽省政府新闻发布会制度的相关内容。四川省、云南省也相继建立了政府新闻发言人制度。因此，2003年度也被称为新闻发言人制度的“滥觞之年”。[①]

新闻发言人可以统一传播政府的一些信息，各级政府设立新闻发言人制度，也是政府公关逐步深入和制度化的重要标志。但是，某些现象也表现出当时的一些不足。比如，一些推行了新闻发言人制度的省份的记者反映，他们到政府有关部门去联系采访，结果被告知所有的事情新闻发言人都讲过了，去找新闻发言人吧。这种现象引发了这样的怀疑：“我们建立新闻发言人制度到底是为了促进信息披露、政务公开，还是为了控制舆论、封闭信息？”[②]

随着新媒体传播的发展，国内政府公共关系也对新媒体有了尝试性的应用，其中尤以互联网为主。虽然中国政府首次推行网络发言人制度的是浙江省镇海区，时间是2008年10月，不过广泛的正式的开始应该是在2009年，因此2009年被称为是中国网络新闻发言人制度的元年。2009年8月初，针对反映广东省韶关工商局“涉嫌滥用职权”的网帖，广东省工商局正式以“广东省工商局网络发言人”的名义予以回复，开政府部门网络发言人之先河。9月1日，贵阳市政府公布《贵阳市政府系统网络新闻发言人工作方案(试行)》，正式启动市政府系统网络新闻发言人工作，这是全国首家以政府名义推出的网络新闻发言人制度。10月9日，佛山市政府出台《关于建立和完善网络发言人制度的意见》，要求政府部门初步回应和受理不超过4个小时，答复时限为5个工作日内，确需延长办理的不得超过10个工作日。10月10日，佛山市7部门正式启动网络发言人工作，实行“每日一告”制度，将每日发帖数、回复数等发布在《每日一告》中，便于广大网民监督，回复网民呈制度化、常态化。12月，南京市推出90个部门的

① 冯丙奇、齐小华：《政府公关操作》，清华大学出版社2011年版，第29—30页。
② 《“新闻发言人”不是“人”，喻国明指出任何官员不能逃避采访》，《领导决策信息》2003年第50期，第23页。

网络发言人，覆盖42个政府工作部门、16个市政府直属单位、9个重要部门、13个区县。南京市还要求网络发言人针对网帖要在24小时内予以回复。2010年7月22日，三门峡市委举行第六次新闻发布会，往常集中在新闻发布会现场的互动交流环节延伸到了互联网，通过开设在人民网、新浪网等网站的微博对发布会随时跟进。

第一，在专业培训活动方面，目前接受培训的国内政府公关人员主要仍集中于新闻发布人员。最早的专业培训开始于2003年，密集于2003—2006年间。2003年9月11—12日，广东省佛山市举办第一期新闻发言人、新闻联络员培训班，参加人数达到200多人。9月22—27日，国务院新闻办在北京举行了第一期全国新闻发言人培训班，来自66个中央和国家机关单位的100多名新闻发言人和新闻官员参加。国务院新闻办举办的第二期全国新闻发言人培训班（全国省级政府新闻发言人培训班）于11月3日在北京开班，来自各省、自治区、直辖市以及部分省会和重点城市的77名新闻发言人和新闻官员参加了这次为期一周的培训班。这是中国第一次对省级政府新闻发言人进行集中培训。2004年5月17日第三期开班，国家部委、军队和地方政府的80多名新闻发言人参加，伟达（中国）公关顾问公司的培训师出现在课堂上，这是首次邀请国外培训机构参加中国政府举办的全国性新闻发言人培训班。6月9日，国新办干部培训中心同美国时代华纳/特纳广播公司联合举办的新闻发言人研讨班开班。此后每年都要举办1～2次培训班。第四期全国新闻发言人培训班于2005年12月2—6日在北京开讲。①

第二，建立了规范的政府与社会信息沟通形式。以社会协调对话、现场办公、市长公开电话、民意调查等形式的政府公共关系活动大量开展。社会协调对话是政府与公众不同层次、不同级别、不同形式、不同内容的全方位交流活动。目前，协调对话的主要形式有：协调对话会，由政府主要负责人或部门领导参加，与公众面对面直接交流；记者招待会也是民主对话的渠道之一，它有利于提高领导机关的透明度，重大情况让人民知道；座谈会也是一种有效的对话活动，各级政府领导深入群众之中，与群众直接交流对话，有利于密切干群关系和问题的解决。现场办公是消除政府与公众、领导与群众隔阂的有效的政府公共关系方式之一。市长、县长下基层现场办公，直接面对公众，回答各类问题，并尽量给予圆满的答复。这种做法是打破“衙门难进，市长难见”状况、树立政府亲民形象、协调政府与社会公众关系的良好途径。市长公开电话是政府倾听群众呼声的“热线”。公众通过公开电话能够将日常生活和工作中遇到的问题及时、迅速地反映给政府。这不仅为领导部门正确决策提供了依据，同时也使政府能够及时察觉到有关动向，并制定应急措施，消除隐患。市长公开电话具有直接、迅捷、真实的特点，对改进政府工作、密切政府与公民关系起到了积极作用。民意调查是一种运用现代科学方法及数理统计手段，及时并准确地收集、整理、统计、报告民众意见，测定社会舆论变化的活动。其功能在于如实反映各阶层公众对某人、某项政策、某个社会问题的看法、意见、态度和评价，给各级政府提供决策或改进工作的依据。随着改革开放的深化，我国政府日益重视采用民意测验、社会调查方法沟通与公众的联系，这既提高了政府决策的科学性和准确性，提高了干部群众的民主意识，也有利于公民参政，促进政府与公众之间的交流。

第三，建立了政府对社会信息的传播制度。2008年5月1日，我国正式实施《国务院信息公开条例》，建立了“公开是制度，不公开是例外”的信息发布制度，标志着我国政府对社会的信息公开达到了一个新的水平。特别是“5·12”汶川地震发生后，我国及时、透明的信息发布工

---

① 冯丙奇、齐小华：《政府公关操作》，清华大学出版社2011年版，第33—34页。

作受到国内外的好评,为党和政府树立了良好的形象。信息发布是政府利用大众传播媒介或其他宣传渠道,将自己的工作和活动情况及时介绍给社会公众。政府发布信息的渠道很多:一是记者招待会,参加人员为政府领导人和新闻记者;二是建立新闻发言人制度,由发言人定期或不定期向外发布信息;三是制度化的工作报告,如在人民代表大会上行政首长要做政府工作报告等;四是政府举办各类展览会、招待会、研讨会等。

第四,积极推动政务公开。政务公开是一种有被监督意义的政府公共关系形式。其主要内容是办事制度公开、办事程序公开、办事结果公开等。政府可以通过政务公开,缓解冲突,解决矛盾,协调政府机构与各界公众的关系,为决策实施创造良好的内外部环境,促进政府机关的自我监督以及全社会对政策活动的监督,保证政府决策发挥良好的社会效益。这种公共关系形式如同一面高悬的明镜,有效地制约和检验着公务人员的言行。这一制度的建立使行政行为趋向透明化,是公民了解政府信息最有效的手段之一,也是政府公共关系活动中向社会传播信息最主要、最有效的方式之一。

第五,运用政府公共关系处理突发事件能力不断加强。现代社会爆发危机频繁且不可预测,危机后果一般具有严重性。如何处理危机、摆脱困境,成为衡量现代政府能力的重要标准之一。因此,对政府公共关系而言,关键在于危机预警时可充分发挥政府公共关系的信息收集能力,尽早了解相关情况,早做准备;危机发生后可采取合理的态度、方式来尽快解决危机,尽量减少不利影响,尽可能使社会和谐少受危害。2005 年,中国遭遇禽流感袭击,在这次禽流感处理过程中,中国政府启动了防范禽流感应急机制,在国内外及时通报疫情,特别是对一些未确诊的怀疑病例也反应积极,邀请世界卫生组织一起做调查,始终保持高度的信息透明度。政府通过报纸、电视、广播等大众媒体,多渠道宣传防疫知识,各级政府新闻发言人也始终与大众进行持续全面的沟通。在这次预防禽流感的全球战役中,中国政府在信息披露的透明度、主动性与效率上大大提升。我们看到,在经历了"非典"危机之后,面对禽流感危机,中国政府的危机公共关系措施已经更为成熟和稳健。政府公共关系已经成为缓解内部矛盾、协调社会关系的重要工具,并延伸到国际舞台上,取得了令人瞩目的成绩。

第六,政府公共关系活动开展广泛。在 2008 年北京奥运会期间,中国政府大量运用了公共关系的手段,开展了一系列外交活动,树立了良好的国家形象。一些大中城市结合地方文化特色,以树立城市形象、开展经济和文化交流为目的,运用公共关系手段,成功地举办了一系列色彩浓厚的公共关系社会活动。例如,潍坊的国际风筝节、淄博的陶瓷琉璃艺术节、哈尔滨的冰灯节、上海和成都的电视节、呼和浩特的那达慕节、青岛的啤酒节、昆明的世界园艺博览会等。这些活动在提高城市知名度、招商引资等方面都产生了积极的作用。特别是 2010 年上海世界博览会,这是中国首次举办世界博览会,它打破了世界博览会史上的最大规模纪录,同时,7 308 万的参观人数也创下了历届世博会之最。

三、我国政府公共关系的现状及特点

(一)我国政府公共关系起步晚,但发展迅速、效果明显

20 世纪 80 年代以来,随着改革开放的发展,公共关系逐渐被国人所认识,并很快风行于各行各业、各个领域。起初,公共关系作为一门科学和一门管理艺术而被重视起来并不是在中国。虽然我国早在古代和近现代也有一些公共关系的思想,但并没有成体系,也没有进行深入的探讨和研究。公共关系在我国是舶来品。如前所述,我国真正将其引入是在 20 世纪 80 年代,而且起初应用的范围很窄,仅仅是在我国南方部分城市的酒店管理中运用,一直没有得到

真正的重视。

公共关系在我国被政府所借鉴是在1988年底，当时新华社两位记者以“政府形象”为题，报道了上海市实行廉政的情况，很快引起了研究组织形象的公共关系界人士的关注。人们据此分析，我国公共关系的热点已经不再局限于企业界，而开始进入社会政治领域。随后，在我国一些大中城市，政府广泛结合当地文化开展了公共关系活动，树立了当地的城市形象，宣传了当地的地方文化。1991年，国务院新闻办公室宣告成立。与此同时，全国政协决定成立新闻处。到2004年，我国正式在全国地方政府设立新闻发言人，标志着我国政府公共关系的长足进步。

虽然政府公共关系在我国起步晚、发展滞后，但这一状况自2003年“非典”事件后已有明显的变化。鉴于“非典”事件初期政府有关部门公共关系运作的不到位，近年来，我国中央政府和地方政府先后制定了各种突发事件的应急预案，并在此基础上，于2007年颁布了《中华人民共和国突发事件应对法》。在2008年“5·12”汶川大地震中，信息公开机制充分显示了它的作用。“5·12”政府危机公关期间所形成的“一方有难、八方支援、万众一心、举国赈灾”的局面，从某种意义上说，也可视为我国政府公关危机管理机制运作的新成效。这一突破极大地提升了整个国家的软实力。伴随着北京申办2008年奥运会和上海申办2010年世博会成功，政府公关日益深入人心，“政府形象”受到高度重视。

(二)我国政府公共关系理论支持不够，但实践的发展必将带来理论的繁荣

迄今为止，现代公共关系传入我国仅有30多个年头，公共关系运用到政府行政管理中也不过仅20年而已。我国关于公共关系研究的书籍有很多，如廖为建主编的《公共关系学》、蒋春堂主编的《公共关系学教程》、居延安主编的《公共关系学》，以及刘金同、杨专志、刘水国主编的《公共关系实务》等。但到目前为止，关于政府公共关系学的研究还不够完善。目前，我国市场上关于政府公共关系研究比较系统和完整的书籍只有詹文都主编的《政府公共关系》(2004年)、唐钧主编的《政府公共关系策略与实务》(2008年)和冯丙奇、齐小华编著的《政府公关操作》(2011年)，寥寥可数。因此，可以看出政府公共关系理论在我国的发展还处于萌芽阶段。

实践的发展需要理论的支持，当然理论也是源于实践的，由于公共关系传入我国较晚，真正意识到政府公关的重要性并把它作为一门科学去研究的日期也晚，所以造成了政府公关在我国实践少，广大学者难以结合本国的情况展开研究。但是，政府公关目前在我国发展迅速，且我国政府也越来越感觉到政府公关在政府行政管理中的重要性，重视政府公关的发展和在实践中的运用，所以我国政府公关在未来一定会有可喜的出路，属于我国政府公关理论的书籍也一定会越来越多。

(三)目前政府公关意识较为淡薄，新闻发言人制度还有待完善

公关意识的内容包括很多，其核心内容主要有塑造形象的意识、服务公众的意识、协调沟通的意识、立足长远的意识。但到目前为止，普遍来讲，许多官员的政府公关观念还较为淡薄，既没有认识到政府公关活动的重要性，更谈不到将其上升为一种价值观和管理哲学渗透到政府工作人员的日常行为之中。

首先表现在缺乏自觉利用传媒手段进行形象投资、形象管理、形象塑造的观念。政府形象主要是指政府及工作人员在民众心目中的美誉度大小，是政府获得民众欢迎、接纳、信任的程度。固然，政府工作具有权威性与政策性，但无论是从民主政治的大气候还是从中国特色的社会主义政府公关的“小环境”来看，所谓的权威性及政策性都必须建立在民众信赖政府的基础之上，政府的形象如何直接关系到党和政府的威信及工作的成败。许多政府工作人员心目中没有形象意识，对现代传媒的重大作用了解不够，又十分缺乏应有的传播技巧，表现在决策和行动中则是对自觉进行形象投资和形象塑造重视不够。例如，虽然我国各级政府都建立了新闻发言人制度，但 2010 年 11 月，人民网舆情监测室发布的"地方应对网络舆情能力分析报告（2010 年 7—10 月）"中，"新闻发布会推荐"一项空缺，这是因为，新闻发布会是突发或热点事件之后信息传递的重要渠道，然而从信息发布、驾驭局面能力、对待媒体态度等各方面考量，却找不到足以推荐的发布会案例。为什么那么多的新闻发布会都不及格？最主要的原因是互动缺失。[①] 从这种意义上来看，国内政府新闻发布工作仍有待进一步提高。

实际上，新闻发言人制度与新闻发布会之间不能画等号。新闻发言人制度的建设，并不仅仅是召开新闻发布会而已。很多人误认为地方政府如果选出了一位新闻发言人，定期或不定期召开新闻发布会，传达政府信息、回答记者提问，就意味着新闻发言人制度已经建立起来，这是一种误解。新闻发布的形式大致包括新闻发布会、记者招待会、吹风会（或称记者沟通会，主要是与记者进行非正式的座谈）、记者集体采访、媒体专访、记者餐会、电话采访、书面采访等。很明显，新闻发布工作并不局限于新闻发布会。一些政府的发言人或者新闻办公室除了新闻发布会时接受媒体采访，其他时间的传播积极性并不高。这种现象显示，新闻发布活动的关键是策略。策略引导着公关活动，是有效公关活动的重要组成部分。简明而言，策略是指为了实现特定传播目的而对各种不同的传播方式进行的选择与组合——从其最基本的层面上讲，策略指选择，是对所有可供选择的方式方法的选择。很显然，策略的基础是积极性，因为如果缺乏积极性，对可供选择的方法进行的选择就无从谈起。

其次，公关观念的淡薄具体还表现在缺乏为公众服务的观念，门难进、脸难看、话难听、事难办的现象时有发生。一些领导干部更多考虑其权威性和政策性，习惯于高高在上、发号施令，不愿踏踏实实为群众、为社会奉献，通过自己的工作为群众带来满意和方便，用热诚的服务去赢得好感和信赖。更有甚者，将手中的权力作为群众办事的路障进行"关、卡、压"，严重败坏了政府的形象。

最后，缺乏协调观念，表现为不善于调节、平衡和统一各种不同的关系、不同的利益、不同的要素，不懂得兼顾、统筹、缓冲和必要的调和、折中的意义和价值。目光短浅，思路狭隘，经常陷入难以协调的矛盾中。

（四）我国政府公关机构设置不完善

政府大量的、经常性的公共关系活动是由政府内部公共关系机构承担的。因此，政府内部公共关系机构的建立和健全，对于政府公共关系活动的有效开展产生直接的影响。由于政府的行政管理涉及社会事务的方方面面，其管理覆盖之宽、所面对的公众之复杂、信息流量之大，都是其他任何组织不能相比的。这就要求政府内部必须有专门的机构去承担和完成传播沟通、信息咨询、协调引导等公共关系，以保证政府机构的正常而有效地运作。当然，政府内部的公共关系机构未必要冠以"公共关系"名称，有些承担着公共关系职能的机构如办公厅、调研机构、人民来信来访办公室、举报中心等也承担着上述职责。

目前，我国各级政府陆续成立了一些公共关系职能部门，但往往设置分散、职责不一，很难满足政府公共关系的客观需要，现在推行的政府发言人制度不失为一种政府公关的好制度，有助于完善政府的行政行为，改善政府的整体形象。但是，政府发言人往往处于被动的地位，缺乏主动推销政府行为或者国家政策的能力。这样的新闻发言人制度对于消除公众对政府决策

① 盛大林：《新闻发布会何以没有"正面典型"》，《检察日报》2010 年 11 月 26 日，第 004 版。

的疑虑作用不大，反而会有增加公众对政府行为和政策的抵触情绪的风险。因此，政府公共关系机构的合理设置是十分重要的。

（五）缺少专业从事政府公共关系的人才

无论是社会组织还是公共关系机构开展公共关系工作，最终都是由公共关系人员具体执行。离开公共关系人员，社会组织和公共关系机构只是抽象的公共关系主体。从公共关系学的意义上讲，公共关系人员实际上是有严格限制的。它主要是指公共关系的专业人员或者是公共关系职业的从业人员。他们需要经过严格的专业训练和长期的实践锻炼才能造就，他们有自己特有的素质条件和能力条件。政府公共关系人员是指在政府公共关系部门或机构中专门从事公共关系工作的各类人员。他们是政府公共关系工作的主要力量，是公共关系活动的设计者和实际操作者。因此，对公共关系人员的结构进行科学的配置，选择和配备职业素质较高的公共关系人员，是搞好政府公共关系的前提条件，直接决定和影响政府公共关系活动的效能。遗憾的是，在我国的各所高校中虽然有个别高校如厦门大学开设了公共关系的专业，但没有开设政府公共关系的专业，所以我国缺乏专业性的政府公共关系人才。

第二节　当代中国开展政府公共关系工作的必要性

我国是一个发展中的大国，与西方发达国家相比，无论是生产力发展水平还是科技教育发展，都存在很大差距。然而，人民对政府的期望值越来越高，构建和谐、公平、公正的社会环境的呼声日益增强。政府的人民性质和复杂的政治经济社会文化环境决定了政府公关的必要性。

一、开展政府公关工作是发展社会主义市场经济的客观要求

我国过去实行的是单一的计划经济模式。经济组织与政府管理部门是严格的行政隶属关系，政府对社会经济生活的管理主要靠行政命令的方式来进行。在这种体制下，政府没有必要也不可能开展以协调沟通各方面关系为目的的公关活动。改革开放后，社会主义市场经济运行机制逐步建立起来，整个社会经济生活变得越来越复杂化和多样化。不同的商品生产者以及各种不同行政管理部门之间的社会联系日益频繁，人与人之间、单位与单位之间的社会交往日益扩大，各种社会矛盾、社会问题日趋复杂。为了适应这种变化，政府对经济生活的行政管理方式也随之发生重大变化，工作重点逐步从直接管理企业内部事务转移到宏观控制、政策制定、协调、监督和服务上来。在市场经济体制下，政府要充分实现宏观调控的职能，促进经济的发展，必须建立起一套灵活、有效的信息传播与沟通系统。行政信息沟通系统的这种作用和功能目前虽然在国家行政管理工作中有所体现，但由于缺乏现代化的沟通手段及专业化的工作机构与人员，其活动效果受到一定程度的限制。因此，为适应和推动市场经济在我国的发展，政府管理部门设置公共关系机构并有计划地开展信息传播与沟通活动已成为一种迫切需要。

二、开展政府公关工作有利于加强社会主义民主政治建设

政治民主化是社会主义制度的本质要求，是社会主义社会的基本特征。政治民主化的表现就是人民群众通过广泛参与政治过程行使当家做主的权利。政治民主化的主要内容可以概括为两方面：一方面是最大限度地吸引广大人民群众参与国家管理；另一方面是使政府在管理

和决策中的一切行为符合广大人民群众的意愿和要求。政府公共关系为这两方面内容的实现创造了条件和可能,能够通过"双向"信息交流和各种传播手段,更为真实、广泛地了解和汇集人民的意愿,反映公众的呼声,获得公众更为广泛的理解和支持,从而调动人民群众的积极性和创造性以及参政议政的自觉性。在社会主义政府管理中开展公共关系工作,实质就是体现人民当家做主的原则,保证人民民主权利的实现。在这方面,我们党和政府有着优良的传统和丰富的经验,党的群众路线已成为国家行政管理的指导思想和工作准则。但是,由于多年来忽视行政体制的建设及行政管理手段、方式的革新,致使行政系统与社会环境、政府部门与社会公众之间的信息交流关系尚未完全建立起来。一方面,政府行政管理工作的透明度还比较低,各项决策制定的依据、过程等行政信息的传播还缺少制度、程序上的保障,直接影响了人民群众参政议政权利的行使和作用的发挥;另一方面,政府信息采集分析和研究机制尚未健全,通常采用的方法是听取工作汇报、领导深入基层等,缺乏科学性、系统性和时效性。虽然改革开放后,为适应市场经济的客观要求,政府行政管理体制和方式进行了一系列民主的改革(如实行政务公开、建立新闻发言人制度、开展社会对话等),加快了社会管理民主化的进程,但尚需进一步完善与提高。各级政府部门亟须建立一套现代化和专业化的公共关系系统。政府公共关系系统作为一种协调沟通机制,一方面可在政府机关内部推进管理民主化的进程,调动广大公务员的积极性;另一方面又能够利用各种专业化手段与方法广泛吸收社会各界公众的参政议政,促进行政管理向社会公开,加深社会公众对政府的理解与支持,如进行系统化、科学化的民意测验;各项政策实施前广泛倾听民众意见,组织居民座谈会,建立居民顾问团体;开展行政情报分析工作,让广大民众了解行政管理情况等。这些具体的政府公共关系活动是社会公众直接参与政治生活的桥梁或途径,也是各级政府机构加强民主政治建设的手段,它的广泛实行必将有利于社会主义民主政治建设的发展。

三、开展政府公关工作有利于协调不同利益主体间的矛盾,保证和维护稳定的政治局面

稳定是发展和改革的前提。在社会主义初级阶段,正确处理改革、发展同稳定的关系,保持稳定的政治环境和社会秩序,具有极为重要的意义。我国当前正处于体制转型时期,社会各方面利益波动较大,各种矛盾可能会比较突出。消除群众的各种疑虑和误解,缓和或化解各种矛盾与冲突,以减少或消除可能发生的动荡,形成一种巩固稳定、和谐的社会政治局面。要做到这一点,除了要依靠政府的各项决策正确、措施得力外,还需要政府公共关系的工作来宣传、解释、说明政府决策意图和配套措施,以争取群众的理解与支持,从而达到维护社会安定大局的要求。在社会主义市场经济条件下,各种不同利益主体在竞争中必然会产生一些矛盾和冲突。良好的政府公共关系工作则可以获取不同利益主体的各种信息,并根据这些信息及时采取措施,合理地调节各种利益主体的矛盾冲突,促进各利益主体之间的沟通交流,加强个人、组织、社会三者之间的认同感,从而实现社会的稳定与发展。从微观角度说,政府公共关系还能使个人心态和行为与整个社会的发展相适应,从而促进社会的良好运行。在深化改革的过程中,每个人都不免产生一些心理上的震荡,这就需要有一种机制能够使他们的情绪得以释放和宣泄。具体来说,就是要有一种能够及时反映公众呼声、加强政府与公众联系沟通的渠道,而政府公共关系正起到这种作用。

四、发展政府公关工作是经济全球化的需要

21世纪是经济全球化的时代。经济全球化的含义有两个方面：一是指世界各国、各地区的经济相互交织、相互影响、相互融合成统一的整体，即全球统一市场；二是指在世界范围内建立了规范经济行为的运行机制，即全球统一规则。在经济全球化条件下，各种生产要素能够跨越国界，在全球范围内自由流动，表现出鲜明的“五化特征”，即贸易自由化、技术全球化、生产国际化、金融全球化和经贸全球化，各国的市场开放程度进一步提高，全球国际贸易总额迅速增长。公共关系在推动我国政府等组织走向世界，特别是在塑造国际形象、引导我国政府组织熟悉国际通行规则、适应国际化环境方面，都发挥着相应的作用。

第三节　网络新环境下的中国政府公关

当前我们已经进入网络化的时代。在这个时代中，人们通过纵横交错的互动式信息网络来实现信息的交流和共享。为了顺应这种信息网络化的浪潮，我国政府已经在积极推广和应用“电子政务”了。这一举动必定改变政府公关的现状，同时对其未来发展产生深远的影响。这种影响主要表现在：一方面，网络公关将促进政府与公众的互动，从而实现这种互动的网络化和民主化；另一方面，技术也将带来一定的负面作用，政府网络公关也将产生一些负面的影响。但是毫无疑问，网络对于政府公关活动而言一定是利大于弊的，而且利用网络进行各种新形式的政府公关活动，也必将推动我国政府公关活动的发展和进步。

一、政府网络公共关系的特点

政府网络公共关系是指政府组织借助互联网、计算机通信和数字交互式媒体，对非政府组织和公众沟通、传播，从而实现政府行政目标、提供公共服务和完善政府形象。政府网络公共关系借助于互联网的优势，使公共关系步入了一个新的发展时期，它与传统的政府公共关系相比，显示出更多的优点和特性。

(一)时空的非限制性

首先，政府网络公共关系可借助政府网页在互联网上不受时间、空间的限制将信息不间断地传播到世界各地。其次，网络公关还突破了容量的限制。在一般的政府公共关系中，由于信息容量有限，因而政府公关信息资料储存困难。在网络中不仅信息容量在理论上是无限的，公众可以方便地查询政府的信息，而且由于可以采用超链接，它还可以进一步扩展信息容量。因此，不论在世界的什么地方、什么时间，只要有互联网，公众就可以在最短时间内随意浏览网上各种最新信息，包括政府公共关系的信息。同时，可以根据自己的认识与理解，对公共政策和有关制度发表自己的见解，表达自己的利益诉求。

(二)公共关系对象的主动性

在互联网出现之前，传播交流活动基本上是由信息发送者主导的，其方向是线性的，即信息内容是按照符合逻辑、先后分明的方式传送的。大多数正式的传播交流都是单向的、自上而下的。由政府向公众传送信息，公众仅充当信息消费者的角色，对于大多数人来说，发表自己的观点、想法和意见是做不到的。广泛依赖于计算机的传播交流活动的出现，打破了上述传播交流模式。互联网提供了一个人人都有可能发表意见的论坛，让个人也可以针对其对象发表意见。可见，公众在政府公关中的地位发生了变化，主动性更强。公众和政府在技术上甚至可

以实现一对一的交流和沟通。从这个方面而言，公关活动中的反馈也变得及时和有效起来。

由于网络与人们以前使用的媒体最大的区别是，人们能够根据自己的意图自主地进行政治信息的采集、存贮、加工、处理，人们可以在未加工的信息中进行挑选，并自行评估其价值，因此，网络条件下的公共关系传播不再是一个被动过程，而是一个网民积极参与的过程，人们既可以接收信息，又可以发布信息，那种政府主导的单向传播模式已被双向互动的传播模式所取代。

（三）公共关系主体与客体的互动性

在网络时代，只要有相应的硬件支持，公共关系的主体与客体能够实现实时交流与互动，不受时空的限制。这就使公共关系客体（公众）这个角色在整个公共关系过程中的地位得到提高，客体主动参与整个公共关系过程成为可能。同时，网上信息的异常丰富使公共关系对象的选择余地非常大，特别是随着网络技术向高速化、智能化、个人化方向发展，政府与公众可以在网上获取到声、图、像、文一体化的多维信息。

此外，人机互动功能使公众能与政府实行"一对一"的沟通，保证双方的平等性，而传播主体与客体之间的平等地位，正是实现政治民主化的前提和基础。网络为人们提供了平等交流政治信息、政治情感、政治态度、政治思想的空间，便于人们沟通思想、交换意见，有助于构建一个平等、民主的政治交流和传播模式。

（四）信息的快捷性

网上可以实时进行信息传递。首先，政府通过网络发布信息，宣传政策，或在网上设置论坛，供公众发表意见。公众可以极其方便地查询和保存政府信息或发表意见。网络凭借其极快的传播速度，可以在很短的时间内将党和国家的最新政策传播给受众，人们可以随时迅速了解国内外正在发生的政治事件。其次，由于网络本身就具有在全社会传播信息的功能，从而使国际的政治文化传播和交流变得极为便利。

二、我国政府网络公关现状及发展趋势

互联网在我国的发展非常迅速。根据中国互联网信息中心的统计，目前我国的网民总数已经达到了 8 700 万人。[①] 而网络技术在未来仍然将获得快速的发展。首先，政府会大力支持互联网的发展。我国政府制定的《信息化"九五"规划和 2010 年远景目标》中提出："本世纪完成政府各部门、重点高等院校和科研单位同国内外网络连贯工作。在此基础上，下世纪头 10 年实现互联网、全国互联网全面贯通。计算机进入 25％的家庭，进而在 2020 年实现 50％的家庭普及计算机。光纤网伸向 40％的家庭。"其次，网络技术本身的发展是日新月异的。经过 20 世纪 80 年代的崛起和 90 年代的跨越之后，信息产业在国民经济中的地位和作用更加显著，成为国民经济新的增长点。"十五"期间，信息产业仍将以 2～3 倍于国民经济的速度发展；预计增加值将达到 6.7％；而技术的发展也将给社会各个层面带来新的气象，政府行政活动也包括在内。

网络技术的飞速发展给政府活动带来了翻天覆地的变化。为了应对这种变化，国家推行了"政府上网工程"。自 1999 年"政府上网年"开始，政府上网工程得到了极快的发展。我国各级政府部门都已在互联网上建立了自己的站点，并且通过这些站点向外界发布信息。我国政

---

① 《解读网络新环境下的政府公关》，http://xwcb.100xuexi.com/view/otdetail/20110903/692EBEED-BEF3-4B65-9AE3-F27CF3098290.html。

府公共关系中引进和推广网络技术的过程可分为两个阶段：一是政府公关信息采集与处理阶段。在此阶段，网络只是作为政府公共关系中信息收集和分析的辅助工具，实现电脑的基本功能。二是网络技术先进性的开发和利用阶段。在此阶段，政府公关人员利用网络为政府决策者提供咨询服务，为政府与公众的互动以及为政府内部的信息沟通构建更便捷的渠道。目前，我国政府网络公关发展还暂时处于前一个阶段。

实际上，我国政府网上公关完全可以借鉴美国政府的经验。作为网络的发源地，美国在这方面具有比较完善的做法。美国政府已经在网上推行了多年的公关活动。从联邦政府一级机构到州级政府，再到某一具体县、市，几乎所有的机构单位均已建立了网上站点，而且站点的内容非常丰富、有效。在美国，政府的网络公关活动是政府公关活动的重要组成部分。这不仅树立了政府的良好形象，推动了社会的发展，对于信息化工作的开展也提供了良好的基础和保障。另外，在法国、英国和新加坡，政府网络公关的开展也比较有效。例如，新加坡的政府网络公关组织有序，政府网站更新速度快，政府网站除了提供有效的信息之外，已经具备了在线服务功能，这也在一定程度上促进了政府向服务型政府①的转变。

可见，政府网上公关主要是通过电子政务、政府的在线服务功能来实现的。电子政务不仅仅是“政务的电子化”“政务网络化”，而且是对现行的行政职能、行政组织以及行政流程进行必要的调整和改革，以及对传统的管理理念、管理模式、管理方法、管理手段的创新。电子政务是政府机构运用现代网络通信与计算机技术，将其内部与外部的管理和服务职能通过精简、优化、整合、重组后到网上实现，打破时间、空间以及部门分隔的制约，为社会公众以及自身提供一体化的高效、优质、廉洁的管理和服务。因此，电子政务将重塑政府的业务流程，并重构政府的组织结构，电子政务将使得政府纵向结构趋于扁平化而横向结构趋于整合化。

从目前国内电子政务建设与应用的整体情况来看，我国电子政务建设仍处于初始阶段。未来我国电子政务的建设和应用，将会显著呈现出以下几个主要发展趋势：

第一，我国电子政务建设将继续扮演国家信息化“领头羊”的角色，政府先行，带动区域信息化和企业信息化发展。我国政府信息化在国民经济和社会信息化中的特殊地位是由我国政府在社会中所处的特殊角色决定的。从国家一系列的指导精神和规划路线来看，未来数年内我国将继续延续一条“以政府信息化带动企业和社区家庭信息化，促进社会整体信息化发展，同时以信息化建设带动信息产业发展和信息人才成长，推动国民经济快速发展”的路线。②

第二，客户关系管理思想将逐步渗透到我国电子政务建设中，并将最终成为我国电子政务发展的主要引导理念。

客户关系管理源于营利性的企业组织，其应用初衷在于通过了解和深加工客户信息，提供更好的客户服务，以挖掘、维护以及争夺客户资源，从而获取最大的企业利润。对政府而言，营利并不是其生存目标，但是政府的主要职能之一是为公众和社会提供公共服务，政府与公民的关系也将是决定政府命运的一个主要因素，于是提高公共服务的品质、服务提供的高效性及主动性已经成为电子政务建设未来追求的一个主要目标。而且，政府另外一个主要职能就是对社会的监管，对社会公众和企业信息的掌握和深加工也将是决定政府监管效率的一个非常关键的因素。因此，客户细分、把握客户需求、提供个性化服务、注重客户满意等客户管理理念逐

---

① 服务型政府是建立在民主政治基础之上的，与现代市场经济相适应，以服务社会、服务公众为基本职能的政府模型。以人为本是服务型政府的本质特征，为公众提供公共产品和公共服务是其基本职能。服务型政府应当是一个精简、廉价和高效的政府，也是一个人民可以质询、问责和弹劾的政府。

② 《电子政务发展七大趋势》，http://www.3edu.net/lw/dzzw/lw_48333.html。

渐渗透到电子政务建设中，并随着政府监管能力的提升，最终成为引导我国电子政务建设的主要理念。

第三，我国电子政务建设将从注重引入先进思想和理念的“务虚”阶段，走向注重提高政府工作效率和监管能力的“务实”阶段。

电子政务是一个新鲜事物，全球都在探索信息技术对政府管理和新经济带来的变革；电子政务也是一个发展中的概念，其含义随着信息技术的发展和我们认知程度的加深而不断拓展，因此电子政务概念在我国自诞生之日起，首先被关注的是电子政务和电子政府的含义以及国外主要国家电子政务发展的情况。在电子政务建设模式和建设目标没有清晰的阶段，各级政府以及学术界关注更多的是如何引入其他国家电子政务建设中应用到的先进思想和理念，以探索我国电子政务的定位问题，于是信息技术的应用与公共管理的变革相结合的课题研究便应运而生。而经过几年时间的酝酿和摸索，学界和政界对于电子政务如何在中国本土生殖和成长有了一定的认识，结合我国的具体情况也逐步明确了电子政务在中国的发展目标和发展路线。近几年，中国电子政务朝着以应用促发展、注重提高政府工作效率和监管能力的“务实”路线发展。

第四，随着电子政务建设的深入，在政府监管能力和工作效率显著提升的同时，政府公共服务也将从品质上和提供模式上形成创新性飞跃。

政府监管能力和工作效率的提升是我国电子政务建设的首要目标，但是随着电子政务建设的深入，公共服务品质的提升和创新将逐步成为电子政务建设的下一个中心目标。公共服务的创新不仅表现在内容本身上，还表现在服务的供给模式上。电子政务将创新传统政府服务的供给形式和手段，使政府部门逐渐向以公众需求为中心转变。这主要表现为：政府各部门之间不再孤立，而是通过信息技术形成互动网络；服务供给手段多样化，除了基于 Web 的传统政府柜台服务以外，主要的服务都将以多样化的电子渠道进行在线供给，一些政府服务还可以通过私人或者非政府组织进行价值增值后间接提供给公众；整合服务供给方式，供给方式不再独立，所有的政府服务均通过单一的政府入口面向公众；服务供给实现“一站式”，公众只需在单一窗口，便能一步到位获得涉及多个机构的服务。

上述电子政务的发展趋势不仅丰富了政府公关的内容和形式，而且是真正实现政府公关目的的唯一途径，即加强与公众的协调与沟通，建立起服务型政府，树立政府廉洁、高效、创新、务实的良好形象。

三、网络对政府公关的双重影响

网络技术被引入政府公关活动当中，必然对政府公关产生极为重大的影响。这种影响表现在利和弊两个方面：

(一)利：网络对政府公关的推动作用

一种新技术必然对相关领域产生革命性的影响。网络技术对政府公关的正面影响主要表现在：

1. 网络技术能够改善现有政府公关的信息基础

信息是公关的基础，而政府活动主要是依据各个方面提供的信息，然后对自己的决策和执行活动提供参考。网络的引入无疑将大大扩展政府公关的信息来源，增加政府获得的信息数量，在互联网上，各类信息齐全且层出不穷，结合网页页面链接，信息供给可以向纵深递进，这是传统大众传媒无法做到的。网络传播方式的出现打破了过去的信息封闭与信息匮乏。在互联网上发布信息成本低且方便，与报纸杂志相比，它无须排版、印刷、运送等中间环节，这节省了不少时间；与电台电视节目相比，它不必预先做节目安排，只要信息文稿准备完毕，通过简单的复制、粘贴就可以将分类信息瞬间传递到每一个终端用户。具体来说：首先，网络提高了信息的保真率。网络化促使社会信息传播渠道多元化和政府组织“扁平化”，由此取代组织中间层级的信息传递功能，从而消除政府公关信息源与政府决策层之间信息传递的人为阻隔，这也就有助于避免信息传递过程中的失真现象。其次，网络技术拓展了公关信息源，从而改善政府决策者的有限理性。政府公关信息主要是提供给政府管理者作为决策时的依据和参考。但由于信息缺失和信息量不足，决策者进行理性判断和决策是有限的，从而阻碍了行政决策科学化的实现。在互联网中，电脑用户成为潜在的政府公共关系信息源，而计算机和互联网的进一步普及又使得这种代表性更具有意义。互联网交互联系及网络公众规模的扩大使公众意愿表达常常引发网络信息的汇聚，因而政府决策者能掌握更完备的信息，使决策更具合理性。

2. 网络技术能够提高我国政府公关人员的素质

作为政府公关活动的主体，政府公关人员受到的影响也是非常明显的。政府公关人员素质的提高又能够直接影响政府公关活动的发展。首先，这些公关人员的观念将得到更新。正是由于互联网的推广和在政府公关活动中的应用，公关人员有可能树立创新、服务、民主等新观念，利用网络技术创造新颖的政府与公众网上互动方式、顺应“电子民主”的潮流及公共关系以公众为中心的新理念。政府公关人员于是由主导者转向了服务者，具备了回应网络虚拟空间所特有的民主气氛而增强民主意识的能力。其次，公关人员的时间与精力得到了节省，从而可以完成更多有效的工作。公关人员能够利用互联网与公众进行信息互动、开展组织内部信息交流和传递信息至政府决策层等活动的便捷性，从而降低了信息传输的人力和时间成本。最后，互联网的推广和使用能够促进公关人员全面发展。网络技术在我国政府公共关系中的应用与发展导致尽快掌握互联网知识成为公关人员不断学习与培训的直接动力，而应用网络技术节省的大量时间与精力，又为他们的全面发展提供了可能与机会。

3. 网络技术能够推动我国政府公关组织水平的提高

目前，我国承担政府公关工作的部门和机构存在着许多问题，如职能主义、办事效率低下、与公众沟通不畅及公关能力不强等问题，而网络在我国政府公共关系中的应用能改善政府公关组织的这种状况。其作用主要表现在：首先，它会促使组织“扁平化”发展，使公众与政府的直接沟通变为可能，既加快了政府与公众的信息双向传播速度，又提高了信息的保真率。其次，通过互联网进行指令与反馈，组织管理者与其下属能更便捷地了解对方的意图和状态，节省双方的时间与精力，保证管理者能够指挥更多的下级，扩展组织的管理幅度。最后，网络化所导致的组织“扁平化”和组织管理幅度的扩展，促使组织规模适中、结构合理和组织内部协调沟通通畅，公关人员的个人高效工作就整合成组织的整体高效，组织整体绩效得以提高。

4. 网络技术增强了公众在政府活动中的参与程度

随着社会的进步和发展，未来的政府将更加强调民众参与，而网络形成最大的聚散公众群。所谓聚散公众，是指因某一事由（如奥运会、罢工等）聚集在一起又因事由的消失而散去的人群。在聚散型、流散型、周期型、固定型等各类公众类型中，公关研究表明信息在聚散型公众中传播的效果最好、效率最高，而因各种原因在网上聚集的网民则构成了数量最大的聚散型公众群体，网络聚散公众的出现突破了传统聚散型公众形成所必需的物理空间条件，使公众的聚集更加容易，从而一些对政府有利与不利的信息传播也更加方便。因此，政府将利用信息技术增强民众对政府政务的参与程度。“以前，传播人员说：‘我们给什么，你就有什么；我们什么时候给，你就什么时候有。’公众毫无怨言地接受了这种态度，它是照日历安排的传播活动的自然产物，但它不能适应新的传播模式。在新的模式中，公众要求‘我只要我想要的，而且我什么时候要就什么时候有’。”我国的“电子政务”建设强调政务公开，公众上网就能了解到更多的公共信息；“知情权”充分实现，从而激发了他们的参与欲望。我国数千万网民形成的庞大网络公众群使政府进行大范围的网上民意调查和民意测验成为可能，确保公众有更充分表达意愿的机会与条件，吸引公众更多地参与政府决策过程。同时，互联网的普及导致大量公众聚集于网络虚拟社区，形成政府政策的讨论组。他们互相了解并传递信息，成为极有影响力的公众群体，这种活动方式形成的统一意愿必然会深刻影响政府活动。

(二)弊:技术的不确定性所带来的负面效应

技术的进步往往具有两面性。作为一种发展迅速的新技术，网络在这方面也难以逃脱。网络中不断出现的新因素、新情况都可能为政府公关活动带来不利影响。

1. 网络系统的不合理布置会阻滞政府公关过程

由于我国政府大力实施电子政务，大量的公共信息如政策措施、办事日程等，往往集中于政府网站，甚至直接存储在计算机中；而且，公众越来越倾向于上网获取公共信息，并利用互联网做出反馈。然而，在技术上，我国政府领域的网络系统还处于较低层次，一旦政府机构集中的信息系统出现意外故障，政府与公众的网络信息互动就无法顺利进行。因此，公共信息在网络上的集中程度越高，政府公共关系就越易受到网络故障的影响和干扰。当然，这并不是技术本身造成的，而是由于我国政府在政府网络方面布置的不合理。一旦改变了这种不合理状况，这个问题就能迎刃而解。

2. 信息过载易引起政府盲目决策

网络本身的信息就是海量的。尽管网络的出现改变了政府公关信息不足的窘境，但是却造成了信息过载的尴尬境地。一方面，网上过量的社会政治、经济和文化信息使政府公关部门对信息的收集和分析变得很困难，由此增加了决策者在取舍方案时的难度，导致他们陷入误区，产生盲目的决策；另一方面，网络促生过量的、带有个人倾向的公众反馈信息，使政府公关人员疲于应付。此类信息中的夸张成分必然干扰政府决策活动，导致决策者贸然决策，政府行为出现偏差。

3. 网络中的政治问题会损害政府公共关系活动

网络是一个较为自由的空间，互联网的普及会导致网络政治欺骗活动。当某些政治机构政治力量为诱使公众或舆论支持其利益与要求而采取一种混淆视听的行为并渗透政府网上公关活动中时，网络政务信息就变为经过有意扭曲或筛选后的信息，会误导公众的监督和参与。一方面，面对互联网上大量的公共信息，公众难辨真伪，这为某些政府机构借助网上公关进行政治误导制造了便利条件；另一方面，政府组织诱导日益庞大的网络公众群体支持其利益与要求，可能扭曲网络公共信息，有意误导公众。这样，网络化所提供的潜在优势就为某些政府组织既得利益所取代。网上政治欺骗会导致政府与公众的网络互动形式化，阻碍了政府公关活动的正常开展。

4. 信息传播速度的加快减少了政府对事件的反应时间

在传统传媒占垄断地位的时代，事件的局部特征性强。如今，由于信息在网络上迅速、大面积传播，大大减少了留给政府对事件的反应时间，使得政府公关工作变得更加困难，地区性的事件常常演变成全国性甚至国际性的事件，如一个小小的“会理县领导悬浮照事件”，正是由于地方政府工作人员之前处理不当，才会引起网民的极大关注。

四、政府网络公关活动的新应用

网络的出现为政府公关活动带来了新的气象，尽管其利弊兼有，但是我们相信网络对于政府公关活动而言是利大于弊的。在这样的背景下，政府公关活动完全可以在发挥网络积极作用的前提下进行一些新方式的尝试。

（一）各级政府机构可根据需要组建相应的职能部门来专门研究网络新环境下公共关系问题，处理各类网络公共关系事务

从现在的情况来看，需要研究的问题有很多，包括政府在新形势下如何有效地对外开展公共关系工作，也包括政府如何与各类社会公众尤其是非政府组织（NGO）这一新兴群体更有效地沟通与合作。目前，高校和科研机构中虽不乏关注这类课题的人员，但鲜有政府部门直接出面组织的研究项目，这也导致某些研究“知”与“行”的脱节。

（二）及时研究政府工作的得失，对公众进行正面的舆论引导

对于政府工作取得的成绩，网络公共关系可及时地介绍宣传，以扩大政府在公众中的影响。当政府工作出现差错和问题时，网络公共关系可积极开展“危机公共关系”宣传活动，协助政府面对现实，勇于承担错误，挽回损失，消除负面影响。

当发现政府有腐败问题或其他严重问题时，政府网络公共关系可通过网络开展信访活动。

通过信访活动，政府可以收集整理公众检举揭发犯罪嫌疑人的信息材料，并及时将政府的反腐倡廉措施和严格查处的情况利用网络传播媒介公之于众，让公众感受到政府反腐倡廉、惩治腐败的决心，塑造政府廉政自律形象。

（三）对政府形象信息进行监测

在网络上，公众没有时间与空间的限制，随时随地可以对政府领导提意见、做出真实评价，公众真实姓名可无须告知，公众无半点后顾之忧。而在传统的政府公关活动当中，公众由于顾虑则不会如此配合。由此可见，对政府形象信息的监测在政府网络公共关系活动中将会有效地展开。

（四）监测社会观念和公众心理

政府网络公共关系可通过网络会议，邀请社会各个方面和各个层次的人士及其专家进行网络座谈，及时了解对社会发展、政府运作产生影响的社会观念和公众心理走向，使政府的决策及其实施更有针对性，增强实效性；还可以利用网络多媒体的特性，在网站创造比较接近现实的虚拟化的社会生活，以预测和反映社会心理环境的变化。

（五）加强政府公关的知识培训，尤其应在领导干部的培训中增加公共关系方面的内容

事实上，某些地方政府的公共关系问题，往往就是由于政府部门某些人员言行失当而引发的。据悉，国家人事主管部门早就有意在公务员中开展相关培训，以有效地提升政府机关人员的公共关系意识。

当然，尝试远远不止于此。政府公关的决策者和执行者都应当根据目前网络环境的新形势对政府公关活动做出一番改革，使网络成为政府公关活动的利器，从而推动我国政治进程的发展和进步。

五、政府网络公关的策略

（一）促进广泛的参与

政府网络治理可容纳更多的参与主体，能给政策制定带来更多的知识和信息，争取专业技术上的支持，有助于对多方利益和价值的考虑与采纳，也会增进社会对政府政策的理解和支持，有利于政策的执行。作为在政策网络形成过程中扮演关键角色的政府，应从政策议题的需要而非自身的喜好出发，尽可能将更多的行为主体整合进政策过程之中，提高参与的广泛度。

（二）进行充分的交流

行为主体之间持续的、稳定的交流能够增进共识、减少分歧，同时也能为政府网络提供参与者的最为重要的信息、能力和机会，因此，交流在所有类型的政府网络中都具有重要的地位和作用。要通过面对面的交流方式，尤其是采取网络会议的方式，共同协商解决问题。同时，要最大限度地利用现代信息技术，通过电子邮件、网页和视频会议等方式来进行非面对面的交流。

（三）发展相互信任

信任在塑造政府网络公关方面具有至关重要的作用。要通过互相学习的过程发展信任。行为主体的互相教育和学习，能够使他们共享多元化的背景，学习其他主体的技术知识，增进对其他行为主体的了解。要通过达成一致的过程建立信任，通过行为主体的集体协作，把所有的细节和形势都拿到桌面上探讨，然后调整各自的行为，增进相互的理解。

（四）有效管理冲突

尽管各行为主体之间存在共同的目标和共同的利益，但由于各自直接利益和现实利益的差异，导致政府网络公关工作中可能存在冲突。网络管理者要根据冲突的具体情况进行有效管理，把冲突控制在有限的范围内。对不是根本性或者原则上的利益冲突，通过相互协商、相互妥协达到互利共赢。对那些与社会利益有着根本冲突的行为主体，则要进行严格的约束，甚至采取制裁方式，保证政府网络公关工作中共同利益的实现。

（五）建构有效的组织结构

不仅政府网络公关中的各行为主体和互动过程影响政府政策的结果，组织结构也会影响政府网络治理的效果。网络管理者要改变固定的组织安排，建立灵活、有效的组织结构，通常采取网状结构。这种结构是以议题需要为导向的，各行为主体的联系是直接的、多点对多点的，各种信息的收集与传递是分散的、快捷的，能够满足政府网络公关中多元主体持续互动和解决公共问题的需要。

（六）建立有激励效应的动员机制

由于对政府网络公关各行为主体的约束主要是依靠规则、规范、制度等文化因素，网络管理者要建立动员机制，保持政府网络公关的稳定性，调动各行为主体的积极性和保持行为的一致性。这就包括提倡公民意识、进行教育培训、协商制定行为规则、建立奖惩机制等措施，把文化因素等内在约束外化，转化为网络成员的集体行动。

关键术语

政府公共关系　　政府网络公共关系　　电子政务　　服务型政府

案例分析题

案例 1

新闻发言人的职业和智慧

王勇平的黯然离职，让寒蝉效应的舆论开始抬头，有文章担心，王勇平的遭遇可能会让其他政府发言人觉得自己从事的工作很危险，从而使他们更加不愿意面对媒体。但没隔多久，广州宣布将建立网上新闻发言人队伍，而杨洁篪日前也高调宣布：从2011年9月1日起，外交部新闻发布制度将进行一次大的"升级"，例行记者会将从每周2次增加到5次。

懂得自然规律的人都知道，寒蝉效应是长不了的。虽然秋天寒了蝉的心、噤了蝉的口，但是谁能禁得住知了前仆后继的叫声呢？所以，王勇平的遭遇，引发的真正有建设性的话题，不是"谁还敢当发言人"，而是"如何当好发言人"。

这不，连外媒也在关注中国的发言人到底出了什么问题。《参考消息》转载的一篇文章采访了一些专家，他们给出了解决问题的钥匙。香港资深媒体人周兵说，新闻发言人最重要的素质就是坦诚。参与发言人培训工作已有10年的清华大学学者董关鹏认为，对于发言人来说，最重要的是"讲真话"。他说："我觉得发言人的生命线是讲真话，还能讲得入耳、入脑、入心。"

我猜测，这样的答案可能王勇平都不能口服心服。他在回应质疑时强调："我可以问心无愧地说：尽管自己在新闻发言中可能有不足，但在那个需要我站出来的时候，我站出来了，而且自己没有说假话和违心的话。"其实明眼人都知道，如果当时王勇平不够坦诚不爱说真话，稍微狡猾的发言人，谁会说出那些雷人的"你信不信，反正我信"呢？

常识告诉我们，在我们身边，最容易说话得罪同学或同事的人，不是那些爱说假话、城府很深或者沉默寡言的人，而是那些像王勇平这样坦率得有时口无遮拦的人。我家兄弟姐妹当中，我大姐是公认的"一根肠子通到底"的人，连她自己也笑着承认，她就是太坦诚太爱说真话，以致得罪人无数，包括自己的亲人。

新闻发言人有自己的职业规律和职业伦理，因此简单地用社会道德，是无法为新闻发言人开药方的。目前人们过多地关注了新闻发言人的制度建设、级别设置、法律义务、道德修养，但忽视了舆论学是一门科学，舆论有自身的规律，舆论的传播和引领是一门艺术。而新闻发言人本身就是一种职业，不是随便什么人只要够级别就可以担任，或者只要坦诚说真话就可以胜任的。

（资料来源：邹振东，《南方周末》2011年9月2日，http://www.infzm.com/content/62780。）

思考·讨论·训练

从政府公关的角度看，新闻发言人应该具备哪些素质？

案例2

四川会理县领导悬浮照事件的启示

一场四两拨千斤的危机公关，让地处中国西南一隅的会理县一时成为这个国家最受关注的地方之一。

在2011年6月26日之前，对于这个拥有46万人口的偏远县城来说，头等大事不过是承办一项拳击比赛，而最大牌的参与者是央视体育节目主持人韩乔生。

意外发生在当晚8时56分，一位网民在天涯论坛发帖称，登录四川省会理县政府网站时，看到一张领导视察的新闻图片，里面的三位当地官员好像是悬浮在一条新修马路的上方。

"半升血吐出来了，"这位网民说，"这样的照片连我这个业余得不能再业余的都知道是PS（图片处理）的。"

根据会理县委宣传部外宣办副主任张永志事后解释，真相是几名县领导视察工作后，随行负责拍照的宣传人员感觉背景不好看，便将三位领导的形象合成到了一条崭新的柏油马路上。

这则令人啼笑皆非的新闻很快点燃了网民们“恶搞”的热情：平时仅有千余点击量的县政府网站当晚即告瘫痪，网民们找到原图，开始“欢乐的PS之旅”。一夜之间，县长李宁一、副县长唐晓兵等三位领导的头像开始穿梭于阿富汗战场、侏罗纪公园、里约热内卢基督像的手臂等各种场景之中。在网友们的帮助下，三位领导甚至与美国总统奥巴马、即将卸任的美国国防部长盖茨等人一起观看了美军突袭本·拉登住所的行动。

在一片笑骂声中，几乎所有人都以为会理县从此将与“丑闻”二字相伴，“永世不得翻身”。

转折却就此发生。

第二天下午5时，会理县在其官方网站上挂出了《向网络媒体、各位网友致歉信》。20分钟后，天涯论坛出现相同的致歉信。晚上6时27分，会理县在新浪微博上开通官方微博进行道歉。

几乎同一时间，一个ID为“会理县孙正东”的微博闯入公众视野，作为道歉信中“悬浮照”的制造者，“会理县孙正东”在贴出道歉信后，开始了与网友的轻松互动。

他贴出了一系列会理当地的风景摄影图片，并风趣地表示：“感谢全国热心网友，让会理县领导有机会在短短的时间内免费‘周游世界’，‘旅行’归来后，领导已回到正常的工作轨道，也希望网友把关注的焦点转移到会理这座古城上来，看看镜头下美丽的会理吧，绝对没有PS哦。”

这条微博很快便获得了上万次的转发评论，而评论的主流声音也意外地从嘲笑变成了理解和宽容。

“会理的领导给很多地方的领导上了一课。如果硬靠封锁，那就不是这样了。会理，曾经陌生的名字，这次记住了。”

“伤得起!! 好吧，回头查查会理在哪里。”

“这是我所见过的最好的政府危机公关！竟然来自一个小小的县城。窍门其实简单：放下身段儿，诚恳一点儿。”

……

在这一舆论事件的众多关注者中，清华大学新闻与传播学院副院长史安斌的身份颇为特殊。作为危机传播研究专家，自2003年起，他便作为主讲教师之一，广泛参与了从中央到地方各级政府组织的政府危机传播或新闻发言人培训课程。“真实、真诚，第一时间发布，”史安斌说：“会理县的危机公关值得很多中国基层地方政府官员借鉴。”

政府形象的建立可以自上而下，但瓦解却常常是自下而上。

无论从哪个角度观察，在当今中国，危机公关这门学科似乎有成为显学的潜力。

从2003年“非典”时期为第一期全国新闻发言人培训班上课开始，史安斌几乎每年都要收到数十份来自各级地方政府的邀请函，请他到当地讲授“如何与舆论打交道”。

中山大学传播与设计学院副教授张志安和中国传媒大学危机管理研究所副所长杨懿也有相同的感受。张志安告诉记者，随着微博等新兴媒体的出现，近年来各级地方政府对危机公关的学习意识正迅速加强，仅在去年，他当时所供职的复旦大学新闻学院就收到了不下40份地方政府的授课邀请函。杨懿则表示他所接到的类似邀约“只多不少”，经常“一周内赶两三个场子”。

那么，会理县广受好评的危机公关理念，是否已经成为中国地方基层政府的普遍共识？

答案并不那么乐观。

距离第一次给官员们讲授这门课程已经8年，史安斌不无遗憾地表示，对于“突发事件爆发后如何面对舆论”这一问题，绝大多数基层政府官员仍然处在“需要扫盲和洗脑”的阶段，会理县一例实属“非典型”。而张志安也认为，尽管足迹“踏遍了大江南北”，做的也只是“普及常识的工作”。

最大的分歧出现在对危机公关这一概念的理解上。史安斌回忆说，到一些基层政府部门授课，被问及最多的问题是：“史老师，怎么摆平记者啊？”“史老师，北京媒体的行情是多少？怎么搞定？”

“地方官员恐惧舆论，进而天然地觉得危机公关就是一种信息控制手段，把自己放在同民众的对立面。”张志安曾经目睹过这样一幕，一位讲课老师在台上说：“记者就是一条狗，饿了你就喂他，不听话了你就揍他，如果碰见想成名的，你就拿名利诱惑他。”

“底下的官员们就使劲地拍巴掌，”张志安说，“这些官员并不知道所谓的捂盖子恰恰是与危机公关背道而驰的道路。”杨懿告诉记者，在中国，政府危机公关意识的出现普遍被认为发生在2003年的“非典”时期。

“因为封锁SARS信息，政府形象受到严重的影响，但这也让政府意识到政务信息公开的必要性。从那以后，政府开始全面推广新闻发言人制度，修改保密法，制定信息公开条例。”史安斌说。

就在那一年的9月22日，北京顺义天竺镇的天龙宾馆大厅里排起了长队。来自教育部、国家环保总局、卫生部等66个部委的100多名新闻发言人参加了为期5天的培训。

据张志安回忆，此后的5年时间里，国新办组织的新闻发言人培训工作“轰轰烈烈地开展”，省、市、县一级部门甚至部门内部的科室都被要求学习新闻发言人培训课程。

“表面上是公开，但实际上还是希望变相地控制舆论。”张志安笑言，走的地方多了，“见到的荒诞事也就多了”。比如，突发事件发生后，一些基层政府的宣传官员会安排很多实习生冒充某某日报的记者，发布会开始后，往往记者还没有举手，领导便开始点名，甚至可以精确到“从右往左的第几排第几个”。

一些地方的负面事件需要公开，但地方政府并不通过发布会的形式公开，而选择在当地党报上发一条消息，但是并不上网。一旦有媒体追责，这种“相当程度的不公开”便可以被当作公开。

“在当下中国，中央层面的危机公关意识已经相对成熟。”史安斌对此评论道：“真正的问题在基层。对一个国家而言，政府形象的建立或许可以自上而下，但瓦解却常常是自下而上。”

先说人话，再说官话。

“你们给地方官员讲这些真的有用吗？”常有学生这样问张志安。

他回答：“讲总比没讲好，能讲总比不讲好，能洗多少脑就洗多少脑吧。”

洗脑往往要从纠正一套话语体系开始。

史安斌告诉记者，有一次在河南省搞培训，一个官员就在模拟新闻发布会上说出了“你代表党说话还是代表人民说话”的雷语，没过多久，同样的话就从该省一位规划局副局长的嘴中说了出来，并被舆论诟病。

“雷人语其实就是本能反应的产物，背后是一整套既定的话语体系。”史安斌说。

一位县委宣传部长在酒桌上讲述的经历让张志安至今难忘。在当地发生的一次恶性交通事故中，事故车辆内5死3伤。在新闻发布会上，记者问这辆车是否超载。与往常一样，这位宣传部长照本宣科地表示：“是不是超载要经有关交通部门认定才能下结论，我不知道。”结果，一张配有这条语录的图片很快在网上流传开来，图片中的事故车辆上清楚地标明“限载6人”，网友们纷纷留言怒骂这位宣传部长是“脑残部长”。

在酒桌上，这位宣传部长向张志安坦言，如果在老百姓的常识面前都要打官腔，那只能是咎由自取。“如果现在让你回答这个问题，你会怎么说?”张志安当即问他，宣传部长想了想回答道：“我会说，在我看来，这就是超载，不过我这个结论还需要通过交通部门的鉴定。”过了一会儿，宣传部长又补充说：“要先说人话，再说官话。”

史安斌对此评价：“政府公关是一种沟通的艺术，在保证真实的情况下，必须摆脱过去居高临下的传播方式和政府公文体的话语体系，或许就能起到四两拨千斤、转危为安的作用。”

而在张志安看来，真正的困局不仅在于改变话语体系。

他告诉记者，经过培训后，一些地方宣传人员危机公关意识越来越强，他们熟谙危机后4小时公布事实原则，知道“真相还没有穿上鞋子，谣言已经跑遍了全世界”的道理；他们清楚“千万不要随便预测”，因为预测对了很奇怪、错了很倒霉，也已经学会“不要直接决绝，不要仓促表态，不要无可奉告”。

“有时候问题不在于你会不会说，而在于你能不能说。”张志安觉得，地方“一把手政治”的官场生态决定了危机公关理念的贯彻力度。

因此，每次授课的开始阶段，张志安总会给官员们播放一张幻灯片，图片的内容是一个官员脱光衣服，但把双腿夹住，双手环抱胸前。“这就是你们，看起来事实已经全部公开，但实际上是选择性公开。表面上全部公开，但是要害不敢公开。”

不过，此次的会理县事件让张志安略感欣慰。

在风波发生的第二天，会理县委宣传部外宣办副主任张永志就对媒体表示：“这件事，很容易让人联想到政府形象、工作作风，县长比较看重这个，所以一再要求我们绝不能藏着掖着，一定要正面回答人家，真相是什么就回答人家什么。”

如今，张志安已经决定将会理县的PS图风波作为最新的案例用于实际教学，而他接受的最近一次邀请来自海南三亚的市委组织部。

7月3日晚9时，他这样更新了自己的微博内容：明天傍晚飞三亚，后天在那里对着领导们说三句话：(1)要会说话；(2)有的话领导不许你说，但你得保证说的都是真话；(3)要明白，屁股不干净，说得再好听也没用。

此时的会理县，则已经逐渐远离公众的视野。不过这场风波似乎注定将给这座县小城留下一些烙印：已经有人向张永志建议，一定要将这场危机写入会理县的县志。

(资料来源：http://www.toptour.cn/publish/portal0/tab66/info20039.htm。)

思考·讨论·训练

1. “会理县领导悬浮照事件”说明网络对政府公关有什么影响?

2. 针对网络传播的特点，政府危机公关应采取什么策略?

练习题

一、单选题

1. 政府公共关系以(　　)为目标。

A. 追求社会发展的整体利益　　B. 树立自身的完美形象

C. 维护自身统治　　D. 维护社会安全

2. (　　)是一种集中的、强化了的公众信息。

A. 传播　　B. 舆论　　C. 观念　　D. 认知

3. 政府组织和公众之间的(　　)是现代政府公共关系的本质。

A. 双向沟通　　B. 传播管理　　C. 信息管理　　D. 舆论管理

4. 政府设立(　　)是为了通过新闻媒介及时向社会各界公众传递和发布重要信息。

A. 新闻发言人制度　　B. 新闻机构　　C. 信访机构　　D. 市长接待日

5. 中国开始正式建立政府新闻发言人制度的时间是(　　)年。

A. 1982　　B. 1983　　C. 1985　　D. 1988

6. 电子政务建设未来追求的一个主要目标是(　　)。

A. 提高公共服务的品质　　B. 加强对社会的监管

C. 政府形象塑造　　D. 对社会公众和企业信息的掌握与深加工

7. 因某一事由(如奥运会、罢工等)聚集在一起又因事由的消失而散去的人群被称为(　　)公众群体。

A. 聚散型　　B. 流散型　　C. 固定型　　D. 周期型

8. 自(　　)年"政府上网年"开始,政府上网工程得到了极快的发展。

A. 1997　　B. 1999　　C. 1998　　D. 1996

9. 客户关系管理源于营利性的企业组织,是指通过(　　),提供更好的客户服务,从而获取最大的企业利润。

A. 挖掘客户资源　　B. 了解和深加工客户信息

C. 为社会提供公共服务　　D. 提高公共服务的品质

10. 在电子政务中,对(　　)的掌握和深加工将是决定政府监管高效的一个非常关键的因素。

A. 社会公众和企业信息　　B. 客户需求

C. 个性化服务　　D. 客户细分

二、多选题

1. 政府公共关系的含义包括(　　)。

A. 政府的公众信息管理　　B. 政府的公众舆论管理

C. 政府的公众关系管理　　D. 政府的公众形象管理

2. 政府的公众形象是政府组织的(　　)在社会公众中获得的认知和评价。

A. 素质　　B. 实力　　C. 表现　　D. 状态

3. 政府公共关系收集信息方式有(　　)。

A. 社会协商对话　　B. 设立信访机构,接待公众来访

C. 密切注意舆论对政府的批评和建议　　D. 深入基层调查研究

4. 中国政府部门公关全面发展主要体现在(　　)等方面。

A. 新闻发言人制度的逐步推行　　B. 建立了规范的政府与社会信息沟通形式

C. 建立了政府对社会信息的传播制度　　D. 积极推动政务公开

5. 当代中国开展政府公关工作尤其重要,主要原因在于(　　)。

A. 是发展社会主义市场经济的客观要求　　B. 有利于加强社会主义民主政治建设

C. 维护稳定的政治局面　　D. 经济全球化的需要

6. 下列选项中属于政府网络公共关系特点的是(　　)。

A. 时空的非限制性　　B. 公共关系对象的主动性

C. 公共关系主、客体的互动性　　D. 信息的快捷性

7. 电子政务将创新传统政府服务的供给形式和手段,使政府部门逐渐向以公众需求为中心转变,表现为(　　)。

A. 政府各部门之间通过信息技术形成互动网络

B. 服务供给手段多样化,主要的服务都将以多样化的电子渠道进行在线供给

C. 整合服务供给方式,所有的政府服务均通过单一的政府入口面向公众

D. 服务供给实现“一站式”

8. 电子政务不仅仅是“政务的电子化”“政务网络化”,而且是对现行的(　　)进行必要的调整和改革。

A. 行政职能　　B. 行政组织　　C. 行政流程　　D. 行政制度

9. 电子政务将(　　),使得政府纵向结构趋于扁平化而横向结构趋于整合化。

A. 重塑政府的业务流程　　B. 重构政府的组织结构

C. 继承传统的管理理念　　D. 延续传统的管理手段

10. 电子政务建设未来追求的一个主要目标包括(　　)。

A. 提高公共服务的品质　　B. 服务提供的高效性

C. 服务提供的主动性　　D. 行政结构的扁平化

三、名词解释

1. 政府公共关系
2. 政府网络公共关系
3. 电子政务
4. 服务型政府

四、简答题

1. 中国政府公共关系发展经历了哪几个阶段?
2. 完善我国的新闻发言人制度要注意哪些问题?
3. 当代中国政府公共关系的意义是什么?
4. 政府网络公共关系的特点是什么?
5. 简述政府网络公共关系的发展趋势。

五、论述题

1. 试述我国政府网络公共关系的策略。
2. 分析我国政府公共关系的现状及问题。
3. 试述网络技术对政府公关活动的影响。

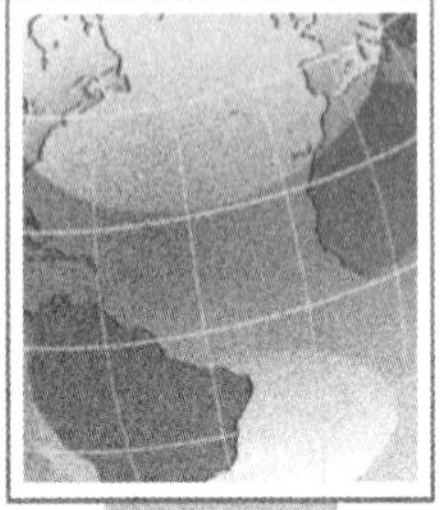

第九章 非政府组织的公共关系

本章概要

在全球范围内，非政府组织已经成为人们改善生活状况的有效组织方式，在中国，建设和谐社会、小康社会的目标也要求非政府组织承担起更多的社会责任。随着我国市场经济的发展和政府职能改革的深化，政府不再是公共服务的唯一提供者，各种非政府的民间组织、公共组织开始出现并且不断壮大，成为日益重要的公共管理的主体。正确认识公共关系在非政府组织中的作用、加强非政府组织中公共关系运作的研究将有利于改善我国公共事务的绩效和提高公共服务供给的质量。

第一节　非政府组织概念的界定

一、非政府组织的定义

讨论非政府组织的公共关系，首先必须面对非政府组织这一词汇的定义及相关的分类问题。联合国新闻部将非政府组织解释为“在地方、国家或国际级别上组织起来的非营利性的自愿公民组织。非政府组织由兴趣相同的人们推动，它们提供各种各样的服务和发挥人道主义作用，向政府反映公民关心的问题，监督政策和鼓励在社区水平上的政治参与。它们提供分析和专门知识，充当早期预警机制，帮助监督和实行国际协议”。由于社会经济发展水平和文化传统的差异，不同的国家和地区对此的理解并非那么一致。

(一)非政府组织与第三部门

三大部门中政府组织属于第一部门，企业组织构成第二部门，这两者以外的各种非营利性质的组织包括社会团体、公益机构、学术机构等都被归入第三部门的划分在学术界中基本已无异议，但所谓第三部门这类社会组织的概念和定义一直存在着多元性和歧义性，从国外引进的有关概念名词如第三部门、第三域、非政府组织、非营利组织、社会中介组织、志愿者组织或志愿域等，名目繁多，概念与内涵重叠交叉。

虽然不同的国家和组织乃至个人对于如何称呼并划分这类组织存在不同的意见，但是由美国学者莱斯特·萨拉蒙(Lester Salamon)所提出的此类组织所具有的以下六个方面的特征基本已被广泛认可：

(1)正规性。该类组织正式设立并达到一定规模，一般来说，应具有法人资格，而且要有办公场所、代表者，组织能够持续运作。

(2)独立性。该类组织是独立于政府的民间组织，政府官员不能左右其理事会等管理机构。但这并不是指组织本身不可以接受政府的援助、政府官员不是不能参加理事会，而是指组织的本质应是民间团体而不是官方机构。

(3)非营利性。该类组织不进行利益分配。非营利事业活动得到的盈余不在组织成员与理事会之间进行分配，非营利组织的功能是实现社会公益，而并不着眼于营利，这一点将非营利组织与民间商业性组织区别开来。

(4)自我治理性。该类组织内部实行自主管理，而不是受控于外部组织。

(5)志愿性。该类组织无论是在实际开展活动中，还是在管理组织的事务中，均有显著程度的志愿参与。

(6)公共利益性。该类组织服务于某些公共目的和公众利益。

一般认为，具备以上性质的组织即为非政府组织。非政府组织一词最早是在1945年6月签订的《联合国宪章》的第七十一款中正式加以使用的。该条款授权联合国经济社会理事会"为同那些与该理事会所管理的事务有关的非政府组织进行磋商做出适当安排"。1952年，联合国经社理事会在其决议中，将非政府组织定义为："凡不是根据政府间协议建立的国际组织均可被看作非政府组织。"所以，在当时非政府组织主要是指国际性的民间组织。后来，非政府组织一词的使用范围日益广泛。

与之相近的第三部门这一概念基本上是从宏观概念上概括了几乎所有的在政府组织和企业组织之外的非政府、非营利性的合法的正式组织。

(二)非政府组织与非营利组织

非营利组织是另一个与非政府组织容易混淆的概念，这两个概念经常被人们互换使用。严格地说，非营利组织偏重于强调经济上的非营利性质，政治色彩淡化，而非政府组织的一个重要特征是它的国际联系性很强。我国自1998年国务院将设于民政部的原社会团体管理局改为民间组织管理局后，民间组织一词从此作为非营利组织的中国官方用语开始被正式使用(但英语翻译仍为非政府组织)。根据我国的国情，我国的非营利组织主要包括社会团体、非营利的事业单位和民办非企业单位。

二、非政府组织的类型

一般而言，所有的非政府组织都可以从组织与成员的关系及组织目标角度划分为互益型非政府组织和公益型非政府组织两类。公益型组织的服务对象是团体之外的某些特定的社会群体，它所提供的是公共物品(或称为社会物品)。因此，对于公益性的社会团体来说，它不应该代表该团体成员自身的利益，而应该代表其服务对象的利益，否则它就失去了公益性，如中国红十字会总会、北京市红十字会、深圳市红十字会等。互益型的组织则完全不同，它的服务对象仅限于其团体的成员；也就是说，这种社会团体是自我服务的，它所提供的是"俱乐部物品"。互益性社会团体必须代表其成员的利益，并使自己的工作紧紧地围绕着成员的利益来展开，否则它就失去了存在的基础。如果说它在一定的条件下也可以做一些有益于社会公益的事，那只不过是其自我服务所产生的外部效应，或者说是其自我服务的副产品。可见，这两种不同性质的社会团体不但其社会作用不同，其运行的规则也是不同的。

(一)互益型非政府组织

互益型非政府组织一般由有共同兴趣、爱好以及需要的人员组成，发达国家的互益型非政府组织包含了非常丰富的内容，有许多富有特色的团体。我国由于发展时间较晚，互益型非政府组织仅在大的阶层内部形成，包括通常所说的行业协会、商会、职业团体和各类学会等，目前我国的互益型组织主要存在于经济和文化领域，经济领域中的互益型组织主要是指工业和商业的各种行业协会或商会以及各种专业性协会；文化领域中的互益型组织主要是指自然科学和社会科学的各种学会以及文娱、体育、休闲、联谊等各种团体。

这类组织为其成员提供如行业纠纷的裁断、市场交易秩序的规范、会员利益的维护、科学研究的支持等服务，成为市场和政府之间的重要枢纽。目前，在我国的互益性社会团体中，发展最快、作用最大、最受政府重视和支持的是经济领域中的行业协会。这类组织的发展承接了政府部分的行业服务职能，从而使政府能够专注于“基础公共物品”提供，使之成为市场经济发展不可缺少的组成部分。因此，行业协会是互益型非政府组织中最受理论界关注的对象。

行业协会、商会等市场中介组织的发展状况是一个国家经济发展成熟度的标志，与发达国家相比，我国的行业协会还存在不少问题，一个很重要的问题就是发展严重不足，数量少、层次低、覆盖面小。根据清华大学非政府组织研究所的统计，我国行业协会的数量在国内非政府组织总数中占了不到6%；从布局上看，不同行业协会之间以及行业协会与政府之间均存在职能交叉重叠；同时，大而粗的行业协会划分造成产业链脱节和行业遗漏，不能覆盖所有的行业，在第三产业、新兴行业，尤其是高新技术领域的行业协会明显不足。在现有体制环境下，不少行业协会缺乏职能观念，服务意识淡薄，组织中缺乏专职工作队伍，行业协会中多是机关兼职工作人员，专业人员尤其是年轻的专业人员严重不足，难以履行职责。

（二）公益型非政府组织

改革开放后，公益型非政府组织参与到我国社会发展的进程中来。自20世纪80年代中期起，政府开始采用类似国有企业的放权让利政策对待公共事务运营，“科、教、文、卫、体”和社会福利机构统统自行创收以弥补财政拨款的不足，创收所得归单位支配。改变政府全额承担和直接经营社会公益事业的方式是政府角色转变的重要部分，也是中国公益型非政府组织发展的契机。然而，由于我国缺乏规范的市场、发达的非政府组织系统、强有力的社会政策以及完善的法治资源，与政府系统脱离的这部分资源并没有被市场承接过去或者顺利地转化为非政府组织的社会形式，结果出现了一些负面效果。

在公共事业转型陷入困境而社会对公益服务的需求却有增无减的形势下，公益型非政府组织的发展就尤显重要，但是，目前在这一领域却存在着发展不足与能力不足两个问题。就发展而言，公益型非政府组织仅占所有社团的6%，每百万人口仅有8.7个，这显然远远不能满足当前的社会需要。改革开放以前，不少自上而下的社团长期依靠政府的财政拨款生存，在管理上失去自主权的同时，也失去了自筹资金的主动能力。改革开放以后，中国非政府组织的资金来源经历了由早期的单一政府拨款向政府拨款、社会捐赠、会员会费和有偿服务受益并存的多渠道筹资方式的转化。但是，很多非政府组织的筹资情况并不稳定，特别是一些长期以来靠政府拨款生存的组织，在政府实行职能分离、压缩财政开支以后，由于依赖性的惯性作用和缺乏市场竞争能力而陷入困境。

第二节　非政府组织公共关系的意义

公共关系实务的发展与运用，必须使社会大众明了其目标、理念、活动，方可顺利且有效地达成使命，若要获得社会公众的支持与了解，则须先从组织健全、创造高社会公信力与责信度开始，让组织内部的领导层与职工能对组织产生认同感，并取得外部基本公众的支持。

近年来，非政府组织公共关系在弥补政府失灵的缺陷、促进对于公共事务的参与治理、公民社会精神等方面发挥着重要作用。

一、弥补政府失灵

所谓政府失灵，是相对市场失灵的一个概念，指的是在现实生活中，由于政府也不具备完全理想化的条件，在进行宏观调控的过程中也可能出现失误，导致资源配置的非优化结果。尽管政府可采取各种措施以弥补市场机能的不足，但在实际执行中，由于公共政策的公共财政性质、代议制运作本身的缺陷、官员的个人心理以及利益集团的影响等因素，政府干预未必能带来理想的效果。

政府失灵导致公共政策的实施遇到极大的障碍，非政府组织的出现很好地弥补了政府失灵的缺陷，解决社会问题，提供社会服务，为社会的发展做出贡献。当然，非政府组织的出现一方面反映了社会的治理要靠多方的参与，另一方面也反映出公民参与意识的高涨，他们积极组织起来解决一些政府所不能解决的问题。

二、提供多元化福利

非政府组织提供多元化福利具有重大的作用，主要体现在以下三个方面：

首先，非政府组织为传统政府服务提供了有效补充，促进了社会服务的全覆盖。传统由政府提供的社会福利服务，往往都是面向一些普通的弱势人群，如老年人、残疾人、下岗人员等。但是随着经济转型和社会转型，社会中正形成一些人数日益壮大、状态不稳定的特殊群体，如禁毒人员、行为矫正人员、“三失”青少年等。这些特殊群体都是被传统的社会福利服务所忽略的。例如，考虑到维持稳定的需要，上海市推出了预防与减少犯罪工作体系，为禁毒人员、行为矫正人员、“三失”青少年这三类人群提供免费的专业服务，所有这些服务都以政府购买非政府组织服务的形式进行，这些全新的社会服务，填补了传统社会福利服务的盲点。

其次，非政府组织在社会与政府之间架起了桥梁，缓解了社会矛盾。政府通过投放社会资源直接或间接地帮助那些身处困境的人。由于政府直接提供各类服务，因此一旦与公众发生冲突就没有缓冲区、没有调解方。非政府组织在协调处理社会矛盾时，充分发挥了社会的自我服务、自我管理和自我教育功能，其效能要比政府直接处理好。

最后，非政府组织通过对各类资源的开发和利用，提高了社会参与，积累了社会资本。社会发育不成熟及社会管理水平的落后会导致社会面临严重信任危机，信任缺失则会造成巨大的交易成本，在没有很好的制度以保障个人努力会得到相应的回报时，个人对公共事务的参与便会减少。人们总是需要在某种体制安排之下参与某些公共事务才更容易被各种群体或组织接纳，而这种制度安排，通常是与社区自治组织等非政府组织密切相关的。

三、倡导公民社会精神

非政府组织的主要活动领域是在社会基层，为民众特别是为弱势社会群体服务，因而社会基层的民众自助组织和社区组织将是其最重要的依托力量。民众自助组织和社区组织都是非营利性的民间组织，与非政府组织属于同一类性质的组织。进入 20 世纪 90 年代后，随着中国改革开放的深入，对民众自助组织和社区组织的需要也越来越强烈，在全国各地自发地或者是在政府引导和支持下涌现出了各种形式的民众自助组织和社区组织。这些社会组织的活动直接与基层民众结合在一起，是为民众服务和维护民众利益的最有效的组织形式。在未来中国社会经济体制架构中，基层民众自助组织、社区组织都将是非政府、非营利的社会体制中重要的组织形式。改革开放推动了社会管理的民主化进程，传统计划体制下单一主体的社会管理模式必然向多元主体的社会管理模式转变,使各种管理主体的功能都得以发挥,而社区组织在社会公共事务管理中将扮演着越来越重要的角色,显示出越来越强大的生命力。和谐社区建设热潮是中国城市居民自主、自治、参与意识的首次觉醒,是政府寻求单位、公民与政府新的契合点。真正意义上的"公民意识"正在形成、正在觉醒,个体公民作为脱离单位的利益主体开始关注社区以及与自身利益有关的各种城市问题。涉及个人综合利益的"公民社会组织"已经出现,居委会和由街道办事处派生出来的非政府组织正在努力扮演着中国城市社会结构的中间层。它们借助政府的力量,通过组织各种活动、提供各种服务,规范着社区居民的行为,增进居民间的互动和互助,培养着公民的参与、环保、互助、公德等现代意识和社会精神。非政府组织是公民社会结构要素中最为主要、最具有活力的部分,对培育公民社会有着重要作用和意义。

第三节　非政府组织公共关系的特点与应用

非政府组织公共关系和非营利组织、公共关系等是下位概念和上位概念之间的关系。一般来说,公共关系是指社会组织与其公众之间的交往和联系。依据詹姆斯·E. 格鲁尼格(James E. Grunig)的观点,其本质"是一个社会组织与其公众的传播管理,其目的是与这些公众建立一种相互信任的关系"。

不同的社会组织有不同的公众,其公共关系也有相应的特点。一般来说,公共关系与营利活动和竞争行为联系密切。营利组织要生存、发展,必须通过市场赢得顾客,有自觉的公共关系意识和行动,其公共关系的营利动机也更为明显。非政府组织没有营利动机,倘若面对的是竞争的环境,一般也会主动争取公众、树立良好形象,比较重视公共关系。而缺乏竞争压力的社会组织,容易忽视自身形象,公共关系意识一般较为薄弱。

一、非政府组织公共关系的特点

通过与营利性组织的比较,非政府组织公共关系的特点能够更好地体现出来。

首先,社会组织开展公共关系工作,根本目的是追求在某个领域内社会效益和经济效益的统一;非政府组织由于其性质,决定其公共关系最终成果主要应体现在社会效益上,譬如,不仅要努力塑造自身形象,还要致力于为从事的行业提高知名度和美誉度。对许多非政府组织来说,后者常常比前者更为重要。假如一所学校不能让公众知晓、理解教育事业在经济发展、社会进步中的重要作用,它自身的形象也难以树立。但是由于营利性组织的生存、发展与市场份额、盈利水平有关,其公共关系最终必然或多或少、直接或间接地要同经济效益挂钩。

其次,大多数非政府组织依靠政府拨款、社会和个人赞助,经费首先要保证基本开支,公共关系方面常常只能量力而行。依据少花钱、多办事、办好事的原则,积少成多、积小成大,逐步累积形成某种声势。同时,非政府组织公共关系人员较少,甚至没有专门配备,经常是临时抽调,专业能力也因人而异,所以在大多数情况下只能选择经济、节约的做法,如张贴标语、散发宣传单等。营利性组织则不然,一般人员配备较为齐整,多为专职,职业水准高。由于创造物质财富,其运营结果产生收入,公共关系工作也有相对稳定、充裕的经费,有实力开展耗资较多、规模较大的公共关系活动,因此,有条件使用能迅速产生轰动效应的方法、媒介。从这个意义上说,无论是国内还是国外,非政府组织开展公共关系工作的难度都相对更大。

最后,非政府组织与其公众之间联系较为松散,缺乏相对固定的利益关系或利益色彩较淡,例如,大多数人都会承认环保的重要,但一个义务的环境保护主义团体却未必能一下子招募到足够的志愿者并很快得到社会广泛支持和响应。由于非政府组织涉及的公众太过宽泛，经常是同一类公众对同一事物难以形成一致看法，因此，面对的情境更为复杂。营利性组织则与其公众之间维持联系的利益点较明显，如企业与顾客、供应商和社区之间，反映到特定公共关系工作中则是营利性组织的公众针对性较强。

二、公共关系在非政府组织中的作用

（一）推广组织使命并使其被认可

任何组织要发展，首先都面临着能否被接受的问题。由于非政府组织的民间性，在宣传其使命使其被认可方面的措施就显得尤为重要。公共关系的实质就是如何通过有效的工作，使本团体、组织最终达到营造适合自身生存和发展的环境的目的的活动，通过它的有效运作可以将组织的使命做到最大限度的推广，使更多的人了解、接触组织，进而接受组织。

（二）建立沟通渠道，与服务对象有效互动

沟通看似简单，实际却很复杂，这种复杂性表现在很多方面，其中典型的问题就是"过滤"，也就是信息丢失。产生过滤的原因很多，如语言、文化、语义、知识、道德规范、组织状态等。非政府组织在社会中的相对独立性，决定了它必须面对许多不同的人群和机构，必须把这些对象都放到一个沟通平台上，这就增加了沟通的难度。公共关系活动可以帮助组织与这些对象建立沟通渠道，增强交流力度，尽量避免信息在媒介中传播时受到各种各样的干扰，确保信息的原始状态，保证沟通到位。

（三）拓宽资金来源渠道，创造和保持筹集资金的有利环境

尽管资金的多少并不是非政府组织发展的唯一决定因素，但事实上，非政府组织发展中所遇到的许多问题都可以从经费不足中找到原因。事实证明，合理使用公共关系手段，可以有效扩展资金的来源，创造和保持筹集资金的有利环境。

（四）创造组织内部积极和谐的人事环境，推动组织的持续发展

公共关系是一种内求团结完善、外求和谐发展的经营管理艺术，它能够协调和改善组织自身的人事环境和舆论气氛，使本组织机构的各项政策得到积极推行，它在协调组织成员与组织的关系以及获得组织成员信赖方面有着不可替代的作用。

总之，尽管不同领域的非政府组织运用公共关系有不同的策略，但在促进公共服务和建立公众信任上都是相同的。医疗保健机构、社会福利组织、教育机构以及美术和表演艺术团体都依靠公众的支持，都需要有效的管理和公共关系的努力。了解并发挥公共关系在这些非政府组织中的特殊作用，可以更好地实现组织的和谐发展。

三、非政府组织公共关系的主要应用领域

非政府组织的价值或是推动某种社会事业发展，或是宣传、普及某种知识、观念或信仰，或是唤起公众对某种社会现象、事物的普遍关心，或是解决某个人类面临的共同问题。不同的非政府组织有其具体目标、任务，但使命都与承担、从事或完成某种社会任务有关。因此，作为一种不可或缺的管理职能，非政府组织公共关系也更多地应用于以下领域：

（一）扩大自身或事业的影响

在现代社会，公众越来越关心有关非政府组织的声誉、责任、工作成效以及所从事的具体事业，非政府组织之间的竞争也越来越激烈，例如，学生及其家长在入学、升学方面，更加注重选择满意的学校。一些非政府组织常常由于公众缺乏了解，被认为工作不力、不尽职责，受到

批评。这种大趋势使得越来越多的非政府组织开始重视扩大自身影响，帮助公众了解自己的宗旨、活动，引导其接受、使用自己的服务等。例如，消费者协会通过各种形式，帮助公众识别假冒伪劣商品，以增强消费者自我保护能力；图书馆举办各种义务咨询活动，使公众更好地利用它能提供的各种服务。成就和荣誉是社会或有关部门对一个组织或其成员的正面评价，更是非政府组织树立良好形象的重要依托。

从本质上说，扩大影响的工作也是一种"营销"。政府组织通过扩大影响，"营销"自己或产品的形象；非政府组织通过扩大影响，"营销"自己的宗旨和活动，使公众了解自己的成就和历史。

(二)发展成员、组织

我国不少高校在高考招生之前向中学寄送宣传品，介绍自己的学科专业和历史，展示教学设施和师资力量，还有的在电视台播出招生广告。非政府组织发展队伍的工作中难度较大的是招募义务人员或志愿者。公益性非政府组织面对这种情境，主要应从提高潜在公众献身精神和社会责任感入手；互益性非政府组织则应把重点放在寻找潜在公众的期望与组织现状的差距上，通过扎实的努力满足公众要求；假如服务性的非政府组织陷入这种组织形象与公众期望值相去甚远的局面，原因则很有可能与政府组织相似。

(三)争取理解、认可和支持

社会组织开展公共关系工作，都是为了争取公众支持。确认所需的支持并努力赢得支持，对任何社会组织都十分重要。

1. 争取媒介公众支持

新闻媒介对社会舆论有重要影响。非政府组织大多没有充裕的资金，无力大规模开展公共关系活动。它们更要注重与新闻媒介密切联系，以提高在社会上"亮相"的频率。非政府组织从事的多是非营利事业，多与社会或公共利益有关，更易引起新闻媒介瞩目，成为"新闻源"。

2. 争取社区公众

非政府组织一般不创造物质财富，在社区的影响力大多不如政府组织，有时甚至被社区公众视为"额外负担"，更有不少非政府组织"墙内开花墙外香"。引导社区公众的认识，建立睦邻友好关系，历来是非政府组织公共关系的重要任务。

3. 争取内部公众支持

一所学校要推出新的教改项目和措施，离不开师生员工支持。互益性非政府组织更是如此，没有内部公众支持就会失去生命力。

4. 争取政府公众

非政府组织的建立要报政府有关部门审批，如学会、协会等专业或群众团体；还有不少非政府组织，其经费大部分或全部靠政府拨款，如学校、医院等单位。它们需要通过公共关系使政府了解自己、重视自己的工作，并提供各种帮助。

(四)推广观念

政府组织经常通过公共关系向市场推广产品或服务，非政府组织需要公共关系向社会或特定公众推广某种观念或主张。例如，北京申办奥运会的成功，便是基于成功推广"新北京，新奥运"理念的结果。国外一些环境保护主义组织，也向社会积极推广其保护环境、维持生态平衡的"绿色观念"。

推广观念与扩大影响，两者的目的有所不同。对非政府组织来说，扩大影响是它在"营销"自我，推广观念则重在"营销"其事业。政府组织在营销方面有丰富的经验和成熟、科学的方法，因此许多非政府组织也引入了营销管理模式，创造性地用于“营销”其事业。

（五）筹措资金

国外许多非政府组织，从慈善机构、教堂、交响乐团到学校、医院和博物馆，筹措资金是维持生存和发展的首要问题，并通常被列入非政府组织公共关系的应用领域。因为没有良好的公共关系支持，任何筹措资金的工作都难以成功，更不能持久。

非政府组织筹措资金广义上说只有两种路径：一种是通过各种赞助筹措，另一种是通过商业活动筹措。前者也称募捐，即狭义的筹措资金工作。如美国有一个时期，步行马拉松、慢跑马拉松及自行车马拉松运动对重视用腿锻炼的美国人很有吸引力，一个名为“一角钱在前进”的组织每年选定一个日子，在全美 1 100 个城市同时举办 32 公里的“步行环美”竞赛。参赛者向赞助人报名，参赛者如果步行、慢跑或骑车 1 公里，赞助人就保证向这一基金会捐款一定金额。后者在我国也称“创收”。我国也有不少非政府组织为公益事业、社会活动筹措资金的事例，如各种社会福利奖券、彩票的发行等。通常，商业活动筹措可以依据商业化的原则方式，但其公共关系仍与一般政府组织不同，更需要严格的自律，并通过公共关系向公众说明其初衷和事实真相，避免误解和敌意。

非政府组织为扩大影响、发展队伍、争取支持和推广观念进行的公共关系工作，从根本上说与筹措资金互为因果。前述四个方面为筹措资金奠定基础，有时筹措资金甚至成为前述四个方面或其中某些方面的目的；同时，筹措资金又能为做好前述四个方面的工作创造更好的条件。它们都是非政府组织开展公共关系缺一不可的内容。

关键术语

互益型非政府组织　　公益型非政府组织　　非政府组织

案例分析题

“郭美美事件”与红十字会公关危机

郭美玲，微博昵称“郭美美 baby”，湖南人。2011 年 6 月 20 日，郭美玲在网上公然炫耀其奢华生活，并称自己是中国红十字会商业总经理而在网络上引起轩然大波。6 月 22 日，中国红十字会称“郭美美”与红十字会无关，新浪也对实名认证有误一事而致歉。

年轻、名车、豪宅……使得网民很难将其与红十字会这样的慈善组织联系在一起。“人家刚 20 岁就这么有出息”“红十字会看来真的很有钱”，陆续有网友质疑说。此外，还有网友将其与中国红十字会副会长郭长江联系起来，“建议查查他俩是啥关系”。尽管其认证已被新浪微博取消，但在个人说明里，“中国红十字会商业总经理”仍然停留在照片旁边的显著位置。

2012 年 6 月 21 日早上，新浪微博上出现了一个名为“郭长江 RC－”的未认证微博与“郭美美”互相关注。其发布的三条微博，发布不到两个小时，就引来了诸多网友的口水，不少网友认为这是中国红十字会副会长郭长江的微博。有些网友还在留言中表示：“唾沫淹死人啊，您闺女太高调了。”6 月 21 日晚 23 时，博主本人“郭美美 baby”继 6 月 19 日发了微博后又再度现身，澄清其身份，称自己“所在的公司是与红十字会有合作关系，简称红十字商会，我们负责与人身保险或医疗器械等签广告合约，将广告放在红十字会免费为老百姓服务的医疗车上。之前也许是名称的缩写造成大家误会”。

“郭长江 RC -”则迅速删除了之前的三条微博，并发布了新讯息：“清者自清，八卦别人的生活真那么有趣吗？偷窥狂可以休矣。”

2011 年 6 月 22 日上午，记者拨通了中国红十字会副会长郭长江的电话。一听记者提起微博上“郭美美”的名字，郭长江不禁笑出声来：“她根本不是我的女儿，我压根就没有女儿。”

中国红十字基金会在官方网站也发出声明，以下为声明全文：

一名为“郭美美 baby”的网友自称是“中国红十字会商业总经理”，在网络炫耀其奢华的生活方式，引发网友热议甚至炒作。我会对有关信息调查、核实后，特作如下说明：

一、中国红十字会没有“红十字商会”的机构，也未设有“商业总经理”的职位，更没有“郭美美”其人。

二、为维护红十字标志的严肃性，我国《红十字会法》《商标法》及相关法规，均严格限制第三方在未经许可的情况下使用“红十字”的标志与名称。我会保留进一步追究有关方面相关责任的权利。

三、我会一贯反对那些企图通过制造虚假信息达到对个人进行炒作的行为方式，也希望社会各界以平和心态看待此类问题，不被利用。

最后，感谢社会各界长期以来对红十字事业的支持，希望继续对红十字会工作进行监督。

中国红十字会总会

二〇一一年六月二十二日

“郭美美事件”就像是一部悬疑电视剧，精彩情节不断涌现，众多谜团待解。网友再次有惊人发现：中国红十字会有工作人员办企业经商。7 月 1 日，有网友在微博上爆料称：“中国红十字总会募捐箱办公室主任张赢方，既是红十字世博温暖基金副主任、红十字传播基金副秘书长，同时竟然也是一家名叫‘心动中基传媒’公司的总经理。”

但有媒体就此向中国红十字总会求证，红十字总会没有正面回应。与此同时，网友惊奇地发现，这条微博出来没多久，与“张赢方”相关的一些网页陆续被删。

2012 年 7 月 2 日，网友“周筱赟”又有惊人发现：一通明堂（北京）文化传媒有限公司老总韦莹是红十字传播基金秘书长，竟然开公司卖黄金、白银、古董。而该公司官网也自称是“中国红十字传播基金的执行单位”，承办了多项红十字会开展的活动和仪式。

当网友质疑关联公司“涉嫌利用红十字会的资源发财”之际，王鼎公司创始人王树民突然接受广州一家媒体的专访，他说在博爱小站、博爱小窗等项目中，红十字会、商红会等付出的是政策资源，投资方付出的是资本资源，王鼎公司付出的是智慧资源。他认为，这种各方均有收益的“共赢模式”没有动红十字会的钱，不需要民众捐款。王树民如此“喊冤”：“我明明是劳模，却被看作恶魔。”

王树民的“喊冤”并没消除网友的疑虑，央视 7 月 2 日在一档调查节目中质疑：现在看来，郭美美在微博里说的模式显然存在。让人疑惑的是，如果郭美美完全没有接触过相关项目，她怎么能够做出这样的描述呢？而这种模式究竟是否适合在公益事业中采用，有没有产生灰色地带的风险和漏洞呢？这个模式中间存不存在漏洞，让慈善的标签有可能变成某些人私人的巨额财产？

商业红会的关联公司中红博爱资产管理有限公司法人代表、首席执行官翁涛在接受《新京报》采访时表示，郭美美男友是中红博爱公司前董事王军。炫富事件发生后，王军已辞去董事职务。

7月4日，中红博爱资产管理有限公司CEO翁涛在微博上曝出“真相”，称郭美美是中红博爱前董事王军的女友。王军自称春节后才认识郭美美，送她玛莎拉蒂跑车和名包。而郭美美所称是自家“小牛”的兰博基尼确为王军经常所开，附近居民也未见到有其他人使用过。而王军除兰博基尼以外，还有宾利等豪车，其中宾利挂的是深港两地牌照，连司机开的接送车都是奔驰S600。

从公开资料查知，中红博爱资产管理有限公司成立于2008年，是全国性的控股投资集团，是中国红十字会的关系企业(商业系统红十字会“借壳”的王鼎公司，正是中红博爱的股东)，主要业务是关于红十字会相关公益，服务项目的投资、运营和管理。依托中国红十字会的品牌和资源的“红十字博爱服务站”与中国人寿北京分公司合作后，运作这样一个公益性质的项目收效良好，其卓越效益由此可见一斑。

“郭美美事件”将中国红十字会推上舆论的风口浪尖。针对网友的各种质疑，红十字会总会数次发表声明否认郭美美与红十字会之间的联系，并以郭美美虚构事实、扰乱公共秩序为由向公安机关报案。

可以说“郭美美事件”的出现，如果引导得好，绝对是好事：在全社会强化公益慈善机构的公益属性，能促进更多人捐款行善；政府积极解决事件中暴露的历史问题，促进公益慈善事业的健康发展。

然而，针对到底是否将重新调查郭美美一事，中国红十字会社会监督委员会委员王永表示，社监委委员尚未对此达成一致意见。2013年6月，社监委将对重查郭美美的提案进行审议表决。

但中国红十字会对此予以否认。秘书长王汝鹏26日通过实名微博说，红会没有任何人说要重查郭美美，社监委也没有开会做出决定要重查郭美美，真实情况是社监委两名委员的个人提议。他同时指出这是“乌龙新闻”，指“一些媒体记者见风就是雨”“真是让人哭笑不得”。

围绕红会的问题，有几个“不一致”同时存在。首先是对于红会的问题本身，公众和红会的认识不一致。红会认为对于“郭美美事件”已有定论，但远未取得社会公众和公共舆论的普遍认同与信任。然后是红会和红会社监委的意见不一致。红会社监委有关委员认为应该重新调查“郭美美事件”，但是红会坚持对“郭美美事件”的原有认定。之后是红会社监委内部对于是否需要和是否应该重新调查“郭美美事件”的意见不一致，不同意调查“郭美美事件”的理由主要是有一种顾虑，怕如果调查不出什么来，无法向公众解释，会危及红会社监委本身的公信力。最后是公众本身意见似乎也不一致，有人认为重启“郭美美事件”调查是走回头路，对刚刚恢复一点点声誉的红会来说是雪上加霜。

其实，我们不难发现，让红会“雪上加霜”的，既不是红会社监委，也不是对“郭美美事件”抓住不放的公众，而是红会自己。围绕红会，先是“百余艺术家在汶川地震时义拍筹措的8 472万元定向捐款不知去向”，接着红会承认这笔捐款被挪用并且没有告知捐款人；后是红会常务副会长赵白鸽当选2013年中国十大品牌女性，而颁奖机构的秘书长正是红会社监委委员，被质疑“利益输送”。放下这些事件的具体是非曲直不说，但就红会一再做出恢复名誉努力的姿态之后，自己又不断制造负面问题、自己给自己惹麻烦而言，让人十分怀疑红会恢复名誉的诚意和实际努力，更让人怀疑红会自己有没有能力保证自己的公信力、保证承担社会责任。

就此而言，其实恢复红会的公信力的核心，谁都知道，并非“郭美美事件”。“郭美美事件”是红会问题暴露的起头，就其事件本身而言，也是红会问题的一部分而已。红会要恢复公信力，不是调查清楚一件“郭美美事件”，而是让红会本身以及红会的一切工作、一切事务成为一个清清楚楚的存在。还是一位著名微博网友说得更明白：“最快最有效的就是聘请一家备受信赖的国际审计机构，在第三方监督下查清每笔捐款使用去向，然后公布。你不是说没贪污吗？你不是说没黑幕吗？你不是说没腐败吗？你不是说要重塑公信力吗？那除了对捐款进行审计之外，没有别的路，别的路都是邪路。"咱们说得再明白一点，那就是红会只能通过实现完全细致的财务公开，也就是建立一个完善的财务公开机制，公信力自然会恢复。只有在这个前提下，社监委的存在才有意义。在红会财务公开透明的机制没有建立之前，社监委的存在究竟是监督岗还是遮羞布本身就说不清楚，那么在调查"郭美美事件"上，意见一致像是唱双簧，意见不一致又像是唱红白脸。这就是那些不同意重新调查"郭美美事件"的委员们的真正顾虑所在。长此以往，不但红会永远说不清楚，社监委自己也会越来越说不清楚。

所以，重塑红会公信力，要拔掉病根，而非盯住一个症状。当前社监委的首要任务应该是代表公众督促并帮助红会建立财务公开透明的机制，而非局限于一个"郭美美事件"。否则，无论"郭美美事件"调查结果如何，都难免摁下葫芦浮起瓢，没完没了。

换句话说，帮助红会恢复公信力不是社监委的责任，代表公众质疑红会的公信力才是社监委的责任。

"郭美美事件"的负面影响极大，民政部最新统计数据似乎也印证了这一点。2011 年 6 月，全国社会捐款为 10.2 亿元，但自 6 月下旬"郭美美事件"等一系列事件发生后，社会捐款数以及慈善组织捐赠数额均出现锐减。

根据民政部 2012 年第二季度民政事业的统计数据，到 2012 年第二季度，全国社会捐款累计达 26.5 亿元，其中 2011 年 6 月份为 10.2 亿元。

与 2011 年同期相比，2012 年全国上半年社会捐款数额出现了大幅减少。民政部的相关数据表明，2011 年上半年，全国社会捐款为 100.5 亿元，2012 年较 2011 年减少了 74 亿元，降幅达 73.6%。

民政部财务司有关人士表示，上述数据较上年同期相比下降幅度大，主要是因为 2011 年上半年我国发生旱灾、玉树地震等自然灾害，在一定程度上激发了社会捐赠热潮，而 2012 年则较为平静。

但是，记者从民政部的统计数据中发现，2012 年 6 月全国社会捐款为 10.2 亿元，而 7 月为 5 亿元，减少了 5.2 亿元，降幅接近 51%。而这一变化，正是发生在 6 月下旬"郭美美事件"引发慈善信任风暴的背景之下。

从中国红十字会的"郭美美事件"到中华慈善总会的"尚德诈捐门"，再到中国青少年发展基金会的"中非希望工程"，慈善信任风暴愈演愈烈，慈善组织成为"众矢之的"。

据北京市红十字会披露的数据显示，2012 年 7 月，北京市红十字会共接受社会捐款 28 笔，总计 15.44 万元。其中个人捐款 8 笔共 7 495 元，较往年大为减少。而北京市红十字会在 2008 年的月平均捐赠额为 124 万元、2009 年的月平均捐赠额为 220 万元、2010 年的月平均捐赠额为 756 万元，两相比较，差距巨大。

遭遇"落差"的并非只有北京市红十字会，还有深圳市红十字会。2011 年 7 月，深圳市红十字会副会长赵丽珍告诉记者："郭美美事件"之后，该会收到的社会捐款几乎为 0。

（资料来源：http://baike.baidu.com/view/5963871.htm? from_id=13866539&type。）

思考·讨论·训练

中国红十字会公关活动面临哪些难题？如何有效地解决其公关危机？

练习题

一、单选题

1. 美国公共关系专家詹姆斯·格鲁尼格认为，公共关系是一个组织与其相关的公众之间的（　　）。
A. 交流管理　B. 传播管理　C. 联系管理　D. 交往管理
2. 联合国新闻部对“非政府组织”的定义是在地方、国家或国际级别上组织起来的（　　）。
A. 非营利性的自愿公民组织　B. 营利性的自愿公民组织
C. 非营利性的政府组织　D. 营利性的政府组织
3. 以下选项中不属于非政府组织的特征的是（　　）。
A. 具有法人资格　B. 民间性团体　C. 进行利益分配　D. 自我治理
4. 公益型非政府组织所代表的利益对象是（　　）。
A. 政府　B. 组织自身　C. 服务对象　D. 组织成员
5. 行业协会是（　　）。
A. 公益型非政府组织　B. 互益型非政府组织
C. 企业单位　D. 事业单位
6. 非政府组织在满足福利多元化的需求方面所起到的作用不包括（　　）。
A. 为传统政府服务提供有效补充
B. 缓解了社会矛盾
C. 提高了社会参与，积累了社会资本
D. 培养公民的参与、环保、互助、公德等现代意识
7. 非政府组织公共关系的最终成果主要应体现于（　　）。
A. 社会效益　B. 经济效益　C. 服务效益　D. 成本效益
8. 非政府组织和营利组织公共关系的差异不包括（　　）。
A. 非政府组织公共关系的成果应体现于社会效益，营利组织公共关系成果体现于经济效益
B. 非政府组织开展经济、节约的公共关系活动，营利组织开展耗资较多、规模较大的公共关系活动
C. 非政府组织与其公众之间联结较为松散，营利组织则与其公众之间的联系密切
D. 非政府组织重视与政府之间的关系，营利组织重视与公众之间的关系
9. 互益型非政府组织所代表的利益对象是（　　）。
A. 政府　B. 组织自身　C. 服务对象　D. 组织成员
10. 人民团体是（　　）。
A. 公益型非政府组织　B. 互益型非政府组织
C. 兼有互益性与公益性的特征　D. 既不是互益型组织也不是公益型组织

二、多选题

1. 以下选项中为非政府组织的机构有（　　）。
A. 国民经济研究所　B. 国家环保局
C. 中国环境保护志愿者协会　D. 计划生育委员会
2. 从组织与成员的关系及组织目标角度，非政府组织可以划分为（　　）。
A. 互益型非政府组织　B. 公益型非政府组织
C. 营利性非政府组织　D. 非营利性社会团体
3. 非政府组织进行公共关系活动的原因有（　　）。
A. 政府失灵　B. 社会福利的多元化需求
C. 公民社会精神加强　D. 筹集资金

4. 公共关系在非营利组织中的作用包括(　　)。
A. 推广组织使命并使其被认可
B. 建立沟通渠道,与服务对象有效互动
C. 扩宽资金来源渠道
D. 创造组织内部积极和谐的人事环境
5. 非营利组织公共关系主要应用于(　　)。
A. 扩大自身或事业的影响
B. 发展成员、组织
C. 争取理解、认可和支持
D. 推广观念

三、名词解释
1. 非政府组织
2. 互益型非政府组织
3. 公益型非政府组织
4. 政府失灵

四、简答题
1. 非政府组织的定义及特征是什么?
2. 非政府组织包括哪些类型?
3. 非政府组织公共关系的特点是什么?
4. 清华 NGO 研究所把社团分为哪几类?
5. 非政府组织公共关系主要有哪些应用领域?

五、论述题
1. 试述在非政府组织中开展公共关系的意义。
2. 谈谈公共关系在非营利组织中的作用。

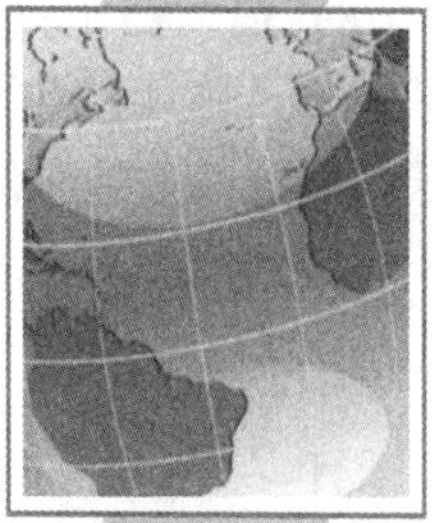

第十章 公共关系危机管理

本章概要

本章介绍了公关危机的概念及类型，分析了其特点和成因；阐述了公关危机的防范方法，并具体论述了政府和企业的公关危机管理的方法，如危机公关的几种模型、处理危机的原则和必要的策略、解决公关危机的几大步骤等。鉴于当前互联网发展势头迅猛，本章第四节专门论述了网络时代的政府危机公关管理。

危机是指威胁到组织利益、形象、生存的突发性或灾难性的事故与事件。社会组织在日常工作中会遇到大量的“问题”需要处理，需要排除故障、解决问题；也会遇到“问题”无法控制，从而酿成冲突与对抗，所有这些都称为危机事件。

公关危机有两层含义：第一层含义是指危及或损害良好公共关系状态的潜在或已发生的破坏性事件；第二层含义是指良好公共关系状态受到威胁或破坏，将会或已经陷入严重困难和危险的灾难性前景或格局。从一定意义上说，前者是因，后者是果，两者并存，密不可分。公关危机给公关主体和客体均会带来损害并危及主客体利益。

处理和化解危机事件历来是组织形象管理的一项重要任务。危机管理是指当意外事件发生，组织陷于困境、面临强大的公众压力时，紧急启动应急程序，调动各种应急资源，迅速运用各种传播沟通媒介，应对和处理危机事件，帮助组织渡过难关。美国学者菲特普在其《危机管理》一书中记载了自己对全球500强企业中的部分高层人士所做的调查。在调查中，有80%的被访者认为，现代企业不可避免地会面临危机，就如人不可避免地要面对死亡一样；有14%的人承认自己曾面临严重危机的考验。事实上，每个企业无论其规模大小都可能面临危机。因此，危机管理已经成为企业管理的重要组成部分。对于政府组织和非政府组织而言，危机管理也是其公关工作的重要组成部分。

第一节　公共关系危机概述

一、公共关系危机的概念

公共关系危机是组织危机中的一种特殊类型，它是由某种非常因素所引发的公共关系非常事态和失常事态，也是一种特殊的公共关系状态。它是指影响组织生产经营活动的正常进行，对组织的生存、发展构成威胁，从而使组织形象遭受损失的某些突发事件。一般而言，组织公共关系危机的出现总是以一定的危机事件为标志的。当企业遭遇一定的危机事件时，企业公关危机就很可能发生。所谓危机事件，一般是指组织所处环境中突然发生的恶性事件（故又有突发性事件之称），如由管理不善、防范不力、交通失事等引发的诸如矿难、员工非正常死亡等重大伤亡事故;厂区火灾、食品中毒、机器伤人等引发的重大伤亡事故;地震、水灾、风灾、雷电及其他自然灾害造成的重大损失;由产品质量或社会组织的政策和行为引起的信誉危机等(如三鹿集团的“三聚氰胺事件”、影响红十字会声誉的“郭美美事件”、万科的“捐款门事件”等)。组织公共关系危机可导致组织与公众关系迅速恶化,使组织的正常业务受到影响,组织的生存和发展受到威胁,组织的形象遭受损害,组织的知名度与美誉度降低。对这些危机事件处理不当,将会对社会组织造成灾害性的后果。

二、公共关系危机的类型

(一)按危机产生的原因,可分为人为危机事件和非人为危机事件

人为危机事件是指由与组织有直接关系的人的行为所造成的公关危机事件。相对于非人为危机事件而言,它具有可预见性和可控性的特点。如2008年三鹿集团的“三聚氰胺事件”、2010年富士康的“N连跳事件”、2014年4月10日兰州自来水“苯含量超标事件”等都属于人为危机事件。

非人为危机事件具有不可预见性、不可控制性的特征,如自然灾害、飞机失事、停水、停电、社会上突然出现的大动荡等对组织造成的伤害(如“5·12”汶川地震、雅安地震、2014年马航失联事件等),它给组织造成的损失通常是有形的。组织作为受害者,其非人为危机事件的处理往往能得到社会和员工的同情、理解和支持。

(二)按危机事件给组织带来的损失的表现形态,可分为有形损失危机事件和无形损失危机事件

有形损失危机事件是指事件给组织带来人员伤亡或财产重大损失的公关危机。此类危机事件的发生与危机的损失是同步的,其损失明显、易于评估,而且难以挽回,同时也造成一些无形损失。

无形损失危机事件是指由于危机事件的发生严重损害组织形象,若不采取紧急有效的措施,组织形象的损害最终会使组织蒙受更大的有形损失。此类危机造成的损失是慢性的,始发阶段的损失不明显,如果任其持续和发展,那么损失将是巨大的。

(三)按危机的形成过程,可分为直接危机事件和间接危机事件

直接危机事件是指由组织的公共关系行为本身的不当而导致的公关危机事件。如“7·23”动车事故后铁道部(现为中国铁路总公司)召开新闻发布会,新闻发言人的不当言论就直接导致了铁道部的公关危机。

间接危机事件是指由组织的其他经营管理活动不当或其他危机而导致的公关危机事件。如三鹿集团的“三聚氰胺事件”以及因“郭美美事件”而导致的中国红十字会的信誉危机等就是间接危机事件。

(四)按危机的显露程度,可分为显在危机事件和潜在危机事件

显在危机事件是指已经爆发或爆发已成必然的公关危机事件,如2014年爆发的乌克兰危机、新疆恐怖袭击、兰州自来水“苯含量超标事件”等。

潜在危机事件是指尚未表露的仍处于隐藏和潜伏状态的公关危机事件,如有可能会发生的恐怖袭击等事件。

(五)按危机的严重程度,可分为一般危机事件和严重危机事件

一般危机事件是指仅对组织及其公众产生局部或轻微危害的公关危机事件,如江苏淮安柴米河污染事件等。

严重危机事件是指对组织及其公众产生全面影响，并使组织形象和利益受到严重损害的公关危机事件，比如刘志军腐败案、发改委刘铁男腐败案、四川厅官雷政富等人的不雅视频等。

(六)按危机同组织关系的程度以及归咎的对象，可分为内部危机事件和外部危机事件

内部危机事件是指由于组织内部的不良因素引发的组织公关危机事件，表现为组织内部成员关系紧张、组织涣散、凝聚力消失、员工对组织丧失信心等。如富士康的“N连跳事件”、万科的“捐款门事件”等对于当事的企业来说就是内部危机事件。这种危机的发生主要是由该企业的成员直接造成的，危机的责任主要由该企业内部的成员承担。

外部危机事件是指组织与外部公众因发生某种摩擦、纠纷、矛盾等而引发的公关危机事件，其影响广泛、危害严重，极大地损害组织的社会形象。如“郭美美事件”、网上所称的“房叔”和“表哥”等、雷政富等厅官的不雅视频、“7·23”动车事故后铁道部新闻发言人王勇平的不当言论等，就其社会影响广泛、极大地损害了党和政府的社会形象这一点来看，它不是某一个人、某一个部门的公关危机，而应该属于外部危机事件。

从这一角度具体划分公关危机的类型时，内部和外部是相对的。因为有些公关危机的发生，内部和外部原因都有，所承担的责任大小也相差不多。故对具体公关危机的划分与处理必须具体分析、恰当处理。例如，谣言引起的危机；政府政策引起的危机；有关团体或机构公布某些信息而导致的危机；由恐怖破坏活动引起的危机；涉及法律问题(如打官司)而引起的危机；由涉及种族、宗教、文化差异、性别歧视等社会问题而引起的危机；由涉及一些有争议的问题而引起的危机；敌意收购带来的企业重组危机；组织的计算机网络被“黑客”袭击而导致的危机；自然灾害或其他不可控因素导致的危机；环保问题引起的危机；等等。

此外，按危机的内涵，还可以分为：

(1)形象危机。这主要是由诸如不适宜的经营理念、不正当的经营方式、不完善的服务体系、不妥当的组织行为等导致组织形象遭受损失而造成的危机。

(2)经营危机。这主要是由组织决策者的经营战略或经营策略失误以及管理不善造成的危机。

(3)商誉危机。这主要是指组织的信誉下降，失去公众的信任与支持而造成的危机。这种危机严重损害组织的形象，甚至危及组织的生存。

(4)素质危机。素质主要是指组织各种能力的综合，组织的素质取决于组织的人员素质、技术素质及管理素质。素质低下往往是造成组织危机的重要原因。

三、公共关系危机的特点

(一)突发性和渐进性

组织公关危机是在没有准备的情况下突然爆发的，它具有突发性特征。但从本质上说，组织公关危机的爆发是一个从量变到质变的过程；也就是说，构成组织公关危机的因素是一个累积渐进的过程，经过一定潜伏期的隐藏和埋伏后，如果未能得到有效控制，它就会继续膨胀，到一定程度时发生连锁反应，便使公众与组织关系突然恶化。因其又有很强的力度，往往使组织措手不及，给组织造成很大冲击。

从组织公关危机爆发的量变到质变的过程来看，危机一般要经历四个阶段：前兆期、加剧期、处理期、消除期。

1. 前兆期

危机的隐患初露端倪，向组织发出警告。大量事实表明，它是一个转折点，这时，危机处在一个不稳定的状态，此时重要的是如何使这种状态向好的方面转化，扼制住它向坏方向转化的可能，化险为夷，转危为安。如果对前兆期的危机信号熟视无睹，它就会膨胀，到一定程度后，就会形成组织公共关系危机的爆发，并迅速蔓延，产生连锁反应，使公众与组织关系突然恶化，使企业措手不及。

2. 加剧期

危机的加剧期一旦到来，就不会自行消失。这时，问题暴露，公众投诉，媒介追踪，声誉大降。这个时期，企业或社会公众已较清楚地了解到到底发生了什么事情。有关人员介入行动，同时安排抢救工作。一旦进入危机加剧阶段，只能使任何控制危机的努力变成对损失程度的控制。

3. 处理期

处理期是危机灾难发展到顶峰的时期，抢救工作进入关键阶段。在此时期，公关机构设立信息中心，及时把抢救工作的最新消息传送给媒介人士。抢救期短则一两天，长则持续几个星期或更长时间。在发表各种消息时，一定要坚持“公开事实真相”的原则，以避免新闻媒介和社会公众的猜疑、质询。危机的处理期一般包括调查情况、自我分析、安抚公众、联络媒介等工作。

4. 消除期

消除期是指评估工作开始，抢救工作告一段落。在这一时期，除着手准备详细的调查报告外，主管部门和公关部门都还需要做一些具体的事，妥善处理危机后期工作，安抚人心。同时，组织可依靠公共关系手段消除影响、矫正形象。

（二）危害性和建设性

公关危机不仅给当事人带来极大恐慌，使当事组织的正常活动陷入混乱，而且也会给公众带来恐惧、惊慌或愤怒，有时甚至会给社会经济造成直接损失。但是，成功地化解危机也能给组织带来意想不到的公关效果。

危机事件作为一种公共事件，任何组织在危机中采取的行动和措施失当，都将使组织的形象和信誉受到致命打击，甚至危及生存。由此，为了应对各种突发性的危机事件，西方的组织一般都将其纳入管理的内容，形成了独特的危机管理机制。例如，伦敦证券交易所为避免企业危机对股市的冲击，就明确规定：要求上市公司必须制订危机管理计划，建立危机管理机制，并要定期提交危机预测分析报告。

危机在本质上或事实上对社会组织产生的破坏性是巨大的，必须尽力防范和阻止。但是既然危机爆发了，暴露了组织存在的问题，就是给组织提供了一个检视自我应对风险能力的机会，危机的恰当处理也会带给组织新的收获。从辩证法的角度来看：危机＝危险＋机遇。

认识危机的破坏性，才不会掉以轻心、麻痹大意；认识危机的建设性，才会采取主动姿态、沉着冷静而充满信心地面对危机，从中寻找并抓住任何可能的机会。只有勇于面对并善于应对危机，才能正确地认识到公共关系危机在破坏公共关系良好状态的同时，也为组织赢得富有竞争性的声誉、树立组织的形象和处理组织的重大问题创造了机会。

（三）紧急性

公关危机一旦发生，就有飞速扩张之态势，就会像一颗突然爆炸的“炸弹”，在社会中迅速扩散开来，对社会和组织造成严重冲击。因此，应对和处理危机行为具有很强的时间限制。危机一旦发生，组织应当首先考虑防止事态的进一步扩展，然后采取具体而有效的手段来修复和提高组织形象。

(四)舆论关注性

公关危机常常成为社会舆论关注的焦点和热点，成为竞争对手发现破绽的线索，成为主管部门检查批评的对象等，更是媒体最佳的新闻素材，有时还会牵动社会各界人士及普通公众的敏感神经，形成危机风波。面对突如其来的公关危机，有些组织选择了回避和推卸责任的做法；有些组织显得手足无措；有些组织则干脆听之任之，结果使危机愈演愈烈，最终变得无法收场，甚至使组织走向深渊。总之，组织公关危机一旦出现，就会迅速扩散，引起社会各界的不同反应，令社会各界密切关注。

四、公共关系危机的成因

(一)主要宏观因素

1. 经济因素

经济的发展带来了人们物质生活水平的极大提高，而物质生活水平的提高又使人们追求的目标进一步提高。人们在享受企业提供的产品或者服务的同时，对其服务水平和道德标准也有了更高的要求。这给企业带来了较大的压力，也增加了企业危机产生的概率。近年来频发的食品安全问题、医患纠纷事件、个人报复社会的暴力恐怖事件等都是中国经济转型过程中必然会发生的危机事件。

2. 政治因素

改革开放以后，我国社会总体的开放度、宽容度大大增加，现代生活的多样性给予每个社会成员价值取向的多样选择权，但由于政治体制改革的滞后、社会贫富差距的拉大、高层腐败案频发，也引发了社会对公平、正义问题的关注。例如，中国现代社会的流动机制正在形成，社会流动渠道逐步开放，使人们可以凭借自己的才能和努力，改变自己的社会地位，获得向上流动的可能。但现实生活中出现的“官二代”“富二代”现象说明我们体制改革的滞后，阶层固化的趋势正在形成。如果中国社会各阶层不能分享改革的红利，对权力缺乏制衡、监督的机制，公关危机事件仍然会层出不穷。2012 年 11 月，“十八大”报告首次以 12 个词概括了社会主义核心价值观：“富强、民主、文明、和谐；自由、平等、公正、法治；爱国、敬业、诚信、友善。”这 12 个词是与中国特色社会主义发展要求相契合的，也是与中华优秀传统文化和人类文明优秀成果相承接的。如果能够真正践行社会主义核心价值观，我们政府公关的政治环境就会大大改善。

应该说，通过法制建设，中国现阶段在立法上已取得了巨大的进展。随着法制的健全，政府或企业所面临的法律挑战也更加严峻，因利益对立方的法律行动而导致的政府或企业的公关危机也相应增加。

3. 竞争因素

中国加入 WTO 后，吸引了大批的外国投资者进入中国，加剧了国内市场的竞争程度。这些竞争不仅表现在企业经营活动上，而且还对消费者行为、消费理念等方面产生影响。这种竞争导致的全方位与深层次的结果也使企业可能会遭遇更多的公共关系危机。

(二)主要微观因素

1. 组织内部因素

组织内部因素即一个企业(或事业单位)自身存在的、可能导致企业公关危机的一些问题，因此，它可以作为企业公关危机的内部预警信号。引发企业公关危机的内部因素主要有以下方面：

(1)产品质量或服务问题。产品质量是整个企业形象的基础，劣质产品往往是企业公关危机的导火线。消费者购买了劣质产品，不仅会对产品本身产生愤怒，而且会更多地牵连到生产该产品的企业。

产品的销售服务问题也可能引发企业公关危机。激烈的市场竞争中的优质服务已成为企业出奇制胜的重要手段，企业能否提供优质服务的关键是，能否遵循用户至上、全心全意为用户服务的原则。只有遵循这个原则，才能从根本上为产品销售开创良好局面。许多企业尽管在这方面努力了，但效果并不好，表现为销售业绩不佳和企业形象不佳，其根源在于大部分企业只注重形式，不注重实质；只停留在喊几句漂亮口号的阶段，而没有做到真正实现其对消费者的承诺。在销售服务中，由营业人员素质欠佳而引起的危机尤其突出，各地经常出现服务人员对顾客强行搜身等事件，严重影响企业声誉。所以，当企业出现产品质量或销售服务方面的问题时，就应提高警惕、防范危机。产品质量或销售服务问题也就成为企业公关危机的预警信号之一。

(2)企业员工素质低下。它不仅是企业公关危机的产生原因，而且在企业公关危机出现之后也难以自觉、有效地处理危机。企业人员素质低下包括管理者素质低下和员工素质低下。这两类人员素质低下的结果都有可能引发企业公共关系危机，特别是如果企业管理者自身素质低下的话，导致企业公关危机的可能性更大。企业管理者素质低下是指企业管理者知识结构不完善，个人修养和管理水平较差，不能激发员工的工作积极性，对员工缺乏威信和感召力，使企业缺乏凝聚力；同时，对外部公众缺乏平等意识和必要的尊重。除了企业管理者的素质之外，员工素质也很重要，员工素质必须与其所从事的职业相匹配。

(3)组织决策失误，也可能引发公关危机。组织决策应自觉考虑到社会公众、社会环境的利益和要求，不能有损于公众、有损于环境。企业决策失误情况繁多，主要体现为方向的失误和时机的失误、策略的失误，各种失误的出现都可能导致企业公关危机。特别是方向的失误、策略的失误是导致危机的关键原因。万科的“捐款门事件”就是一个很有代表性的例子。

(4)无视国家法规。企业经营活动的正常开展，除了必须遵循企业运营的基本准则和社会伦理道德外，还必须遵守国家法规、严格依法办事。市场经济是法制经济，企业人员是否具有法律意识、是否知法和守法、是否将企业经营活动置于法律的监督和保护之下，这对于企业正确开展经营活动、规范企业管理行为、树立良好的企业形象具有十分重要的意义。然而事实上，的确存在一些企业，其法律观念极为淡薄，无视国家法规，霸气十足，随意践踏公众，终于酿成严重的公关危机。

(5)公关行为失策。在现今的信息社会里，公共关系工作实际上可看作一种信息交流过程。在信息交流过程中，公关行为必须严格遵循以事实为基础、以公众利益为出发点、以科学方法为指导的原则，保证信息交流正常进行，求得组织与公众之间的隔阂的消除。如果违背这些原则，传播不真实信息，甚至有意弄虚作假、损害公众利益，那么再好的信息交流也无益于组织与公众之间的协调，而只能招致公众的反对，使组织与公众之间的关系恶化，形成危机。例如，2012 年 12 月，有媒体人士通过微博向中纪委实名举报国家发改委副主任兼国家能源局局长刘铁男(副部级)的腐败问题，举报的第二天，能源局就专门召开新闻发布会，予以否认，这种说假话、传播虚假信息的行为严重地损害了政府部门的公信力，也是一种公关行为失策的表现。2013 年 5 月，刘铁男涉嫌严重违纪，正式接受调查。

2. 组织外部因素

除了组织内部因素，组织外部因素也可能引发公关危机，这些因素可能来自竞争对手、社会公众，也可能来自政治环境、政策法规以及新闻媒介。

(1)来自外部企业的不正当竞争。不正当竞争是指在市场经济活动中,违反国家政策法令,采取弄虚作假、投机倒把、坑蒙诈骗等手段牟取利益,损害国家、生产经营者和消费者的利益,扰乱社会经济秩序的不良竞争行为。来自竞争对手的不正当竞争是引起企业公关危机的一个外部因素,它能使企业面临严重的经营危机和信用危机,进而发展成为企业公关危机。不正当竞争主要表现在:散布谣言恣意损害竞争对手的形象;盗用竞争对手的名义生产假冒伪劣产品;进行比较性广告宣传有意贬低竞争对手的能力;采取恶劣行径严重扰乱竞争对手的经营秩序。所有这些来自竞争对手的不正当竞争行为,都可能导致企业严重的公共关系危机。

(2)来自社会公众。公众的误解有时也可能引发企业的公关危机。由于公众对企业的了解并不是全面的,有些公众会因缺乏信息或专听一面之词而产生对企业的误解。尤其是当企业在产品质量、原料配方、生产工艺、营销方式、竞争策略等方面有了新的进步、新的发展、新的探索后,由于公众一时还不能适应,或一时认识跟不上,仍然用老观念老眼光,主观判断,草率下结论,更易引发危机事件。这包括以下几类:一是服务对象公众对企业的误解;二是内部员工对企业的误解;三是传播媒介对企业的误解;四是权威性机构对企业的误解。无论哪一类公众对企业的误解,都有可能引发企业的危机。特别是传播媒介和权威性机构的误解,更可能酿成严重的后果,形成对企业极为不利的舆论环境。

(3)来自新闻媒介。公关危机还可能来自新闻媒介的不利报道。公众对企业的了解主要来自新闻媒介的报道,新闻媒介制造的社会舆论是一把“双刃剑”,新闻媒介的报道对企业起着不可估量的作用。企业要想避免公关危机,就应随时密切关注社会舆论动向。随着时代的进步,公众越来越多地注意到了环保对于自身生存环境的影响。为了提高自身的生活质量,公众会运用各种手段通过舆论或是直接向政府施压。

3. 从品牌经营方面看

(1)缺少品牌的整体发展战略。许多人都认为品牌产品不会有危机,但事实上,由于竞争的残酷性、市场的全球化,任何一个品牌都无法保证自己在多变的市场环境中不会发生波动乃至危机,而许多企业的品牌危机都是因为其缺少整体发展战略造成的,如 20 世纪 90 年代的健力宝、巨人脑黄金、三株口服液等品牌的销声匿迹就是如此。

(2)管理机制不健全。具体表现在:一是缺乏必要的监控系统,因此即使是危机到来,企业也不会对此事先警觉,并进行有效的预防和控制;二是危机管理制度不健全,因此企业就无法对可能的危机进行预防,也不会对此有效控制。

(3)缺乏名牌危机意识。其具体表现为要么骄傲自大,要么盲目追求“大”和“全”,要么从思想上根本没有“名牌”经营意识,在创出名牌后便只顾追求经济效益而忘记了长远利益,对产品质量放任自流,甚至在出现危机后仍缺少足够的重视和必要的应变措施。

(4)假冒伪劣产品对名牌商品及企业的冲击。名牌产品因其占有极大的市场份额、具有较高的信誉而备受消费者青睐,首当其冲成为造假者、制假者的追逐对象。

(5)企业商标意识不强。主要表现在不及时注册商标、不及时续展商标或不续展商标、随意许可转让商标等方面。

(6)产品缺乏创新。因缺乏创新而跟不上时代发展和潮流的变化,从而被市场所淘汰。

(7)品牌延伸不当。品牌的正确延伸能使品牌得到合理运用,是企业更好地利用品牌这一无形资产进行多元化发展的重要途径,但是如果盲目延伸品牌就会给企业带来危机,如曾经的央视标王秦池酒的衰败案例。名噪一时、好不风光,销量空前增长的“秦池”曾自作聪明地到川藏公路沿线收购散酒,包装后当成“秦池”酒上市销售。然而消费者的眼睛是雪亮的,市场最终将“秦池”拒之门外，致使“秦池”逐渐衰败。2000 年 7 月 19 日，山东临沂市中级人民法院下达民事裁定：“秦池”商标予以拍卖，“秦池”终成昙花一现。① 这说明在瞬息万变的产品竞技场上，一个当红品牌突然被市场吞噬、毁掉，甚至销声匿迹已不再是耸人听闻的新鲜事。因此，要避免悲剧的发生，就必须牢固树立危机意识，防患于未然。

第二节　公共关系危机的防范

美国《危机管理》一书的作者菲克曾对《财富》杂志 500 强企业的董事长和总经理进行了一项关于企业危机的调查。调查结果显示，危机困扰的时间平均历时 8 周半，而没有应变计划的公司要比有应变计划的公司时间长 2.5 倍；危机后遗症的波及时间平均为 8 周，而没有应变计划的公司要比有应变计划的公司时间长 2.5 倍。可见，对危机有准备的公司比没有准备的公司遭受的损失小。美国学者戴维斯·扬说：“面对任何危机，你首要的目标是尽快结束危机。而比这更重要的是要做到防患于未然。”

为此，必须考虑以下几个问题：一是确保组织内信息通道畅通无阻，即企业内任何信息均可通过组织内适当的程序和正规渠道传递给相应的管理层和人员；二是确保组织内信息得到及时的反馈，即传递到组织各部门和人员的信息必须得到及时的反应和回应；三是确保组织内各个部门和人员责任清晰、权利明确，即不会有互相推诿或争相处理的情况发生；四是确保组织内有危机反应机构和专门的授权，即组织内必须设有非常事件的危机处理机构并授予其在危机处理时的特殊权力；五是必要的资源准备。企业的资源准备分为人力资源和财力资源两个部分，但其中最为关键的乃是人力资源准备。而这种人力资源的准备，既要有企业内部的人力资源，也要充分利用社会上的人力资源。这样，一旦发生任何危机先兆就能得到及时的关注和妥善的处理，而不至于引发真正的危机。②

针对以上五条标准，我们认为在危机防范方面应做到以下五点：

一、树立全员危机意识

树立全员危机意识是危机防范与危机管理的一个基本前提。企业能否成功地对公关危机进行预警，从而防范企业公关危机，关键在于企业上下是否具有强烈的公共关系意识。第二次世界大战期间，有一家美国公司生产军用飞机，时值战争进行期间，当然不愁没有销路。但是它们并没有沾沾自喜，没等战争结束就已经考虑到一旦战争结束军用飞机不再需要，公司就会陷于停产状态，虽然目前还难以知晓战争何时结束，但应当做好转产准备。于是，该公司着手设计一种在将来很有市场的民用飞机，宣布停战后，公司立即转产，这种基于强烈的危机意识之上的超前预测，为它们赢得了时间，也使该公司成功地避免了一场看似不可避免的危机。

那些因生产经营活动可能造成污染而容易引起公众怨恨的企业，那些产品容易发生爆炸、泄漏事故的企业，那些创出名牌却容易被伪劣产品假冒的企业，都应保持对环境的敏感反应，经常设想企业可能遇到什么危机，以便做到临危不乱。

凡能够成功驾驭企业巨轮在惊涛骇浪、暗礁险滩中勇往直前的企业家，无不深刻地认识到强化危机意识对危机防范的重要性。他们已经将危机意识融入自己的血脉，每天如临深渊、如

① 薛可、余明阳：《公共关系学——战略、管理与传播》，科学出版社 2010 年版，第 380 页。
② 吴维库：《企业竞争力提升战略》，清华大学出版社 2002 年版，第 261 页。

履薄冰。例如,微软公司总裁比尔·盖茨曾说:“其实微软每天都面临着危机,如果微软要垮掉,仅仅只需18个月而已。”戴尔公司总裁迈克·戴尔则说:“我有时半夜会突然醒来,害怕在这个行业被别人干掉。我觉得要去面对危机和挑战,需要不停地往前走。”英特尔公司总裁安迪·格鲁夫认为:“在危机中生存,反而可以避免危机;在恐惧中生存,化恐惧为动力,反而可以避免外界带来的恐惧。”海尔集团总裁张瑞敏也曾不无忧虑地说:“今天的海尔,像一辆疾驰在高速公路上的车,速度非常快,风险也非常大,即‘失之毫厘,谬以千里’。海尔完全有可能在一夜之间被淘汰出局。”①正是这种危机心态,促使他们居安思危,时刻警觉任何细小的隐患和各种潜在的危机;也使他们不敢居功自傲,满足于一时的成功。这些成功的企业家都有着强烈的危机意识,他们将这种危机意识融入企业的理念和执行中,引导企业全体员工树立起危机意识。

中国加入WTO以后,许多原来闭关自守的企业被迫卷入了全球竞争,企业虽有发展的机遇,但也面临随时倒闭的危险。强化全员的危机意识将是企业在竞争中立于不败之地的一种必要的心理准备。要防范企业公关危机,就应在企业内部树立全员危机感,开展各种危机教育,让全体员工都了解危机的特征和危害,使全体员工都具有一种危机感,并由此增强他们的危机意识,帮助他们形成优化自身行为、预防企业公关危机的思想。一般来说,有着高度危机意识的企业及员工,在日常工作中会自觉地防微杜渐、排除隐患;在危机爆发时,能够临危不乱、应对自如。这样的企业虽然也不可避免地遭遇危机,但通常不会轻易被危机所击垮,而是能够战胜危机,在危机中崛起。

危机来临时有6种必要的工作要做:(1)兵来将挡,水来土掩。既然危机已经来临,那么就要直接面对危机,并应考虑到最坏的可能,及时和有条不紊地采取行动,以期把损失降到最低。如果措施不得力,甚至难以应付危机,那么会给公众留下不负责任、缺乏敏感、笨头笨脑、只知道赚钱而利令智昏的印象。(2)危机发生时,要以最快的速度设立“战时”办公室或危机控制中心,调配训练有素的专业人员,以便实施危机控制和管理计划。同时还要确保从各部门抽调人员参加“战时”办公室工作时不至于影响组织的日常工作。(3)设立专线电话,并把电话号码告知媒介,用以应付危机期间外部打来的大量电话。要由训练有素的人员来负责处理热线电话,并且注意措辞。(4)注意事故的初期处理。虽然绝大多数的企业危机是短暂的事故,但是这些危机对组织的影响可能是长期的。在危机的初期,如果处理不当,仍可能导致危机的长期化。(5)企业的高层要高度重视。出现危机事件后,企业的“一把手”必须到达现场,这本身也标志着公司对事态的重视和关注,对事件相关人的关注。(6)通过退换或召回有关的产品从而避免潜在的“可能”危害。召回有问题的产品,避免没有问题的产品受到株连。②

可口可乐公司在处理危机时,上至总裁、下至普通公关人员,都能按照既定的危机管理方案工作,尝试各种办法来解决遇到的问题。1999年6月中旬,正值饮料消费高峰期,而比利时和法国的消费者却因饮用可口可乐出现不适症状,这引起了欧洲公众极度的心理恐慌。比利时、法国等国政府被迫宣布禁售可口可乐。可口可乐公司股票直线下跌,销售损失达数千万美元。更为严重的是,它极大地破坏了可口可乐的品牌形象和公司声誉。危机发生后,可口可乐公司迅速启动危机公关程序,制定了应对措施:第一,公司首席执行官依维斯特从美国赶到比利时首都布鲁塞尔,举行记者招待会,反复强调可口可乐公司尽管出现了目前的事件,但仍然

① 高民杰、袁兴林:《企业危机预警》,中国经济出版社2003年版。
② 吴维库:《企业竞争力提升战略》,清华大学出版社2002年版,第262页。

是世界上一流的公司，还将一如既往地为消费者生产一流的饮料；第二，可口可乐公司在比利时和法国的各家报纸上推出由依维斯特签名的致消费者的公开信，仔细解释事故原因以及公司即将采取的措施；第三，可口可乐公司宣布，将比利时和法国国内同期生产的可口可乐全部收回，尽快调查并宣布化验结果，说明事故的影响范围，向消费者退赔，并承担中毒消费者的医疗费用；第四，可口可乐设立专线电话，并在互联网上为比利时和法国消费者设专门网页，及时交流、沟通，回答消费者提出的各种问题；第五，配合各地卫生质检部门的检查；第六，公司总裁艾华士直飞比利时，接受专访，公开向消费者道歉，并当场喝了一瓶可口可乐。终于，比利时卫生部决定取消对可口可乐的禁销令，其他国家也取消了相应的制裁，企业终于转危为安。①

二、强化企业经营管理

在日常管理中，经营者与公关人员应尽力协助、指导有关部门合理地设计生产工艺，进行科学配方，把好原料质量关，搞好生产调度安排，加强工厂的安全保卫工作和财务管理，完善售后服务制度。在企业供产销等环节和人财物等方面做好监督和控制工作，时刻警惕破坏性因素的侵入，使企业远离危机事件。企业只有做好日常管理工作，才能保证企业效率高、质量好、服务好、效益大，才能提高企业对环境的适应能力和竞争能力，才能使企业管理系统有序地运行，减少和消除企业危机发生的概率。

此外，在日常的经营管理中推行例外管理，也是企业危机防范的一种方法。

"科学管理之父"泰勒最早提出的例外管理，是指最高管理层将日常发生的例行工作拟就处理意见，使之规范化、标准化和程序化，然后授权给下级管理人员处理，而自己主要去处理那些没有或者不能规范化的例外工作，并且保留监督下级人员工作的权力的一种管理制度或原则。实行例外管理，不仅可以节省最高管理层的时间和精力，使他们能集中精力研究和解决重大问题，而且通过向下属部门授权可以提高工作效率。

建立管理制度是强化企业日常经营管理的一种手段。制度是用以规范人的行为、保证方针政策得以实施、实现企业良性运营的各种约束性规则。在公共关系危机管理中，为了有效地实现对危机的预防工作，企业必须建立、健全相应的危机管理制度。危机管理制度，既可以用来约束企业员工的公共关系行为，也可以用来保证企业危机管理方针、政策、措施的有效实施。在当前一些企业管理者和员工危机意识不强、危机预警的思想意识淡薄、按制和处理危机的措施极为不力的情况下，强调建立危机管理制度更是非常必要的。当然，建立危机管理制度还需要按制度的具体执行并对执行情况的检查；否则，危机管理制度就起不到任何作用。

三、成立危机管理机构

公共关系危机防范及管理与特定的危机处理不同，特定的危机处理是一次性的，而公关危机预警管理是日常性的，这是因为现代企业中广泛存在着各种可能的公共关系危机。公关危机预警管理的日常性，决定了成立危机预警管理机构的必要性。

正如英国危机公关专家迈克尔·里杰斯特所说："任何公司都需要有危机管理的措施，唯一不同的是根据组织的性质和大小，其实施情况有所变化。无论怎样，我们都要抓住问题的关键，那就是组建危机管理小组来制定或审核危机处理方案及其方针和工作程序。"②危机日常

① 薛可、余明阳：《公共关系学——战略、管理与传播》，科学出版社 2010 年版，第 382－383 页。
② 薛可、余明阳：《公共关系学——战略、管理与传播》，科学出版社 2010 年版，第 383－384 页。

管理机构的设置，不仅可以向组织内外公众表明企业认真负责的管理态度，而且可以由其承担危机的日常检测、识别、诊断、评价和预警、预控工作。

危机管理组织是危机管理中的信息枢纽，发挥领导和协调作用。危机管理组织的准备是对策行动开展的组织保障，机构或组织的日常工作内容包括：保持定期联系；借助会议、电话、电传、计算机网络或通信等不断沟通；定时检查危机问题、预测局势变化趋势，以调整应急措施。避免各部门间互相推卸责任，导致危机不断扩展。它包括危机管理组织人员的确定、危机管理机构的设置和危机应急队伍的训练，目的在于为预控对策活动提供有力的人员和组织保障。

(一)危机管理机构的设置

组织的公共关系危机管理机构的设立，是进行公共关系危机预警管理的重要保证，也是进行公共关系危机管理行之有效的机构。

危机管理机构的主要工作职责包括：预测可能出现的公关危机；制定危机防范的方针和政策；制定危机处理的策略和步骤；指导与监督组织各部门公共关系危机预防管理的措施；编制公共关系危机管理的经费预算；对全员进行公共关系危机教育培训；对公关危机处理进行指导和咨询等。

对大中型企业来说，设立危机管理机构——危机管理委员会，是比较可行的做法。危机管理委员会的人员一般应包括企业管理层、人力资源经理、工程管理人员、保安人员、公关经理、后勤部门领导。如果企业有分支机构或子公司，则每个分支机构、子公司都应向委员会派一名代表，以便公关危机发生时都能迅速在各地协调行动。特别是当分支机构也都生产同样的产品、使用同样的质量标准、同样的购销渠道、具有同一企业形象时更有必要。通过这个委员会可以迅速传递信息，把企业公关危机的损害降低到最小限度。

(二)危机管理机构人员的确定

要想做好公关危机预控工作，组织应成立由精干人员组成的公关危机管理机构。危机管理机构的人员可包括企业决策层负责人、公关部负责人和一些其他主要部门的负责人。对于企业而言，各部门的抽调人员应包括生产管理人员、销售推广人员、技术人员、公关人员和质量管理人员等，这些成员应保证其畅通的联系渠道。当危机发生时，该机构自然转型为危机领导核心。

人员确定之后还应定期对危机管理人员进行专门培训，不断提高他们预防和应对危机的实战能力。如前文提到的可口可乐公司的案例就是一个很好的例子，其公关危机管理部就是一个常设机构，该机构在处理危机事件中发挥着不可估量的作用，这对国内企业而言是一个很好的借鉴。

(三)危机应急队伍的训练

如果危机应急人员没有足够的冷静、足够的技巧、足够的公关应变能力，是很难处理好组织公关危机的。因此，拥有一支训练有素的危机应急队伍，以应对各种突发性事件，在危机来临之际帮助组织顺利渡过难关也是确保危机管理机构良性运转的重要方面。由于危机处理是一项专业性很强的公共关系实务，涉及面很广，不仅需要参与者具有各类危机事件处理的专门知识，而且需要参与者具有善于处理危机事件所涉及的各种公共关系和媒介关系的才能，在特定的情况下，还可能需要参与者具有应急作业、快速反应的本领。所以，各类组织都应时刻注意加强对危机应急队伍的训练。

对危机应急队伍的训练一般应抓好以下几个方面：进行公关专项培训，提高公关能力；进行应对危机事件能力的培训;进行危机事件的应对策略的培训;学习危机处理的成功与失败案例,让其从中汲取经验和教训;进行综合性的模拟演习。

四、建立危机预警系统

除了强化组织上下的公关危机意识,组织公关危机预警分析对公关危机的防范也至关重要。组织公关危机是由组织内外环境出现问题造成的,因此,在危机爆发之前,必然要显示出一些信号。比如,对组织或组织领导人形象不利的舆论越来越多;组织受到政府、新闻界或同行业人士的异乎寻常的关注;组织的各项财务指标不断下降;组织遇到的麻烦越来越多;组织的运转效率不断降低等。当一个组织在管理过程中出现以上征兆时,就有必要提请危机管理部门注意并进一步加强监测。

组织公关危机预警分析是对组织公共关系危机的迹象进行监测、识别、诊断与评价,并由此开展警示的管理活动。

(一)监测

对组织公共关系危机迹象的监测是指对组织的公共关系系统已经或可能出现的危机迹象进行监视和预测,收集各种反映危机迹象的信息。这是组织公关危机预警的首要工作环节。对公共关系危机迹象进行监测时,一般要把握以下几个方面:

1. 确定监测的对象

监测对象分为重点对象和一般对象。重点对象一般应是组织公共关系系统中的重要影响因素和重要实践领域。当然也应视组织具体情况,把最可能引发危机的因素或最可能出现危机的实践领域作为重点对象。

2. 明确监测的任务

危机迹象监测的首要任务是过程监测,即对监测对象的活动过程进行全程的关系状态监测,对监测对象同整个组织其他环节的关系状态进行监测,对监视对象与组织的外部环境的相互关系进行监测。其次是信息处理,即对大量的监测信息进行整理、分类、存储,建立监测信息档案,以利于正确地对危机迹象进行分析。监测内容主要包括以下几个方面:加强公共关系信息与组织经营信息的收集分析工作,及时掌握公众对组织活动的反映及评价;密切注意国家经济政策及经济、政治体制改革的方向,使组织的生产经营活动与社会经济大气候相协调;加强与重点客户的沟通,使重点客户成为组织的稳定支持者,及时关注其变动趋势;经常分析竞争对手的生产经营策略和市场需求发展变化趋势;定期或不定期进行自我诊断,分析组织生产经营和公共关系状态,客观评价组织形象,找出薄弱环节,采取必要措施;开展多种调研活动,并在此基础上研究及预测可能引起组织危机的突发事件,把组织危机因素消灭在萌芽之中。①

3. 采取监测的有效手段

一般来说,组织公关危机迹象监测指标体系及其测量工具是组织公关危机迹象监测过程必不可少的基本手段,而像电子计算机以及其他现代化手段则是进行组织公关危机迹象监测的重要辅助手段。所采用的监测手段越先进、越适用,监测结果就越有可信度、有效性。

(二)识别

对组织公共关系危机迹象的识别是指根据公共关系危机迹象监测收集有关信息,在比较分析的基础上,判断危机迹象的实际存在状态。这是公共关系危机预警管理的重要业务环节

---

① 薛可、余明阳:《公共关系学——战略、管理与传播》,科学出版社 2010 年版,第 386 页。

和工作内容。在对已经获得的具体有关危机迹象的监测信息进行分析的基础上，具体确定和描述组织公共关系系统中已经出现的危机迹象，为开展危机迹象诊断做好认识上的充分准备。组织公关危机迹象识别一般要注意以下几个方面：

1. 确定识别指标

识别指标是衡量组织公关危机迹象的标准，通过它可以衡量组织公关危机迹象是否存在及存在状态。一般可采用两类识别指标：一是通用的公共关系危机状态指标；二是专用的公共关系危机状态指标。前者用于比较分析，后者则可以直接测量。

2. 进行综合的比较分析

在组织的整个公共关系系统中，各因素相互联系、相互影响、相互制约，一个因素或环节上出现的危机迹象可能引发另一个因素或环节上的危机，一个层次上危机迹象也可能是另一个层次上的危机迹象发生的原因。正因为如此，公共关系危机迹象识别必须进行综合分析和比较分析，才能达到对危机迹象的全面把握。

3. 描述准确、有效

准确、有效的描述是相对于危机迹象识别结论而言的。准确，就是要求表述准确，不能含糊其词，文不达意；有效，就是指识别结论能够有效地说明问题，并能有效地运用于组织公关危机预警和具体处理之中。为了做到准确、有效，一般要求对危机迹象不仅要做定性描述，还要做定量描述，以达到对危机迹象的深层次把握。

(三)诊断

公共关系危机迹象诊断是指根据公共关系危机迹象识别的结果，利用与危机迹象相关的各种信息，对已被识别的危机迹象进行基本成因分析和发展趋势预测，为危机预警提供依据。这是组织公关危机预警十分重要的环节。只对危机迹象监测、识别，而不对危机迹象进行诊断，危机迹象就不可能得到正确的解释和评价。

因此，无论是政府机构还是企业、事业单位，必须在对公共关系危机迹象进行监测与识别的基础上进行有效的诊断。

对组织公共关系危机进行诊断包括以下内容：

1. 产生的原因

由于公关危机产生的原因是多方面的，所以危机迹象诊断必须尽量从多方面找原因，深入分析，以便使危机预防管理工作特别是预警、预控工作真正落到实处。

2. 合理预测发展趋势

根据危机迹象之间的因果关系对危机迹象进行逻辑分析。进行危机迹象发展趋势预测要明确两个问题：一是危机迹象发展趋势是建立在准确的危机迹象成因分析的基础上；二是危机迹象的成因和过程都十分复杂，要运用科学的方法分析，以保证对发展趋势的预测结论符合逻辑、真实有效。

(四)评价

公关人员应对已被确认的主要公共关系危机迹象产生的损失进行评价，以明确组织在这些公共关系危机迹象冲击下的损失程度。

危机迹象可能带来的损失是，当危机迹象成为危机事件后对企业的公共关系、经营管理、社会公众、社会环境可能造成的危机。对危机迹象造成损失的评价不应只局限于已造成的损失，还必须对将来一定时期内可能造成的损失进行评价。对危机迹象可能带来的损失的评价结论可以为危机预控提供决策依据。

五、制订危机应变计划

危机应变计划是指提供应对、处理突发事件所需要的人力、组织、方法和措施等一整套方案，一旦危机出现，就可以借助计划去应付和解决危机。

一个较健全的危机应变计划，大致包括以下三项内容①：

1. 成立危机应变小组

危机应变小组首先由管理层、技术专家、公关部主任和法律顾问组成一个核心；其次根据可以预见的危机，增加危机处理小组的人员。这样，发生某种危机时，可以直接由专人负责处理；而在平时，负责处理某项危机的人就应有意识地做好各种应战准备。

2. 拟订危机应变计划

应变计划要设想各种可能发生的危机和所采取的应对行动，一些组织常常把本单位拟订的危机应变计划体现在危机应变手册上。例如，对外销型企业来说，最有可能也是最严重的危机之一是商品质量发生问题，影响企业信誉，因而在企业的应变手册中，不仅要预见到这一危机，而且要指明何处、何人可以向我们提供紧急援助，并指明他们的姓名和联络方法。危机应变手册是处理各种危机的指南，因此，不同行业和组织应有所不同，但其计划一定要细致到足以应对危机。

3. 危机模拟训练

危机应变小组在完成危机应变计划的纸上作业后，可以举行模拟演习。演习假设一种或多种危机情况，考核危机应变小组对紧急事件的反应能力、危机处理的知识和决策能力。模拟演习还要使组员接受处理紧张心理的训练，以免真正出现危机时，紧张的心理妨碍组员的思维和决策。另外，还要学习如何与新闻界打交道，掌握接受记者采访和对外发言等方面的技巧。总之，危机应变计划和训练做得越周详，处理危机的工具就越犀利。不过，仅有危机应变计划还不能解决危机。应变计划只是解决危机的工具，还需要在实际操作中执行和灵活运用。

第三节　公共关系危机的管理方法

危机管理就是组织在管理过程中针对所有可能引发危机的影响因素进行监测、分析、化解，防范危机的发生并在出现危机时及危机过后采取各种行动以减少损失、消除负面影响、恢复组织形象，直至转化危机、实现振兴的一系列活动。

国内外学者从不同角度对组织危机管理进行了探讨，提出了侧重点各有不同的危机管理理论，在管理实践中，组织管理者应该根据本组织所遭遇的突发事件或存在管理隐患的不同特点，运用和借鉴相应的理论工具和方法实施与操作。

---

① 魏翠芬、王连廷：《公共关系理论与实务》，清华大学出版社、北京交通大学出版社 2007 年版。

一、几种较为常见的危机管理模型

(一)奥古斯丁的六阶段模型[①]

曾经官至美国陆军副总参谋长的诺曼·R. 奥古斯丁(Norman R. Augustine)先后在多家公司担任主席或首席执行官,在1977年退休后,执教于普林斯顿大学的工程与应用科学学院。基于自己切身的经验,奥古斯丁将企业危机管理划分为六个不同的阶段,并针对不同的阶段提出了具体的管理建议:

第一阶段,危机的避免。危机的避免即预防危机发生,然而许多人往往忽视了这一既简便又经济的办法。在这一阶段,企业管理者必须竭力减少风险;在企业不得不承受风险时,必须确保风险与收益相称。对于无法避免的风险,必须建立恰当的保障机制。

第二阶段,危机管理的准备。企业需要为预防工作一旦失效做好准备,包括建立危机处理中心、制订应急计划、事先选定危机处理小组成员、提供完备、充足的通信设施、建立重要的关系等。对于较大的企业而言,应建立备用的计算机系统。在为危机做准备时,需要留心那些细微的地方,忽略任一方面代价都将是高昂的。

第三阶段,危机的确认。企业通过收集各种有效的信息,确认危机已经发生,并找出危机的根源。尽快地识别危机是有效控制和解决危机的前提。在寻找危机发生的信息时,需要企业尽可能倾听各种不同公众的看法,企业也可以寻求外部专家的帮助。

第四阶段,危机的控制。企业需要根据不同情况确定控制工作的优先次序,尽快将危机所造成的损失控制在最小的程度。在这一阶段,果断进行决策对企业来说是最重要的。在危机发生之前已经确立了明确的危机管理计划的企业,危机控制过程一般都很有章法。

第五阶段,危机的解决。根据危机发生的原因,实施针对性强的危机解决对策。危机不等人,在这一阶段速度至关重要。

第六阶段,从危机中获利。危机管理的最后阶段就是总结经验教训。如果企业在危机管理的前五个阶段做得较好,第六阶段就可以提供一个至少能弥补部分损失和纠正所造成的错误的机会。

(二)罗伯特·希斯的“4R模型”[②]

罗伯特·希斯(Robert Heath)将企业危机管理过程概括为“4R模型”,即危机管理可以划分为缩减(reduction)、预备(readiness)、反应(response)、恢复(recovery)四个阶段。有效危机管理是对“4R模型”所有方面的整合。

(1)缩减阶段。在缩减阶段,企业的主要任务是预防危机的发生和减少危机发生后的冲击程度。对任何有效的危机管理而言,缩减是其核心,因为在缩减阶段危机最易控制,花费也最小,企业只要对各种细小的变化多加注意、防微杜渐,就可以防止一些危机的发生。促进管理、增强沟通、提升品质等皆可以在不知不觉中降低危机事发的可能性。

(2)预备阶段。当火灾发生之后才去学习灭火器的使用方法显然已经太迟了。在危机发生之前,企业就必须做好应对和恢复计划,对员工进行技能培训和模拟演习,保证这些计划深入人心并落到实处,其目的是一旦危机发生,使损失最小化,并尽快恢复到常态。

(3)反应阶段。在危机爆发之后,企业需要及时出击,在尽可能短的时间内遏制危机发展

---

① 诺曼·R. 奥古斯丁等著,北京新华信商业风险管理有限责任公司译校:《哈佛商业评论精粹译丛——危机管理》,中国人民大学出版社2001年版。

② 罗伯特·希斯著,王成、宋炳辉、金瑛译:《危机管理》,中信出版社2001年版。

的势头，运用各种资源、人力和管理方法解决危机，防止事态的进一步恶化。

(4)恢复阶段。通常在经历过危机之后，人和物都会受到不同程度的冲击和影响。危机情境一旦得到控制，企业应着手致力于恢复工作，尽力将企业的财产、设备、工作流程及员工恢复到正常状态。企业还应就危机处理过程中反映出来的问题，对企业的危机管理工作进行改进，对危机管理计划进行修订。

(三)米特罗夫和皮尔森的“五阶段模型”①

美国南加州大学商学院教授伊恩·米特罗夫(Ian I. Mitroff)和克里斯坦·皮尔森(Christine M. Pearson)提出了一个五阶段的企业危机管理模式：

(1)信号侦测阶段(signal detection)。企业识别危机发生的预警信号。

(2)准备及预防阶段(preparation and prevention)。对可能发生的危机做好准备并尽力减少潜在损害。

(3)损失控制阶段(damage containment)。在危机发生之后，企业成员努力使危机不影响企业的其他部分或外部环境。

(4)恢复阶段(recovery)。企业尽快从危机的伤害中恢复过来，实现正常运转。

(5)学习阶段(learning)。从企业危机处理的整个过程中吸取避免危机再次发生的经验和教训，即便危机再次发生，也能提高危机处理的效率。

史蒂文·芬克(Steven Fink)在《危机管理》一书中指出：“中国人早在几百年前就领会了这一思想。在汉语中，组成危机的两个字就分别表示危险和机会。”中国古人在处理公共关系的时候，既讲究原则和策略，也讲究技巧。中国古代就有“道”“势”“术”的区分：“道”可以看作原则，“道生一，一生二，二生三，三生万物”“天不变，道亦不变”。可见，原则是我们在进行公共关系活动时所要依据的唯一最高准则，它保持恒久不变，贯穿在各项工作当中；“势”可以看作一种策略，是企业在基本原则指导之下的按部就班的一套制度、一种安排、一系列关系，是常规状态下的企业应对办法；“术”则是企业的技巧，是企业随机应变、因势利导的多样化而且不可重复的手段。危机处理的公共关系同样如此。

(四)威廉·班尼特的形象改变理论②

在危机传播研究中，美国学者威廉·班尼特(William Benoit)是利用模型来发展宏观模式的最有影响的学者。其理论建立在这样的假设之上：个人或组织最重要的资产是它的声誉。他认为，就像其他有价值的资产一样，声誉或公众形象应该从战略高度去维护。班尼特把他的危机传播模式分为四个大的战略方法，其中很多又可细分为不同的战术。

第一个战略是否认。否认又分为简单否认和转移视线两种，转移视线的好处在于它可以把个人或组织描绘成不公正环境的牺牲品，以避免人们对替罪羊的直接责问。

第二个战略是逃避责任。这是最复杂的策略。他提出六种战术方法，以使组织减少其责任，维护其声誉和形象。这六种战术是：援助、最小化、区分、超脱、反击、补偿。援助是指为了补偿受害者的损失而采取的救助措施；最小化包括减少或者轻描淡写错误行为，以使负面影响降到最低；区分是指把人为错误与社会大环境的深层次矛盾区别开来；超脱是指向人们描绘一种美好前景或新的发展机会，而不是局限于危机事件；反击就是进行申辩和分散公众注意力；补偿包括直接向受害者提供帮助，以减轻其痛苦。总而言之，就是从各个方面减少错误行为传

---

① 薛可、余明阳：《公共关系学——战略、管理与传播》，科学出版社2010年版，第390页。
② 邹正方：《公共关系概论》，中国人民大学出版社2010年版，第309页。

播的范围和程度。

第三个战略是亡羊补牢。即通过制定相关法律、规定来减少以后类似事件的发生。这种亡羊补牢式的做法,与上面提到的补偿的区别在于此种做法是针对未来的,而补偿则是针对当前的损失。

第四个战略是自责。这项战略包括道歉、忏悔和寻求公众的宽恕。班尼特认为,其他战略必须相互依赖,而这项战略可以单独发挥作用。

班尼特的形象改变理论的主旨为:社会组织在危机中,应勇敢面对公众,努力维护自身利益,减少负面影响,将可能的损失降到最低。

二、公关危机的处理原则

一般来说,危机事件时间紧急、出乎意料、影响面广,处理起来有一定难度。在危机处理过程中要掌握以下"6F 原则"。

(一)事先预防原则(forecast)

凡事预则立,不预则废。"防火"胜于"灭火",当危机发生以后,对公众利益的伤害和企业组织形象的损失往往已经造成。这时再尽力去"补救",是作为"消防员"在挽回损失。因此,对于任何组织和个人,最大限度地减少危机损失和影响的做法便是避免危机的发生。

(二)迅速反应原则(fast)

许多危机事件发生以后,所产生的危害仍在持续,并且有加剧、扩散蔓延之势,好事不出门,坏事行千里。在危机出现的最初 12～24 小时内,消息会像病毒一样,以裂变方式高速传播。这时候,可靠的消息往往不多,社会上充斥着谣言和猜测。公司的一举一动将是外界评判公司如何处理这次危机的主要依据。如果事态得不到及时控制,将会给组织和社会公众带来更大的有形或无形损失。

因此,公关危机处理的首要原则是要及时反应、快速反应、果决行动,与媒体和公众进行沟通,从而迅速控制事态,否则会扩大突发危机的范围,甚至可能失去对全局的控制。危机发生后,能否首先控制住事态,使其不扩大、不升级、不蔓延,是处理危机的关键,赢得了时间就等于赢得了形象;否则,事故已经被发现,企业仍然漫不经心、麻痹大意,甚至是听之任之、视而不见,必定会导致小事变大事,使组织和社会蒙受更大的损失。

及时原则要求组织成员要有高度的责任心和警惕性,时刻对各种周边事态发展进行监控,一旦发现某种不良情况出现,要及时做出反应,将事端处理在萌芽状态。组织要建立内部反应机制,在机构设置、人员安排、权责划分、奖惩制度及必需物资设备方面都要适当安排,以防止事态发生后无人问津或相互推诿的情况发生。

(三)尊重事实原则(fact)

任何组织在处理危机过程中,都必须坚持实事求是的原则,这是妥善解决危机的最根本原则。犯了错误并不可怕,可怕的是不敢承认错误。从危机公关的角度来说,只有坚持实事求是、不回避问题,勇于承担责任,向公众表现出充分的坦诚,才能获得公众的同情、理解、信任和支持。

对于处于危机风波中的企业来说,最大的致命伤便是失信于民,一旦媒体和公众得知企业在撒谎,新的危机又会马上产生。世上没有不透风的墙,违背"尊重事实原则"弄虚作假、封锁消息、愚弄公众,往往会产生一系列连锁反应,进一步加重危机的负面作用,以致给组织造成不可挽回的损失。

(四)承担责任原则(face)

是否遵循危机管理中的承担责任原则,实质上是考验陷于危机中的企业对于组织利益选择的不同态度。

组织与利益公众之间的关系一旦发生危机,最见成效的办法就是协调好各种利益关系,尤其是要注意受害者的利益,处置是否得当将关系到组织舆论状态的改变和形象的改变。此时,公众一般会关心两个问题:一个是物质或利益层面的问题,即物质利益永远是公众关注的焦点。因此,组织应首先主动承担损失和责任,及时向受害者与所有的消费者道歉,并切实采取措施补偿损失;另一个是精神和情感层面的问题,即组织是否在意公众的心理情感。因此,组织应该站在受害者及所有消费者的立场上表示同情和安慰,必要时还应通过媒体向社会公众发表道歉公告,以解决深层次的心理情感问题,以赢得公众的谅解和信任。

目光短浅的企业,为了保护自身、获取短期利益,在危机管理中往往将公众利益和社会责任束之高阁,最终却为之付出巨大代价。相似的产品危机形势,却有不同的责任表现和结局。"三株口服液风波"对此做了最好的诠释(见章后案例)。

(五)坦诚沟通原则(frank)

企业处于危机漩涡中时,是公众和媒介的焦点,其一举一动都将接受公众的审视和质疑,有时新闻媒体也会夸大事实。联想到国内一些企业在危机时刻,往往是铁将军把门,或者是两个保安用手封堵记者镜头,或者让一两个无关紧要的人物出场说一些"无可奉告"之类的不合作言辞,殊不知"无可奉告"一类的词语就像斗牛场上挥舞着的红布,只会引起人们更强烈的好奇心。此时,社会公众最关心的是组织的处理态度。只有态度明确、坦率诚恳,才能赢得公众的信任、理解和谅解,才能缓和矛盾,缓解对立和紧张情绪,才能使解决方案得到公众的支持与合作。因此,危机企业要取得公众和新闻媒介的信任,消除侥幸心理和企图蒙混过关的心态,主动与新闻媒介联系,尽快与公众沟通,说明事实真相,促使双方互相理解,消除疑虑与不安。

危机管理中的坦诚沟通原则是指处于危机中的企业组织要高度重视做好信息的传递发布并在组织内外部进行积极、坦诚、有效的沟通公关,充分体现出组织在危机应对中的社会责任感,从而为妥善处理危机创造良好的氛围和环境,实现维护和重树形象的目标。

危机处理中,组织遵循坦诚沟通原则、及时向公众发布信息的意义在于保障社会公众的知情权、体现组织的社会责任感、为危机应对创造良好的外部环境、维护和树立组织的良好形象。

危机沟通包含两个方面:一是危机事件中组织内部的沟通问题;二是组织与社会公众和利益相关者之间的沟通公关。概括来说,企业组织危机沟通的覆盖范围主要有企业内部管理层和员工、直接消费者及客户、产业链上下游利益相关者、政府权威部门和行业组织、新闻媒体和社会公众五类群体。可以说,组织内外部的信息传递和沟通效果是妥善处理危机的核心问题。事实上,陷于危机事件中的管理者们往往将大部分时间和精力用于组织内外部沟通,但最终的结果却大相径庭,其原因就在于能否真正遵循坦诚沟通原则进行及时、坦率、有效的沟通公关。

(六)灵活变通原则(flexible)

危机管理既是一门科学,又是一门艺术。组织危机管理和危机公关,既是关系到组织生存与发展的严肃话题,又给管理者们提供了一个管理智慧和创新才能发挥的广阔空间。事实上,从危机事件爆发前的预防、危机事件发生后的应对,到危机后期处理环节,既要遵循一些危机管理的基本程序和规则,又无绝对统一的模式可以照搬。

"山重水复疑无路,柳暗花明又一村。"危机管理高手们往往能结合事态形势的变化、组织自身优弱势、内外部资源条件等进行灵活处理和应对,不仅力挽狂澜成功跨越危机,甚至还将危机事件转变成提升企业形象的契机。

例如，危机发生后一段时间内，媒体和公众的目光被高度吸引，这对当事组织来说其实是一种不可多得的外部传播资源，能否抓住合适时机转移公众的目光？或者借力发挥，找准新闻点制造出另外一个公关事件迅速提升组织和品牌形象？优秀的危机管理者们往往在此方面有惊人的表现。又如，处于危机中的组织的利益关系往往与社会公众产生一定的冲突，组织本身发出的信息和解释比较难以被公众直接接受，说服力不足。这时如能够灵活变通、曲线救国，向知名专家学者或者权威机构核对验证，通过第三方传递出信息，往往会起到降低社会公众警戒心理、重获信任的效果。

三、公关危机的处理技巧

“塞翁失马，焉知非福”比喻虽然一时蒙受损失，反而因此能得到好处，这是《淮南子》里记载的一则故事：住在边塞的一个老头儿，有一天丢了马，别人来安慰他，他说：“此何遽不为福乎？”几个月后，这匹马果然回来了，并且还带来了一匹上好的胡马。“祸兮，福之所倚；福兮，祸之所伏。”的确，许多事物都有两面性，福祸是相依相存的。得失、利弊也是如此。

然而，遭遇危机，要想“转危为安”，甚至“因祸得福”，并不能靠命运和等待。实际上，“塞翁失马”只是告诉我们一个结果，并没有告诉我们过程，如果我们在危机出现以后，指望可以不努力就能时来运转，那无异于“守株待兔”。能够“因祸得福”，一是由于“处理得当”，二是由于“条件改变”。也就是说，危机转化的首要因素来自公关主体的处理行为，即使是“条件改变”，也需要公关主体付出努力。因此，公关危机的处理技巧就变得尤为重要。好的技巧运用得当，往往能够产生意想不到的效果。

在处理危机事件时，首先要做到沉着冷静。危机事件的发生大多出乎人的预料，不确定因素多、危害大、时间紧迫、社会压力大是其共同特征。但是越是在危机的时候，越要求处理人员特别是负责人员保持冷静清醒的头脑，尽快了解危机的全面经过，客观、准确地判明情况，做出相应的决策，真正做到镇定自若、处乱不惊；否则，在突如其来的危机面前，惊慌失措、六神无主、毫无对策，只能使事情越变越糟。因此，保持冷静是乱中处事的先决条件。

其次，处事要谨慎果断。危机事件不但危害大，而且涉及面广。事件发生后，组织的形象、信誉及与公众的良好关系往往遭到严重损害，甚至使公众对组织产生不信任感。因此，要求公关人员处理危机时谨慎从事、考虑周到，切忌鲁莽草率而导致重大错误的产生。

虽然处理危机时需要谨慎从事，但由于公关危机自身突发性、紧急性等特点，又要求组织的相关管理者在仔细考虑、谨慎行动的前提下，办事坚决而果断。在关键时刻，公关人员要准确分析情况，迅速、果断而又正确地做出决策，并立即付诸实施，优柔寡断只能贻误处理良机，待事态发展扩大后果则不堪设想。

再者，目光长远。在处理危机事件当事各方利益时，在弄清基本事实、分清责任，公平、合理处理的基础上，考虑问题的出发点应是着眼于顾全大局，着眼于组织的长远整体利益。以维护组织形象和信誉为目标，维护团结、照顾绝大多数及社会公众利益为前提，充分听取和考虑当事人的利益。

最后，手段新颖。在危机事件处理中，不但要使问题得到圆满解决，而且更要突出其公关效果。一般人往往只把危机当作不幸事件处理，而聪明的公关人员却把它当作展开公关活动的良机。要突出处理公关危机事件的公关效果，必须谋求策划与众不同的危机处理方法和手段。例如，1997 年发生的亚洲金融危机，来势凶猛、破坏性大，许多国家的经济遭到严重冲击。

为了保护本国局部利益，许多国家纷纷贬值本国货币，甚至不惜牺牲别国利益，使整个局势越来越恶化。就在此关键时刻，中国政府挺身而出，顶着各种压力，果断做出人民币不贬值的决定，在自己蒙受损失、极端困难的情况下，积极主动地向泰国提供外汇援助。中国人与众不同的非凡胆识及中国政府高度负责的态度在国际上赢得了高度的评价和良好的声誉，极大地鼓舞了各国人民克服危机、战胜困难的信心。实践证明，这是中国政府在国际上树立大国高度负责、担当国际重任形象极为关键和成功的一步。

具体来说，当企业处理危机事件时，应当把握以下几个策略①：

1. 掌握舆论的主导权

媒体具有传播范围广、信息传播速度快的特点，当今的媒体已经深入人们生活的各个方面，对人类活动的反映可谓细致而全面，因而在品牌危机管理中不能忽视媒体的作用。从某种意义上讲，品牌危机常常是由新闻媒体的报道引起的。而媒体同时又是企业和公众沟通的桥梁，是解决危机重要的外部力量。因此，媒体公关对品牌危机公关来讲显得至关重要，而要做好媒体公关工作，就要坦诚对待媒体，积极主动让媒介了解事实真相，争取新闻界的理解与合作，引导其客观、公正地报道和评价事件。

媒体对品牌危机管理者有有利的方面，也有不利的方面，需要根据媒体的特点采取有效的管理措施，使媒体有利于品牌危机管理工作的开展。良好的媒体管理，可以对企业重建品牌忠诚助一臂之力。

(1)避免媒体的不利影响。媒体可能成为危机的制造者。媒体的信息是广泛传播的，可以在很短时间内使广大的观众、听众或读者了解到媒体发表的信息，但是这些信息的真实性却无法保证；媒体可能是危机的催化剂。媒体在信息传播方面的优势使媒体能将信息传向社会大众，这样一来，媒体就具有对任何信息的放大作用，媒体的信息放大作用会促进危机的蔓延；媒体可能是危机管理的妨碍者。如果危机管理者为了预防危机或处理危机已经付出了巨大的努力，但是由于和媒体沟通发生障碍，媒体还是会报道对企业不利的信息。这种负面激励会严重影响危机管理者的积极性，妨碍危机管理工作的展开。品牌危机所涉及的各种公共信息直接影响公众应对危机的行为，直接影响到如何减少危机带来的损失。

(2)利用媒体的有利影响，低成本传递有益信息。当危机发生时，有关危机的信息都会被媒体传递。企业在品牌危机管理中要考虑媒体具有为其免费传递信息的可能，充分利用好媒体，将自己希望传递同时又是媒体感兴趣的信息通过媒体传播出去，这样既节约了成本，又实现了自己的目的。

(3)协助危机预防、反应和恢复。媒体可以协助危机管理者做好危机预防工作。在没有危机的时候，人们往往对危机缺乏警惕性，而通过媒体重播过去的危机或者报道其他地方的危机事件可以使危机管理者们保持警惕性。危机管理者有时需要在媒体的帮助下对危机做出反应。如果危机事件会损害公众的利益，通过媒体就可以向公众说明应该采取哪些措施来避免或减少危机可能带来的伤害。另外，当危机发生时，如果无法与其他的危机管理者取得联系，也可以通过媒体发布危机信息或通过媒体直接召回危机管理者，使他们尽快参与到危机管理中来。

(4)提高品牌形象。媒体报道可以提高品牌的形象，但应确保报道的内容是：企业对品牌危机的积极态度；企业是如何采取有效措施防止品牌危机的扩散，降低了危机带来的损失；企业又是如何进行有效的恢复活动，使品牌尽快从危机中恢复并发展得更好等方面。

---

① 薛可、余明阳：《公共关系学——战略、管理与传播》，科学出版社 2010 年版，第 395－399 页。

(5)媒体也能提供反馈声音。一场品牌危机发生后,媒体除了报道危机事件外,还会请一些专家或学者对品牌危机事件发表评论,就危机的产生原因、产生过程、目前的状态和危机管理过程中的失误和成功之处发表看法和观点,并对更加完善地处理危机提出建议和意见。媒体的这种做法实际上为危机管理者提供了免费的专家咨询,带来很大的启发和帮助。

(6)不可忽视的公众和利益相关者。媒体还可能就品牌危机事件采访社会公众和利益相关者,他们会从各自的角度表明对危机事件的看法,并提出个人的建议,品牌危机管理者还可以从中了解社会公众与利益相关者对危机所持的心态,从而采取相应的措施。公众和利益相关者的心态是危机管理者需要十分关注的问题,是危机管理者进行决策的重要依据。

为掌握舆论主导权,正确的做法是:危机一旦发生,企业要在最短的时间内通过媒体发表声明,承诺将迅速对危机进行处理,并及时对外通报最新信息、全部事实真相和处理危机所采取的具体行动。在未完全掌握真相之前,对公众不清楚的问题,企业应表示会尽早提供答案;对无法提供的信息,应礼貌地表示无法告之并说明原因,不要遮遮掩掩,这样反而会增加公众的好奇、猜疑,甚至反感;并且企业也不能向媒体提供虚假信息,一旦外界通过其他渠道了解到事实真相,将会增强危机的破坏力,使品牌在危机中越陷越深;但也不能采取沉默回避的态度,沉默不仅会延误缓解事态的最佳时机,还会辜负公众期盼真相、期盼解释的愿望。从危机品牌本身得不到事实真相,不满和好奇的强大力量就会使公众通过其他渠道来获得信息,而企业的退避举动恰恰给各种小道消息、谣言提供了滋生的土壤。因此,面对危机,企业绝不能采用鸵鸟政策,保持沉默姿态回避媒体的采访和报道,侥幸希望危机会自生自灭,而应积极正面应对。

2. 加强与利益相关者的沟通

在信息技术高度发达的现代社会中,媒体对信息传播具有很强的加速、放大和扭曲效应,而且由于企业危机涉及的面较广、人员较多,包括工会、雇员、股东、消费者、企业所在的社区、政府等,每个人掌握的信息、对事态关心的程度和心理各不相同,因此,危机管理者不仅需要了解企业应该在公众面前如何管理危机和在实际操作中怎样处理危机,更要意识到交流沟通如同处理危机本身一样重要,因为外界对危机的看法依赖于他们所收到的信息。为了争取相关人员的谅解和支持,缓解企业危机的压力,尽量争取相关人员加入企业的危机管理团队中进行必要的沟通显得十分重要。

一方面,沟通可以加强企业内部的信息交流,充分传达信息,使危机管理人员及企业员工对危机有全面的认识,便于员工之间加强合作、集思广益、上下一心、保持同一步伐;另一方面,沟通可以加强企业与利益相关群体的联系,更容易获得他们的支持和信任。危机发生后,外部沟通的对象主要是受害者、新闻媒体、社会公众、经销商和政府机构。

(1)受害者。他们是危机的直接受伤害者,对于企业给予一个明确说法的期望值最高,因为企业的态度将直接关系到他们的切身利益,他们会积极地关注着企业公关的每一项举措,并会对外抒发不满或发表评价。

(2)新闻媒介。新闻媒介在社会中的地位和作用日趋重要,它们往往能左右社会舆论,它们的言论将关系着企业的声誉和品牌形象,从而影响受众对品牌的信任和品牌忠诚度。

(3)社会公众——广大消费者。社会大众是企业生产、销售、公关的现有或潜在对象,对企业具有无形的压力。危机也许只涉及很少的一部分人,但是会潜在地影响到所有的消费者,他们会依此重新判断企业的产品或服务的价值。企业应注意争取社会公众的理解、支持与信任,防止社会信任的丧失。同时,还要向消费者提供真正解决这个问题的可信有效的举措,积极主动地挽救企业声誉。以上做法都需要通过媒体向消费者的快速传播。消费者会认为做出努力的企业虽然出了问题，但其态度诚恳，行为具有责任感，自然其品牌也是可信赖的。

(4)经销商。能否对经销商进行有效管理和调动各经销商的积极性在很大程度上决定了企业能否生存。当产品发生危机时，生产企业应及时与经销商进行沟通，给予更多的解释和承诺，必要时要以自身的经济损失换来经销商的忠诚谅解和支持。这样，既有利于保障整体危机公关措施得以全面而有效的贯彻和执行，又为以后的重整旗鼓做好准备。

(5)政府机构。企业应特别引起重视的是政府机构的作用，尤其是某些行业监管部门，它们对于企业的评价往往具有起死回生的力量。事实上，挽救危机的一个关键也是争取这些权威机构的鉴定支持，它们的结论往往是公正评判的最终依据，是消费者和社会公众对企业重新建立信任的基础。

一旦危机发生，企业首先应以最快速度派出得力人员调查事故起因，安抚受害者，尽力缩小事态范围；其次，企业应该确定谁是利益相关者以及他们如何看待发生的危机，综合制定公司应对危机的立场，统一对外沟通口径。另外，应主动与政府部门和新闻媒介，尤其是与具有公正性和权威性的传媒联系，说明事实真相，尽力取得政府机构与传媒的支持和谅解。最后，企业的危机公关需要主动和尽力争取说话机会，使所有的利益相关者尽快获得坦率和真实的相关信息。沟通中要充分体现出企业主动负责的精神，任何被动的处理方式都会造成公众的不信任感。

通过沟通，可以将企业对危机积极负责的态度和处理危机的决心展示给企业的利益相关群体，尤其是受害者和广大消费者，使他们及时了解危机的现状，统一和端正他们对企业危机的认识。另外，即时的沟通还可以使企业与外部公众建立良好的互动关系，特别是在危机的蔓延阶段，该阶段各种猜测平地而起，企业通过沟通可以澄清事实，把企业的正面信息告诉公众，有利于减少消费者对企业的猜疑，这也是对各种谣言有力的回击，从而减轻企业的舆论压力，对重建消费者对品牌的信任起着非常重要的作用。

3. 争取公众、社团、权威机构的合作，协助解决危机

这是增加企业在公众中的信任度的有效策略与技巧。企业平时保持与公众、社团、权威性机构的良好关系是实行这一策略与技巧的基础。由社团、权威性机构出面讲话，通常给人以公正的感觉，容易得到公众的信任和舆论的同情。1993年6月，美国著名的饮料公司百事可乐公司发生罐装百事可乐饮料中发现注射器针头事件。尽管这件事不合逻辑，但是媒介报告却让人宁可信其有。百事可乐公司和美国食品与药物管理局密切合作，由该局出面揭穿这是一件诈骗案，政府部门主管官员和公司领导人共同出现在电视荧屏上，事实才得以澄清。

重视政府部门和社会中介组织的作用。政府部门的权威是任何其他机构或个人所难以比拟的。在危机发生之后，公众往往希望了解事实真相，尤其是在公众对企业怀有疑虑的时候，政府部门公正的声音、权威的论断能够为企业澄清事实，使公众对企业形成正确的认识。不少企业在危机发生以后，没有意识到政府部门的特殊作用，不主动寻求政府的帮助，使企业的危机处理十分被动。更有甚者，一些企业在危机发生以后，不注意配合政府部门开展工作，给企业形象及企业的可持续发展造成极为不利的影响。

消费者保护协会、行业协会、环保组织等机构具有准政府部门的性质，在公众心目中也具有很大的公信力。在危机处理过程中，充分利用这些社会中介组织的力量，可以有效地帮助企业扭转不利的舆论环境，对于企业重塑良好的形象非常有利。

4. 企业领导人亲自出马，展现敢于负责、有能力、有决心、有诚心解决危机的形象

凡是中外成功的危机公关案例都有一个共同的特点：领导人亲赴第一线，公关人员精心策

划，任劳任怨。这种做法和技巧易于得到公众的同情与理解，取得公众的信任。1984年12月3日，印度“博帕尔毒气泄漏事件”发生时，美国联合碳素公司开始时采取漠视的态度，舆论哗然。于是，公司总裁不得不冒险去印度亲自处理，印度政府当即逮捕了他，然后又释放。他在被释放以后首先宣布的是要对受害者进行治疗与赔偿，这一行动大大缓和了当地政府与公众的对抗情绪，也缓解了危机紧张程度。

5. 指定新闻发言人，统一对外表态口径

危机事件初期常常容易出现情况不明、消息来源混乱的现象，不论外界怎样猜测，作为危机处理人员应该对各种情况冷静地分析判断，确定统一表态口径。在重大事故发生时，还应该设立情况分析小组，提供准确的进行对外界公布的消息。切忌对外发布相互矛盾的消息，这样只能引起公众不必要的猜疑，增加危机处理的难度。

四、公关危机的处理步骤

危机的突发性、破坏性和急迫性表明，危机处理的态度必须是及时地反应、尽最大努力控制局势、迅速查清原因、积极采取措施、尽力挽回影响。因此，必须首先制定出一个反应迅速、正确有效的危机处理程序，以避免急迫过程中的盲目性和随意性，防止危机处理中的重复和空位现象，使危机处理能够有效进行。

（一）组建危机处理机构

危机事件的出现一般影响面较广、压力较大、时间较短，因此处理危机事件关键是要镇定，不能使组织陷入混乱状态，并最大限度地平衡组织与公众的利益，控制事态的发展。其次要对事件做最初报道，以使公众获得客观、确切的信息。此外，还应立即组建危机处理的专门协调机构，由主要负责人亲自领导，并根据事件的需要决定其人员构成。危机处理机构的职权应为处理危机事件的最高权力机构和协调机构，它有权调动组织的所有资源，有权独立代表组织做出任何妥协、承诺或声明。

（二）调查判断事件真相

危机事件发生后，首先应该运用有效的调查手段，迅速查明情况，判断事件的性质、现状、后果及影响，为制订对策及应急措施提供依据。

（1）运用最有效的调查手段，查明事件的类型、发生的时间、地点、原因、现状等基本情况。

（2）查明事件的后果和影响，如人、财、物的损失数量及价值、受该事件破坏的范围和程度、已经或者将会对社会产生的重大影响。

（3）受影响的公众范围，包括直接或者间接的受害者公众、与事件本身有直接或间接责任及利害关系的责任公众、与事件处理有关的政府公众、与宣传报道该事件相关的新闻界人士等。特别注意保持与见证人的联系，并谨慎处理与新闻界的关系。

（三）确定危机处理对策

在危机处理人员提交危机事件的专题调查报告之后，领导者应及时会同有关职能部门进行分析、决策，针对不同公众确立相应的对策，制订消除危机事件影响的方案。在这个环节中，最重要的工作就是对危机影响到的各方面公众采取相应的对策。这些对策包括如下方面：（1）在组织内部应采取的措施；（2）对危机事件中涉及的社会公众的对策；（3）对新闻媒介应当采取的对策；（4）对上级主管部门应当采取的对策；（5）对其他相关部门应当采取的对策；（6）对其他可能涉及的方面应当采取的对策。方案制订完成并通过后，应立即开始进行物质资源调配和准备，并立即奔赴危机事件现场，展开全面的危机处理行动。

(四)实施危机处理方案

制订出危机处理的对策后，就要积极组织力量，实施初步确定的危机处理方案。这是危机处理工作的中心环节，在实施过程中应注意并运用前文所讲述的公关危机处理原则和技巧。

根据危机事件的性质和情况不同，一般按如下方式进行处理：如果危机事件尚未在媒体曝光时，企业应争取控制事件的影响。如果危机事件已由媒介公开并已广泛传播，则危机处理应将重点转到媒介公关上来，引导媒介对事件进行客观报道。另外，还需对企业的经营状况、业绩、产品和服务的特色以及企业文化等进行广泛的宣传，让关注事件的受众更多地了解企业和认同企业。

另外，针对不同的公众需要采取不同的沟通对策。

(1)对被损害者采取的策略一般是：了解受害者的情况，实事求是地承担相应的责任，表示歉意，并通告有关各方。冷静地倾听被害者的意见，直接同被害者接触，了解和确认有关赔偿损失的要求。即使受害者应承担一定的责任也不宜立即追究，力戒发生争议。要给受害者以安慰和同情，争取对方的理解与合作，并尽可能提供其所需要的服务，尽最大的努力做好善后处理工作。

(2)对新闻界的策略一般是：统一发言口径，说明事件时应简明扼要，最好是社会组织负责人公布事件过程。要主动向新闻界提供真实、准确的消息，公开表明社会组织的立场和态度，以减少新闻界的猜测，帮助新闻界进行正确的报道。对重要事项要以书面形式发给记者，避免报道失实。在事实未完全明了之前，不要对事件发生的原因、损失以及其他方面的任何可能性进行推测，轻易表示赞成或反对。要表示出与新闻界合作的态度，注意引导新闻界从公众的立场和观点进行报道，不断地对公众所关心的问题提供回复。

(3)对组织内部员工的策略一般是：在稳定情绪、稳定秩序的基础上向员工告知事件的真相和组织所采取的措施，使员工同心协力、共渡难关；同时收集和了解员工的建议和意见，做好说明工作。如属伤亡事件，应做好抢救和抚恤工作；如属产品不合格引起的恶性事件，应立即收回不合格产品。此外，还应及时向股东全面报告事件真相。

(4)对上级主管部门的一般策略是：主动向直属的上级主管部门汇报并保持与上级部门的密切联系以求得指导和帮助。在事件处理过程中，及时地并实事求是地汇报具体情况，不隐瞒、不歪曲，随时汇报事态的发展进程。在事件处理后，应详细报告有关经过、处理措施、解决办法和未来的预防措施。

(5)对不同类型的公关危机的一般策略是：对于组织行为不当引起的危机，唯一正确的做法就是调整组织自身行为，重新塑造组织的良好形象，任何掩盖、粉饰，只会加剧危机。对于突发事件引起的危机，组织首先要树立公众利益至上的观念，坚持不懈地为公众提供最佳服务。然后立即指派专人向公众及时传递有关信息，以免情况不明造成的混乱和紧张气氛蔓延；同时与新闻界迅速取得联系，争取新闻界的支持与合作，避免出现影响较大的不利舆论。对于失实报道引起的危机，正确态度首先是保持冷静，绝不能鲁莽处事，以免加剧矛盾的激化，要积极采取各种有效措施，致力于双向沟通，以争取新闻媒介、政府与公众的理解和支持，必要时动用法律手段来保护组织与公众的利益。

(五)危机管理的评价与总结

1. 总结经验和教训

总结经验和教训具体包括：对危机事件发生的原因、处理措施等进行系统调查和全面回顾；对危机管理工作进行全面评价，包括对预警系统的组织和工作内容，危机计划、危机决策和处理等各方面的评价，详尽列出危机管理工作中存在的各种问题；对危机管理中存在的问题综合归类，提出整改措施，责成有关部门逐项落实；建立危机档案，将产生危机的原因、经过、处理措施及其效果、经验和教训都记录在案，为企业提高经营管理水平、预防和解决新的危机事件提供参考。

2. 找出和改正组织自身的不足

组织发生危机虽然有众多的外部原因，但与组织自身的不足不无关系。组织面临的环境在不断变化，由于管理的滞后性，组织也就不可避免地存在这样或那样的问题，有的组织管理者片面追求个人业绩而忽略了组织整体素质的提高，有的组织管理者思想守旧、知识老化，有的组织管理体系不健全而造成管理上的疏漏，对采购、生产、财务、营销缺乏有效的控制，组织内部管理没有优化而一味追求经营成本降到最低，这些都是组织经营管理中存在的隐患，也是危机爆发的潜在原因。

通过爆发的危机，组织可以彻底暴露其在管理中存在的问题和各种隐患，找出组织在组织架构、企业文化和管理上存在的不足，并根据组织发展的需要加以调整，从而可以大大提高组织的素质。一个企业的产品在市场上出现质量问题，要么就是产品的开发和设计存在缺陷，要么就是企业的质量管理体系不够完善。这些问题平时没有得到重视，一旦危机爆发，其危害性就显现出来，只有彻底根除这些问题，企业才能减少危机，增强危机抵御能力。

企业危机往往给企业造成重大的损失。有的企业在危机之后筋疲力尽，完全没有精力去总结；有的企业在危机之后认为企业的威胁已经结束，再花太多的时间对危机进行总结和评价没有必要。其实，企业对危机进行评价和总结，可以找出企业在危机当中所采用的处理方式的合理性和有效性，给企业今后的危机管理提供方法和经验上的借鉴，发现企业经营自身的不足，对企业危机管理体系进行评价和修正，将危机防范的意识和危机管理评价专门化、制度化，使其成为企业日常经营管理的一部分，从而在整体上提高企业抵御危机的能力。

在危机中企业应勇于承担责任。企业在危机发生时要将公众和消费者的利益放在第一位，并切实维护。要以诚信态度勇敢承担责任，如退货退款、销毁问题产品等，这虽然会带给企业很大的经济损失，但不这样做的代价将更大，企业可能会丧失企业品牌形象、声誉，以及未来市场、企业前途等。危机出现，企业付出代价成为必然，关键是怎样用最小的代价控制局面，争取尽早出现转机。所以，勇敢承担应负责任，对于赢得人心、挽回诚信、再塑形象来说尤为重要。

把危机当契机，促进企业全面提升。“塞翁失马，焉知非福。”危机之于企业，是坏事亦是好事。一次大危机的考验，促使企业全面审视自己，及时反思，找出问题根源，解决问题。危机是企业不断发展、前进的转折点。危机处理得当，企业不仅能挽回损失、树立形象，还会积累经验，提高危机管理意识，健全、完善相应的机制，增强应对环境变化的能力。

综上所述，企业应把危机当成契机，推动和提升各方面工作。危机公关也不是一时之举。在多变的经营环境中，企业要把危机公关当成系统工程，长久地把危机管理工作做下去。这样，企业才能平安渡过每一次危机，并在危机历练中越来越强、越走越好。

第四节　网络时代的政府公关危机管理

在网络时代，网络媒体已经成为强势媒体，尤其是在中国，网络媒体不仅极大地改变了中国人的阅读模式，其在中国的强势地位更是不容置疑。以互联网为主要载体的新媒体，不仅促使信息传播速度更加迅捷、信息量空前增多，而且还可以满足公众的媒体接近权。因此，在新媒体环境中，复杂的传播环境使得潜在的政府危机增多，各种不确定的因素使得政府危机的爆发率上升，加之公众对突发事件的反应速度与互动意识的增强等影响因素，都促使政府危机公关在新媒体环境下必须进行一些新的调整：尽可能地抢在公众反应和互动之前对危机事件进行预防和控制，尽可能使得政府传播的信息在众多繁杂的信息中脱颖而出，进行一些有效的危机传播和危机管理，从而保障政府危机公关的成功，重建政府形象和公信力，保障社会的稳定。

对于转型期的中国而言，危机公关管理甚至比任何常规管理都更能考验政府的治理结构和治理能力。有效、及时、和平地处理网络时代各种类型的危机事件，已经成为今后一段时期内我国各级政府必须高度重视的重大挑战，如何处理好社会危机事件将直接关系到政府在公民心目中的权威地位和良好形象，也将直接影响着我国的政治稳定、社会和谐和经济发展。

一、网络时代政府危机公关的概念、功能、原则和作用

（一）政府公关危机的概念

政府危机公关是政府公关危机的相关概念。政府公关危机是指在政府所管理的国家事务中，突然发生的如地震、流行病、经济波动、恐怖活动等对社会公共生活与社会秩序造成重大损失的事件。所谓政府危机公关，是指在政府针对公共危机事件的预防、控制、挽救与恢复的过程中，运用传播手段与公关对象（公众）沟通，建立良好互动关系，恢复政府形象的活动。网络时代的政府危机公关，凸显的是政府运用网络媒体传播的能力，因为政府危机公关的重心就在于政府与公关对象（公众）之间关系的调和。

（二）政府危机公关的功能

政府危机公关的功能是向公众提供真实、及时的危机事件信息，赢得公众对政府先行公共政策和紧急管理措施的理解、支持和配合，为进一步动员和调集社会资源进行危机事件的处理打下坚实的舆论基础，实现“转危为机”，全面修复政府及其部门与公众的关系，树立和维护政府的良好形象。

（三）政府危机公关的原则

危机公关是现代组织运行和管理中不可或缺的重要内容之一。而政府要科学、行之有效地进行危机公关，实现预期的目标，就必须遵循一些基本的原则，以免陷入事倍功半甚至徒劳无功的困境。对此，专家们在前人经验以及自身实践的基础上，提出了各自的观点。除了本章第三节中介绍的适合企业危机公关的几种模型以外，最为著名的还有英国危机公关专家迈克尔·里杰斯特（Michael Regester）提出的“3T 原则”和我国公关顾问专家游昌乔提出的危机公关“5S 原则”。

1. 危机公关的“3T 原则”

里杰斯特提出的“3T 原则”，即“tell your own tale；tell it fast；tell it all”，即主动性、及时性和真实性三原则，强调在危机管理时信息发布的重要性。

（1）主动性原则。即以“我”（组织）为主提供情况，强调在危机处理时组织切勿采取“鸵鸟政策”，而应牢牢掌握信息发布的主动权。其信息的发布地、发布人都要从“我”出发，以此来增加信息的保真度，从而主导舆论，避免发生信息真空的情况。危机事件的初期，往往是谣言四起、消息混乱。为了保证对外宣传的高度一致性，主动引导舆论，危机的处理必须坚持“一个声音、一个观点”，以正视听，掌握危机处理的主动性。

（2）及时性原则。即尽快提供情况，强调危机发生时，组织不仅要主动联络新闻媒体，还应

在第一时间联络新闻媒体发布信息;否则一旦谣言产生,就很难对危机发展的态势进行控制。

(3)真实性原则。即提供全部情况,组织要将自己知道的危机事实真相全部告诉公众,强调信息发布应全面、真实,对公众如实相告。或许,披露某些信息会给组织带来极大的损害,但能够避免组织在危机中越陷越深,同时获得媒体和公众的理解与支持。很多组织的发言人在接受采访的时候,自作聪明地把"无可奉告"作为自己回答某些负面问题的口头禅。殊不知,组织在拒绝把一些相关信息披露给媒体的同时,往往会被记者认为是一种不友好的姿态,也放弃了其在一定程度上控制媒体报道的权利。这时,记者为了完成原定的采访任务,就会通过其他渠道获取信息,而这些信息只会让事情变得更加糟糕。

2. 危机公关的"5S 原则"

游昌乔提出的危机公关"5S 原则",即承担责任原则(shouldering the matter)、真诚沟通原则(sincerity)、速度第一原则(speed)、系统运行原则(system)和权威证实原则(standard)。该项原则被广泛应用于危机公关的案例分析和公关实践活动中。

(1)承担责任原则。事件一经报道,公众马上高度紧张、强烈关注。这时的公众有四大心态特点:第一,相信媒体报道,不相信当事组织言论,情绪激动;第二,宁信其有,不信其无,有罪推定;第三,渴望新信息,追逐新信息,认为新的就是真的;第四,以偏概全,全盘怀疑,全面否定。

在这种情绪化的心态下面,潜藏着公众冷静的价值关注。公众真正关注什么呢?第一,受害者利益,从而也是公众自身的利益;第二,谁为受害者和可能的受害者利益负责。

在公众这样的心态和价值关注中,当事组织处理危机的首要原则,就是承担责任,不管当事组织有没有责任,责任轻还是责任重。宣布承担责任,是组织作为社会一员必须履行的道德义务,也是组织化解危机的最佳选择,能有效快速平复公众激动的心情,免除危机进一步激化的危险,为解决危机创造良好的舆论环境。

公众无疑情绪激动,但这并不等于说公众就不分青红皂白。组织勇于承担责任的言行,会在公众心里产生良好的回应,这种回应是组织妥善处理危机最可宝贵的支持,也是危机过后组织及其产品、服务继续在消费者中间生存、发展的坚实基础。

逃避责任,组织可能毁于社会的重压;承担责任,组织一定能在危机中得到赞许,把危机变成发展的转机。因此,当事组织在事件突发的第一时间,就应向媒体、公众和消费者宣布,组织愿意承担一切可能的责任,这是组织不致毁灭的最重要的选择。

(2)真诚沟通原则。事件发生了,谁也无法改变,但谁都想改变媒体、公众、受害者的看法,关键是谁的方法更有效。其实,只有真诚沟通,才是最有效的,任何非真诚的做法,都只能激化矛盾,引发更大的危机。那么,怎样的沟通才是真诚的呢?

第一,充分传播。当事组织向媒体、公众、消费者及一切关注事件的人们,提供一切可能的沟通办法,如新闻发布会、媒体现场采访、网络互动、热线电话、公开信、广告、短信等传播方式和手段,保证社会大众的知情权。

第二,承担责任。当事组织利用这样或那样的传播手段和工具,不是要辩解、争论、推卸责任、指责别人、鸣冤叫屈,或者点头哈腰、满口答应、讨好社会等,而是要宣布对受害者承担必要的责任。所谓承担责任,是组织作为社会负责任的一员,在事件发生后,对受害者和整个社会的一个道德承诺,是组织应尽的社会道德义务。这是一种信念,而不是一种功利。

第三,有人情味。事实真相无疑是重要的,但在事件传播过程中,受众感受的重要性甚至超过了事件本身。如果当事组织一味"以事实说话",忽视了大众的内心感受,那么组织仍会被认为“不真诚”。

(3)速度第一原则。在大众传播时代,任何有新闻价值的事件,都会在事件发生之后,甚至在事件发生的同时,被立即报道出来,并很快成为媒体关注的热点,引发公众震荡,形成危机。因此,当事组织如果不能在事件发生后的第一时间,向媒体公布事件真相(就其所知),这个组织就失去了控制事态恶化的最佳战机,之后的挽救,就要花费百倍的努力。

从危机公关的角度看,事件发生后马上正确处理,这是危机公关的前提;事件发生后马上正确传播,则是危机公关的核心。传播的内容不仅要正确,而且在时间上还要“迅速”。

从传播学的角度讲,事件发生后的12～24小时内,是消息传播最快、变形最严重的时段,也是受众最焦虑、最渴望信息、最惶恐的时段。当事组织的一举一动,都会被媒体广泛关注。因此第一时间采取正确的传播手段传播正确的内容,几乎就等于奠定了成功处理危机的胜局。24个小时不睡觉,完全值得;否则,24个月你也别想睡好。

(4)系统运行原则。现在从国家到地方、从公共行政管理到具体社会组织内部,都在建立危机公关制度和危机公关体系。这是社会政治、经济、文化生活高度发展、高度一体化所必然面临的问题,即如何保障庞大的社会机器正常运转,某一环节出现事故,如何抢救,尽快使其恢复正常。

危机公关,就是要保证当事组织采取的各项措施及时、正确、连贯、符合长远利益。每个大型组织都应建立危机公关制度,以保证危机一旦发生,立即启动危机解决程序,系统运作化解危机。

概括来讲,危机公关程序包括如下要件:①成立危机处理小组,相关人员参加,组织的高级领导人负责指挥,连续作战;②组织内部实施特殊管制,保证内部安定,对外信息统一;③全力做好危机传播,与媒体和公众保持良性沟通、互动;④果断采取措施,解决问题,标本兼治。

(5)权威证实原则。一个事件被报道而引发一场危机,无论当事组织怎么解释,媒体和公众都不会相信,这是很容易理解的——谁会相信一个被怀疑有罪的人自己表明他无罪呢?

当事组织的产品、服务或其他东西是否存在问题并引起了危机事件的发生?这样的问题,只能是政府主管部门或第三方权威机构经过缜密调查研究,给出最终结论。因此,当事组织在事件发生后,只需真诚解决问题,等待权威结论,任何自下结论的做法都于事无补,还可能会激怒受害者,加剧危机。

(四)政府危机公关的作用

危机公关具有双重性的本质,既包含危险性又包含机遇性。公关危机的危险性不言而喻,而机遇性则主要在于:可以暴露组织的弊端,使组织能够对症下药、解决问题;如果处理得当,可以比在常态下更为有效地提高组织的知名度和美誉度。正如公共关系专家奥古斯丁所说:“每一次危机的本身既包含导致失败的根源,也孕育着成功的种子。发现、培育以便收获这个潜在的成功机会就是危机公关的精髓。”也就是说,政府如果能够在危机中有效运用公共关系,引导公众舆论,并展现负责任的姿态,恢复公众信心,危机便有可能得以化解;只要处置得宜,危机也可以成为契机,甚至有希望转化为胜机,因此,危机公关对政府的组织形象塑造具有十分重要的作用。

1. 危机公关的开展可以为解决危机创造有利的舆论氛围

不论政府面临何种危机,在其发生发展的过程中都容易夹带大量的失真信息和多种误解。如果政府保持沉默姿态,侥幸希望事态自然平息,一方面会延误缓解事态的最佳时机;另一方面还会引起谣言,使事实扭曲变形,使公众陷入恐慌、政府陷入被动、危机不断升级,加大政府的损失及后期解决的难度。相反，如果政府采取积极态度，运用公关手段，进行双向的信息沟通，严格信息的取得、分析和发布制度，及时传递真实信息，反馈公众意见，有针对性地开展宣传，就可以引导舆论，为危机的平息创造有利的舆论氛围。

2. 危机公关的开展可以融洽政府与公众的关系

当危机发生时，政府漠视公众知情权只能让公众更为愤怒，并使其成为事实上的对立面；相反，让公众获知事实真相，则可以显示政府的亲和力、政府对公众的重视，进而拉近与公众的距离。特别是当政府的高层领导通过某种渠道与公众积极沟通交流时，更可以利用高层领导的权威身份和地位给公众提供稳固的心理支撑，向公众展示政府处理危机的决心和力度，以及对事件的重视程度，展示政府的诚意和积极姿态，融洽政府与公众的关系，为危机的缓解和解决提供帮助。

3. 危机公关的开展可以维护和重塑政府形象，有利于保证社会稳定和政府治理的长治久安

在现代社会中，政府工作遭遇危机，经济损失只是表面损失，受危害最大的就是政府的形象及声誉。在危机处理中，我们可以遵循公共关系的原则和方法，强调“以公众利益为本”的原则，真正维护公众的利益，显示社会责任心，实事求是地向群众说明实际情况，获得群众的谅解，这有助于组织形象、声誉的维护和重塑，有利于保证社会稳定和政府治理的长治久安。

4. 危机公关的开展有助于强化政府的全员危机公关意识，防患于未然

在危机发生时，如果没有一定的防范意识和应对机制，危机很快就会蔓延发展并可能造成致命打击。政府可以通过危机公关增强政府的全员危机公关意识，使政府居安思危，将危机的预防作为日常工作的组成部分，教育全体公务员认识危机公关对政府的意义，使他们在危机来临时能迅速反应，以积极的姿态投入到紧张的危机处理之中，赢得主动和理解，最大限度地减少损失。

二、网络媒体的传播特性及其对政府危机公关的影响

网络媒体属于新媒体，它是相对于报纸、广播、电视等传统旧媒体而言的，主要是指基于计算机技术和移动技术而产生的新的传播方式，如互联网、手机、移动电视等。

（一）新媒体传播的特点及变化

在新媒体背景下，传播环境发生了很大的变化，主要表现在以下几方面：第一，传播主体发生了变化，“与传统媒介传播主体单一化相比较，新兴媒体背景下传播主体呈多元化的特点和趋势”；第二，传播载体发生了变化，文字、图片、声音、动画、影像等多种传播手段得到综合运用；第三，传播模式发生了变化，传统媒体的单向模式变成了双向传播，传授之间的界限变得模糊。在新媒体环境中信息传播的链条上，没有首端和末端，没有控制与被控制，没有主体和客体，普通人既可以是信息的接受者，也可以是传播者，除了一对多的模式外，还有一对一、多对一、多对多的传播模式，这是一种去中心化的传播。

在新媒体的出现及兴起带来如此多变化的同时，新兴媒体背景下的传播也表现出与传统媒介传播截然不同的特点，我们可以将其归纳为六个方面：实时性、互动性、海量性、多媒体化、多元化及个性化。

所谓实时性，是指传播者可以随时随地发布信息，不受空间和时间的限制。互联网作为新媒体的载体，为新媒体提供了技术上的支持，可以让新媒体实现实时传播，不再需要复杂的剪辑、后期制作和烦琐的排版，这一特点是其他传统媒体无法比拟的，尤其是对于突发性事件的

报道。实时化的传播不仅使信息的传播周期缩短，让受众更快捷地知晓天下事，而且还可以让受众利用移动通信设备随时随地的发布各种信息，这也有利于信息的快速发布与传播。

所谓互动性，是指以互联网为载体的新媒体可以促使信息传播者与接受者之间实现双向互动。与传统媒体单向、静态式的传播方式相比，新媒体的传播方式是动态的，是双向互动式的。传统媒体虽然也能通过问卷调查等方式与受众进行互动，但是这种互动是非常受限的；而新媒体的交互性传播可以通过开设电子论坛、设置评论专区等有效手段，为受众提供可以与信息传播者进行言论交换的场所，大大增强了受众的参与度。

所谓海量性，指的是新媒体不仅可以作用于受众的多种感觉器官，为受众带来强烈的综合感受，还能给受众带来大量的信息，其信息量丰富，同时突破了地域的限制。新媒体的传播内容更为丰富。

所谓多媒体化，是指与传统媒体相比，新媒体的传播手段更加多样。比如，一部手机不仅可以用来发短信、通话，而且还可以把多种媒体的功能集合为一身，以互联网技术为载体，用来听广播、看电视、读新闻等；又如，众多的门户网站，以腾讯网为例，腾讯网站上不仅汇集了文字、图片、图像等众多的传播手段，而且还具有新闻、娱乐、体育、博客、视频等十多个频道。新媒体信息的全面性、内容的丰富化是传统媒体无法比拟的。

所谓多元化及个性化，是指在新媒体环境中，信息的传播者不再局限于某个特定的机构或者媒体，民众中的每个个体都有可能参与其中，都有可能找到自己发布信息的空间。与传统媒体单一固定化的传播主体相比，新媒体可以让更多的公众参与话题的讨论，提供不仅限于一方的言论。因此，新媒体环境中传播主体变得更加多元化，传播主体可以是具有专业知识的专家学者，可以是行业里的精英，也可以是普普通通的公民；可以是某个机构组织，也可以是个人；可以是法律上的原告，通过新媒体工具发布受害信息，也可以是被告，通过其给自己辩解的理由等。尤其是在电子博客、微博、论坛、微信等自媒体兴起和繁荣的今天，我们已经迎来了全民传播时代。

(二)新媒体对政府危机公关的影响

1. 新媒体的发展为政府危机公关带来机遇

以互联网为载体的新媒体的实时、互动、多元、开放等特征实现了信息的公开和共享，时时刻刻影响和冲击着政府以往的管理方式和职能形式，新媒体传播的特点使得公众与政府更加接近信息本源。通过新媒体的开放性和信息传播的共享性，使媒体和社会公众了解政府的动态，从而给政府危机公关带来了一定的机遇。其主要表现在：

(1)有利于官方与非官方的互动，从而有利于政府危机公关过程中的政府与公众的良好沟通。危机发生后，政府需要化解危机，民众需要得知危机相关情况与自身的关系，因此在危机处理过程中为了稳定民心，保持政府在民众心中的形象，政府就需要满足民众的知情权，并且不断听取民众的意愿，根据民众的意愿来规划下一步行动。新媒体实时性和交互性的传播特点为政府提供了一个快速双向式的沟通环境，更好地把有关信息传播给公众，公众也可以通过新媒体迅速地将信息反馈给政府，以便政府可以进行快速的调整。

(2)有利于提高政府工作的主动性。传统媒体需要对信息进行筛选，危机信息不能迅速地使公众得知，也不能有效地让公众得知。多元化的传播主体使政府成为传播主体，一方面，增强了政府发布危机信息的主动性，政府可以通过政府网站和官方微博等途径发布信息，缩短了公众与切身相关信息的距离，也拉近了政府与公众之间的距离；另一方面，多元化与个性化的传播主体、传播渠道和传播方式使得人人都有可能成为传播者，这些因素都促使全民传播时代的到来。由于新媒体传播的隐匿性，全民传播时代避免不了会产生一些谣言等，因此，政府在处理危机时，可以通过政府网站和官方微博，及时、主动地发布权威信息，纠正网络谣言。信源明确、正规的传播渠道在一定程度上可以有效地避免谣言的产生，降低谣言的影响力，为政府形象的恢复与重新建立提供前提和基础。从这两方面来说，新媒体的传播环境促使政府工作主动性的提高。

(3)有利于提升政府危机公关的效率。新媒体环境促使政府处理危机的高效率化主要表现在两个方面：一是降低了政府处理危机的成本。新媒体多媒体传播的特点为政府提供了收集和传播信息的工具，增加了政府传播权威信息的及时性，能够及时与公众沟通，从而增强了沟通的效果，不仅节约了时间成本，而且节约了大量的打印费与通信费，利用互联网进行的低成本交流可以把政府处理危机的成本降到最低。二是增强了政府处理危机的正确性。新媒体环境中的多元化的传播渠道与扁平化的传播组织减少了传播的层次，从而也就减少了信息传播过程中的人为控制和失真，提高了信息传播的真实性。同时，新媒体环境中多元化与多样性的传播主体和传播渠道为政府提供了了解和收集相关信息的渠道，可以保证政府与公众进行良好的沟通，进而也保障了政府对危机决策的快捷性和正确性。

2. 新媒体的发展使政府危机公关面临挑战

(1)多元化的传播主体使得政府对危机事件的防范更加艰难。传统媒体环境下一对多的传播方式和单向性的传播渠道使得政府对公关危机的防范意识和危机意识比较弱，也就使得舆论控制和封闭信息的思维和手段成为政府在传统媒体环境下最主要的惯常思维和惯用做法，由此导致的是政府工作人员的危机思维和防范意识弱化，也就进一步弱化了政府对危机事件的防范。在传统媒体环境“封”“堵”惯用思维方式的长期影响下，面对新媒体的飞速发展，以及在新媒体环境下出现的传播方式和传播渠道等一系列优势的冲击下，政府在突如其来的新媒体传播环境中变得猝不及防。因此，政府在短期内来不及转变工作思路和方式，这使得本就脆弱的政府对危机事件的防范变得更加艰难。

在传统媒体一统天下的时代，传统媒体担当的是主要的甚至是唯一的传播者，报纸、电视等传统媒体在长期的发展过程中都形成了一套完整的传播制度和信息审查制度，由于它具备较高的真实性和权威性，谣言或流言的传播程度得以降至最低。[①] 但是，在开放性较强、多对多的新媒体传播环境下，传播者的多元化使得虚假负面的信息传播成为可能，尤其是在各大网络论坛中，隐匿性的环境充斥着各种不负责任的观点和谣言，因此，多元化的传播主体增加了政府危机发生的概率。另一方面，随着新媒体的不断发展，各大传统媒体之间、新媒体与新媒体之间、新旧媒体之间展开了激烈的竞争，这也促使媒体对于爆炸性新闻的挖掘，以吸引受众的注意力，因此，政府深藏着的一些危机被触发的概率大大增加。[②] 从这两个方面来说，传播的多元化使得政府危机的概率增加，增加了政府危机防范的难度。

(2)实时性的传播速度减少了政府对危机事件的反应时间。传统媒体环境下政府对危机的反应时间一般较长，或以政府身份压制媒体对危机事件的报道。但是，在新媒体环境下，传播速度的实时性缩短了政府对危机事件传统习惯的反应时间，使得本就被动的政府危机公关的局面更为被动。

新媒体实时性的传播速度促使信息可以迅速地、短时间内大面积地在新媒体环境下进行

---

① 李欣：《网络环境下政府危机公关的研究》，苏州大学硕士学位论文，2009 年。

② 王方群：《新媒体在政府危机公关中的运用研究》，上海交通大学硕士学位论文，2007 年。

传播，这也就大大减少了政府对危机事件反应的时间。危机事件刚刚发生时，由于新媒体实时性的传播速度和多元化的传播主体等特点，往往当政府还没来得及做出反应，危机事件可能已经迅速地传遍网络，引起网友们的激烈讨论，甚至可能会延伸到现实生活中，愈演愈烈。

"会理县领导悬浮照事件""躲猫猫事件"等都是通过网络首先爆发，然后通过新媒体工具进行广泛传播的。新媒体工具实时性的特点使得这些事件在短短的时间内甚至是几分钟之内就变成全国性的事件，这些事件在短时间内的广泛传播减少了政府对这些危机事件的反应时间，进一步扩大了危机的传播范围，使得政府危机公关变得更为被动。虽然政府对"会理县领导悬浮照事件""躲猫猫事件"的处理得到了成功的转化，得到了网友的肯定和拥护，但是在危机事件爆发前期，新媒体实时性的传播速度必然影响到政府对这些危机事件的反应时间。会理县政府第二天才对"悬浮照事件"做出解释和说明，但是前一天晚上悬浮照早已传遍网络；针对"躲猫猫事件"，政府也是在一个星期以后才做出反应，而在此之前，"躲猫猫事件"早已传遍网络并且在网民之间形成对政府的猜疑，已经对政府造成了不良影响。因此，新媒体实时性的传播速度减少了政府对危机反应的时间，如果政府依旧按照传统媒体环境中的危机公关不作为的思维，那么就会更加严重地损害政府的形象。

(3)病毒式传播加速了危机的发展速度。病毒式传播通常应用于网络营销，是在新媒体环境下产生的一种新型、独特的营销手段，它的主要特点在于受众的主动性，通过用户的口碑宣传信息，信息就像病毒一样进行传播与扩散，并以快速复制的方式向千万的受众进行传播；对于传统的广告营销手段来说，病毒式传播对营销具有一定的积极作用，与以往相比，不仅是信息的传播速度更快，而且传播的效果更显著，因为信息主要通过受众熟悉的人或是受众主动搜索得来的信息，可以尽可能地克服信息传播过程中噪音、受众心理的抵触与戒备等不利因素，所以可以增强传播效果，使得传播力转化为购买力。[①] 但是，这种由受众的主动性引发的传播方式如果分寸把握不当，就会出现消极的影响，尤其是当危机到来的时候，会加速危机的发展。

病毒式传播主要强调的是受众的自主能动性，新媒体环境下受众也可以成为传播者，加强了受众的自主能动性。病毒式传播主要是通过受众熟悉的人或者是受众进行主动搜索等受众自主的方式得来的信息，并以快速复制的方式向千万的受众进行传播。在传统媒体环境下，传统的大众媒体如报纸、广播、电视等单向性的传播方式是将信息一次性地传递给受众，但是在新媒体环境下，点对点的传播模式将这种线性的传播方式改为折返性的传播方式。也就是说，受众在获取信息之后，以快速复制粘贴的方式继续传播信息，危机信息在传播过程中不断地复制粘贴并迅速传播，加上新媒体提供给受众进行自主传播讨论的工具，如微博、BBS 等，可能使得传播的范围更广，危机得到更大程度上的蔓延和恶化，从而加速了政府危机的发展。[②]

(4)"把关人"的弱化致使危机信息偏激或失真。本书第三章介绍了"把关人"理论。"把关人"又称"守门人"，是传播学的一个基本概念。如果说"把关人"是对信息进行筛选和过滤的行为——即传播学所讲的控制，那么，凡是具有或表现这种行为的人就是"把关人"。1950 年，怀特运用这个概念对一位编辑的新闻选择过程做了有名的个案研究，从而开创了传播学的"把关"研究。后来，许多学者沿着这个方向不断研究，使"把关"理论进一步深化和完善，"把关人"成为控制分析领域的基础成果之一。

"把关人"是指在信息传播过程中，对信息的提供、制作、编辑和报道能够采取"疏导"与"抑

---

① 吴长坤：《赢在网络营销》，企业管理出版社 2010 年版。

② 徐璐：《新媒体环境中政府公关危机的策略研究》，南昌大学硕士学位论文，2013 年。

制"行为的关键人物。在一个传播系统中,信息总是通过某些决策点和关口来完成传递过程的。在信源与受众之间,存有决定中止或中转信息的"把关人"。"把关人"有时是个别人、有时是一个集体。编辑取舍新闻和传播媒介对作品的审核则是典型的把关行为。

传统媒体中"把关人"的标准主要有三:一是符合新闻信息的客观属性;二是具备新闻价值和新闻要素;三是体现媒介组织的立场和方针。[①] 但是,新媒体环境下,传统媒体中把关人的作用趋于弱化,多元化的传播主体使得受众拥有了生产、收集和传播信息的权利,让受众第一次真正地参与到信息制作和传播过程中来。但是,受众的媒介素养却没有与受众权利的拓展同步发展,这就直接导致了谣言、虚假信息和负面、偏激危机信息的产生。[②] 没有把关人的新媒体成为互联网文明的一种新挑战,各种关于政府偏激性的语言层出不穷,各种谣言、虚假信息以及负面信息通过互联网进行传播,给政府的危机公关带来了困难和挑战。

2011 年 3 月的"抢盐风波"就印证了这一说法。2011 年 3 月 11 日,日本发生里氏 8.9 级大地震,导致福岛核电站发生核泄漏。从 3 月 17 日起,在互联网上有谣言声称福岛核辐射会污染海水,进而导致以后生产的盐都无法食用,而且吃含碘的食用盐可防核辐射,受此谣言的影响,中国沿海省份如浙江、江苏、山东等地发生大规模的购盐潮,加上一些不法经销商趁此机会哄抬物价,盐价一路飙升至 20 元每袋。[③] 随后,盐污染的谣言被官方打破,国家发改委也发表声明,称坚决打击造谣惑众、恶意囤积、哄抬价格、扰乱市场等不法行为。[④] 随着谣言被打破和官方的管制,食用盐恢复了正常供应,价格也相应地得到了恢复,但是,如果在没有新媒体的传统媒体环境下,在有把关人制度的情况下,这些谣言是没有生存条件的,新媒体多元化的传播弱化了把关人的制度,让盐污染的谣言得以疯狂传播,致使信息失真。

(5)公众的隐匿性参与扩大了危机的范围和规模。在以互联网为载体的新媒体发展中,隐匿性的传播特点为公众表达意见和情绪发泄提供了条件。新媒体为大众提供了参与社会事务的途径和渠道,而隐匿性则大大提高了公众广泛参与社会事务的积极性。通过新媒体,受众个人可以主动搜索获取对社会事务的认知,并且个体可以匿名性地参与讨论和发表个性化的评论,众多匿名性的个性化的评论相互影响,可以在一定范围内形成群体性的参与和评论,对处在危机中的政府进行谴责、质问和建议等,并且这种隐匿性的群体性的不满可以传递给更大范围的群体,进而影响和干扰更多的大众,使得政府在危机处理方面不知所措,进而扩大危机的范围和规模,增加政府危机公关的困难。

综上所述,新媒体所带来的新媒体环境已经与传统媒体环境有着本质的不同,政府危机公关在新媒体环境中必然会受到较强的影响和冲击,同时,新媒体环境中政府危机公关既存在机遇又面临挑战。因此,政府危机公关必须适应新媒体环境,抓住机遇并克服挑战,采取有针对性的、有效的应对措施;否则,政府危机公关就会在新媒体环境中陷入被动的、尴尬的局面。

三、新媒体环境下政府危机公关出现的问题

新媒体环境下,由于传播主体、传播方式和传播渠道与传统媒体环境相比发生了翻天覆地的变化,当危机发生后,一些政府领导者和管理者由于思维上的惯性,仍然保持着以往陈旧的意识观念和应对方式,危机意识淡薄,把政府危机公关想得过于简单,这就会造成政府危机公

---

① 郭庆光:《传播学教程》,中国人民大学出版社 2003 年版,第 254 页。
② 王方群:《传媒素养是网络文明的基石》,《北京日报》2006 年 8 月 7 日,第 8 版。
③ 魏星:《抢盐风波》,人民网,http://cq. people. com. cn/zhuanti/bd2011/page23. htm。
④ 陈易:《发改委:坚决打击造谣惑众哄抬盐价等违法行为》,人民网,http://cq. people. com. cnJnews/20131317/201131715321. htm。

关的决策失误。具体来说，在新媒体环境下，由于政府没有适应新媒体环境，当危机发生后，危机公关的典型问题主要表现在以下几方面：

（一）政府官员的危机意识淡薄

由于长期受到"官本位"思想和传统思想观念制度的影响，以及政府具有对传媒资源优势控制的地位，造成政府处于一种常态假设的状态，缺少对于危机的假设，造成思想上的麻痹，缺少危机意识，这就容易导致危机的爆发。而当危机爆发后，由于观念意识的落后，在处理危机时通常处于一种傲慢、居高临下的态度，不仅解决不了实际问题，而且可能会把危机带入更复杂、更危险的境地。

以2012年"三亚游客被宰事件"[①]为例。2012年1月28日，有网友在微博上爆出自己在三亚旅游"被宰"的实况，立即引来众多博友围观，随后众多网友爆出自己在三亚"被宰"的情况。"被宰"微博发布当日，三亚政府迅速做出反应，责令富林渔村海鲜店停业整顿。1月29日，三亚新闻发布官方微博对此做出回应，一方面声明对宰客、欺客的行为绝不姑息；另一方面则表示春节黄金周期间三亚政府并没有收到任何食品卫生、诚信经营方面的投诉。三亚政府"零投诉"的说法引起网友和媒体的一片哗然。1月30日，官方微博就"零投诉"给予的解释是"海鲜大排档、水果零投诉"。两天之后，三亚政府官员态度强硬，声称将通过法律途径追究那些恶意诋毁三亚声誉者，引来众多网友和媒体的愤怒与指责。

三亚政府从"绝不姑息"的表态到"零投诉"的说法，再到"强硬"的态度，这一连串的且一次比一次差的态度，表明三亚政府没有意识到新媒体对政府危机公关的影响，没有清醒地意识到自身已经处在政府危机公关过程之中，而是习惯于行政性的责令，反映出其官本位思想严重、严重缺乏政府危机公关意识。

（二）封锁危机信息造成流言或谣言的传播

传统媒体环境下，当危机发生后，政府对信息的封锁在一定程度上起到了阻止危机扩散的作用。但是，在新媒体环境下，传播主体多元化，传播手段和传播渠道多样化以及传播方式发生了改变，政府对于危机信息的"堵"已经失去了原有的效果，如果政府危机公关依旧靠"堵"，那么流言或谣言就会通过各种渠道进行传播，造成社会的恐慌。比如，"非典"事件、哈尔滨停水事件、山西黑砖窑事件等。

以"非典"事件为例来深度剖析。2002年11月，广东顺德最早暴发"非典"病例，但是广州市和广东省政府一直对该病情有所隐瞒，造成疫情在全国范围内的扩散。2002年12月底，有关"非典型性肺炎"疫情在互联网上流传，但是，政府却在国内封杀了关于疫情的消息，一时间所有论坛对"非典型性肺炎"的消息一律消音，当时人民网强国论坛有数位用户因讨论"非典型肺炎"疫情而被封号，封锁疫情消息的情况一直持续到2003年4月上旬。政府对于疫情消息的封锁造成该疫情在全国范围内扩散，更造成了大规模流言和谣言的传播。据《南方周末》报道，一条"致命传染病在广州暴发"的短信每天以超过4 000万的次数被发送，引起了社会的极度恐慌。[②] 由于民众对于疫情不了解，流言和谣言的传播甚至在国内引起了一股抢购醋和板蓝根的风潮。

（三）掩盖真相造成信任危机或危机升级

新媒体环境下，由于传播主体和传播渠道的多样化，政府对于危机真相的掩盖可能会引起

---

① 朱明刚：《"游客三亚被宰"事件舆情研究》，人民网，http://yuqing.people.corn.cn/GB/17054655.html。

② 徐璐：《新媒体环境中政府公关危机的策略研究》，南昌大学硕士学位论文，2013年。

非官方对于政府危机真相的揭露，这些非官方包括专家学者、国际媒体、草根记者和草根民众等。同时，由于公众接触不到具体的政府部门或危机事件本身，可能就会导致公众对危机真相的猜测和质疑，一旦危机事件被广大民众揭露开来，就会造成政府公信力下降，导致政府的权威形象受挫。

以"躲猫猫"事件[①]前期为例。2009 年 1 月 29 日，25 岁的玉溪北城镇男子李乔明因盗伐林木被刑拘，进入晋宁县看守所，2 月 12 日在医院抢救无效死亡，死因是"重度颅脑损伤"。实际死亡原因是牢中一起恶性打人致死的刑事案件，却被晋宁县公安机关解释成：与狱友在看守所天井里玩"躲猫猫"游戏时，遭到狱友踢打并不小心撞到墙壁受伤。新闻被各大网媒转载后，随即引起网上一片热议。李乔明在看守所里蹊跷死亡，晋宁县公安机关给出的"无厘头"解释遭到众多网友的质疑，甚至曾出现是民警殴打致死、官官相护等猜测，随即"躲猫猫"一词迅速风靡网络，成为网络流行语，甚至被网友评为"超级雷词"，同时也被网友封为"伪真相"的代名词，给官方的公信力造成损失，同时，也损害了政府形象。[②]

另一方面，在新媒体环境下，政府已经失去对于社会言论的绝对的控制权，政府一味地以发布行政号令的方式处理危机，容易触发公众和媒体的抵触情绪，造成危机的升级，加大政府危机公关的难度。例如，在"三亚游客被宰事件"政府危机公关的过程中，三亚政府态度强硬，扬言要对恶意诋毁三亚声誉的人追究法律责任，这种横行施压、行政号令式的危机应对方式是为了逃避责任、极力掩盖危机真相，这种做法显然不适应于新媒体环境，必然引发社会的抵触情绪，引来网友的愤怒和不满，逼迫三亚政府和海南政府不得不做出道歉，造成"游客被宰"危机事件的升级。

（四）新闻发言人缺位，不能引导舆论

政府新闻发言人不仅仅是一个自然人，就其实质而言，更应该被理解为一个制度人，它不是代表某个个人的利益，而是代表着整个政府或政府机关的形象。在政府危机公关中，新闻发言人的主要作用是在发布会现场向媒介、公众通报危机事件的真实情况等，明确表达政府对危机事件所持有的态度、立场及所采取的对策，并在发布会现场回答提问。在新媒体环境下，虽然传播的多样化可以代替新闻发言人的部分功能，但新闻发言人依旧起着重要的作用，因为它是政府机构的代表，其权威性不可替代。

新媒体环境下，新闻发言人制度存在的缺陷主要表现为：一是缺乏信息系统性。由于长期的行政分割，政府内部各部门缺少沟通，使得各部门条块分割严重，各自为政，在信息处理和传播的过程中没有完整的信息系统，这就容易导致政府发布的数据出现延误和失误，特别是在海量性和实时性的新媒体环境下，容易引发公众和媒体质疑。二是缺乏良好的个人心理素质和职业素质。以"7·23 高铁追尾事件"中的政府新闻发言人为例，他始终没有站在一个战略高度思考和解决问题，不仅没有一流的口才，而且也没有良好的职业素质，在回答记者提问"为什么掩埋火车头"问题时，他的结论是"不管你们信不信，反正我信了"，表现出其傲慢、居高临下的态度，引发了网友的愤怒和谩骂，此话甚至还成了一个新的网络用语。他最大的缺陷是只把自己当成一个个体的行为人，并没有从维护公众利益和政府形象的目的出发，其结果是不仅没能解决实际问题，而且给政府带来了负面影响。

（五）缺少相对完善的法律和理性的外部环境

新媒体环境中，政府自身存在的诸多问题成为政府危机公关失效的内因，起着主要作用。

① 赵麟斌：《危机公关（上）》，北京大学出版社 2010 年版，第 25 页。
② 赵麟斌：《危机公关（上）》，北京大学出版社 2010 年版，第 27 页。

但是，政府危机公关的外部环境作为外因，依然起着不可忽视的作用。

新媒体环境中，政府危机公关相对不完善的外部环境主要表现在两个方面：其一，法律法规的不完善和不健全。随着我国改革开放的发展，新媒体在我国得到了广泛的普及和应用，但是，目前我国针对新媒体的法律法规却很少，也就导致了一些难以解决的问题，如版权纠纷、侵犯隐私等，也让谣言发布者和传播者得不到应有的法律惩罚。不健全的法律法规与飞速发展的新媒体这种不对称的情况不能为政府的危机公关塑造一个良好的法律环境氛围。其二，新媒体技术飞速发展在带给人们先进传播工具的同时，由于人们的媒介素养不高等因素，在新媒体环境中出现了一些素质不高和非理性的网民，造成新媒体传播环境的非理性化，也带给政府危机公关一个非理性的外部环境。人为因素也是政府危机公关在新媒体环境中最大的挑战，以网络为载体的新媒体环境中，网民在政治水平、文化素养和媒介素养等方面存在良莠不齐的现象，加之新媒体开放性、共享性、隐匿性的特点，为非理性的公众发泄情绪提供了场所，更加剧了政府危机公关外部环境的恶化。

从上述问题中可以进一步看出，在新媒体环境下政府危机公关存在着模式误区。一是封闭控制模式。封闭控制的模式忽视了公众的知情权，在新媒体环境下最终导致公众对危机事件的揭露，成为引爆危机的导火索，给政府危机公关带来谣言、谴责、批评、抗议等消极影响。二是单向说教模式。传统媒体环境下一对多的传播特点以及大众传媒在信息制作和传播方面完全占据稳固主动地位，使得受众缺少自主传播信息的渠道。同时，在传统媒体环境中，政府是危机信息传播过程中主要的传播主体，政府缺少与公众互动的渠道，政府危机公关也就容易造成单向说教的模式。

但是，自媒体的发展为公众提供了方便、快捷的传播媒介，在新媒体环境下，政府一味单向说教会引发公众的抵触情绪，政府危机公关可能就会出现公众对政府反驳、不信任的效果。因此，政府危机公关必须在新媒体环境中做出相应的改变，以适应新媒体环境，成功地进行危机公关。

四、新媒体环境下政府危机公关的对策

（一）政府危机公关要改变观念，顺应新媒体环境的本质特点

为什么传统媒体环境下的危机公关在新媒体环境下行不通？为什么在新媒体环境下各地政府危机公关的效果大相径庭？“汶川大地震”“会理县领导悬浮照事件”等危机公关案例为什么会受到好评？而有些地方政府或政府部门依然按照老套的危机公关模式来操作，如“松花江重大水污染事件”“宜黄事件”“7·23 高铁追尾事件”等，为什么会以失败告终？最根本的原因就在于新媒体与传统媒体环境下政府危机公关存在着意识理念与应对方式上的本质不同，只有深刻懂得两者的本质区别，才能从根本上了解政府危机公关要顺应新媒体环境的本质特点，从而做出相应的改变和调整。

1. 树立积极主动、平等互动的危机公关意识

传统媒体环境下，政府危机公关盛行的危机意识理念是控制媒体、控制舆论，缺乏一种积极主动的危机公关意识；在新媒体环境下，传播主体的多元化、传播方式的双向互动性以及传播内容的多媒体化都促使政府危机公关意识向积极主动、平等互动的意识理念转变。

传统媒体一对多的传播方式使得受众处于相对被动的地位，报纸、电视等传统媒体成为控制和引导社会舆论的主流媒体，当政府控制了这些主流媒体就相当于政府控制了社会舆论，这种意识理念的长期发展促使传统媒体环境下政府危机公关形成了一种固化的思维模式，即当

危机发生时，控制媒体就等于控制社会舆论。政府危机公关这种固化的传统模式主要表现在两个方面：其一，危机意识的缺失。在这种传统思维模式的指导下，政府危机公关就处于一种伪常态的状况之上。政府各部门、各个工作人员包括政府主要管理者整天就处于一种事不关己、日日平安的伪常态的状态，政府各部门都按照正常的规划来开展工作，没有一种居安思危的危机意识。其二，危机发生后的强行施压。当危机来临之时，受传统官僚行政体制的影响，政府依旧居高临下，不仅没有思考怎样解决问题解决危机，而且还把人民当作管理统治的对象，企图掩盖真相、压制危机，企图控制媒体控制社会舆论，进而压制欺骗公众。①

新媒体环境下，多元化的传播主体，实时性的传播速度，多媒体化的传播内容和传播技术，使得政府控制新媒体的难度加大，也使得新旧媒体的地位发生巨大改变。以互联网为载体的新媒体已经逐渐代替传统媒体的地位，逐渐受到公众的青睐，也逐渐成为信息传播的主导者，这就改变了传统媒体控制社会舆论的传统局面，也改变了政府控制媒体控制社会舆论的传统危机公关的思维模式。政府危机公关一味地封锁危机消息，强行压制危机的做法已经失去了原有的效能，这就意味着政府应该及时、主动转变传统的危机公关意识，应从过去行政命令的意识理念向积极主动、平等互动转变，从封闭控制转向公开透明，尊重公民的知情权，尊重媒体，这就需要政府改变过去居高临下的“官本位”意识，由“俯视”转变为“平视”，以平等、互动的民主意识对待公众和媒体。②

2. 采取及时公开、积极疏导的危机应对方式

传统媒体环境下，政府危机公关主要的应对方式是“封锁信息”“压制危机”，而在新媒体环境中，“堵”和“压”已然不符合新媒体环境的特点，危机发生后，政府应当第一时间发布信息，及时疏导公众的情绪和认知，主动承担责任，迅速展开危机公关，这就是新媒体环境与传统媒体环境下政府危机公关方式和方法的本质区别。

传统媒体环境下，传授双方比较固定。政府危机公关的应对方式比较简单。当危机发生时，政府不是主动承担错误和责任，对公众进行道歉，而是通过封锁消息来压制危机。传统媒体环境下，传授双方地位的固定化有利于政府通过控制两级传播的方式来控制舆论。首先是组织传播，即政府把有关消息告知主流传统媒体；其次是大众传播，即传统媒体对消息进行加工后传播给大众。政府通过控制两级传播中的第一级传播，也就是通过控制主流传统媒体本身来控制相关危机信息的传播。③

新媒体环境下，多元化的传播主体以及互动式的传播方式打破了传授双方地位的固定化，人人都可以作为传播者，全民传播时代已经到来，因此，政府控制媒体、控制信息传播的时代已经一去不复返。传播渠道的多样化使得危机信息可以通过各种渠道进行传播，政府一味地对危机信息进行封锁不仅得不到原有的效果，反而会火上浇油，失去公众的信任，政府形象会严重受损。因此，在传播主体多元化、传播渠道多样化的信息时代，封锁危机信息以堵住谣言和流言是无用的，最重要和最诚实的方法是政府采取主动公开和积极疏导的危机公关策略。危机发生后，政府应该第一时间主动公开信息、澄清立场，主动承担责任，迅速展开危机公关，疏导和引导社会公众的认知及态度，不仅如此，还应在危机管理方面形成一套行之有效的制度，只有这样，才有可能在复杂的新媒体环境中取得良好的危机公关效果，维护政府形象。

因此，针对新媒体环境与传统媒体环境之间本质不同的传播特点，以及新媒体的优势，政

---

① 李磊：《网络经济时代政府危机公关研究》，四川师范大学硕士学位论文，2006年。

② 王方群：《新媒体在政府危机公关中的运用研究》，湖南师范大学硕士学位论文，2011年。

③ 杨飘、姚劲松：《广播电视的社会责任重在践行》，《中国广播电视学刊》2006年第7期。

府危机公关就必须转变思路和观念，采取适应新媒体环境特点的政府危机公关的方式与方法。首先，政府危机公关必须转变思想观念。思想观念对政府危机公关起着指导作用，政府积极主动、平等互动的思想观念对危机的化解起着不可忽视的作用，特别是在新媒体环境下，整个信息传播环境与传统媒体传播环境相比有很大的不同，所以政府必须先从转变思想观念做起，进而可以正确地指导政府危机公关。其次，必须转变政府危机公关的方式与方法。传统媒体环境中的政府危机公关惯用的“堵”和“压”的方法与手段已不能使用于多对多的新媒体传播环境，因此，政府必须改变传统惯常的做法，变被动为主动，面对危机积极应对，真诚地与公众和媒体进行沟通，最终在新媒体环境中取得缓解甚至是消除危机的效果。

（二）新媒体环境下政府危机公关的指导原则

按照前面提到的公关危机处理“6F 原则”、里杰斯特的危机公关“3T 原则”和游昌乔的危机公关“5S 原则”，政府危机公关的指导原则可以概括为以下几个方面：

1. 做好危机预案，组建危机处理机构

做好危机预案主要是针对提高政府未雨绸缪的危机意识而言的，也是针对传统媒体环境下政府及官员危机意识淡薄而提出来的，它要求政府及官员要强化危机意识，做到未雨绸缪。

新媒体环境下，危机的传播速度变得更快捷，危机信息的传播方式和渠道变得更加多元化、多媒体性，因此，危机一旦发生，对政府形象造成巨大的损害，虽然危机公关能够在一定程度上缓解危机对政府造成的负面消极影响，但花费的成本和付出的代价是相当大的，因此，政府要争取在危机的源头意识到危机，并防患于未然，做好危机预案、组建危机处理的专门协调机构，由主要负责人亲自领导，并根据事件的需要决定其人员构成。它有权调动组织的所有资源，有权独立代表组织做出任何妥协、承诺或声明，争取把危机控制在源头甚至消灭在初期。总之，做好危机预案，组建危机处理机构是政府在综合考虑各方面环境之后对危机进行的事先预防的措施，是政府危机公关在危机萌芽状态下依据的原则。

2. 快速对危机做出反应

新媒体环境下，实时性的传播减少了政府处理危机的反应时间。但是如果政府依旧采取对危机反应不及时，拖延处理，那么就会失去处理危机的最佳时间。危机具有很大的危害性，如果政府危机处理失去了最佳时间，那么就要花费更大的力气来弥补危机，导致处理危机成本增加，以致失去危机公关的最佳效果。因此，在新媒体环境中，政府在危机发生后必须迅速地做出反应，利用好处理危机的最佳时间。

危机发生后，政府要在两个方面快速对危机做出反应。一方面，主动发布危机信息，主动公布危机真相。危机发生后，政府应当主动与大众传媒进行沟通，尤其是在传播渠道多样化的新媒体环境中，政府可以运用官方网站和微博进行危机信息的传播，同时利用权威性高的传播媒体主动说明事实真相，取得媒介和公众的信赖与支持。另一方面，政府应当第一时间派出相关人员对危机事件发生的原因进行调查，第一时间对危机事件进行相关的处理，同时对直接受伤害的公众进行安抚，尽力缩小危机扩散范围，尽早完成对危机的处理。

以“躲猫猫事件”发生的前期为例。2009 年 2 月 12 日“躲猫猫事件”发生，但是云南省委宣传部直到 2 月 19 日才做出反应。虽然官方向网友和社会人员征集调查人员的做法得到网民的称赞，但是，其反应迟钝所造成的后果仍然无法避免，也失去了危机公关的最佳时间。政府对哈尔滨停水事件的危机反应为一周左右，而对“非典”事件、山西黑砖窑事件、山西疫苗事件做出的危机反应滞后时间竟然长达半年之久，其间新媒体环境下产生流言、谣言和公众的舆论猜测早已经深入人心，而消极回避、拖延处理的做法在新媒体环境下早已让政府失去了处理危机的最佳时间，造成政府公信力下降，形象受损。①

3. 真诚坦率地与公众沟通

以诚相待是政府危机公关取信于民的最佳手段，也是政府危机公关走向成功的最佳方式。危机发生后，公众难免出现恐慌的情绪，对危机产生种种的猜想和质疑，这些都在一定程度上影响了社会稳定的正常秩序，尤其是在新媒体环境中，新媒体技术为公众提供了制作和传播信息的工具，病毒式传播让危机信息呈几何式的速度爆炸性地蔓延。但是应该看到，新媒体也为政府与公众真诚、坦率的沟通提供了多样化的传播工具，使得政府与公众之间双向互动式的沟通成为可能。因此，当危机发生之后，政府应当以真切、诚恳的态度与社会和公众进行沟通，真诚、坦率地报道危机信息的相关情况，取得社会和公众的谅解与信赖。

4. 真实、透明地传播危机信息

真实、透明地传播危机信息是贯穿政府危机公关全过程的信息传播原则，是针对传统媒体环境下政府对危机信息封锁和压制的应对方式而提出来的。政府在第一时间与新媒体进行合作传播信息时，也应该把握信息的真实性和全面性原则，不应该对危机信息遮遮掩掩，掩藏危机的真实性，甚至对信息的传播进行弄虚作假，这些都是导致危机升级的最主要的原因。因为危机发生后，尤其是在新媒体环境下，公众获取危机信息的传播渠道和方式多元化，但是公众却缺乏一种获取危机信息的权威渠道。政府对危机信息的遮掩和掩藏不仅不会得到媒体和公众的同情与支持，而且还可能引发谣言、流言满天飞，使危机进一步扩大化，甚至发生重叠性的危机，进一步破坏政府形象和政府公信力。

因此，信息传播的真实、透明要求政府在危机发生后第一时间利用所有可能的渠道与公众进行不断的沟通和交流，因为在新媒体环境下，政府只有利用新媒体在第一时间做到信息真实、透明，才能在危机发生初期快速地向公众传递权威信息，使公众得知真实可信的危机信息，避免或消除公众心中的疑惑，减轻公众的恐慌情绪。真实、透明的原则还要求政府要在危机公关过程中定期向社会公布危机管理的政策，消除媒体和公众的猜疑，避免出现对政府不利的舆论，避免由此而造成的重叠性的危机。

5. 以维护公众利益为根本

党和政府的宗旨是全心全意为人民服务，以人为本、维护公众利益是政府进行危机公关的出发点和立足点。公众利益至上原则是政府危机公关的普遍原则，它的地位在整个政府危机公关过程中尤为突出。当危机发生之后，尤其是突发性的公共危机，直接后果就是损害了公众的利益，使公众的生命和财产受到威胁。总而言之，由于危机的不可抗性以及一般公众在危机面前的脆弱性，迫切需要政府在危机公关中一切以人民的利益为宗旨，维护公众的利益，将公众利益作为政府危机公关决策及措施的出发点和归宿。尤其是在新媒体传播环境中，如果政府危机公关脱离人民、公众的利益，不仅会使公众利益受到严重的损害，而且还会间接造成不负责任的政府形象，影响政府权威的形象，甚至会进一步破坏政府形象。

因此，政府应当以人为本，站在公众的角度，第一时间找到政府与公众共同利益的切入点，以公众利益代言人的身份出场，一切从人民利益出发，制定和实施危机管理措施，使公众意识到政府是自身利益的保护者和争取者，也就为政府危机管理奠定了深刻的群众基础，从而获得公众更深刻的理解和支持。

---

① 何舟、陈先红：《双重话语空间：公共危机传播中的中国官方与非官方话语互动模式研究》，《国际新闻界》2010 年第 8 期。

6. 及时承担政府应该承担的责任

政府及时主动承担自己的责任是针对在传统媒体环境下，政府不主动公开危机信息、逃避并推诿责任而提出的原则。传统媒体环境下，由于长期受到封堵、压制等传统思维理念的影响，在危机发生后，政府只一味地考虑自身的政绩和利益，最终出现逃避责任、推诿责任、拖延等现象，这严重造成政府不负责任的形象，影响政府的公信力。

政府危机公关的目的是尽可能控制危机的蔓延和扩散，尽可能把危机带来的损害降到最低，最终得到民众的谅解和支持，维护政府在民众心目中的良好形象。因此，在此过程中，政府面对危机必须勇敢地正视，面对民众敢于说明真相，面对政府自身存在的错误和失误敢于说明真相并敢于向民众道歉，勇于承担责任。同时，政府还应该敢于严查真相，并采取相应的措施，尽可能控制危机的蔓延和发展。而不应为了个人的仕途和政绩等私利，一味想方设法地掩盖事实真相，掩耳盗铃，在民众面前暴露出一个不负责任的政府形象。

新媒体环境下，由于传播速度的实时性和传播范围的无限性等特点，危机一旦出现就会迅速蔓延和扩散，因此政府更应该坚持承担责任原则，不仅要积极透明地公开真相，而且更应该对自身的失误勇于承担，向民众展示负责任的政府形象，尽可能在危机中成为民众的依靠。

(三)新媒体环境下政府危机公关的策略

政府危机公关要想顺应新媒体环境就必须从自身、从与公众和媒体关系、信息传播方面以及在法律制度保障等方面做出一些具体的改变和调整，进而更好地适应新媒体环境，尽可能控制危机的蔓延和扩散，把危机降到最低程度，并尽可能化解危机，恢复和维护政府在公众心目中的形象。

1. 提高政府工作人员的危机公关意识和能力

(1)强化危机公关的意识。政府危机公关成功开始的起点是政府及政府工作人员必须要有正确的危机公关意识。在新媒体环境下，政府危机公关在自然灾害领域方面的危机防范意识已经逐步得到了加强，比如汶川地震和彝良地震后，政府在信息传播、救援救助等方面做出快速反应，这是政府危机公关在新媒体环境下的进步，但是在其他方面，如“躲猫猫事件”前期等，这些不成功的案例都是由于在新媒体环境中政府公务人员的危机防范意识较弱而引起公众猜疑，并导致危机范围的进一步扩大。因此，政府必须重新审视危机意识的重要性，必须要有居安思危、未雨绸缪的思想观念；增强危机意识，改变危机公关视角，由俯视转向平视，从单向说教向双向互动转变；为政府危机公关做好心理上和思想上的准备。

(2)加强对政府公务人员的培训。危机公关是对政府工作能力的考验，是衡量一个政府是否具备综合性能力的重要指标，但是部分政府尤其是基层政府在目前新媒体环境中的表现令人失望，不仅没能把危机降至最低，反而使危机蔓延和扩散，“三亚游客被宰事件”中官方在微博上的声明就是一个很好的例证。

因此，在新媒体环境中必须要开展理论培训，通过邀请专家、工作中出色的公关人员等开展讲座，加强政府公务人员危机公关的理论素养。不仅如此，还应该更加注重实务和技巧的培训，把政府公务人员的公关能力纳入公务员的录用、考核、升迁过程中，切实提高政府公务人员危机公关的理论水平和技能。

(3)善于事后总结。一段时间内危机的结束并不意味着危机公关工作的结束。无论危机公关成败与否，政府都应该做好善后总结工作。尤其是在新媒体环境中，如何恢复被危机破坏的正常秩序、如何让公众恢复到正常的秩序中以及如何挽回政府的形象和声誉等，都是政府善后处理的核心。因此，取信于民、恢复声誉是政府在危机善后工作中的重点。其主要内容有：

政府要敢于承担自己的过失，勇于向民众致歉，通过大量细致入微的工作转变民众谴责和指责的愤怒，并对相关的失职人员给予相应的处分；同时，应该积极采取弥补措施，并善于总结在危机公关过程中的经验和教训，以防止此类危机事件的再次发生，获得公众的理解、社会的信任，以挽救政府的声誉和形象。

2. 确保信息及时公开以阻止流言和谣言的传播

新媒体与传统媒体相比在传播速度方面具有实时性，传播速度更快，传播范围更广。在新媒体环境中，由于互联网技术、手机终端技术的发展，同时又由于微博、微信等传播途径的流行，传播主体的多元化致使危机信息在它发生的一瞬间就可能会被传播。因此，当危机发生时，政府就必须对危机信息进行及时、有效的传播，便于政府对危机权威信息的传播，进而在一定程度上可以控制谣言和流言的扩散，缓解公众紧张情绪，为危机公关的具体操作打下基础。

新媒体环境中危机信息及时、有效的传播有利于公众及时了解权威的信息，同时还可以让公众了解政府对待危机的积极态度，缓解社会的恐慌情绪，树立负责任的政府形象。2003 年的“非典”事件与 2013 年的“禽流感 H7N9”事件的对比可以看出，10 年来政府危机公关在新媒体环境中对于危机信息传播的进步，政府危机公关逐渐适应了新媒体环境，做到了对危机信息的及时传播，在一定程度上阻止了有关 H7N9 的谣言和流言的传播。

汶川地震和彝良地震中政府危机公关的操作也是如此。在汶川地震发生后，政府危机公关对地震信息采取了公开、透明的传播方式。虽然汶川地震的首条消息出现在百度贴吧，但是政府对汶川地震的消息并没有实施封锁，而是实时报道有关地震的伤亡人数、救援情况等信息。不但利用报纸、电视等传统媒体公布有关地震的信息，而且还利用互联网等新媒体的传播优势发布救援等信息，形成了良好的官民互动局面。政府对地震信息的公开透明、传播及时的做法，大大降低了流言和谣言的传播，形成了全国上下齐心协力共同对抗地震的和谐局面。彝良地震中政府危机公关借鉴了汶川地震中危机公关的经验，实时公布伤亡人数和救援信息。同时，在彝良地震中，彝良县委宣传部还开通了腾讯认证官方微博，随时公布有关地震及其救援的实时信息，为民众和网友获知彝良县救援救助等有关情况提供了权威的信息，在一定程度上阻止了相关谣言的传播和扩散。

新媒体环境中政府在对危机信息做到及时传播的同时，还必须做到对危机信息的有效传播，这就需要对新媒体技术进行提升。“会理县领导悬浮照事件”中，一夜之间“会理县领导悬浮照”遍及网络，会理县政府网站由于大量访问而瘫痪。会理县政府相关人员在当晚已经注意到问题的严重性，随即向领导做出汇报但未得到回应。第二天早上，会理县领导做出积极回应，承认错误；下午，会理县官网即挂出第一份《向网络媒体、各位网友致歉信》。但是由于网络仍处于瘫痪状态，外界并未看到官方回应，会理县有关领导随即把致歉信挂在天涯社区，最早被网友看到的就是在天涯社区。会理县政府虽然做到了对危机表示道歉，选择利用天涯社区对道歉信息进行传播虽然发挥了一定的效果，但是由于网站瘫痪的技术原因，没有在政府网站上做出及时、有效的传播。

当危机来临时，政府必须对危机信息进行及时传播，不仅如此，政府还应该做到有效的传播。如果传播信息由于技术、渠道等原因而使得危机的相关信息没能及时、有效地传递给公众，那么政府所要传递的信息就失去了其本身的作用，甚至可能导致危机的扩散和蔓延，加剧政府危机，破坏政府的声誉和形象。

3. 与公众进行良好的互动沟通

当危机来临时，公众是最大的利益受害者。一个完整的政府危机公关行为是政府利用多元化的手段协调政府与公众之间关系，从而达到挽救公众利益的目的，最终化解危机。因此，在新媒体环境中，政府危机公关应该利用多种传播渠道主动公开事件真相、敢于承担危机后果、勇于承担责任，与公众进行良好的互动沟通，做好对公众的危机公关，以期缓解公众的恐慌情绪，控制谣言和流言的蔓延，挽回政府公信力，防止由于信息公布不透明、与公众沟通不畅造成的信任危机或危机升级。

在新媒体环境下，当危机发生后，在公众中难免会出现一些异常的反应，与传统媒体环境下的反应相比，主要区别有：一是公众恐慌情绪更为凸显，表现形式更加具体化。二是谣言和流言的扩散速度更快，扩散范围更广。三是政府公信力急剧下降。危机来临时，如果公众在政府和主流媒体中得不到权威的相关信息，那么公众就会让各种流言先入为主。尤其是在多媒体化的新媒体环境下，流言的传播会更为迅速。四是容易出现人人自危的情形。危机通常都会伴随着信息的失真，尤其是新媒体环境为信息的扭曲和小道消息的传播提供了更为方便的渠道，由此更容易导致处在危机中的非理性的公众做出非理性的行为。如“非典”“禽流感”时期抢购板蓝根风潮以及日本海啸后国内的抢盐风波等，都是由于缺乏正确权威的信息而出现的人人自危的后果。

在新媒体环境下，当危机发生后，面对公众的异常反应，政府必须做好危机公关，勇于承担责任、勇于公开真相，防止由于掩盖真相、与公众沟通不畅而导致的公众的误解与不满，进而引发政府的信任危机或危机事件的继续升级。

第一，发挥政府网站、官方微博的权威与互动作用。利用政府网站和官方微博对危机信息公开披露，对危机真相公开报道，实时进行危机事件处理情况的传播。新媒体技术的发展使得政府建立自己的网站成为可能。2006 年 1 月 1 日，中华人民共和国中央人民政府门户网站正式上线开通，简称“中国政府网”，随后各省各城市的政府网站相继成立。同时，各地政府网站开通了与公众进行互动沟通的栏目，以中国政府网为例，开通了“在线访谈”“在线调查”和“总编信箱”等栏目，为政府与公众进行良好沟通创造了条件。因此，政府危机公关应该充分发挥政府网站及时、权威传播信息的功能，在源头控制谣言和流言的扩散与蔓延。同时还应该充分发挥政府网站与公众互动沟通栏目的积极作用，在主动发布危机信息、公布危机真相的基础上，不断地倾听民意、了解民生，化解公众的不满情绪，防止造成信任危机。

第二，利用新媒体多元化渠道对危机信息进行及时、真诚的传播，帮助公众树立战胜危机的信心，防止出现政府信任危机。危机发生后，特别是在新媒体环境中，政府只有及时传播信息，才能控制谣言和流言的扩散，使得谣言和流言不攻自破；政府只有诚实传播信息，才可能帮助公众正确认识到危机的真实情况、成因以及危害程度。公众只有了解到危机的客观情况，才能在此基础上冷静分析，保持理性，进而巩固公众对政府的信心，得到公众的支持，为政府危机公关营造一个良好的公众环境，打下坚实的公众基础。例如，在汶川地震发生后，政府利用微博、网络等工具对地震信息进行及时、真诚的传播，同时政府各部门积极配合，采取一系列的救援和恢复工作，营造了一个众志成城抗击地震灾害的环境，帮助公众树立了抗击震灾的信心和决心。

第三，利用新媒体传播工具的多元化倾听民意，勇于承担责任，化解公众恐慌和不满的情绪，防止出现危机事件的进一步升级。新媒体的开放性、平等化与共享性、隐匿性为公众提供了方便发表言论的相对自由，这是公众最直接、最节约发表意见和建议的方式与方法，而在现实生活中，公众很难找到发表意见和建议的良好途径。因此，政府必须利用新媒体多元化的传播工具，倾听民意、收集民情。然而由于公众的隐匿性参与，不免有公众在新媒体环境中针对危机事件发泄自己的不满情绪，难免会出现语言偏激等，如果这些行为没有触犯法律法规，都是可以理解的，也是情有可原的。为此，政府必须在新媒体环境中不断了解民意，体察民情，进而利用新媒体工具或传统媒体工具进行疏导，这也有助于政府及时发现再次产生危机的火苗，提前预防。

4. 完善新闻发言人制度

新闻发言人是政府的形象代言人，更应该被理解为一个制度人。首先，它是政府对外传播信息的最权威的渠道，可以引导并主导社会舆论。新闻发言人在发布会现场不仅将政府信息等进行对外传播，而且还要对提问进行回答，政府通过媒体和公众等对新闻发言人进行的提问可以掌握媒体和公众对某个危机事件或某些问题的态度、看法，进而可以比较准确地把握舆论方向，从而在危机公关中对社会舆论进行主导和引导。其次，新闻发言人对政府信息的发布起着“把关”作用。这种作用尤其在危机信息的传播中最能体现，新闻发言人对最权威和最真实的政府内部危机信息起着把关作用。[①] 因此，完善新闻发言人制度不仅是满足现代民主的需求，而且促进了现代政治文明建设的进步。

要想完善新闻发言人制度，第一，政府要提高政府新闻发言人的综合素质。一位优秀的政府新闻发言人不仅要具有过硬的业务素质，而且还应具有良好的心理素质；既需要拥有一流的口才、开阔的视野、丰富的知识，还需要对政策具有透彻的理解；既需要在关键时刻坚持原则，还需要随机应变，具有超强的抗压能力。特别是在新媒体环境下，新闻发言人的个人综合素质极其重要。

第二，设置网络新闻发言人。网络新闻发言人是指由政府指定的人利用网络媒体对政府新闻和政府信息进行对外发布，并在网络上对媒体和公众的相关问题进行回答。这是政府在顺应新媒体发展趋势下形成的一项举措。对于危机事件的发生，政府利用网络新闻发言人能够第一时间对危机信息进行发布，以达到辟谣的目的。

目前，众多城市的政府都开通了政务微博，这也算是形成了一种网络新闻发言人的制度，在政府面临危机之时，可以利用政务微博进行危机信息的及时发布，从而引导和主导舆论。例如，彝良县政府在地震期间开通了微博，对彝良地震中的伤亡人数、社会各界捐赠情况等相关地震信息予以及时公布，使得公众可以了解具体详细的信息；又如，会理县政府在悬浮照事件发生后在微博上实事求是的致歉，并借用这个事件宣传会理旅游业，得到了广大网友的谅解和支持，在一定程度上起到了挽回政府形象和声誉的作用。

第三，新闻发言人要及时发布正确的消息，引导并主导舆论。由于危机的突发性和不可预测性，导致在危机来临之时公众极度恐慌，这时公民亟须得知危机的相关情况。因此，新闻发言人要将掌握到的权威的危机信息及时发布，通过各种新媒体工具有效地发布危机相关信息，同时主导舆论，防止错误的、片面的消息传递给公众，加剧公众的恐慌情绪。同时，还要规范我国的新闻发言人制度，防止新闻发言人的缺位，发挥新闻发言人积极主动引导舆论的作用。

5. 培养理性和法律规范化的社会环境

在政府危机公关过程中，特别是在新媒体环境下，需要一个理性与规范化的社会氛围和外界环境。只有在这个有利的社会环境下，政府才有可能避免危机处理过程中的外界干扰，置身危机处理过程中。在汶川地震的政府危机公关过程中，大地震破坏了我们的家园，面对地震，人民纷纷献出爱心。在网络上，网民素质明显提高，掀起了网络悼念罹难的同胞，通过网络进行捐款捐物；政府、军队、消防等各部门分工协作，心系灾区，为政府更好地进行危机处理营造

① 杨峰:《完善我国公共危机预警机制的思路与对策》，电子科技大学硕士学位论文，2008 年。

了良好的社会环境。因此，政府为了全身心地投入到危机处理中，就必须在法律法规、网民素质方面制定相应的措施，培养对危机公关有利的社会环境。

第一，提高网民素质，培养理性网民，营造一个理性的外部环境。在新媒体环境下，政府危机公关所遭遇到的困境很大程度上来源于人为因素。公民的隐匿性参与使得公民摆脱了现实生活中道德的约束，开放性、自由性和随意性的新媒体环境使得公民非理性的情绪宣泄成为可能，同时，由于网民良莠不齐的文化素质、道德素质和政治素质，更加剧了政府危机公关的困境。

因此，政府必须提升网民的道德素质、政治素质和思想水平。要提升网民的素质，政府就必须以公布真实、客观的信息为基础，培养公民理性和客观的评判意识。同时，更应该在国民教育中注重政治学领域的素质培养和引导，引导民众通过网络舆情积极参与国家和社区的政治生活。同时，政府应该健全网络规范道德体系，积极引导公民按照常态积极反映自己的意见和愿望，甚至参与政府的政策制定。除此之外，政府应该对散布虚假信息、恶意诽谤政府声誉等行为采取法律手段，对其进行严惩。

第二，加强法律建设，营造规范化的环境氛围。新媒体技术的飞速发展改变了人们的生产生活方式，带给人们方便、快捷的生产生活方式；同时，也促使人们的思想观念和意识发生极大的改变，它带来了社会经济前所未有的开放性和多元化，促使社会和人们追求自由、全面发展，也促使人们从独立型社会向群体化社会的转变。但是，新媒体技术是把“双刃剑”，在带给人们众多利益的同时，其负面性也逐渐显现出来。黄色网站、网络犯罪、网络暴力、人肉搜索、舆论误导等新生问题带给政府规范网络秩序及网络道德前所未有的难题和挑战。因此，政府必须制定相应的法律法规，加快网络法制建设。

(1)必须健全网络信息获取与交流方面的管理法规，对合法信息发布的流程进行严格的审查；(2)建立保护隐私的法规，明确区分隐私信息和非隐私信息；(3)对网络极端违法行为以及侵犯隐私行为要追求民事责任或刑事责任，通过不断地调整和制定法律法规来规范网络秩序。同时，针对违反网络道德的行为，政府要加大力度进行引导，并进行严格的教育，普及网络文明用语和规范，充分发挥网民对不良信息的举报监督作用，调动网民的积极性。通过法律法规的健全和教育两方面同时进行，营造一个良好的新媒体环境氛围，确保政府危机公关迅速进入合理、常态的危机处理过程中。①

关键术语

公共关系危机　　政府危机公关　　新媒体　　病毒式传播

案例分析题

案例 1

三株口服液风波

三株集团曾经显赫一时，在1994—1996年的短短3年间，三株口服液销售额从1亿多元跃至80亿元；注册资金从1993年底的30万元发展到1997年底拥有净资产48亿元。公司在

① 张静敏：《网络环境下政府危机公关研究》，湖南师范大学硕士学位论文，2011年。

全国所有特大城市、省会城市和绝大部分地级市注册了600家子公司，在县、乡、镇有2 000个办事处，销售大军吸纳了15万人。迅速崛起的三株创造了中国保健品行业史上的纪录，其年销售业绩至今在业内无人可比。然而，天有不测风云，人有旦夕祸福，企业也有随时的危机。1996年6月，湖南常德汉寿县退休老人陈伯顺在喝完三株口服液后去世，其家属随后向三株公司提出索赔，财大气粗的三株则拒绝给予任何赔偿，坚决声称是消费者自身的问题。遭到拒绝后，陈伯顺的家属一纸诉状将三株公司告上法院。1998年3月，法院一审宣判三株败诉后，20多家媒体炮轰三株，引发了三株口服液的销售地震，4月份(即审判后的第二个月)的三株口服液销售额就从上年的月销售额2亿元下降至几百万元，15万人的营销大军被迫削减为不足2万人，生产经营陷入空前灾难之中，总裁吴炳新也被重重击倒。据三株公司介绍，官司给三株造成的直接经济损失达40多亿元，国家税收损失了6亿元。1999年3月，法院终审判决三株公司获胜，但此时三株帝国已经陷入全面瘫痪状态。三株的200多家子公司停止营业，大多数工作站和办事处关闭，全国销售基本停止。创造中国保健品奇迹的三株公司在危机应对中的表现却极其不成熟：就事论事，陷于局部谁是谁非，与消费者争论不休却忽视危机公关。最终三株为其忽视公众利益、不愿主动承担责任而付出了巨大代价。

（资料来源：透过三株口服液事件看企业如何应对危机，新浪博客，2008-09-13。）

思考·讨论·训练

试根据防范公关危机的方式与方法和危机公关的基本原则分析三株公司危机公关失败的原因。

案例2

PM2.5事件

2011年10月31日北京天气阴霾，美国驻华大使馆通过推特(Twitter)发布北京PM2.5具体指数，并表示浓度过高，达到“有毒害”污染级别。但北京市环保局同期的数据显示，当期北京的空气污染水平为“三级轻微污染”。这两个北京空气质量的不同数据成为网友热议的焦点，由此PM2.5概念开始进入公众视线并迅速普及全国，一时间成为各大媒体争相报道的内容。随着潘石屹、姚晨等名人微博的关注，PM2.5事件成为微博网友热议的话题，成为社会关注的焦点，也成为通过网络微博传播的公众议题。2011年11月中旬，国家环保部发布《环境空气质量标准》征求意见稿，向社会征求意见，公众普遍赞同将PM2.5、臭氧(8小时浓度)纳入常规空气质量评价，并要求提高检测数据，特别是以网络民意为代表；2011年12月30日，环保部常务会议审议并通过了修订后的《环境空气质量标准》，新增设了PM2.5平均浓度限值和臭氧8小时平均浓度限值；2012年2月29日，国务院常务会议同意发布新修订的《环境空气质量标准》，部署加强大气污染综合防治重点工作；2012年3月5日，PM2.5列入政府工作报告。从PM2.5概念进入公众视线再到列入政府工作报告，这一连串的政府反应都体现了政府在处理这一危机事件时，通过多种新媒体途径及时了解民意，与公众进行了良好的互动式的沟通。在此过程中，政府没有通过堵、压的方式来制止公众的言论和压制公众的舆论，而是通过多种传播渠道，如微博等，积极收集和考虑公众的观点和看法，最终把这一事件的危机降到最低程度，防止了“PM2.5事件”的进一步升级。

思考·讨论·训练

根据上述中国政府处理“PM2.5事件”的方式，分析新媒体时代政府危机公关的方式和方法与传统媒体时代相比有哪些不同。

练习题

一、单选题

1. 按照公关危机产生的原因,可分为(　　)。

A. 显在危机事件和潜在危机事件
B. 直接危机事件和间接危机事件
C. 人为危机和非人为危机
D. 有形损失危机事件和无形损失危机事件

2. 危机事件的预防措施不包括(　　)。

A. 树立全员危机意识
B. 强化企业经营管理
C. 成立危机预警管理机构
D. 采取紧急行动、积极处置危机、重塑组织形象

3. 较为常见的企业危机管理的模型不包括(　　)。

A. 泰勒提出的"例外管理"
B. 奥古斯丁的"六阶段模型"
C. 罗伯特·希斯的"4R 模型"
D. 米特罗夫和皮尔森的"五阶段模型"

4. 班尼特的危机传播模式分为四个大的战略方法,其中不包括(　　)。

A. 简单否认和转移视线
B. 逃避责任
C. 亡羊补牢
D. 实事求是

5. 里杰斯特提出的危机公关的"3T 原则"不包括(　　)。

A. 主动性原则　B. 及时性原则　C. 真实性原则　D. 转移视线的原则

6. 危机公关的"5S 原则"不包括(　　)。

A. 主动性原则　B. 真诚沟通原则　C. 承担责任原则　D. 权威证实原则

7. 新媒体传播为政府提供了收集和传播信息的工具,增加了政府传播权威信息的(　　)。

A. 及时性　B. 正确性　C. 真实性　D. 有效性

8. 新媒体环境中的多元化的传播渠道与扁平化的传播组织提高了信息传播的(　　)。

A. 及时性　B. 正确性　C. 真实性　D. 有效性

9. 新媒体实时性的传播速度减少了政府对危机的(　　)。

A. 反应时间　B. 防范空间　C. 反应速度　D. 心理防范

10. 病毒式传播是指信息就像病毒一样进行传播与扩散,其主要的特点在于(　　)。

A. 传播的便捷性　B. 效果的显著性　C. 受众的主动性　D. 复制的快捷性

二、多选题

1. 公共关系危机可导致(　　)。

A. 组织与公众关系迅速恶化
B. 组织的知名度与美誉度降低
C. 组织的正常业务受到影响
D. 组织的生存和发展受到威胁

2. 危机管理组织的日常工作内容包括(　　)。

A. 保持定期联系
B. 借助会议、电话、计算机网络或通信等不断沟通
C. 定时检查危机问题
D. 为预控对策活动提供有力的人员和组织保障

3. 公关危机处理的"6F 原则"包括(　　)。

A. 事先预防原则　B. 迅速反应原则　C. 转移视线的原则　D. 承担责任原则

4. 公关危机的处理步骤包括(　　)。

A. 组建危机处理机构
B. 调查判断事件真相
C. 确定危机处理对策
D. 实施危机处理方案

5. 政府危机公关的功能是(　　)。

A. 向公众提供真实、及时的危机事件信息
B. 进行危机事件的处理
C. 全面修复政府及其部门与公众的关系
D. 把危机变成发展的转机

6. 与传统媒介相比较，新媒体的传播环境发生了很大的变化，主要表现在(　　)。

A. 传播主体的多元化　　B. 传播载体的变化

C. 传播模式的变化：双向传播　　D. 去中心化的传播

7. 危机公关程序包括(　　)。

A. 成立危机处理小组，相关人员参加，组织的高级领导人负责指挥，连续作战

B. 组织内部实施特殊管制，保证内部安定，对外信息统一

C. 全力做好危机传播，与媒体和公众保持良性沟通、互动

D. 果断采取措施，解决问题，标本兼治

8. 在开放性较强、多对多的新媒体传播环境下，传播者的多元化使得(　　)。

A. 虚假负面的信息传播成为可能　　B. 危机防范的难度增加

C. 谣言或流言增加　　D. 政府公关危机发生的概率增加

9. "把关人"是指传播学中对信息的提供、制作、编辑和报道能够(　　)的人。

A. 决定中止或中转信息　　B. 决定取舍和审核

C. 采取"疏导"与"抑制"行为　　D. 负全责

10. 新媒体(　　)的传播特点为公众表达意见和情绪发泄提供了条件。

A. 隐匿性　　B. 个性化　　C. 匿名性　　D. 群体性参与

三、名词解释

1. 公共关系危机
2. 公关危机预警分析
3. 政府公关危机
4. 政府危机公关
5. 新媒体
6. 病毒式传播

四、简答题

1. 简述公共关系危机的特点。
2. 公关危机防范的方法主要包括哪几个方面？
3. 公关危机处理的"6F 原则"包括哪些内容？
4. 企业处理危机事件应该掌握哪些原则？应采取哪些策略？
5. 简述公关危机的处理步骤。
6. 简述政府危机公关的作用。

五、论述题

1. 政府危机公关为什么应遵循"5S 原则"？
2. 新媒体的传播环境发生了哪些变化？其特点是什么？
3. 试述新媒体对政府危机公关的影响。
4. 如何理解新媒体环境下"把关人"的作用趋于弱化？
5. 如何解决新媒体环境下政府危机公关出现的问题？

参考文献

1. 阿伦·肯尼迪、特雷斯·迪尔著,唐铁军译:《企业文化:现代企业的精神支柱》,上海科学技术文献出版社1989年版。

2. H. 弗雷齐尔·穆尔等著,彭和平译:《公共关系学》,中国人民大学出版社1990年版。

3. 乔纳森·H. 特纳著,范伟达主译:《现代西方社会学理论》,人民出版社1988年版。

4. 威廉·大内著,孙耀君等译:《Z理论——美国企业界怎样迎接日本的挑战》,中国社会科学出版社1984年版。

5. 迪尔德丽·布雷肯里奇著,王日出译:《新公共关系手册》,中国人民大学出版社2003年版。

6. 杜·纽萨姆、艾伦·斯各特著,罗建国等译:《公共关系与实践》,上海译文出版社1989年版。

7. 丹·拉铁摩尔著,朱启文等译:《公共关系:职业与实践》,北京大学出版社2006年版。

8. 詹姆斯·格鲁尼格、郭惠民:《公共关系是一种传播管理》,《国际新闻界》1998年第2期,第70—74页。

9. 本·恩尼斯、基斯 ·考克斯、迈克尔·莫克瓦编,许晖、赵路等译,《营销学经典权威文集》(第八版),东北财经大学出版社2000年版。

10. 菲利普·科特勒、凯文·莱恩 ·凯勒著,梅清豪译:《营销管理》(第12版),上海人民出版社2006年版。

11. 郭惠民:《危机管理的公关之道》,复旦大学出版社2006年版。

12. 拉丽莎·格鲁尼格:《公共关系与营销的关系——在广东商学院的演讲》,2000年。

13. 丹尼尔·莫斯著,郭惠民、陈向阳等译:《公共关系实务——案例分析》,复旦大学出版社2000年版。

14. 廖为建:《公共关系学》,高等教育出版社2000年版。

15. 郭国庆:《国外非营利组织的界定与分类研究》,《市场与人口分析》1999年第6期。

16. 钟育赣:《"整合营销":概念辨析》,《当代财经》2006年第10期,第77-80页。

17. 钟育南:《非营利组织公共关系若干问题探析》,《北京工商大学学报(社会科学版)》2007年第4期。

18. 林燕凌:《我国非政府组织研究》,复旦大学出版社2005年版。

19. 陈灵强:《多维视野中的大众文化》,浙江大学出版社2007年版。

20. 陈亭楠:《现代企业文化》,企业管理出版社2003年版。

21. 黄昌年、赵步阳:《公共关系学》,上海交通大学出版社2003年版。

22. 黄兆龙:《公共关系学新编》,群众出版社1991年版。

23. 罗长海:《企业文化学》(第三版),中国人民大学出版社2006年版。

24. 翟向东:《中国公共关系教程》,中国商业出版社1994年版。

25. 朱定国:《公共关系学》,立信会计出版社2003年版。

26. 龙惯海:《云五社会科学大辞典:社会学(第一册)》,(中国台湾)商务印书馆1984年版。

27. 肖北婴、胡春香、杨帆:《现代公共关系学新编》,北京工业大学出版社2003年版。

28. 邱锐、马晓红、李宁:《公共关系学》,中国经济出版社2003年版。

29. 吴友富、于朝晖:《现代公共关系基础教程》,上海外语教育出版社2006年版。

30. 杨魁:《现代公共关系学》,中国工人出版社1998年版。

31. 罗伯特·罗雷著,李景泰译:《管理公共关系学——理论与实践》,南开大学出版社1990年版。

32. 陈先红:《公共关系学原理》,武汉大学出版社2007年版。

33. 赵宇峰:《公共关系学》,高等教育出版社 2006 年版。
34. 高厚礼:《公共关系主客体分析》,山东理工大学管理教学网。
35. 居延安:《公共关系学》,复旦大学出版社 2005 年版。
36. 周安华、苗晋平:《公共关系——理论、实务、技巧》,中国人民大学出版社 2004 年版。
37. 张永、张景云:《公共关系管理》,科学出版社 2006 年版。
38. 黎泽潮:《公共关系总论》,合肥工业大学出版社 2005 年版。
39. 詹文都:《政府公共关系学》,华南理工大学出版社 2004 年版。
40. 马纯、张祎:《公共关系学》,合肥工业大学出版社 2007 年版。
41. 蒋楠、赛来西·阿不都拉:《从英法"申奥"的成败透析政府公关传播》,《环球观察》2008 年第 1 期。
42. 肖辉:《使用公共关系学》,北京大学出版社 2001 年版。
43. 史有春:《公共关系学:形象设计、信息传播和社会交往》,南京大学出版社 2002 年版。
44. 谢俊贵:《现代公共关系科学运作》,安徽人民出版社 2004 年版。
45. 邓月英:《新编公关关系简明教程》,复旦大学出版社 2006 年版。
46. 肖北婴:《现代公共关系学新编》,北京工业大学出版社 2003 年版。
47. 龙志鹤、张岩松:《现代公共关系学》,经济管理出版社 2006 年版。
48. 赵晓兰:《最新公共关系学》(第 3 版),中国社会科学出版社 2006 年版。
49. 郭文臣:《公共关系原理与实务》,大连理工大学出版社 1997 年版。
50. 孟庆耘:《公共关系理论与实务》,辽宁人民出版社 2007 年版。
51. 谢俊贵:《公共关系学》,工商出版社 2002 年版。
52. 张岩松:《公共关系学》(第二版),青岛出版社 2002 年版。
53. 史有春:《公共关系学》,南京大学出版社 2002 年版。
54. 张永:《公共关系管理》,科学出版社 2006 年版。
55. 周安华:《公共关系》,中国人民大学出版社 2004 年版。
56. 朱力、任正臣、张海波:《公共关系新论——理论与实务》,南京大学出版社 2004 年版。
57. 林祖华:《公共关系学》,中国时代经济出版社 2005 年版。
58. 赵驹、王小玲:《公关策划》,北京大学出版社 2006 年版。
59. 胡锐、边一民、李兴国:《公共关系策划》,浙江大学出版社 2006 年版。
60. 余世仁:《论公共关系策划原则》,《渝州大学学报(哲学社会科学版)》2000 年第 3 期。
61. 何修猛:《现代公共关系学》,复旦大学出版社 2007 年版。
62. 金实青、来惠民:《公共关系学》,北京工业大学出版社 2004 年版。
63. 刘军:《公共关系学》,机械工业出版社 2006 年版。
64. 刘用卿、段开军:《公共关系学》,重庆大学出版社 2003 年版。
65. 王伟娅:《公共关系概论》,东北财经大学出版社 2006 年版。
66. 干勤:《对公共关系效果评估若干问题的探讨》,《西南民族学院学报(哲学社会科学版)》2000 年第 8 期。
67. 谢玉华:《公共部门关系学》,湖南人民出版社 2003 年版。
68. 徐美恒、李明华:《公共关系管理学》,中国人民公安大学出版社 2002 年版。
69. 秦启文:《公共关系心理学》,华东师范大学出版社 2002 年版。
70. 褚云茂:《公共关系与现代政府》,上海大学出版社 2002 年版。
71. 齐家福、栗宗样、杨红波:《公共关系学教程》,中国物资出版社 2004 年版。
72. 熊卫平:《公共关系学:理论·实务·案例》,高等教育出版社 2006 年版。
73. 陶应虎、顾晓燕:《公共关系原理与实务》,清华大学出版社 2006 年版。
74. 也瑛、郑生勇:《公共关系学》,浙江大学出版社 2007 年版。
75. 余永跃:《公共关系通识教程》,武汉大学出版社 2007 年版。

76. 单振运:《新编公共关系学》,中国审计出版社 2001 年版。
77. 翟向东:《名牌竞争的公共关系战略》,企业管理出版社 1997 年版。
78. 李平俊、夏水春:《略论企业公共关系的功能与构建》,《科技创业月刊》2006 年第 5 期。
79. 陈纯莹:《论现代营销中"第 6P"——公共关系的妙用》,《深圳大学学报》2006 年第 2 期。
80. 方堃、杨毅:《公共服务营销策略及目标模式探析》,《理论月刊》2007 年第 7 期。
81. 马智萍:《新媒体营销策略研究》,《中国集体经济》2014 年第 16 期。
82. 薛可、余明阳:《公共关系——战略、管理与传播》,科学出版社 2010 年版。
83. 樊泳雪:《公共关系学概论》,四川大学出版社 2006 年版。
84. 杨加陆:《公共关系学教程》,复旦大学出版社 2005 年版。
85. 冯丙奇、齐小华:《政府公关操作》,清华大学出版社 2011 年版。
86. 刘金同、杨专志、刘水国:《公共关系实务》,清华大学出版社 2006 年版。
87. 邹正方:《公共关系概论》,中国人民大学出版社 2010 年版。
88. 吴光芸:《公共关系学》,南开大学出版社 2008 年版。